浙江省哲学社会科学规划项目“民初浙江省议会立法研究（1911－1926）”（14NDJC082YB）研究成果

政治发展与政治现代化研究丛书

民国前期浙江省议会立法研究

（1911–1926）

陈婴虹◎著

中国社会科学出版社

图书在版编目(CIP)数据

民国前期浙江省议会立法研究：1911－1926 / 陈婴虹著．—北京：中国社会科学出版社，2016.6

ISBN 978－7－5161－8504－9

Ⅰ．①民… Ⅱ．①陈… Ⅲ．①议会—立法—法制史—浙江省—1911－1926 Ⅳ．①D927.550.00

中国版本图书馆 CIP 数据核字(2016)第 154235 号

出 版 人　赵剑英
责任编辑　冯春凤
责任校对　张爱华
责任印制　张雪娇

出　　版　中国社会科学出版社
社　　址　北京鼓楼西大街甲 158 号
邮　　编　100720
网　　址　http：//www.csspw.cn
发 行 部　010－84083685
门 市 部　010－84029450
经　　销　新华书店及其他书店

印　　刷　北京君升印刷有限公司
装　　订　廊坊市广阳区广增装订厂
版　　次　2016 年 6 月第 1 版
印　　次　2016 年 6 月第 1 次印刷

开　　本　710×1000　1/16
印　　张　20.5
插　　页　2
字　　数　334 千字
定　　价　76.00 元

凡购买中国社会科学出版社图书，如有质量问题请与本社营销中心联系调换
电话：010－84083683

目 录

导 言

一 研究缘起

清末，由于内忧外患，社会动荡不安。为了救亡图强、维护政局。西方的议会制度被引入中国，并在中央和地方层面都进行了运作。咨议局正是这一时期的产物，它作为地方议会制度在清末的实验，具有划时代的意义，开始了中国的代议制的历史。光绪三十二年（1906 年）七月，清政府宣布“预备立宪”。光绪三十四年（1908 年）六月，清政府颁布《咨议局章程》和《咨议局议员选举章程》，要求各地咨议局在一年内办齐。浙江各项筹备工作在咨议局筹办处的筹划下井然有序地如期完成。浙江省咨议局筹办处于光绪三十四年（1908 年）十月初一日在杭州成立。浙江咨议局第一次常会、浙江咨议局第二届常年会议和浙江咨议局第二届第一次临时会议共决议议案 70 件。但是浙江省咨议局并不是真正意义上的立法机关，监督、制约官厅的权限是有限的。督抚可以停止、解散咨议局，督抚对于咨议局议案有核夺施行之权。但是咨议局是具有一定独立性的准立法机构，它分割了原属于地方督抚的部分权力，这在中国历史上是绝无仅有的。在此之前，督抚只是受制于中央王权，而不会被地方力量所制约，而咨议局的成立，使得督抚在地方的政治运行机制发生重大改变。

1911 年至 1926 年时值南京临时政府和北洋政府统治时期，社会急遽变革。而浙江省处于相对较为和平的环境中，经济文化发展程度在全国属先进水平，这为议会政治在浙江的长足发展提供了基础。辛亥革命浙江光复后，浙江军政府于 1911 年 12 月 20 日成立了浙江省临时议会，次年又召开了浙江省临时议会第二、第三次会议。1913 年 2 月，浙江省议会正式成立，在袁世凯解散前召开了一次常年会和一次临时会。1916 年 9 月，浙江省议会在全国率先恢复，以后几乎每年都召开一次常年会和一次以上的临时会。1918 年和 1919 年又进行了第二、第三届省议员的换届选举。到 1924 年 7 月，第三届省议员的法定任期已经届满，但省长并没有依法进行改选，又召集了三次常年会和四次临时会，直至北伐军入浙。1927 年以后，随着南京国民政府的成立。民国浙江省议会的历史从此结束。

因此，1911 年至 1926 年间的浙江省议会，是浙江近代史上唯一一段有着真正意义上议会的阶段，属于民国前期全国各省议会中集会次数最多、历史最为完整的省议会之一，具有相当的典型性和地方特色。民国前期浙江省议会通过了大量的议案，包括议会制度、司法制度、税收金融、教育文化、实业发展、农林渔业、禁烟等各方面。这些立法为民国前期浙江政治、经济、社会发展列全国先进水平起到了积极的推动作用。民国前期浙江省议会留下了相当完整的档案，这是其他省所不具备的。这些档案主要包括浙江省议会所编印的议决案、文牍、议事录、议员质问书、议会要览等，这为民国前期浙江省议会立法研究提供了有力的支持。

二 研究范围

（一）议会立法的界定

本书的研究对象是民国前期 1911 年至 1926 年之间的浙江省议会的立法。

立法的基本含义是指法的创制。在人类历史发展的不同时期，在不同的国家中人们对于立法的理解有所不同，立法的地位也有所不同，但是其还是表现出一定的共性。任何一个国家的统治阶级都会高度重视立法来维护自己的统治地位。立法都是由享有立法权的国家机关所进行的专门活动，任何个人和组织以及其他的国家机关是无权而为之的。立法必须根据一定的程序进行。立法包括制定、认可、补充、解释、修改和废止等确定法的规范的一系列活动。

对立法之“法”的含义，有不同的理解。一是以为法律是赋有普遍性的规则。法律的特征在于普遍性，是对于法律条文所规定的未来一切事件所立的一种规则；或是对于将来凡适合法律条文所规定的任何人所立的一种规则。如果议会决定之案，如不含有上述的普遍性，便非法律，便不在其立法权的范围以内。二是法律为变更权利的规则。凡是其内容足以变更人民与人民间的权利关系，或人民与国家及国家机关间的权利关系者，始得称为法律。三是从程序角度，凡由议会依立法程序所成立的一切决定俱为法律。法律本来可有实质与形式二义。第一种和第二种是从实质的角度，第一说所立的标准，比第二说的标准为确定；一种规则之是否能影响私人权利，实际上往往不易判断。第三种是从形式的角度关于法律的范围的解释。[①] 本书从实质和形式的角度，结合第二、第三种观点，认为法是指凡是其内容足以变更人民与人民间的权利关系，或人民与国家及国家机关间的权利关系的，并由议会依立法程序所成立的一切决定俱为法律。立法权是议会享有的最重要的权力。按代议制理论，议会乃是人民选举代表组成的代议机关，经由这个代议机关将人民多数的意志转变为国家意志成为法律。议会立法之"法"的外延有广义与狭义之分。"立法机关之议决法律案[②]固为立法，而议决预算、决算、公债、币制、税法、条约等案及其他重要国际事项，亦可谓之立法。唯后者可谓立法机关广义之立法，而前者为立法机关狭义之立法。亦即通常之所谓立法。"[③] 从法的含义出发，本书所认为的"法律案"或立法之"法"包含了以上广义和狭义的理解。[④]

（二）民国前期浙江省议会梗概

清末宣统年间，西方议会引入中国。在中央为资政院，各省为咨议局。民国成立后，在中央为国会，各省则为省议会。本书的研究对象则是民国前期的浙江省议会，作为当时浙江省一级地方立法机构，是省政治体制的重要组织部分。辛亥革命各地陆续光复，独立各省纷纷成立临时议会。1912 年 3 月 28 日，袁世凯要求各省以临时省议会作为选举中央参议员的机关。1912 年 8 月，袁世凯通令各省组织正式省议会，接着有关省议会选举的法规陆续颁布。1912 年 9 月 4 日《省议会议员选举法》颁布，1913 年 4 月 2 日《省议会暂行法》颁布。接着，各省根据这些法先后成立了正式省议会。"二次革命"后，袁世凯非法解散国会，于 1914 年 2 月 26 日下令解散省议会。袁世凯死后，各省议会相继恢复，国会则是时开时断。1918 年后各省议会又进行了第二、第三届换届选举。1924 年，

① 参见王世杰：《比较宪法》，中国政法大学出版社 1997 年版，第 215—216 页。

② 这里所指的应该是狭义的法律。

③ 谢振民：《中华民国立法史》（上册），中国政法大学出版社 2000 年版，第 5—6 页。

④ 因为预算和决算案之巨量，本书对此并没有太多的研究。

第三届省议会议员任期届满，但是由于正逢军阀混战，许多地方没有进行选举。1927 年 4 月，南京国民政府成立，宣布开始“训政”，北洋时期的中央和地方各级省议会则全部停止。

本书所要研究的民国前期浙江省议会，包括浙江省临时议会和三届正式浙江省议会。民国前期的浙江省立法机构经历了临时参议会、临时议会和正式议会的名称和组织形式变迁。辛亥革命浙江光复以后，成立浙江军政府。浙江军政府设参议会为临时议事机关，张恭、吴思豫、顾乃斌、庄裕甫、黄元秀、陶成章、蒋著卿、李炯裳、庄韦墅、周淡游、张浩、方鸿声等被举为参议员。凡施行全省之重要政务及一切规章，参议会均有议决权。[①] 参议会虽然职权很大，但并不是正式的民意机关。于是浙江军政府通令各县各举代表一人，组织临时省议会，互选莫永贞为议长，以前浙江咨议局为会场。1911 年 12 月 20 日，浙江省临时议会成立，1912 年 4 月、11 月分别召开临时议会第二届和第三届会议。当时全国尚未统一，省自为治，属于国家立法范围内的一些事项，浙江省临时省议会取而代之地制定了。

浙江省正式议会共有三届，依照法定任期而言，历时 9 年。但由于第一届受袁世凯非法解散，中断时间为两年 5 个月。浙江省第三届议会因不举行改选，延长了两年多。所以浙江省正式议会的时间跨度为 1913 年 2 月第一届省议会第一次常年会开始，至 1926 年 11 月第三届省议会民国 15 年临时会结束，其经过大概如下。

1913 年 2 月 18 日，浙江省议会正式成立，至 5 月 18 日，第一届第一次常年会结束，选举莫永贞为议长，刘焜、朱益敷为副议长。由于当时《省议会暂行法》尚未颁行，依照袁世凯令，暂时适用前清咨议局章程。1913 年 4 月 2 日，《省议会暂行法》公布。1914 年 3 月，省议会遭袁世凯政府非法解散。1916 年 4 月，浙江独立，省长吕公望通知省议会各议员定于 9 月 1 日召集第一届第二年常年会。虽然中央通电定于 10 月 1 日为召集之期，但经省长吕公望力争，浙江省议会提前召集并于 14 日开会。议长莫永贞辞职，选沈定一继任议长，副议长刘焜辞职，选秦炳汉继任副

① 褚辅成：《浙江辛亥革命纪实》，载中国史学会编《辛亥革命》，上海人民出版社 1957 年版，第 157 页。

议长。因常年会期内未及将五年度地方岁出入预算提出，于1916年12月2日召集第二年第一次临时会，并将国家预算及浙江省1913年至1915年度决算一并提出。1917年4月1日，又召开第二年第二次临时会。1918年4月24日，召开第三年常年会。至1919年7月，第一届省议会法定任期届满。

1918年10月20日，第二届浙江省议会成立，10月22日，第二届省议会召开第一年常年会，选举周继潆为议长，陈琪、姜会明为副议长。1919年4月28日，民国八年第一次临时会召开。1919年10月29日，民国八年常年会召开。1920年5月19日，民国九年第一次临时会召开。1920年10月28日，民国九年常年会召开。1921年5月16日，民国十年第一次临时会，即第二届省议会最后一次临时会召开。议员阮性存等提出《省宪法会议组织法案》，而地方人士所组织的省宪期成会也推举了代表赴会请愿，原案于31日通过。6月2日，开会选举宪法起草委员55人，第二日又选出同数的候补人，第二届省议会闭会。“其闭会词有‘邦人君子，既发生促成制宪之法团，本会同人，斯有组织议宪之法案……敢以本会闭会之宣言，并为省宪告成之预祝’之语。盖以制宪既经决定，省议会即不应存在，而不必待任期之届满也。”①

虽然第二届浙江省议会议决浙江制宪，但是当时的省长沈金鉴仍依据中央命令，举办第三届省议会选举。1921年10月5日，民国十年常年会召开，选举沈钧业为议长，杜棣华、祝绍箕为副议长，会期内再次议决《浙江省制宪组织法》，其草案用红、黄、白三色，总投票之票纸亦然，称为“三色宪法”。而将上届宪法会议议决公布的省宪法废止。1923年，浙江省第三届议会任期届满，由临时会决定延长会期，历年均开常会及临时会。至1926年11月8日，民国十五年常年会开幕，因不足法定人数无法开议，改开谈话会讨论时局。1927年1月，北伐军占领杭州，浙江省议会会所被改为浙江省国民党党部。

三 研究综述

目前专门对民国前期浙江省议会的立法进行系统全面的研究还没有，

① 民国浙江省通志馆：《重修浙江通志稿》（第九册），方志出版社2010年标点本，第5664页。

只是在学者的论著中有一些相关的研究成果。这些与民国前期浙江省议会立法相关的研究主要包括：民国前期立法研究、民国前期中央和省议会研究、民国前期浙江省议会和地方立法研究等。

（一）对于民国前期立法的宏观研究

1. 民国前期立法史的研究

民国前期浙江省议会的立法研究是民国立法史的组成部分。对于民国中央立法史的研究主要是谢振民的《中华民国立法史》（中国政法大学出版社 2000 年版）和杨幼炯的《近代中国立法史》（中国政法大学出版社 2012 年版）。《中华民国立法史》一书详细记载了 1912 年至 1936 年的各项立法活动。该书认为立法有广义和狭义之分，就广义立法而言，行政机关颁行条例章程、自治团体订立公约规则，都可以称之为立法。创制法律案的程序包括：法律案的提出、立法原则的决定、法律案的审议、两院的协议和法律案的复议五个阶段。《近代中国立法史》一书对民国议会的兴衰变化、立法活动和立法成效重点做了介绍。这两本书主要是中央层面制定的法律法规的罗列，对于立法理论的研究不够深入和全面。

李学智的《民国初年的法治思潮与法制建设：以国会立法活动为中心的研究》（中国社会科学出版社 2004 年版）对民初国会的立法进行了全面的研究，包括了民国初年的法治思潮、各省都督府代表联合会、南京临时参议院、北京临时参议院时期和第一届国会时期的立法活动。荆月新的《1947 年宪法体制下的中央立法权研究》（法律出版社 2012 年版）对于民国晚期的中央立法权进行了专门的研究，包括民国晚期中央立法权的权限范围、中央立法权与地方立法权的划分标准、发挥立法权的保障机制等。

2. 民国前期议会史中对议会立法的研究

宏观层面对民国前期议会史的研究已经很多，这些研究主要是从政治学的角度展开的。在这些研究中或多或少地都会涉及民国前期议会的立法问题。

20 世纪 30 年代，顾敦鍒的《中国议会史》（苏州木渎心正堂 1931 年版）和邱昌渭的《议会制度》（世界书局 1933 年版）分析了民国时期国会成功和失败的原因。1949 年以后，台湾学者的研究主要有李守孔的《民初之国会》（台北正中书局 1977 年版），该书以史料为根据，探讨了民初各省都督府代表联合会、临时参议院以及正式国会的组成、议事及其与政党的关系。张朋园的《中国民主政治的困境：1909—1949 晚清以来历届议会选举论述》（吉林出版集团有限公司 2008 年版）分别对 1913 年第一届国会、1918 年第二届国会和 1948 年国民大会的选举进行了研究。

大陆学者对于民国议会的研究专著出现于 20 世纪 90 年代，主要是从政治学、历史学的角度研究民国议会，其中或多或少地涉及了民国前期议会的立法问题。刘景良的《北京民国政府的议会政治》（天津古籍出版社 1996 年版）主要研究了民国议会政治的为用与为学、地主阶级自由化进程向资产阶级自由化方向分轨、自由派地主阶级同自由派资产阶级的“共和”与“约法”等内容。程舒伟的《议会政治与近代中国》（商务印书馆 2006 年版）研究了民国议会思想和制度在中国实施、变异和失败的过程。在整体上描述了议会制度在中国的演变的过程。张永的《民国初年的进步党与议会政党研究》（北京大学出版社 2008 年版）以立宪派主导的进步党为视角，研究了从 1912 年 5 月临时参议院北迁到 1913 年年底正式国会瓦解这一时期的议会政党政治中的重大历史事件和各派之间的激烈党争。张睿丽的《议会政治与近代中国的政治变迁》（中国社会出版社 2009 年版）考察了近代中国议会政治发生的背景和原因，研究了促使近代中国实行议会政治的各种因素，指出了议会政治在中国现代化进程中的地位和作用，以及中国议会政治实践给后人留下的弥足珍贵的政治经验和思考。薛恒的《民国议会制度研究 1911—1924》（中国社会科学出版社 2011 年版）回顾了民国前期议会各省都督府代表会、南京参议院、北京参议院、第一届国会、第二届国会及护法国会的整个过程，尤其是对一些具体制度及其执行情况等进行了研究。在该书的第四章“议会的权力及其行使”中论及了议会的立法权。谷丽娟、袁香甫的《中华民国国会史》（上、中、下）（中华书局 2012 年版）全面阐述了自 1912 年至 1925 年民国国会的兴衰史，全书三册，共 160 万字。目前对于民国前期议会研究的论文非常多，研究开始于 20 世纪 80 年代，呈逐年增多的局面。现有的论文主要是从历史学和政治史的角度研究，从法学角度研究的不多。在这些众多的论文中，涉及民国前期议会立法的论文主要有：姜鲁鸣的《民初国家议会的权力实施效益》（《民国档案》1987 年第 1 期）、李云霖的《近代中国议会制度的历程、特质与启示》（《政治与法律》2011 年第 3

期）等。

3. 民国宪政史中对民国前期议会立法的研究

由于地方立法涉及中央与地方的立法权的划分、立法权与行政权的关系等宪政问题。因此在有关民国宪政史的研究中都有民国前期议会立法的相关内容。如王世杰、钱端升的《比较宪法》（商务印书馆 1999 年版）在第四编国家机关与职权第一章议会中论述了从议会的三大职权——立法权、财政权和监督权。张晋藩的《中国宪法史》（人民出版社 2011 年版）以时间为线索，论述了从清末立宪到新中国 1982 年宪法的近百年制宪过程，其中涉及了议会立法相关内容。其他专著，1949 年以前较具代表性的，有吴宗慈的《中华民国宪法史》（东方印书局 1924 年版），罗志渊的《中国宪法史》（台湾商务印书馆 1967 年版）。1949 年以后较具代表性的著作，我国台湾地区有荆仁知的《中国立宪史》（台北联经出版事业公司 1984 年版）。大陆有：张晋藩、曾宪义的《中国宪法史略》（北京出版社 1979 年版），蒋碧昆的《中国近代宪政宪法史》（法律出版社 1988 年版），王永祥的《中国现代宪政运动史》（人民出版社 1996 年版），殷啸虎的《近代中国宪法史》（上海人民出版社 1997 年版）等。

4. 民国通史、民国政治制度史中对民国前期议会立法研究

民国通史、民国政治制度史对民国前期立法机关，特别是议会的成立、运作的研究中论述到了中央和地方的议会立法权限划分，立法机关与行政机关的权力分配。李剑农的《最近三十年中国政治史》（太平洋书店 1931 年版），以及后来出版《中国近百年政治史》（复旦大学出版社 2002 年版）对民国前期代议政治作了一定探讨，对民国省议会则重点论述了联省自治运动。吴建铭的《总统制与内阁制论争》（厦门大学出版社 2012 年版）一书研究了民初立法权和行政权之争。其他专著主要有徐矛的《中华民国政治制度史》（上海人民出版社 1992 年版），钱端升的《民国政制史》（上海人民出版社 2011 年版），钱实甫的《北洋政府时期的政治制度》（中华书局 1984 年版），费正清的《剑桥中华民国史》（上海人民出版社 1983 年版）等。

（二）民国前期地方议会研究中涉及议会立法问题

1. 民国前期地方自治、联省自治研究中的地方立法

在有关民国前期地方自治、联省自治的研究中涉及了中央和地方权力

的消长，其中也涉及了地方立法。如王学建的《近代中国地方自治法重述》（法律出版社 2011 年版）比较全面地展示了中央与地方制定的地方自治法规，以及地方自治观念在近代中国的嬗变，从中可以看到民国前期中央与地方在立法方面的分权状况。1920 年代的联省自治中省宪的制定是民国前期重要的立法活动，有关联省自治的研究主要有胡春惠的《民初的地方主义与联省自治》（中国社会科学出版社 2011 年版），谢从高的《联省自治思潮研究》（中国社会科学出版社 2009 年版），周叶中、江国华的《自下而上的立宪尝试——省宪评论》（武汉大学出版社 2010 年版），丁德昌的《民初湖南省宪自治研究》（上海人民出版社 2011 年版），陈建平的《湖南省宪研究》（法律出版社 2009 年版）。

2. 民国前期省议会研究中的省议会立法

目前民国前期省议会的研究主要分为两类，一类是对民国前期省议会的全局性、概括性研究；另一类是对民国前期省议会的某一方面的研究。这些研究主要是从历史学和政治学的角度，对于民国前期各省议会的立法没有专门研究，只是研究了一些议案，或是在研究各省议会的选举、党派、沿革、议案、与行政的关系中涉及省议会的立法。

大陆学者对民国前期省议会的研究开始于 20 世纪 80 年代。进入 21 世纪，随着大陆学者对民国前期省议会的研究进一步深入，研究成果大量涌现，不仅论文众多，也开始出现一些专著。

目前研究民国前期省议会的专著有：赵艳的《清末民初的代议制：从顺直咨议局到直隶省议会的案例考察》（社会科学文献出版社 2012 年版），刘建国的《你所不认识的民国面相——直隶地方议会研究 1912—1928》（广西师范大学出版社 2009 年版）。这些专著全面论述了民国前期省议会的实际运作。20 世纪 80 年代起至 90 年代初，台湾中央研究院近代史研究所出版了“现代化区域研究”系列著作，这些区域包括安徽省、湖北省、湖南省、江苏省、山东省和闽浙台地区 。每一现代化区域研究中都在“政治的现代化”一章中涉及民国前期的地方议会。

涉及民国前期省议会立法问题的论文，主要有杨鹏程的《湖南咨议局与民初省议会比较》（《湖南科技大学学报》（社会科学版）1989 年第 1 期），候雁飞的《清末民初吉林省议会设立始末》（《吉林师范大学学报》1998 年第 2 期），王续添的《论五四运动中的省议会》（《中共党史研究》

1999年第4期）等。

2000年以后，沈晓敏在民国前期省议会的研究成果颇多，其研究中关涉民国前期省议会立法的有：《民初省议会反对适用〈咨议局章程〉的斗争》（《中山大学学报》2001年第3期），《民初省议会联合会与广东》（《学术研究》2001年第5期），《论二次革命时期的省议会联合会》（《安徽史学》2004年第4期），《民初省议会失败原因概论》（《政法学刊》2004年第3期），《民初袁世凯政府与各省议会关系述论》（《历史教学》2004年第10期）。赵艳玲对于顺直省议会的研究也涉及了民国前期省议会的立法问题，如《〈顺直临时省议会法〉与〈省议会暂行法〉文本比较》（《衡水学院学报》2009年第12期），《顺直省议会与民众诉求》（《学理论》2010年第10期），《由"民意代表"到"官方代言人"——从一个侧面解读顺直省议会的兴衰》（《兰台世界》2010年第11期），赵艳玲、宋颂的《顺直省议会民意代表职能的弱化及其原因分析》（历史教学（下半月刊）2010年第12期）。其他的研究还包括：侯雁飞的《吉林省议会活动及历史作用浅析》（《松辽学刊》2001年第1期），孙玲的《略论民国时期的贵州省级民意机关》（《贵州社会科学》2002年第5期），赵世英的《清末民国甘肃的民意机构》（《甘肃文史》2004年第1期）。

台湾学者对于民国前期省议会的研究主要有：王树槐的《清末民初江苏省的咨议局与省议会》（《国立台湾师范大学历史学报》1978年第6期），陈惠芬的《从民元临时省议会的成立看辛亥革命后的政治参与》，（台北国史馆2002年版），苏云峰的《湖北省咨议局与省议会》（《中央研究院近代史研究所集刊》第7期），张朋园的 *Provincial Assemblies*, *The Emergency of Participation*, 1909—1914，（《中央研究院近代史研究所集刊》第12期），吕实强的《民初四川的省议会》（《中央研究院近代史研究所集刊》第16期），吕芳上的《民国初年的江西省议会》（《中央研究院近代史研究所集刊》第17期）。

此外，还有大量的研究各省民国前期议会的硕博论文，研究的区域涉及东北、直隶、湖南、江西、甘肃和山东等。一些论文研究了省议会的议案，但是不够深入和全面。主要有，王晨鹿的《山东省第一届省议会研究》（山东师范大学2010年），刘建军的《代议制框架下的地方政治直隶地方议会研究（1912—1928）》（中国人民大学 2008 年），魏桃初的《民国初年的湖南省议会（1911—1926 年）》（湖南师范大学 2012 年），吕雪飞的《东北三省咨议局、资政院及第一届国会省议会议员选举考略》（吉林大学 2012 年）。

（三）民国前期浙江省议会和地方立法研究中涉及浙江省议会的立法问题

1. 民国前期浙江省议会研究中涉及浙江省议会立法问题

目前对于民国前期浙江省议会研究成果主要是从政治学的角度进行宏观研究，其中涉及一些议会议案的情况。李国祁的《辛亥革命后至二次革命期间闽浙两省之议会政治》［中华民国建国文献编辑委员会：《中华民国建国文献民初时期文献》（第二辑），台北国史馆 2002 年版］论述了辛亥革命后至二次革命时期闽浙两省所推行的地方议会政治，该文指出浙江在辛亥革命后所拟定的临时约法的内涵具有崇高之理想与惊人之进步，使其在全国各省中居于领导地位。而此项成就对日后浙江议会政治的推行有相当重要的影响。李国祁的《中国现代化区域研究——闽浙台地区（1860—1926）》（《中研院近代史研究所专刊》1982 年版）在第三章“政治的现代化”第三节“权力结构的改变与政治参与权的扩大”中论述了浙江民国前期的议会政治。

目前，对于民国前期浙省议会有较多研究的是沈晓敏。其专著《处常与求变：清末民初的浙江咨议局和省议会》（三联书店 2005 年版）以清末、民国时期的咨议局、浙江省议会为对象，全面研究了当时议会的变迁过程，以及议员、选举、议会职权、议会的党争、议会与自治运动等方面。沈晓敏主要是从政治学和历史学的角度考察浙江咨议局和浙江议会，以及检讨其运作与变迁的历史过程。虽然对于浙江省议会的立法也有所涉及，但是不够详细和深入。沈晓敏的其他有关浙江议会的研究成果有：《民初浙江之议会政治》（《中山大学学报论丛》1994 年第 1 期），《民初浙江省议会与二次革命》（《中山大学学报论丛》2000 年第 3 期）。

关于民国前期浙江省议会的研究还包括陶水木的《民初浙江临时议会研究》［《杭州师范大学学报》（社会科学版）2011 年第 6 期］，该文对民初临时议会进行了研究，其中论及浙江省临时议会通过的议案。陶水木的《沈定一的法治思想与实践——以浙江省议会议长任期的个案考察》

（《浙江学刊》2005 年第 5 期）研究了沈定一的思想对于民国前期浙江议会的影响，其中也论及了沈定一在担任浙江省议会第一届第二年常年会议长期间议会的立法情况。李青青的硕士论文《民初浙江省县议会研究》（浙江大学 2010 年）中论及了民国前期浙江县议会的立法活动、议案情况，以及县议会立法与省议会立法之间的关系。

2. 民国浙江法制史研究中涉及民国前期浙江省议会立法等地方立法

在民国浙江法制史研究中，涉及民国前期浙江议会立法等地方立法。邱远猷、张希坡的《中华民国开国法律史：辛亥革命法律制度研究》（首都师范大学出版社 1997 年版）中论及了浙江军政府时期参议会和浙江省临时议会的各项立法。邱远猷的《试析浙江军政府临时约法》（《历史教学》2000 年第 5 期）分析了浙江军政府临时约法的内容，认为《浙江军政府临时约法》是浙江省颁布的第一个具有较完备的资产阶级民主共和国宪法性质的文献，是辛亥革命在浙江的胜利产物。陈益轩的《浙江制宪史》（杭州 1921 年版）对 1921 年浙江省宪法的制定及相关问题进行了描述和研究。林孝文的《浙江省宪研究》（法律出版社 2009 年版）对 1920 年代的浙江省宪运动和浙江省宪法文本进行了研究。邹剑锋的《宁波近代法制变迁研究》（复旦大学出版社 2010 年版）研究了宁波近代以来的地方法制建设，其中论及了民国前期宁波的地方制度与省议会之间的关系。

在对民国的浙江检察、律师制度的研究中涉及了民国前期浙江省议会立法。如倪集华、谢如程、范水姣的《民国时期浙江检察初探》（《浙江学刊》2013 年第 4 期）指出民国时期浙江检察对“建章立制”工作也比较重视，及时制定了较强操作性的法令规范，以推进、落实其检察各项工作。其他研究包括：陈柳裕的《民国时期的浙江律师业——以杭县律师公会为中心的分析》（《浙江工商大学学报》2008 年第 6 期），王策来的《浙江近代审判机关的沿革》（《观察与思考》2001 年第 4 期），赵大川的《晚清民国时期浙江法政学校》（《法治研究》2007 年第 3 期）。

3. 浙江民国史研究中的民国前期浙江省议会立法

余绍宋主纂的《重修浙江通志稿》（方志出版社 2010 年版标点本）第 64 册议会篇，描述了浙江省临时议会和三届浙江省议会的大致情况。汪林茂的《浙江辛亥革命史》（浙江古籍出版社 2011 年版）第六章“浙江资产阶级革命的胜利和终结”中论述了辛亥革命期间浙江议会制度的建设。金普森的《浙江通史·民国卷》(上)(浙江人民出版社2005年版)在论述浙江1912年至1927年的历史时，论及了民初浙江军政府时期的立法，而对其他时期的立法没有涉及。陶士和的《浙江民国史研究通论》(中国社会科学出版社2007年版)对于民初浙江军政府和浙江省临时议会的立法，以及1920年代的浙江省宪法的制定进行了描述和评析。

(四)对上述研究成果的评析

1. 民国中央立法与民国前期其他各省议会立法的研究能够对民国前期浙江省议会的立法研究提供一定的支持。目前对于民国中央立法，其中包括中央国会立法的专门研究成果已有一些成果，主要有：《民国立法史》、《近代中国立法史》、《民国初年的法治思潮与法制建设：以国会立法活动为中心的研究》。在民国议会史、民国宪政史、民国政治史、民国通史中会涉及一些民国前期议会立法的问题，但是内容不多，研究不够深入。对民国前期议会的研究，经历了从总体性、宏观研究向区域性、微观性研究的变化。对于民国前期各省议会宏观研究成果目前日益增多，主要有专著和硕博论文。对于研究各省议会微观研究的期刊论文也逐渐增多。但是这些研究主要是从政治学的角度，涉及选举、党派以及议会与省长关系等方面。目前省议会的研究涉及全国一些省的民国前期议会，但是研究者非常分散，没有形成研究合力。目前专门对民国前期各省议会立法的研究还是没有，只是在已有的议会研究中会涉及一些省议会议案的情况。

2. 对于民国前期浙江省议会立法全面、系统的研究还没有。民国浙江法制史中会涉及浙江地方立法问题，但是民国浙江法制史的研究非常薄弱，专门系统研究浙江民国法制史的学者还没有，研究成果也非常少。目前专著只有1949年以前的《浙江制宪史》、2000年以后的《浙江省宪研究》和《宁波近代法制变迁研究》，后两本专著是作者博士论文出版而成。已有的论文也非常少，且内容主要集中于司法制度，作者主要来自司法机关，也没有后续的研究。目前对于浙江省议会立法的相关研究主要存在于民国浙江议会史、民国浙江通史的研究中，研究角度主要是政治学。对民国前期浙江省议会的宏观研究和微观研究虽有一些，但是成果较少。对于民国前期浙江省议会研究的主要学者是沈晓敏，但是他的研究是从政治学角度，对民国前期浙江省议会的全局性研究，其中虽有对议案的研究，但是内容很少，不够深入和全面。其他学者的研究集中于民国前期的浙江省议会，主要是对浙江省临时议会和第一届浙江省议会的全局性研究，或是对议会通过的某一立法的研究，成果很少也很零散。

四　研究方法

（一）文献研究法

对历史的研究，文献方法是一种主要的方法。1911—1926 年浙江省议会的立法作为一段历史活动，对于浙江省议会立法最主要的文献是有关浙江省议会议决案、文牍、议事录和议员质问书。这些文献全面地展现了当时浙江省议会决议案的内容及议决案的产生程序与实施的状况。当时刊登了大量与浙江省议会立法相关内容的报刊杂志也是文献的主要来源之一，主要有：《申报》、《浙江军政府公报》、《浙江公报》、《东方杂志》、《汉民日报》、《之江日报》、《浙江公报》、《民国日报》、《益世报》等。其他文献还包括与浙江议会立法研究相关的地方志，各级政协所编印刊行的文史资料、档案、古籍、名人文集、回忆录、传记等。

（二）比较研究法

比较研究法是法学研究的一种重要方法，对不同的法律制度进行比较，可以了解每一种制度生成的文化底蕴、道德伦理基础及其历史合理性。本书在研究中对清末浙江省咨议局、浙江军政府时期的浙江省临时议会、浙江省三届正式议会的立法进行比较，研究它们的不同之处，找出其议会发展的规律。同时本书也对民国前期浙江省议会与当时其他省议会的立法作比较，发现其异同，分析其原因。

（三）区域史研究法

区域史研究法作为史学的一种重要的方法，对于民国前期浙江省议会的研究无疑具有独特的功用。区域史研究是专门考察、分析某一地区历史变迁的史学工作。从区域史视角出发，可以发现浙江的历史、文化、政治、社会、甚至地理环境等各方面都与民国前期浙江省议会立法有着密切的联系，是影响浙江议会立法不可忽视的因素。反之，浙江省议会立法对浙江的政治、经济、社会也产生影响。区域史研究法研究浙江省议会立法是把浙江作为整体中的一个局部，可以通过分析这一局部，进而认识当时整个民国前期全国各地省议会立法的状况。中国疆域辽阔，只有把一个区域社会的地方议会立法历史研究透了，才能把整体民国议会史的研究推进到一个新的高度。

第一章 古代浙江和清末浙江咨议局立法

第一节 古代浙江地方立法

我国疆域辽阔，自古以来各地地理、气候、物产，以及人们的风俗习惯、生活方式各有不同，经济和文化也有很大差异。在《礼记·王制》就有言："凡居民材，必因天地寒暖燥湿，广谷大川异制，民生其间者异俗，刚柔轻重，迟速异齐，五味异和，器械异制，衣服异宜。"[①] 明代王士性对各地差异描述为："江南饶薪，取火于木，江北饶煤，取火于土。西北山高，陆行而无舟楫，东南泽广，舟行而鲜车马。海南人食鱼虾，北人厌其腥，塞北人食乳酪，南人恶其膻，河北人食胡葱、蒜、薤，江南畏其辛辣。而身自不觉。此皆水土积习，不能强同。"[②] 各地不同的特点与全国法律的统一就势必产生矛盾。而地方立法的功能就可以调和两者的矛盾。中国古代地方立法不是中央针对某一地方的立法，而是地方政府针对本辖区的事务自主制定的相关法律法规。在中国古代，地方立法作为国家法律体系的有机组成部分，发挥着补充和辅助国家法律实施的功能。

我国古代地方立法早在战国时期就已经开始出现，如《语书》作为云梦睡虎地 11 号秦墓中出土简册的一种，是南郡守腾在秦始皇二十年对县、道官员发布的告示，这些告示体现了秦在南郡的统治以及秦王朝律令的颁行。[③] 在汉代，地方法律形式有教令、科令等。这一时期，太守专郡，综理庶绩，权力甚重，根据地方施政需要颁布教令、科令等。在唐

---

① （清）孙希旦：《礼记集解》，中华书局 1989 年版，第 358 页。

② （明）王士性：《广志绎》卷一《方舆》，中华书局 1981 年版，第 7 页。

③ 参见陈伟：《燕说集》，商务印书馆 2011 年版，第 303 页。

代，敦煌出土的伯3560《唐沙州敦煌地区灌溉用水章程》是当时对中央法规《水部式》进行具体执行的地方性水利规范。[①] 在宋元时期，发布告谕已成为地方长官施政经常采用的法律形式，其内容涉及农田、水利、税收、司法等。

明代地方立法出现了繁荣的局面，法律形式更加多样化，立法数量也远远超过前朝。特别是明代中后期，地方立法活动空前活跃。当时，除省、府、州、县各级长官发布了大量的政令和制定地方法规外，朝廷派出巡按各地的官员也针对地方的时弊，以告示、禁约、条例、则例等形式颁布地方性法规。但是明代的地方立法主要体现为地方官员的各类告示，"榜文"、"告示"、"布告"等名称混相使用。"明代中叶以后，为了体现'上下有别'并区分其适用地域的范围，皇帝和中央机构及长官的布告通常称榜文，地厅各级政府和长官的布告则称为告示。"[②]

清代官方虽然没有对地方法律形式进行明文的法律规定，但地方官员在施政过程中，在中央及上级衙门的立法范围内，采用了比较稳定的法律形式来发布法规政令，比较常见的有条约、章程、规条、告示等。清代地方立法中省例的编纂标志着我国历史上地方立法进入成熟阶段。清代的省例是以地方性事务为规范对象、以地方行政性法规为主体、兼含少量朝廷下达的有关治理本地区的法令。它的编纂是在省级政府长官的主持下集体智慧的结晶，是该省重要的法律文件的汇编，具有长久的约束力。与前朝的地方立法主要是由长官个人完成，存在着人亡政息的特点。清代省例的内容和编纂形式已相当完备，在本省范围内具有普遍的、长期相对稳定的法律约束力。省例作为补充国家制定法的一种独立法律形式，它的地位和效力得到社会的普遍承认。[③] 现存的代表性清代省例有"《治浙成规》、《成规拾遗》、《晋政辑要》、《西江政要》（分别有布政司本和按察司本）、《福建省例》、《广东省例》、《粤东省例》、《粤东省例新纂》、《江苏省例》（包括初编、二编、三编和四编）、《四川通饬章程》、《豫省成例》、《山

---

① 参见宁欣：《唐代敦煌地区农业水利问题初探》，载《敦煌吐鲁番文献研究论集》（第三辑），北京大学出版社1986年版，第467页。

② 杨一凡、王旭编：《古代榜文告示汇存》"序言"，社会科学文献出版社2006年版。

③ 参见杨一凡：《〈中国古代地方法律文献〉前言》，载杨一凡、刘笃才主编《中国古代地方法律文献 甲编》（第1册），世界图书出版公司北京公司2006年版。

东宪规》和《湖南省例成案》等十余种。”[①]从总体上看，“中央对地方的控制由粗疏而越来越严密。集权制度在照顾地方特点的前提下，对于地方事务的干预程度越来越多。”[②]

古代的地方立法机关是地方各级衙门，它们在中央立法及上级立法范围内享有一定的立法权。例如清代法律所规定的地方各级官员的职权也是一个立法权的大致范围。《清会典》载：“直省设总督统辖文武，诘治军民；巡抚综理教养、刑政；承宣布政使司掌财赋，提刑按察使司主刑名；粮储、驿传、盐法、兵备、河库、茶马、屯田及巡各道核官吏，课农桑，兴贤能，砺风俗，简军实，固封守。督抚挈其纲领，司道布其教令，以倡各府。府有知府、同知、通判，以倡州县。州有知州、同知、判官，县有知县，有丞，有主簿，各治其田土、户口、赋税、词讼。”[③]

一 古代浙江地方立法的沿革

自秦朝郡县制建立以来，开始有中央和地方之分。中央政府掌管全国事务，地方政府掌管地方事务。而作为郡（省）一级的官员，其主要的职责是对最基层的州县级官员发布命令以及向他的上级直至中央各部汇报工作。因此，“地方的行政全在州县官们手中，没有他们，地方行政就会停滞。”[④] 作为地方首脑的州县官必须掌管地方所有行政司法事务和道德教化，即司法、税收、治安、教育、救济、宗教等。正如《清史稿》对知县的职责表述：“知县掌一县治理，决讼断辟，劝农赈贫，讨猾除奸，兴养立教。凡贡士、读法、养老、祀神，靡所不综。”[⑤]

公元前221年秦始皇统一中国，分天下为三十六郡。在原吴越之地设置了会稽郡，浙江从此纳入中华大一统王朝的治理之下。自秦、汉、魏晋、南北朝以来，现今浙江之地的政区归属，一直与现江苏南部、安徽南部、江西东部和福建北部联系在一起，分分合合，互为统属。浙江作为一

① 王志强：《法律多元视角下的清代国家法》，北京大学出版社2003年版，第21页。

② 刘笃才：《中国古代地方法制的功能结构与发展》，《北方法学》2012年第1期。

③ 《清会典》卷四《吏部》，中华书局出版社1991年版，第29页。

④ 瞿同祖：《清代地方政府》，法律出版社2003年版，第29页。

⑤ 赵尔巽等：《清史稿》（第十二册），卷一百一十六，志九十一，《职官》三，中华书局1977年版，第3357页。

个相对独立的地域社会，是在明代时最终确立的。浙江以往分属于不同地方政治权力中心统辖的各府、州、县，从明代起同处于一个地方行政的管辖制控之下，直至今日。

浙江自秦以来建立郡县制，地方政府便进行地方立法来管理地方事务。到了明代尤其是明中后期，浙江地方立法开始大量出现，形式包括条例、申文、告示、地方则例以及禁约、告示等。明代中叶以后，倭寇骚扰、盗贼四起，在传统乡村社会秩序遭到破坏的形势下，地方官员纷纷重建保甲制以维护乡村社会的稳定。如嘉靖至万历年间，海瑞在其任官的十八年中，就曾制定《兴革条例》、《禁约》、《量田则例》、《督抚条约》等地方法规。明朝天启年间，为维护地方治安，浙江海盐知县樊维城制定《保甲禁约》20章，《海盐县图经》对此记载：

> 诸市镇，砂腰、鲍郎近盐场，多盐徒出没。欤城左右，或隐屏鼓铸。沈荡、殃石间多湖，湖多支港，盗贼时见告。澉浦近黄湾，乍浦近澿阙，皆邻邑，有海径，可舶往所不可往，尤不易剔防。今知县樊公维城，为保甲禁约二十章，首曰私盐，曰私钱，曰网船，曰下海船。而弭盗之政，如曰：捕快各直信地，哨船昼夜巡逻，总甲稽查游棍，邻里互相救援。画一精详，所用为邑乡镇，计安至矣。①

二　古代浙江地方立法的形式

浙江古代地方立法形式很多，在清代省例出现以前，地方立法的主体是地方政府长官，其立法并无立法体系之完整，往往是针对特别事项进行零星的立法。这些法律形式包括条约、章程、规条、告示等。同一级衙门可能使用不同的法律形式，同一事务可能由不同的法律形式来调整，但这些法律形式之间还是有一个大概的效力等级。

条约在明代就已经很完善，在清代得到了进一步发展。在清代，条约的地位较高，针对的都是地方比较重要的政务。条约的内容全面、条款详尽，效力比较稳定，为清代地方官员所重视。康熙年间，陆寿名、

① （明）胡震亨辑注：《海盐县图经》卷一《建置》，浙江古籍出版社2009年版，第15页。

韩讷辑《治安文献》卷一云："条约者，举每部之大纲，而兼总条贯之文也。或谕之通都。或刊之策首，或径自颁行，或请于上而后行，以其不专一款，故不敢混诸告谕条议中，而特冠简端，俾阅者知其事之大凡云尔。"①

章程一般是为办理某项具体政务而拟定的详细条款，具有很强的行政指导性，应用次数多，针对性较强。地方各级官员都可以直接拟定章程。下级官员在向上级请示办理某项政务时也可以附带章程，但需要经过上级的批示。还有一些州县的章程是由州县官与士绅合议制定的，规条规范的事项，相对于条约、章程，是更为具体的条款，相对简略，使用也比较灵活。清代州县官应用这种法律形式公布法规的情况也较多。

告示是古代地方各级政府向公众公开发布的官方文书。其目的是针对时弊或某种具体事项，文字一般比较简洁。告示一般由四部分构成：1. 名称，表述为：为……事；2. 立法理由，表述为：照得……；3. 立法内容，表述为：为此示仰……知悉……；4. 违法的后果。明代以前，官方告示类文件的称谓有多种，不同历史时期的称谓也有变化。"进入明代以后，君主和朝廷六部的布告称榜文，地方各级政府和长官的布告则称为告示。"② 浙江自宋代以来开始出现官员的告示。到明清时期，在浙江任职的地方官员发布了大量的告示。这些发布告示的官员大都政绩显然，有些还受到皇帝赞扬。他们建学校、修义仓、惩凶顽、旌德耆。这些官员包括曾任温州知府的文林③，曾任永嘉知县的汪循④，曾任淳安知县的海瑞⑤，曾任嘉兴和杭州知府的方扬⑥，曾任兰溪知县的庄起元⑦，曾任浙江总督的李之芳⑧，曾任会稽知县的张我观⑨，曾任

① （清）陆寿名、韩讷辑：《治安文献》卷一，清康熙刻本。

② 杨一凡：《明代榜例考》，《上海师范大学学报》（哲学社会科学版）2008 年第 5 期。

③ 详见杨一凡、王旭编：《古代榜文告示汇存》（第一册），社会科学文献出版社 2006 年版，第 429—440 页。

④ 同上书，第 441—450 页。

⑤ 同上书，第 473—476 页

⑥ 同上书，第 525—554 页。

⑦ 同上书，第 661—714 页。

⑧ 同上书，第 1—206 页。

⑨ 同上书，第 437—530 页。

天台知县的戴兆佳[①]等。

浙江地方官员发布的告示中很大一部分是没有约束力的道德教化和警告。内容涉及息讼、社会稳定和治安等。如文林的《永嘉喻明教条》，对于兄弟之间平息争产的劝告，指出："同居兄弟为产相争，异姓姻亲因事互许。缘小愤而成大狱。遂一朝而毁终身。试思百年有尽，好讼何为？"[②] 如张我观的告示《严禁蠹棍等事》指出："庸愚黎庶，未谙大义或因睚眦，微嫌语言，雀角不知忍小，不思曲直，稍拂其意，即图告理，以为财可通神，预先打点衙门或曰讼师有包输赢之手……岂知片纸一准加之票差衙役多方嚇诈，种种弊端，不一而足。伊时私愤未泄，而小户之家而破其半矣。"[③] 此外还有海瑞的《招抚逃民告示》、方扬的《嘉兴府关防示》和《杭州府关防示》有关预防诈骗的治安预警等都是属于没有约束力的警告。

在地方官员发布的告示中，很大一部分内容直接关系当事人的权利和义务，还规定了惩罚措施和诉讼程序，其性质则属于地方立法。一些告示涉及地方政府对地方行政事务管理的各个方面。在市场管理方面，如严禁粮食囤积的《严禁囤积等事》[④]；社会治安方面，如《示禁渡夫勒诈》、《申严夜禁》[⑤]；社会救济方面，如《示给船户口粮》[⑥]；地方保甲制度方面，如《饬行团练保甲告示》[⑦]；改善社会风俗方面，如《禁止沿街夜唱》[⑧]、《严禁妇女等事》[⑨]；预防火灾方面，如《晓饬事》、《严饬蓄水等事》[⑩]；军律管理方

---

① 详见杨一凡、王旭编：《古代榜文告示汇存》（第一册），社会科学文献出版社2006年版，第337页。

② 同上书，第665页。

③ 同上书，第479页。

④ 详见《张我观告示》，载杨一凡、王旭编：《古代榜文告示汇存》（第五册），社会科学文献出版社2006年版，489页。

⑤ 详见《李之芳告示》，载杨一凡、王旭编：《古代榜文告示汇存》（第四册），社会科学文献出版社2006年版，第27—28页。

⑥ 同上书，第49—50页。

⑦ 同上书，第59—60页。

⑧ 详见《张我观告示》，载杨一凡、王旭编：《古代榜文告示汇存》（第五册），社会科学文献出版社2006年版，第455页。

⑨ 同上书，第501页。

⑩ 同上书，第497—500页。

面，如《示禁门兵需索》[①]、《示禁汛防扰害》[②]、《申严军令条约》[③]、《示禁悍兵旗厮骚扰》[④]、《示禁兵厮沿江骚扰》[⑤] 等。对于这些禁止事项，除了对当事人的处罚外，对于相关通风报信，容隐者也要追究相应的责任。一些告示也涉及对官员本身的行为规范。如《晓谕立法辨认截发良民》中规定在纠查良民截发时，“有县胥里甲乘机借端勒贿者或经告发或经本院访闻，立即严拿处死，绝不姑贷”。[⑥] 告示还涉及规范诉讼制度方面，主要包括息讼、防止诬告、防止讼师滥讼等。如文林任温州知府期间，发布《温州府约束词讼榜文》，其中规定了里甲老人调处纠纷的职责：“老人里甲与乡里人民住居相接，田土相邻，平日是非善恶无不周知。凡民有陈述者，即须会议从公剖断。许用竹篦荆条量情决打。若不能决断，致令百姓赴官紊烦者，里甲老人亦各杖断六十。七十以上者不打，依律罚赎。若里甲老人徇情作弊，颠倒是非者，依出入人罪律论。”[⑦] 告示规定了庭审过程中“民户词讼并要正身，不得令妇人老幼抱诉。如实有事故并须声说，违者俱罪不准。”[⑧] 告示中还规定对书状人的责任。例如，“如论不干己事及不依式者并扶捏妄告，书状人一体科罪。”[⑨] 告示规定了诉状的模板：“状人某人年几岁某县某都某鄙，有无疾病。状告某事。状后云，即不敢越诉或隐匿限期。如违，甘伏断枷号。某处大人施行，不得称青天廉明等语字样。俱照中指面大。某年月日，告状人某人状，书状人某勘验耆民某人歇家某人住某处”。[⑩] 对于违反告示除依照中央的律处罚外，还规定了当地的处罚，如对于违反诉状格式的书状人“除科罪外，定追毁

---

① 详见《李之芳告示》，载杨一凡、王旭编：《古代榜文告示汇存》（第四册），社会科学文献出版社 2006 年版，第 2—3 页。

② 同上书，第 13—15 页。

③ 同上书。

④ 同上。

⑤ 同上书，第 48 页。

⑥ 《李之芳告示》，载杨一凡、王旭编：《古代榜文告示汇存》（第四册），社会科学文献出版社 2006 年版，第 44 页。

⑦ 《文林告示》，载杨一凡、王旭编：《古代榜文告示汇存》（第一册），社会科学文献出版社 2006 年版，第 432—433 页。

⑧ 同上书，第 437 页。

⑨ 同上书，第 436 页。

⑩ 同上书，第 439 页。

所给图书”。[1] 郑端的《饬谕事》中对代写文书予以规范化，其中规定：“呈状必据原告口吐真情。代书据实自写，不许用其来稿。如有来稿必查阅稿系何人做作，状尾开注做稿姓名，以凭根究。倘或代书徇庇不注，一并查究不贷。”[2] 一些告示还很详细地列举了诉状的种类：“人命告检式、告盗情状式、告辩盗状式、告奸情状式、告打诈状式、告地土状式、告婚姻状式、告赌博状式、告陵夺状式、告保盗状式、告贪污状式、告故勘状式、告科歛状式、告侵欺状式、告势豪状式、告财产状式、告钱物状式、告欺害状式、告唆诬状式、告诡隐状式、告抗粮状式、告重收状式。”[3]

三　古代浙江地方立法的内容

浙江地方立法，一部分是与皇帝、中央机构制定的榜文、圣谕和条例有重合，是对中央立法的进一步强调。如庄起元的告示《论齐民檄》中对于市场管理强调按照中央的律来执行：“如积行把持、多索牙用、市棍兜骗欺辖卿民、及在官衙役役朋托为奸、假公济私、指官赫诈等项，访实依律究遣。”[4] 除了强调按照律来处置外，对于律没有的还另外规定了处罚。如清朝李之芳在任浙江总督时颁布告示《示禁兵棍抢夺》，规定对于经过钱江西岸的商民遇有不法兵厮和地方奸棍抢夺财物的，即时喊地方巡逻官兵捉拿，对抢夺者予以重究。对于官兵坐视不救的，“以扶同容隐一体治罪绝不轻贷”[5]。又如告示《初立法征收钱粮告示一道》[6] 规定了地方在征收国家税收时具体的登记稽查制度。

另一些的浙江地方立法是针对地方的实际情况，对中央立法进行细化

① 《文林告示》，载杨一凡、王旭编：《古代榜文告示汇存》（第一册），社会科学文献出版社 2006 年版，第 438—439 页。

② 《张我观告示》，载杨一凡、王旭编：《古代榜文告示汇存》（第五册），社会科学文献出版社 2006 年版，第 445 页。

③ 《郑端告示》，载杨一凡、王旭编：《古代榜文告示汇存》（第五册），社会科学文献出版社 2006 年版，第 244—254 页。

④ 《庄起元告示》，载杨一凡、王旭编：《古代榜文告示汇存》（第一册），社会科学文献出版社 2006 年版，第 668 页。

⑤ 《李之芳告示》，载杨一凡、王旭编：《古代榜文告示汇存》（第四册），社会科学文献出版社 2006 年版，第 23 页。

⑥ 详见《庄起元告示》，载杨一凡、王旭编：《古代榜文告示汇存》（第四册），社会科学文献出版社 2006 年版，第 489—490 页。

和延伸。如明代江南官田的租额特别重。《明史·食货志》载："初，太祖定天下官、民田赋，凡官田亩税五升三合五勺，民田减二升，重租田八升五合五勺，没官田一斗二升。惟苏、松、嘉、湖，怒其为张士诚守，乃籍诸豪族及富民田以为官田，按私租簿为税额。而司农卿杨宪又以浙西地膏腴，增其赋，亩加二倍。故浙西官、民田视他方倍蓰，亩税有二三石者。大抵苏最重，松、嘉、湖次之，常、杭又次之。"① 每亩官田的税额达到二三石，这几乎已是当时正常年景下一亩水稻的最高单产量。由于江南官田赋税特重，佃农不堪重负，拖欠、逃亡的现象日益严重。从宣德年间起，明廷多次变更官田租额，减免税粮，以减轻江南农民的负担。宣德五年（1430年）的诏书规定："旧额官田租，亩一斗至四斗者各减十之二，四斗一升至一石以上者减十之三。"正统元年（1436年），皇帝又下令浙江及苏州、松江等地的官田，"准民田起科，秋粮四斗一升至二石以上者减作三斗，二斗一升以上至四斗者减作二斗，一斗一升至二斗者减作一斗"。对于这些立法。浙江地方官员进行了细化。正德年间（1506—1521年），湖州府把田赋科则一律分为官民两大类，官田自为一则，民田自为一则。嘉靖二十六年（1547年），嘉兴知府赵瀛在官民田各自为一则的基础上，进一步把官、民两则合并为一，称作"扒平法"，其内容是："田不分官民，税不分等则，一概以三斗起征，而山荡滩浜池淡水面瘠薄之地，亦各自为一则，以出正耗之征。"②

浙江地方立法还对中央的立法进行改革和创新。如明代初期确立的田赋和徭役制度，大都是以赋役黄册编制的里甲制为征派的依据，以里甲为单位征派赋税徭役的制度是建立在自耕农经济相对稳定的基础之上的。但是到了明代中叶以后，随着土地兼并的剧烈和大量农民的逃亡，这项制度已经难以实行。于是一些地方官员对此开始改革。浙江浦江县知县毛凤韶在嘉靖初年进行赋役制度改革。他将原先按里甲轮流承担的各种徭役归并在一起，根据全县各民户应缴的赋粮数，平均摊派到土地上去。即"各项赋役，如均徭，如里甲，如不时坐派物料，一以田粮为准，而不拘于里

① （清）张廷玉：《明史》卷七八《食货二》，中华书局1991年版，第1896页。

② 参见陈剩勇：《浙江通史·明代卷》，浙江人民出版社2005年版，第47页。

分，则赋役均而困苦苏矣。"[①] 一些浙江地方立法在中央立法没有的情况下还进行创新。"余姚知县周鸣埙于嘉靖四十二年（1563 年）试行'一条鞭法'，把夏税、秋粮、存留、起运额及均徭、里甲、土贡、雇募加银等多项赋税名目，归并在一起统一征收。平湖等县也推出了类似的赋役改革措施。嘉靖四十四年（1565 年），庞尚鹏巡按浙江，向朝廷呈上《请均徭役疏》，请求把余姚、平湖等县的'一条鞭法'推行到浙江全境。到了万历年间（1573—1620 年），在张居正的主持下，全国各地普遍推行'一条鞭法'。"[②]

四　古代浙江地方立法的载体

古代浙江地方立法的载体主要有公文和碑刻。

1. 公文

地方各级官员都通过一定形式的公文发布地方法规。上级官员对下级发布的牌、檄、札等公文，一般是具有普遍约束力的行政命令。下级官员呈报上级的详、察、呈、由等公文，经上级官员批示以后转发辖区内其他衙门，从而在辖区内具有普遍的约束力。一篇地方公文的内容往往很冗杂，其中的规范性内容比例很小。就整篇公文而言，只能是法律的载体，不是一种法律形式。例如各省布政使经督抚批示的详文，一般由四部分组成：（1）名称；（2）按察司、布政司申详的时间、程序、申详人；（3）地方政务中出现的主要问题及具体的处理措施，或附详细的章程、规条；（4）督抚的批示。这些详文通过督抚的批示获得了通行全省的效力，详文中具体的处理措施或章程、规条就成为地方法规。

2. 碑刻

古代地方立法从明中晚期开始出现，以碑石为载体。尤其到了清代，"勒碑示禁"是地方禁令公布和实施中最为常见的标志，同时也得到国家法律的认可。在《钦定大清会典则例》所载各部禁例中，频繁出现"勒石严禁"。《户部》"催科禁例"中记载了浙江的"勒碑示禁"："顺治十二年覆准，江南财赋繁多，经收诸役包揽侵渔，保长歇

① 《浦江志略》卷五《贡赋》，《天一阁藏明代方志选刊》第 5 卷，第 10 页。

② 陈剩勇：《浙江通史·明代卷》，浙江人民出版社 2005 年版，第 52—53 页。

家朋比剥民，令严行察访，勒石永禁”。[①]“勒碑示禁”在清代的流行，在统治者看来，是政治清明和爱民恤商的重要举措。禁碑主要是为矫正地方弊端而刻立，是中央化解地方矛盾的重要手段。许多地方禁令都明确指明立碑地点，其中以府县衙署门前最为常见。其他则为人员往来频繁的交通要津、寺庙祠堂等。这一方面便于禁令的传播；另一方面也是地方官善履职责的明证。咸丰八年（1858 年）浙江永嘉县《奉宪勒碑》载：“倘胥吏等仍违定例，一经告发，立提究革，告示条款业已勒石碑于八都黄屿显政寺前。”[②]

浙江地方官员发布的禁令也多被刻载于石碑上。这些地方官员制定和发布的地方禁令针对性较强，具有鲜明的地方感和现场感。同时也与中央颁布的禁令有密切关联，是针对各地具体情况，以国家法律、榜文、圣谕和条例等条文或精神为基础加以细化和延伸。如浙江温州府及下辖各县自明清，尤其是在清代有大量的勒碑。[③] 明清的地方勒碑禁除了地方官府发布的示禁碑外，还包括地方绅民议定并经官府批准的“奉宪”自治禁碑。地方官府的示禁碑是地方碑禁中的核心，主要作用是将中央禁令贯彻于辖区，并针对地方情况制定新的禁令。而地方绅民协商议定并报官府批准后刻立的“奉宪”类禁碑，是地方绅民为制止特定弊端而商议制定并呈请官府批准实行的禁约，多以“奉宪”的名义公布，且大部分被刻载于石碑上。这类由官府批准实施的地方自治禁碑自明末率先在江南地区出现，至清代在全国各地广为流传。“在浙江永嘉县清代 26 通禁碑中，奉上谕圣旨刻立的有 3 例，知县自立的有 3 例，士民、僧人和身份不明共 3 例，余下的 17 例由族长、监生、地保等地方绅士呈请示禁，比例约占 65%。”[④] 由于经过了官府的批准，这些地方自治的碑禁也具有了国家权力的外衣。所以，也应该是纳入官府的示禁体系、属于地方立法的组成部

① 《钦定大清会典则例》卷三十六《户部·田赋三》，四库全书本，（第六百二十一）册，第 128 页。

② 叶芝秀等：《奉宪勒碑刻》，载吴哲明编《温州历代碑刻二集》（上），上海社会科学院出版社 2006 年版，第 176 页。

③ 这些碑刻的内容可详见吴哲明编《温州历代碑刻二集》（上、下），上海社会科学院出版社 2006 年版。

④ 李雪梅：《明清地方词讼禁令初议——以碑禁体系为中心》，载杨一帆主编《中国古代法律形式研究》，社会科学文献出版社 2011 年版。

分。在自治禁碑中，生员、绅耆等组成的民间精英在地方自治和法律秩序构建中发挥着主导作用。“在全国各地，都体现出具有地方自治特色的‘奉宪’类禁碑在明清碑禁体系中逐步增加的趋势。初步估计，这类禁碑在碑禁体系中约有2/3的比重。”①

第二节　清代的《治浙成规》

《治浙成规》是清代浙江的省例，共分八卷，收入法规164件，时间跨度从乾隆三十五年到嘉庆四年。②《治浙成规》是清代浙江地方性规范中最主要的表现形式。它的内容具有系统性和完备性，效力具有稳定性和持久性，其影响力在浙省之内具有普遍的法律约束力，不存在人亡政息的情形。

一　《治浙成规》的内容

《治浙成规》的内容主要是政府管理地方社会的规则、政府内部规则、官员胥吏的待遇俸禄以及刑事制度和诉讼规则，此外还有对常见民事纠纷的处理规则。

一是规范政府管理地方社会。《治浙成规》的绝大多数内容是涉及地方政府对地方社会各方面的管理。其体现为规范政府行为，避免给民众滋扰和负担，使社会能够正常运行。其内容涉及社会生活的方方面面。涉及土地管理方面的，如卷一的《开垦田地严禁滋扰四款》、《垦荒给照永为世业毋许勒充佃户》、《禁丈量补造鱼鳞册等事》；涉及市场管理方面的，如卷一的《收买小钱毋许假公济私滋扰闾阎》、《市廛牙铺居民戥秤尺斛斗升听从民便永禁官为验烙以免扰累》，卷二的《严禁大户钱粮勒折浮收》，卷四的《征收钱漕一律改用版串》；规范收粮方面的，如卷一的《浙江省仓收放南米章程》；涉及社会救济方面的，如卷三的《孤贫铎户口粮会同教官城守当堂按名散给》；涉及渔船管理

① 李雪梅：《明清地方词讼禁令初议——以碑禁体系为中心》，载杨一帆主编《中国古代法律形式研究》，社会科学文献出版社2011年版。

② 参见（清）不著撰者：《治浙成规八卷》，道光十七年刊本，载官箴书集成编纂委员会编《官箴书集成》（第六册），黄山书社1997年版，第313—673页。

的，如卷三的《商渔各船照票分别核验造册》、《沿海商渔船只给照稽查》，卷五的《稽查渔匪各事宜》、《渔网出口填入照票挂验稽查》；涉及城镇建设的，如卷二的《靠城居民听其安居毋庸拆迁》，卷三的《酌议外办省会城垣保固十五年为限》；涉及基层事务管理方面的，如卷二的《禁止勒派殷实农民生监充当地保庄长》；涉及消防方面的，如卷五的《杭城救火抢火等各事宜》，卷六的《杭城失火分别查参动项赈恤》；涉及丧葬管理的，如卷八的《厝棺被窃仅止撬缝凿孔及烧焗成洞抽取衣饰并未显露尸身一并免参》等。

二是政府内部的办事规则，官员及其工作人员的俸禄待遇。如卷一的《申明署员食俸定例》、《修署银两按食廉全半分别坐扣》、《丞倅州县及试用人员病故扶榇路费到任在任二年以内者分别准给路费》；卷二的《各属积习因循应行整饬条议各款》、《知县补缺划一办理》、《捐纳知县到浙未久病故照案酌给银两》、《详派佐杂各员养廉内扣津贴饷差银两》、《给发赴补赴选对省咨文限三日内转发原籍地方官亦限三日内给发本员收领》、《司狱等官赴省验看酌委佐杂代理》、《革禁积弊以省糜费四条及札府洗除积弊整肃吏治》；卷四的《丞倅州县病故到任未及半年者分别省分远近给发回籍路费银两》、《酌定佐杂微员事故分别给勘合路费章程》、《试用知县未经到省注册在途丁忧酌给路费》、《丞倅州县病故到任未及半年者分别省分远近给发回籍路费银两》；卷八的《严肃吏治各条》等。

三是有关刑事审判及诉讼制度方面。如卷五的《内结重案初报之后务于半月内招解不必等候院批》、《零星小窃人赃并获者地方官审明径行发落于月底造册报查》、《查缉逆匪马朝柱等各犯规条》、《案犯报病章程》、《锢婢二十五岁以上照例治罪并许亲属领回不追身价》、《通缉逃犯以州县奉文日起扣限六个月结覆务于覆文内声明奉文送结各日期》、《案犯在逃如三个月内无获即行详明起限先就现犯审结若实在难以先审亦须届期详明请示并轻罪人犯囚粮不许短给》、《寄买贼赃须先令贼犯供明是否知情分别办理不得一概拘讯亦不许捕役查起》；卷六的《办理盐案章程》、《办理积匪章程》、《酌定缉捕事宜》、《在配军流徒犯患病不必通报》；卷七的《浙省仿照江南改定办理积匪章程》、《窃贼三年无犯隆冬免其拘禁》、《私盐案件如应题咨内有百觔以下应拟枷责之犯摘出另结》、《积匪猾贼分别案数定拟亲属相盗及窃无人看守之物免并计》、《窃盗再犯前犯一次在赦前免其并计仍作初犯又值恩赦准免其罪仍应刺字》、《窃盗初犯再犯未曾援赦免计直至三犯始遇恩诏分别减等免计》、《祖父母父母呈首子孙违犯之案查明分别详解办理》、《徒犯毋庸专发驿丞收管》、《浙省办理海口营务缉捕各条章程》；卷八的《闽浙办理洋面捕盗事宜各条章程》、《盗案俱归上盗地方参缉船户在别邑呈报者就近讯供移解》、《定海县悬海村庄团练乡民防御洋盗酌给鸟枪沿海各邑情势相同者听该守令议禀》、《词状被告干证佥发差票细心核删不许牵连妇女多人》、《严禁书差门丁传词坐承坐差等弊》等。

四是有关民事纠纷的解决。由于基层民事纠纷较多，《治浙成规》中有大量的涉及典当、失火、失窃等事项的调整。尤其是涉及多方民事责任的典铺、染铺 失窃，如船户、脚夫托运或客店住宿发生失窃的问题。如卷二的《贼犯当赃犯事到官令事主措备一半本银赴典认明回赎》；卷三的《浙省外结之赃令事主备半价回赎之旧议删除》；卷四的《沿江沿海天涨沙涂其前后左右均系灶地应归灶户升科如无灶地毘连应听民升民灶相连之处各按子母相生之例分管以息讼端》、《会详新沙民灶分管章程》；卷五的《典铺窃赃先行查起给主于犯属名下追还当本》、《行舟被窃责令牙埠船户先行赔赃》、《典铺被失分晰议赔》；卷六的《染铺被窃酌议赔偿》、《客商专雇之船船户揽搭被窃分别赔赃并令装客停泊各船置梆轮流击柝看守》、《典中失赃查出现当别典者着原典主备价取赎》、《航船被失分别赔赃》、《客商在行被窃货物银钱分别议赔》；卷七的《民间告赎田产将满三十年者应令备价缴库俟契价交足之日扣算曾否已逾年限分别定断》；卷八的《挑夫中途换担窃逃押令牙店及原保夫跟寻逾限不获先着全赔重大货物着牙行添雇夫头跟随》等。

省例绝大多数是由省级政府主持制定，少数是先由地方官员提出建议，经中央批准。在《治浙成规》收入的法规中，其中只有少数是本省提出立法建议再由皇帝或中央个部批准，或是直接将他省咨文通饬遵行。例如《治浙成规》卷四中的《新沙民灶分管章程》，适用的是江苏的章程，而这一适用也是经过中央批准的。对于浙江的沙洲纠纷，户部认为："浙江沿海各处有新涨沙洲，互相争夺之案，此后均应照江苏省奏定章程办理。无论接涨突涨一律归公……将现在有无沙地查明详办，具已经定案升科管业者均毋庸查办以杜纷扰。”①

二 《治浙成规》与中央立法的关系

从与中央立法的关系来看，《治浙成规》可分为三种类型，一是进一步重申和强调中央立法。在《治浙成规》八卷164件法规中，属于此类的极其少数。二是在适用中央立法法过程中，对一些不是特别明确条文作出明确的解释。如雍正七年中央制定条例："积匪猾贼为害地方，审实，不论曾否刺字，改发云、贵极边烟瘴充军"，处罚远重于一般窃盗，但对适用对象未作进一步明确解释。《治浙成规》对此做出了解释性的规定。《治浙成规》卷七中有《浙省仿照江南改定办理积匪章程》②、《积匪猾贼分别案数定拟亲属相盗及无人看守之物免并计》③ 等类似的规定。三是在中央立法出现空白，没有规范可以援引时，地方可以根据具体实际情况制定适合本地方的办法。

由此可见，《治浙成规》与中央立法的关系以服从中央立法为前提，但同时在某些情况下，可以对中央立法进行适当的补充和发展。所以，相对于中央立法，《治浙成规》处于辅助性地位。如清人王有孚所言："条例是国家令典，天下通行，一律遵办。省例是外省申详事件酌定章程，各就一省而言。"④省例须与中央立法保持一致，是由古代中央集权制所决定的。各地的省级官员的任免都是由中央决定，所以他们不可能在地方立法的过程中与中央的立法分歧。另一方面，中央也能够通过官僚体制对地方立法层层加以制约。地方督抚享有制定省例的决定权。而其下的县、府、道和藩臬二司等各级官府只有逐级建议和申报的权力。尽管布政使和按察使二司在很多情况下享有立法的起草权。但是它们并没有最终的决定权，它们提出的草案还要经过都督和巡抚的两级批准，才能生效。所以，在这种层层的审批过程中，官员之间得以互相牵制。在这种环境下，省例不可

① （清）不著撰者：《治浙成规八卷》，道光十七年刊本，载官箴书集成编纂委员会编：《官箴书集成》（第六册），黄山书社1997年版，第487页。

② 同上书，第589—590页。

③ 同上书，第605—606页。

④ 徐栋编：《牧令书》卷十七《刑名上》，引王有孚《一得偶谈》，道光二十八年刻本。转引自王志强《法律多元视角下的清代国家法》，北京大学出版社2003年版，第27页。

能与中央立法有重大偏离。此外，在诉讼方面，由于重要案件实行逐级审转复核，地方督抚监督属下，中央刑部监督各省。这不仅避免了地方的司法专断，而且防止了地方立法的特立独行。例如在《治浙成规》卷八中的《挑夫中途换担窃逃押令牙店及原保夫跟寻逾期不获先著全陪重大货物著牙行添雇夫头跟随》，对于挑夫中途换担货物被窃的纠纷，首先是按察司提出意见，经过督府审核后提出了不同的意见，后经抚部院的审核，最后发布，这使得规则的规定更加全面和深化。也可以从中看到省例在制定中各级官府之间的监督，使之不与中央的立法相偏差。

《治浙成规》卷八《挑夫中途换担窃逃押令牙店及原保夫跟寻逾期不获先著全陪重大货物著牙行添雇夫头跟随》，首先是按察司的意见是即令行户保夫共赔一半，原夫亦赔一半：

> 浙江常山县地接江西玉山，间隔余里，为云贵川广两湖等省通衢，商旅差使往来络绎。凡有行李货物过山，均系投行转交歇夫店家保雇人夫挑运或数十名或数百名先后陆续前行，单身孤客人势难自行照看。历系专责行户保家代雇诚实妥夫付给小票令至玉邑行家交卸，照票收货。玉山至常亦然，因脚夫五方杂聚，交相往来就便揽运，奸良不一，每有揽挑之夫，即系匪人或在中途挖窃重值之物，弃担逃走，或竟将行李货物全行窃逃。有累行客羁留查追无著……按与成规所载，船户图利中途搭附匪人，以致失窃者情事相同。自应仿造专责挑夫全赔。但挑夫类多穷苦，若竟照船户之例令其独赔，转恐怕有名无实。查行户保夫并不先事防范告诫，以致冒昧换担，咎亦难辞。自应并令分赔，第恐狡诈挑夫因有行家分赔赃物或自行窃匿，藉词捏饰，又不可不防其渐……若由挑夫在中途换担致被匪夫窃逃者，讯无串窃分赃，即令行户保夫共赔一半，原夫亦赔一半，仍押同原夫跟缉贼犯如贼数较多，有至及贯满贯者，即将原夫管押，统俟缉获正犯质明是否知情串窃，分则究追。如此严立禁条在行户保夫，知有责成不敢轻率保雇，而脚夫畏累亦不敢冒昧换担，庶商旅得以安行矣。①

① 官箴书集成编纂委员会编：《官箴书集成》（第六册），黄山书社 1997 年版，第 643—645 页。

总督部堂玉不同意行户保夫共赔一半，原夫亦赔一半，要求牙行歇店保夫先行全赔，以恤商旅：

> 查常山玉山一带为商贾往来要道，所需人夫向系该处牙行歇店保夫人等，并不引用抽取用钱肥橐，自当不许中途换担，设偶尔疏失，应饬地方官选派干役押令牙店及原保夫立限跟寻究，追逾限无获，即着落牙行歇店保夫先行全赔，以恤商旅，而专责成。今据称挑夫在于中途换担被匪窃逃者，议原夫赔偿一半，不知此等挑夫均系日趁穷民安有家赀可以赔还，是难有议赔之名，仍无赔偿之实。而牙店保夫仅令赔偿一半，亦必藉口，因人连累互相推延，使远来客商守候无期，殊欠妥协，再过往商贾或有重大货物需用人夫，多者应否着落牙行，添雇夫头数名跟随管押，其押夫所需饭钱为数无几，即令客商自行应付，再悉心妥一，另详察夺，毋任饰混未便仍候。①

抚部院同意总督部的意见：

> 抚部院批示，缴奉此查先于嘉庆六年四月初二日奉
>
> 巡抚部院阮 批如详饬遵并仰该县刊刻石碑立于通衢，人人共见之地，以后如有此等案件，即当实力速办，毋累行旅，仍刊入成规颁发遵行并候。②

尽管，省例的存在是统一于中央法框架内为基本前提，但省例可以对中央立法进行适当的补充和发展。中央立法包括了重大事件、重要案件，中央有时也会针对地方事务制定地区性特别法。但是由于中央法律的有限性与地方政务的复杂。地方官员在执行中央的立法过程中，对于中央立法

---

① 官箴书集成编纂委员会编：《官箴书集成》（第六册），黄山书社1997年版，第643—645页。

② 同上。

制定实施细则或是对于中央立法没有规定的进行补充。如关于行船、典铺、染铺、牙行等发生的失窃问题，省例的规定就补充了中央立法的许多不明确之处，使得实践中的一些案件得以解决。在《浙例成规》中有对于行船、典铺、店家、牙行等发生的失窃主要有以下处理办法：《浙例成规》卷五《行舟被窃责令牙埠船户先行赔赃》规定："如系船户偷窃者，仍照原议，著令该埠先行赔赃。如系客商专雇之船，而船户图利，中途搭附匪人，以致失窃着，即着落该船户先行赔赃给主，仍候获犯审明之日，分别是否知情同伙，按拟究追。"《治浙成规》卷八《挑夫中途换担窃挑押令牙店及原保夫跟寻逾期不获先著全陪重大货物著牙行添雇夫头跟随》规定："应饬地方官选派干役押令牙店及原保夫立限跟寻究，追逾限无获，即着落牙行歇店保夫先行全赔，以恤商旅。"《浙例成规》卷五《典铺被失分晰议赔》规定："典铺被失，当本一两再找给银一两扣利赔偿，其利扣至失事之日为止，若年月已满者概不准找。如有不法棍徒不应找而勒找，及典户应找而不找或短少找给者，许即呈县究处。至已经赔偿之后，起获原赃，亦照通行之例，即令典主自行认领，听其变卖，毋庸再令原主取赎，以免纷扰。"《浙例成规》卷六《染铺被窃酌议赔偿》规定："染铺失窃亦照牙埠之例无分新旧，即着落该铺照估报赃数先行酌赔一半，限一月内照号给还各主收领。俟获贼追赃分别还店给主，倘该铺有乘机干没以多报少情弊，究出从重治罪。如此庶染铺知警不致疏于防范，而民间被失染货亦不致悬宕无着矣。"《浙例成规》卷六《航船被失分别赔赃》规定："船户误搭匪人致有失窃……如系客人将银钱货物亲交船户寄带而客不随行者，其银物开明单账交给，如有疏失自应即着船户全赔。至于客商有带行李银钱货物，虽交船户收储而己身亦同在船者，则本客亦宜自为防范，倘中途遇有失窃，应着船户赔偿一半，获贼之日再行究明，分别办理。如此庶航船知有责成，自加谨慎，不致常有疏失之虞矣。"《浙例成规》卷六《客商在行被窃货物银钱分别议赔》规定："客商如将银钱货物交给牙行而客不在行者，及客虽在行而银钱货物交明行家收储内室者，遇有疏失，着令行家全赔。其粗重货物虽交行堆储而客亦同在行，本客亦宜自为防范，如有失窃应着行家赔偿一半获贼之日分别追还。如客商在行，有随身自带银钱行李并细软货物并不交明行家者，遇有失窃系客商自行疏忽，概行免赔。"

省例对于中央立法的补充和发展还体现于省例对中央立法的变通。清代严禁贩卖私盐，在《大清律例·户律·课程·盐法》中规定："凡犯私盐（律注：凡有确货即是，不必赃之多少）者，杖一百、徒三年。"因过于严苛，顺治十七年曾规定："贫民食盐四十斤以下者，免税；四十斤以上者，仍令纳课。"[①] 乾隆元年再次强调这一原则，并专门制定条例，允许贫穷的老幼、残疾及妇女孤老者每日赴盐场买盐四十斤挑卖，以为变通之计。[②] 但是在实践中，由于允许私贩食盐四十斤的额度太低，不少省份，如浙江、江苏和安徽都进行了变通的地方立法。浙江的《治浙成规》规定："凡有肩挑背负车船夹带私盐，如四十觔以至六十觔者，枷号二十日，责二十板。过六十觔至七十觔者，枷号二十五日，责二十五板。过七十觔至八十觔者，枷号一个月，责三十板。过八十觔至九十觔者，枷号三十五日，责三十五板。过九十觔至一百觔者，枷号四十日，责四十板。"[③] 乾隆四十年，中央制定新例，要求各地督抚将徒刑案件逐季上报刑部查核。即"外省徒罪案件，如有关系人命者，均照军、流人犯解司审转督抚，专案咨部核复，仍令年终汇题。其寻常徒罪，各督抚批结后，即详叙供招，按季报部查核。"[④] 而《治浙成规》中对私盐的处罚，则无须上报上级，这使得地方官得以随时惩戒罪犯，并迅速结案。"如果都要逐一'报明验实注册'，或作为徒刑甚至更严重的案件严格法办，必然给各级官府带来很大的负担。因为当时徒刑案件由省级终审，后来还要按季报中央备案，流刑以上案件则由中央终审，地方权力受到的限制很大。而且逐级核转，程序上也更为复杂。若改为枷杖，则县级官府就可作为自理词讼终审、执行，不用劳烦上司，更可免除因处理不当遭到中央批驳的风险。"[⑤]

---

① 《清会典事例》（第三册）卷二三一《户部·盐法·禁例》，中华书局 1991 年版，第 708 页。

② 参见《清会典事例》（第三册）卷二三一《户部·盐法·禁例》，中华书局 1991 年版，第 712 页。

③ 《私盐案件如应题咨内有百斤以下应拟枷责之犯摘出另结》，载官箴书集成编纂委员会编《官箴书集成》（第八册），黄山书社 1997 年版，第 582—586 页。

④ 《大清律例》第四一一条《有司决囚等第》，天津古籍出版社 1993 年版，第 635 页。

⑤ 王志强：《论清代的地方法规——以清代省例为中心》，《中国学术》2001 年第 3 期。

三　《治浙成规》的特色

《治浙成规》反映了浙江的地域特点。浙江所具有的辽阔海洋、众多河流和湖泊，成为水上运输的天然航道。浙江又是个多山的省份，通常说“七山一水二分田”，山水相依，依山面海，山地众多，孕育了发达的水系。浙江的雨量充沛，所以，浙江的水上交通运输发达。因此，在《治浙成规》中有大量的关于海船的管理、水上运输管理，沿海滩涂涨地的归属等问题的规定。如卷一的《湘湖居民听其永远住居岸上不得占垦湖身》、《山麓湖塘听民树蓄毋许假公滋扰》；卷三的《商渔各船照票分别核验造册》、《沿海商渔船只给照稽查》、《遭风营修船只应由营通详批司委勘》、《商捐同安船只仍责成宁波府承修》；卷四的《沿江沿海天涨沙涂其前后左右均系灶地应归灶户升科如无灶地毘连应听民升民灶相连之处各按子母相生之例分管以息讼端》、《巡洋舟师拏获人船解交地方官收讯俟审明定案果有为匪通详后始准将船留营配缉或变价充公不得于案未审定擅将船只留营充公》、《会详新沙民灶分管章程》；卷五的《行舟被窃责令牙埠船户先行赔赃》、《稽查渔匪各事宜》、《渔网出口填入照票挂验稽查》；卷六的《客商专雇之船船户揽搭被窃分别赔赃并令装客停泊各船置轮流击柝看守》、《航船被失分别赔赃》；卷七的《海洋偷网贼匪加枷号收买之人照知情盗买问拟》、《海洋偷抢匪犯分别拟罪条议》、《浙省办理海口营务缉捕各条章程》；卷八的《盗案俱归上盗地方参缉船户在别邑呈报者就近讯供移解》、《定海县悬海村庄团练乡民防御洋盗酌给鸟枪沿海各邑情势相同者听该守令议禀》、《洋面失事案件推诿迟延申明定例分别勘讯详参》、《粮船归次防范水手滋事章程》。

《浙例成规》相较其他省份，有些规则属于首创，例如在消防管理方面。《治浙成规》中的消防规则是“一个比较完整的地方消防法规，开了我国地方消防法治的先河，这在中国消防历史上是一个具有划时代意义的进步”。[①]《治浙成规》卷五《杭城救火抢火等各事宜》详细规定了对趁火盗抢财物的处罚，防火措施、灭火、救火、火场治安秩序的维护等。卷

① 李采芹：《中国消防通史》（上卷），群众出版社 2002 年版，第 1056 页。

六《杭城失火分别查参动项赈恤》中规定了对受灾百姓的抚恤。

《浙例成规》卷五《杭城救火抢火等各事宜》的主要内容包括：

1. 对恶棍、救火兵役乘机入室抢攫，严拏重究，预防士兵趁火抢攫的措施。

2. 救火官员应减少仆从和马匹，以免壅塞，尽量减少扰民。

3. 救火储水桶平时满储以水，毋听损坏。

4. 凡遇火发生，县丞主簿典史，必先知应即前往扑救。

5. 对桥轿埠夫救火勇猛出众，当记功酌赏。倘有借保固房屋名色，擅入人家攫取财物，以及藉倚出力名色，勒索本家者，立时拏获严究，夫头并惩。

6. 严禁救火兵役擅拆无碍民房，违者重惩。

7. 刷黄箔铺的火灾防范措施，须多置水缸储水防备，止许以空旷之处，日间熏做，毋许黑夜熏焙。

8. 施放烟火、行夜路点火把、抽烟防范火灾。

9. 杭城点心水作熟面酒坊等店的用火安全规定。

10. 无赖恶棍，闻火警，乘机肆抢，情同盗窃，枷号重惩。

11. 灾户火灾搬移物品，为防止被攫，派文武数员留兵役数十人于场上弹压，俟各户对象搬定之后再行回署。

12. 杭城外来乞丐，伺有火患辄即呼朋引类搬抢物件，地方官对无处栖身之乞丐遇晚归宿其内，责成地保稽查不许出外，似亦防范之道。

13. 失火时，近火之家先被抢火之人掳掠一光，其害与被烧无异，应请专派员役力为保护。

14. 射利奸徒一见火发即背负制钱，在于近火要路纷纷排立见有抢来器皿物件，利其价贱即向收买，收买抢掠赃物之人讯明一并枷示重惩。

15. 有凶恶贼棍每于黉夜更深之时乘风放火一至沿烧，又复假意救火肆行抢攫大为民害，着落捕役里总加意巡查。①

《治浙成规》卷六《杭城失火分别查参动项赈恤》规定了对受灾百姓的抚恤："堪怜诚应抚恤……除有力之户及起火之家毋庸抚恤外，其余贫

① 官箴书集成编纂委员会编：《官箴书集成》（第八册），黄山书社 1997 年版，第 518 页以下。

苦之户请照水灾之例每瓦房一间给银一两，草房一间给银五钱，披屋一间给银二钱五分。因开火路拆毁扒坍者，亦照此例资给。伤毙人口者，大口给银二两，小口给银一两。务于三日内查明，饬委就近府佐按户散给，以杜揑冒俾沾实惠。”①

第三节　清末浙江咨议局的立法

面对西方列强的侵入，社会动荡和国家政局的变化，出于救亡图强、维护基层政权和社会治安的需要。清朝政府引入西方的议会制度希望能够改变时局。咨议局正是这一时期的产物，它是西方议会制度在中国地方的开端，具有划时代的意义。

一　浙江咨议局的筹办和会议经过

光绪三十二年（1906 年）七月，清朝政府正式宣布“预备仿行宪政”。光绪三十三年（1907 年）八月十三日宣布在中央设立资政院，作为正式召开议会之前带有议会性质的机构。九月十三日，清廷谕令各省督府在省会设立咨议局。上谕：“前经降旨，于京师设立资政院以树议院基础，但各省亦应有采取舆论之所，俾其指陈通省利弊，筹计地方治安，并为资政院储材之阶。著各省督抚均在省会速设咨议局，慎选公正明达官绅创办其事，即由各属合格绅民公举贤能作为该局议员，断不可使品行悖谬营私武断之人滥厕其间。凡地方应兴应革事宜，议员公同集议，候本省大吏裁夺施行。遇有重大事件，由该省督抚奏明办理。将来资政选举议员，可由该局公推递升。”②

光绪三十四年（1908 年）六月二十四日，清朝政府颁发《咨议局章程》和《咨议局议员选举章程》，对咨议局的性质、地位、职权、选举、与政府的关系等都作了详细的规定。八月初一颁发《钦定宪法大纲》和《逐年筹备事宜清单》。当时清朝政府负责推动宪政的机关是宪政编查馆，依照该馆所拟定的施政纲领，其预备立宪预备期限是九年，自光绪三十四

① 官箴书集成编纂委员会编：《官箴书集成》（第八册），黄山书社 1997 年版，第 596 页。

② 《著各省速设咨议局谕》，载故宫博物院明清档案院编：《清末筹备立宪档案史料》（下册），中华书局 1979 年版，第 667 页。

年（1908 年）开始："第一年（光绪三十四年），筹办咨议局（各省督抚办），颁布城镇地方自治章程，编辑国民必读课本；第二年（宣统元年），举行咨议局选举，各省一律开办咨议局（各省督抚办），颁布资政院章程，筹备城镇地方自治，颁布国民必读课本；第三年，召集资政院议员，举行开院以及推广厅州县简易识字学塾；第四年，创设乡镇简易识字学塾；第五年，推广乡镇简易识字学塾；第六年，城镇乡地方自治一律成立；第七年，人民识字义者须达到百分之一；第八年，人民识字义者须达到五十分之一；第九年，宣布宪法，颁布议院法，颁布上下议院议员选举法，举行上下议院议员选举，人民识字义者须达到二十分之一。"①

可见，清廷把举办各省咨议局作为预备立宪的第一个大工程，咨议局能否成功举办和运作是决定议会制度最后能否在中国本土成功举办的关键。

按照清朝中央政府要求，各地咨议局自奉到章程之起，限一年内办齐。浙江省巡抚向宪政编查馆提出咨议局尚未成立，各省应就省会地方先行设立筹办处，选派公正明达官绅创办其事，详细章程，由各省自行酌定，咨送备查。于是，宪政编查馆电知各省速设咨议局筹办处，具体负责咨议局筹办事宜，并对各省筹办处的基本工作内容作了规定："一，通饬设立自治讲习所、宣讲所为初选举预备；二，发各属调查选举人名表、调查须知、调查手续，使调查有所依据；三，拟定告示草式，分发各属，使斟酌变通，广行张贴；四，拟定期限清单，分发各属使归一律，并藉以见办理之勤惰；五，拟定投票开票规则，投票纸、投票匭得数清单，初选当选人执照之定式；六，电询关于选举资格解释之疑义，得复电，即刷印多张，分发各属，并将各省询电复之件一并摘录；七，划清选举区域；八，筹拨经费。"②

浙江是立宪派势力较强的省份，官绅对咨议局都比较重视，所以各项筹备工作在咨议局筹办处的筹划下井然有序地如期完成。为保障咨议局筹备，浙江出台了《浙江咨议局筹办处章程》、《浙江咨议局筹办处办事细则》、《浙江咨议局筹办处会议专章》、《浙江咨议局筹办处附设司选员研究所章程》、《选举资格说明书》、《各府厅州县筹办顺序》、《复选监督职

---

① 夏新华、胡须晟、刘鄂、甘正气、万利容、刘姗姗整理：《近代中国宪政历程：史料荟萃》，中国政法大学出版社 2004 年版，第 129—133 页。

② 《官长调查·山西》（续），《申报》宣统元年正月十二日。

务一览表》、《复选事务所章程》、《初选监督职务一览表》、《初选事务所章程》、《调查须知》、《调查员办事细则》、《初选监督造具人名册细则》、《司选员职务及细则》、《投票所办事细则》、《投票管理员监察员资格职务及细则》、《投票人应守规则及投票办法》、《开票所办事细则》、《开票管理员监查员资格职务及规则》、《初复选检票方法》等。

浙江省咨议局筹办处于光绪三十四年（1908 年）十月一日在杭州成立。“即委派藩司颜钟骥为督办，奏调浙江委用道董元亮为总办，在籍翰林院编修陈敬第为会办，设总议二员，参议十三员。杭防乍防各一人，十一府属各一人。法制司选科长各一员。”① 咨议局筹办处附设研究所，选通习法政合格士绅作司选员，研究选举各法，以两个月为期，派往各府、厅、州、县帮助地方官办理初选、复选事宜。浙江巡抚增韫较为重视筹办处的建设工作，在经费、人员等各方面给予支持。在财政较为困难的情况下，增韫同意兴建浙江咨议局会所，1909 年和 1910 年分别如数足额拨付咨议局议员薪金及办公费。浙江咨议局议员的选举工作总体情况良好。浙江省咨议局采用复选举法，初选当选人为咨议局议员选举人，复选当选人为咨议局议员，各复选区应得议员若干名，由督抚按照各该复选区选举人名册总数，以全省议员定额分配之。② 浙江咨议局议员的定额为 117 人，③ 议员当选为资政院议员、辞职、病故等原因，先后有 16 位候补议员得以递补。所以，先后出任浙江咨议局的议

① 民国浙江省通志馆：《重修浙江通志稿》（第九册），方志出版社 2010 年标点本，第 5650 页。

② 复选当选人分配之法，由各督抚于各复选区选举人名册报齐后，按照名册，以该省议员定额，除全省选举人总数，视得数多寡定若干选举人得选出议员一名，再以此数分除各复选区选举人数，视得数多寡定各该复选区应出议员若干名，其各复选区有选举人不敷选出议员一名，或敷选若干名之外，仍有零数，致议员不足定额者，比较各复选区零数多寡，将余额依次归零数较多之区选出之，若两区以上零数相等，其余应归何区，以抽签定之。载民国浙江省通志馆：《重修浙江通志稿》（第九册），方志出版社 2010 年标点本，第 5651 页。

③ 依照《咨议局章程》第二条第一项规定：“各省咨议局，以左列数目为定额，用复选举法选任之……浙江一百十四名……” 原章程案语：“谨按议员定额之准则，固宜以比照户口之数为最当。惟中国户口，尚无确实统计。详细调查，恐需时日，不得已参照各省取进学额及漕粮之数，以定多寡。本条所定，以各该省学额百分之五为准。惟苏、宁两处，漕粮最重，而学额较少，故就漕粮每三万石增加一名，于江宁增九名，江苏增二十三名。其漕粮虽重，而学额已敷，如浙江等省，不再加额。本省定为一百十四名。” 又同条第二项：“京旗及各省驻防，以所住地为本籍，但旗制未改以前，京旗得于顺直议员定额外，暂设专额十名。各省驻防，得于该省议员定额外，每省暂设专额一名至三名，其名数由各督抚会同将军都统定之。” 本省定为三名，总计为一百十七名。载民国浙江省通志馆：《重修浙江通志稿》（第九册），方志出版社 2010 年标点本，第 5650 页。

员总数为133人。其中104人具有传统功名，15人具有新式学历，主要是留日学生。浙江咨议局议员中以30岁至39岁者居多，共有50人，为咨议局中最为活跃者。

宣统元年（1908年）七月二十九日，浙江咨议局在杭州召开预备会议，公举假定议长沈钧儒，假定副议长陈黻宸、陈敬第，负责咨议局所有准备事宜。宣统元年（1908年）九月初一，浙江咨议局第一届常年会正式开议。通过单记投票法分次互选，选举陈黻宸为议长，陈时夏、沈钧儒为副议长，议员117人，任期为三年。常驻议员共有24人，任期以一年为限。常驻议员用连记投票法一次互选，均以得票过半数者为当选。选举审议长一人，其互选法与议长、副议长同。审查员分五股：第一股资格审查员9人；第二股财政审查员27人；第三股法律审查员9人；第四股庶政兴革审查员18人；第五股建议审查员18人。审查员由总议员投票选举，以得票多数者为当选，然后再在各本股内互选主查员及理事各一人，以得票最多数者为当选。特种审查员不设股，在事件发生时临时选举，或由议长指定之。全体议员分为九部，第一部至第六部各13员；第七部至第九部各12员，各部设部长，自部员中互选，以得票最多数者为当选。咨议局设办事处，设书记长1人，书记4人，由议长选请抚院委派。选举完毕后，开始议事。因提出议案多未议决，经会议决定，延长会期十日。浙江省咨议局第一届常年会至宣统元年（1908年）十月二十日闭会。宣统二年（1909年）九月初一，浙江咨议局召集第二次常年会，选举审议长、常驻议员及各股审查员。九月初三开议，提议浙江铁路事件，全体议决呈请抚院代奏，经表决停议待旨。而抚院不断地催促开会。抚院和咨议局两方都报告于资政院。九月三十日，接资政院“会期甚促，从速开议”之电，于十月初三开议，由于会期只有四十日已即将终了，决议延长十日。宣统三年（1911年）三月开临时会。

二　浙江咨议局的立法活动

浙江咨议局会议分常年会及临时会两种，均由督抚召集。常年会每年一次，会期四十日，自九月初一起至十月十一日止。如有必须接续会议之事，延长会期十日以内。临时会于常年会期以外遇有紧急事件，经督抚之命令，或议员三分之一以上之请求，或议长、副议长及常驻议员联名陈请，均得召集。临时会会期以二十日为限。根据《咨议局章程》第21条的规定，咨议局的议事权限包括：(1)议决本省应兴应革事件；(2)议决本省岁出入预算事件；(3)议决本省岁出入决算事件；(4)议决本省税法及公债事件；(5)议决本省担任义务之增加事件；(6)议决本省单行章程规则之增删修改事件；(7)议决本省权利之存废事件；(8)选举资政院议员事件；(9)申复资政院咨询事件；(10)申复督抚咨询事件；(11)公断和解本省自治会之争议事件；(12)收受本省自治会或人民陈请建议事件。从以上规定来看，咨议局的立法权主要体现在：(1)议决本省应兴应革事件；(2)议决本省岁出入预算事件；(3)议决本省岁出入决算事件；(4)议决本省税法及公债事件；(5)议决本省担任义务之增加事件；(6)议决本省单行章程规则之增删修改事件；(7)议决本省权利之存废事件。

浙江咨议局的议案在会前一个月提出，分巡抚提出、议员提出和人民陈请建议三种。议长应将本届开会应议事件预行通知各议员。凡会议有议员半数以上不出席，不得开议；议案可行与否，督抚需要亲临会场或派员到会陈述意见。会议的议事日程，由议长决定。议案必须经初读会程序，初读会在议案配付各议员后，除紧要事件外，至少隔两日进行。凡议案经初读成立后，须经审查科分股审查和大会辩论等程序，方能付诸大会表决。如果是巡抚提出的议案，应当交付审查会审查，审查会的报告出来后，决定是否应开二读会。如果是议员提出的议案，在经议会讨论后，就应当决定是否开二读会。如果决定不开，议案应即作废。三读会除更正文字外，不作修正动议，但发现议案有互相窒碍事项，或与现行律例窒碍事项，动议必须修正的，不在此限。必经过三读会之议案包括法律案、预算和决算案为限，其他可省略三读。浙江咨议局通过议案后，必须呈请巡抚颁布施行。如果巡抚没有异议，就将议案公布施行；如果巡抚不以为然，则可要求咨议局复议。如果浙江咨议局以法定多数仍执前议，巡抚须将议案呈请资政院（未成立前由宪政编查馆代）复核。

浙江咨议局第一届常年会通过27件议案：《农田水利会规则》、《浙江讼费暂行规则法律案》、《筹办浙江巡警经费议案》、《浙江矿务警察试办规则法律案》、《筹办浙江全省简易识字学塾议案》、《修浚浙西水利议案》、《浙江办理灾歉规则》、《移房捐及裁撤绿营响项改允全省巡警经费议案》、《关于咨议局议决权内之本省行政命令施行法》、《清查地方公款公产规则》、《改良征收钱粮方法案》、《公布本省各种现行章程规则》、《通用龙圆议案》、《实行禁革地方差徭规则法案》、《禁革厅州县衙门供应案》、《革除收粮积弊暂行规则案》、《停止无关本省行政之经费支出法案》、《议定浙省厘捐收用银圆折中定价案》、《收回宝石山莫干山地亩以保内地主权议案》、《裁撤官纸局议案》、《裁撤民壮护勇卫队代防弓兵提拨工食饷项并移缉捕经费充办巡警案》、《统筹全省师范教育议案》、《实行刊布各厅州县钱粮征信册案》、《推广全省蚕桑议案》、《厘捐革弊案》、《公用土地收用规则法律案》、《禁止彩票规则法案》。

浙江咨议局第二届常年会通过 23 件议案：《浙江办理灾欠规则法案》、《修订讼费规则法案》、《关于咨议局议决权内之本省行政命令施行法》、《城镇乡地方自治章程施行规则》、《浙江征收漕粮暂行规则》、《本省现行行政法令公布规则》、《师范生任用方法议案》、《裁撤厘捐局卡改为各业认捐以节浮费议案》、《整顿税契办法议案》、《裁汰巡警冗员议案》、《动用新章加收契税推广简易识字学塾案》、《改良征收钱粮方法案》、《官有财产管理规则案》、《提前办理厅州县地方自治案》、《改定本省暂行契尾捐法案》、《修正厘捐革弊案》、《土商本省购土执照章程》、《土商出省购土章程》、《请减出口税条议案》、《裁撤各省提法使条议案》、《裁撤杭州苏州两织造条议案》、《革除钱粮平余条议案》、《破产律为颁布以前商号倒闭暂行补救办法条议案》。

浙江咨议局第二届第一次临时会通过 20 件议案：《提前办理厅州县地方自治案》、《改定本省暂行契尾捐法案》、《修正厘捐革弊案》、《改良钱江义渡局议案》、《查清地方公款公款公产自治办理法案》、《本省行政经费支出规则》、《浙江全省官荒拨充城镇乡地方自治财产法案》、《筹备禁绝鸦片法案》、《修正各属认解省城优级师范学堂膳杂费议案》、《各厅州县官立戒烟局章程》、《统一全省民团办法案》、《官有财产管理规则法案》、《筹备改良本省认捐方法案》、《修正浙省筹办简易识字学塾议案》、《整顿契税办法议案》、《本省现行法令公布规则》、《修正城镇乡地方自治施行细则》、《筹备全省民食案》、《修正关于禁烟之各种单行单行章程规则案》、《改良征收钱粮方法案》。

在浙江咨议局通过的 70 件议决案中，巡抚的提案主要集中于兴修水利、征收赋税、兴办和改革教育、修筑交通、振兴实业、移风易俗、巡警经费、办理自治、司法诉讼、完成朝廷在预备立宪期的任务等。而议员的提案还包括了对加强行政官厅的监督议案。例如浙江咨议局第一届常年会的《关于咨议局议决权内之本省行政命令施行法》、《停止无关本省行政之经费支出法案》；浙江咨议局第二届常年会的《本省现行行政法令公布规则》、《官有财产管理规则案》；浙江咨议局第二届第一次临时会的《查清地方公款公款公产自治办理法案》、《本省行政经费支出规则》、《官有财产管理规则法案》。但是总体而言，浙江省咨议局监督、制约官厅的权限是有限的。当时的宪政编查馆对此解释："咨议局监督一章，授权督抚可以停会解散；督抚对于咨议局议案，有核夺施行之权；咨议局于财政审核仅限于地方办事用费，国家政费不在其内；在国家税、地方税未分以前，咨议局不得议减现行税率，只有议决改良增加之事；对自治纠纷的处理，只限州、县自治之互相冲突的问题，若自治会与地方官之冲突，则仍属督抚主持……若有一二议员间或近于桀骜，而苟违法律，小则除名，大则解散停会。"这样一来，咨议局的权限大为削弱，而议员的处境亦是诚惶诚恐的。咨议局分割了原属于地方督抚的部分权力，这在中国的历史上是绝无仅有的。在此之前，督抚只是受制于中央王权，而不会被地方的民间力量所制约。而咨议局的成立，使得地方的政治运行机制发生重大改变。各省绅士们代表地方百姓，开始通过正常的渠道参与到当地的社会生活实践之中。由于代表着不同的利益，所以咨议局会议召开后，咨议局与督抚的矛盾始终不曾中断。

宪政编查馆在咨议局的成立和运行中担任着重要的角色。虽然按照九年筹备清单，筹备咨议局的责任者是各省督抚。但实际上，宪政编查馆在其中的作用也很重要。各省督抚负责的是本省咨议局的筹备，宪政编查馆则担负着全盘规划、协调各省进度的重任。在一个专制传统源远流长的国度引入议会制度，必然要引起民权的壮大。宪政编查馆对民权将借助各级议会兴起一事有所体认，并主张用规章制度对民权严加规范，使其不逾越范围。在奏折中，宪政编查馆曾用水和堤防比喻民权和规章，主张筑堤以防水之满溢："为川之道，固不可使之壅塞而不流，亦不可任其泛滥而无纪，必也宽予之地，俾其畅行无阻，而仍遥筑堤防，不容溢出于界域之外。议院者，予水畅行之地也；规则者，不容外溢之堤防也。既将创设议院，若不严定规则，事为之制，曲为之防，流弊有不可胜言者。”[①]《咨议局章程》也就是在这样的主旨下起草完毕的。

宪政编查馆对于督抚偏袒，对咨议局进行压制，体现于咨议局与行政官厅之间的公文体制的规划。“至咨议局开办后与地方官吏往来公文体制，督抚用札行，司道以下用照会，咨议局均用呈文。”[②] 咨议局作为省级准议会组织，在法理上与督抚处于对等地位。而宪政编查馆规定督抚对咨议局用札行，则视咨议局低督抚一等；规定司道以下的行政官吏可以对咨议局用照会，则视咨议局与司道以下行政官平级；咨议局对督抚和司道以下行政官要用呈文，则视咨议局在督抚和低司道以下行政官之下。

宪政编查馆对于督抚的偏袒和对咨议局的压制还体现于在各省咨议局开议之前，清季宪政编查馆下一道谕旨，告诫咨议局议员守规矩，同时要求各省督抚加强对咨议局的监督：

> 兹届九月初一日各省招集议员开议之期，用特重申告诫：各该咨议局议员，于地方利弊情形，均当切实指陈、妥善计划。务各恪遵前奉懿旨，勿挟私心以妨公益，勿逞意气以紊成规，勿见事太易而议论稍涉嚣张，勿权限不明而定法致滋侵越。各该督抚亦当虚公采纳，裁度施行，以期上下一心，渐臻上理。至开局以后，各该督抚尤应钦遵定章，实行监督，务使议决事件不得逾越权限、违背法律，共摅忠爱以图富强，上以副朝廷勤求民隐之衷，下不失官民守分尽职之义。[③]

咨议局开议之后，宪政编查馆仍然处于督导地位。当咨议局与行政官厅的意见对立时，如果督抚不以为然，应当说明原委事由，令咨议局复议。咨议局议定不可执行的议案，需要呈请督抚更正后施行。如果督抚不以为然，也应说明事由，令咨议局复议，如咨议局仍执前议，督抚须将全案咨送宪政编查馆（资政院）核议。宪政编查馆（资政院）有最后核议权。浙

① 《宪政编查馆会奏各省咨议局章程及案语并选举章程折（并章程）》，《政治官报》光绪三十四年六月二十六日。

② 《宪政编查馆通咨各省设咨议局筹办处文》，《政治官报》光绪三十四年七月八日。

③ 《大清宣统政卷之二十》，《清实录》（第六十册），中华书局 1987 年版，第 376 页。

江咨议局共有21件议案呈请核议。对于议案内容是教育、农田水利类的议案，双方共识较多，议决率和施行率都较高。双方有争议的主要是对于赋税类、行政管理类议案。第一届常年会中经过宪政编查馆复核的有9件：《浙江办理灾歉规则》、《移房捐及裁撤绿营响项改允全省巡警经费议案》、《关于咨议局议决权内之本省行政命令施行法》、《改良征收收钱粮方法案》、《公布本省各种现行章程规则》、《革除收粮积弊暂行规则案》、《议定浙省厘捐收用银圆折中定价案》、《裁撤官纸局议案》、《禁止彩票规则法案》。第二届常年会议决案中受资政院复核的有9件：《关于咨议局议决权内之本省行政命令试行法》、《浙江征收漕粮暂行规则》、《本省现行行政法令公布规则》、《裁汰巡警冗员议案》、《请减出口税条议案》、《裁撤各省提法使条议案》、《裁撤杭州苏州两织造条议案》、《革除钱粮平余条议案》、《破产律为颁布以前商号倒闭暂行补救办法条议案》。第二届第一次临时会议议决案中经过资政院复核的有4件：《提前办理厅州县地方自治案》、《提前办理厅州县地方自治案》、《改定本省暂行契尾捐法案》、《改良征收钱粮方法案》。

宪政编查馆（资政院）最后复核浙江咨议局与行政官厅有对立意见的议案时，最后复核的结果几乎与浙抚的意见一致。在《裁撤官纸局案》中，对于浙抚拟以该局所有设备改官办印刷局承办，官厅印刷事宜重定量规则。宪政编查馆复核认为："切实改良主义亦甚妥善。"[①] 对于《办理灾欠规则案》，宪政编查馆核议不仅同意，还补充了意见：

> 本案原议系慎重灾情，预防州县之讳灾起见。而贵抚交令复议之说明书以国课所关又防绅民之以轻灾报重两面持均具至理。惟是因灾蠲缓恩出自上，为我朝仁政之一端。将来颁布宪法如仍沿此制，亦应属诸君上大权事项而非臣民所得与闻。至于现在办法遇有灾歉之时，自以为官吏与人民会查较能核实，应将官民如何实行会查与下次开会交议特定详细办法，必使灾歉可稽实数而蠲缓之泽复不流于冒滥，斯得其道矣。[②]

---

① 浙江咨议局编：《抚部院札知准宪政编查馆咨开核复议案逐件抄录文》，《浙江咨议局文牍》第2编，第35页。

② 同上书，第34页。

三　浙江咨议局立法的执行

浙江咨议局的议案执行情况总体较好。浙江巡抚也称："迭次札催实力进行，以求全省利益为主旨。"[①] 但是具体而言，浙江咨议局各议案的执行效果参差不齐。对于有关教育、农田、水利等涉及公益性的议案，议员和官厅的共识较多。议会的通过率较高，通过后官厅的执行率也较高。甚至官厅与咨议局还会共同顶住各方面的压力来保障议案的实施。对此《东方杂志》称赞："浙江颇得巡抚之力，而士绅足以济之。"[②] 如浙江咨议局第一届常年会议决案《禁止彩票规则法案》规定：自宣统二年六月起浙江境内一律停止销售各种彩票。咨议局"奏请此议案得以早日实行。及早实行议案，彩票性质与赌博无异。浙省所发卖的彩票全系别省销入，尤应及早严禁。现闻他省对于彩票问题多已实行禁止。吾浙办理更易。事关本省兴革事务，不宜再延。"[③] 由于该案事关他省，于是将此案提交引起了彩票商的巨大震动。杭州彩票商群起反对，并通过河北、安徽等省的彩票总局及行政当局向浙省施加压力。皖、赣两省还特地派员进京，要求民政部令浙江收回成命。但终因浙江咨议局与督抚方面的坚持，此案最终顺利实施。

监督行政类的议案，咨议局的通过率为百分之百。但对于约束自己的监督议案，浙抚的执行率非常低。《咨议局议决权内行政命令施行法》中规定浙江咨议局对巡抚具有很强的监督制约权。在《咨议局议决权内行政命令施行法》规定在常年会期间，本省应兴革事件、本省岁出入预算事件、本省决算事件、本省税法及公债事件，选举资政院议员事件，没有经过咨议局的议决，巡抚不能公布施行。以上事项，如果发生于常年会闭会期间，也必须召集临时会认可或事后得到咨议局的追认。议决本省单行章程的增删或修改事件，如果等不及咨议局议决而公布施行的，应该应加"试行"字样。而且必须在下一届咨议局开会时说明试行的理由并交咨议局议决。对此，浙抚予以反对，认为法案虽称本省行政命令施行法案，而实际上许

① 《质问公布案之 批答》，《申报》1911 年 5 月 11 日。

② 孟森：《记载 ·宪政篇》，《东方杂志》1908 年第 11 期 。

③ 浙江咨议局编：《请抚部院实行禁止彩票规则文》，《浙江咨议局文牍》第 2 编，第 21 页。

多内容是为咨议局议决事件而设置。行政命令的范围很广，不能只以咨议局议决事件为限，如果只是限于咨议局议决事件，那么本省行政除了执行咨议局议决案外就不能有他种命令了。于是巡抚要求咨议局复议。但是浙江咨议局只是将原来议案改名为《关于咨议局议决权内行政命令施行法》，内容没有变化。浙抚当然予以反对，并将此议案呈送宪政编查馆核议。宪政编查馆的答复是议案另行更正。在浙江咨议局第二届常年会期间，咨议局审议后做了较大的修改。[①] 但是浙抚仍要求咨议局复议，而咨议局仍然坚持原议，于是议案再次被呈送资政院复核，终未能成为施行案。

浙江咨议局议决案的实施并非都很理想。浙江咨议局也表示了不满并批评巡抚"以公布为释负，视议案为无足轻重"。[②]议案实施效果不佳的原因很多。一些议案是因为经费困难。例如浙江咨议局第一届常年会的《钱粮征信册议案》、《修浚浙西水利议案》公布后，因经费窘迫无法实施。一些议决案是因为地方官的阻挠。如《浙江讼费暂行规则法律案》、《通用龙圆议案》、《实行禁革地方差徭规则法案》等议案拖延不执行的现象在各地非常普遍。[③] 还有一些议案是因为法律条文不够严密。如《通用龙圆议案》仅笼统地规定各地存在地方官吏征收钱粮时仍实行龙圆贴水。议员褚辅成对此曾先后三次提出质问书，要求查处违法官吏。但浙抚坚持认为："原案只规定不准不收用龙圆，并无规定收用龙圆不准贴水之条……综合议案三条，但有不收龙圆以违法论之，规定不及贴水与否，可见不收与贴水显系两事。"[④]

---

① 浙江咨议局审议后，将原案第一、第四两条合并，第三条"即应取消之"改为"即呈请更正施行"。

② 浙江咨议局编：《本局呈请抚部院各官吏对于公布议案故意延宕应如何处分请宣示饬遵文》，《浙江咨议局文牍》第 3 编（下），第 40 页。

③ 参见浙江咨议局编：《王序宾质问书》，《浙江咨议局议员质问书》第一届乙编（下），补遗，第 4 页。

④ 浙江咨议局编：《褚议员辅成质问龙圆贴水为二事有何根据之批答》，《浙江巡抚审订咨议局议案录》庚编，第 8 页。

第二章　民国前期浙江省议会立法的背景

第一节　政治背景

一　浙江军政府早期

1911 年 10 月 10 日武昌起义后，各省纷纷响应。“同盟会派姚勇忱到杭和浙江的革命党人共同筹划浙江起义事宜。”① 浙江光复主要依靠的是新军和会党这两支力量。而新军和会党之所以能时刻积极投身起义，与革命党人对新军的领导作用和对会党的引导和争取分不开。1911 年 11 月 4 日晚，第八十一标和第八十二标革命官兵分别从览桥和南星桥两地南北夹击杭城。张柏岐的会党和王金发的部队组成的敢死队也同时向浙江抚署发起了攻击，最后将抚署焚毁。省城杭州光复后不久，全省各地也立刻闻风响应，纷纷宣布独立。

1911 年 11 月 7 日，浙江成立军政府。浙江军政府是以资产阶级革命党人为核心，依据西方的三权分立原则建立起来的地方资产阶级民主共和政权。“浙江位居沿海，毗邻上海，这一地理位置使浙江成为清末以后受西化浪潮影响较深的一个省份。在辛亥革命中国进入共和的初期，浙江就较其他省份，多富一些西方民主主义精神。”② 在浙江民国早期的政局中，浙江军政府在浙江早期政治现代化的地位尤为突出。1906 年的《中国同盟会革命方略》指出：“革命成功后的省级政权称‘军政’，其首领称‘都督’；在完成军法治理任务后，军政府以地方自治权归之其地人民，

---

① 顾乃斌：《浙江革命记》，载浙江省辛亥革命史研究会编《辛亥革命浙江史料选辑》，浙江人民出版社 1981 年版，第 501 页。

② 参见李国祁：《闽浙地区的政治现代化》，国科会报告（未刊本）。

地方议会议员及地方行政官皆由人民选举；凡军政府对于人民之权利义务，及人民对于军政府之权利义务，悉规定于约法，军政府与地方议会及人民各循守之。”① 杭州光复后成立的浙江军政府，就是按照孙中山为首的资产阶级革命派的既定方针，依据三权分立原则，以资产阶级革命党人为核心的地方民主共和政权。浙江军政府建立后，采取了一系列政策措施，建立革命秩序，巩固新生政权，恢复和发展社会经济，保障人民权利，革除陈规陋习，刷新社会风气。在采取措施稳定浙江政局的同时，浙江军政府积极参与了援宁、北伐和筹建南京临时政府的革命活动，以彻底推翻清政府。

浙江军政府在成立之初，内设参议会为临时议事机关。参议会作为浙江军政的决策机关，对于施行全省重要政务及一切规章均有议决权。参议会的参议员绝大部分是革命党人或与革命党有密切来往的人士。但是参议会只是浙江军政府初创时期的临时性议政和立法机关。由于参议员并不是经过选举产生，他们还兼任行政官职，所以这就与资产阶级革命派所追求的三权分立的地方民主共和政权不相适应，影响了杭州光复后立法建制的过程和议决法案的质量。由于参议会并非正式的民意机关，无法监督都督府及其各项施政。所以，当时舆论呼吁急速成立议会，“今日各附州县大半无民事长，大半盗贼横行，大半经济恐慌，召集临时会议所以急救之也。省垣办事头绪万千，无所统一，未悉外府情形，发号施令，往往难行，召集临时会议所以急谋之也。”② 由于设立省议会，涉及选举诸多纷繁工作，非短时间所能完成。因此变通办法，由各军政分府及各县民事长召集旧有团体会商，由每府推举 4 人，先组织临时议会。1911 年 12 月 10 日，浙江省临时议会在原咨议局会所举行开会式，议员共 38 人。12 月 13 日，临时议会选举莫永贞、张翅为正副议长。临时议会议员来自浙江省 11 个属府地区，这些属府地区的军政府组织，因为大都受革命派势力控制或影响，所以选出的议员带有较革命的立场。浙江省临时议会的成立是浙江资产阶级革命派努力的结果，也是辛亥光复后浙江政权民主建设的一个成果。

---

① 《孙中山全集》（第一卷），中华书局 1981 年版，第 296、298 页。

② 振青：《时评》，《汉民日报》1911 年 11 月 11 日。

浙江军政府建立后仿制西方建立政府机构。浙江军政府都督府在成立之初，下属机构中军政事务属水陆总司令部掌管，民政事务属政事部掌管。政事部下设置财政、民政、外交、交通、总务等各部门。各部门中的负责人中，其中三分之二为同盟会、光复会会员，革命党人成为了都督府的核心。1911 年 11 月中旬，政事部长褚辅成提出政事部事务过于繁重，而且“现值军事倥偬，运粮筹饷均关重要，财政司责任重大，应归独立”。[①] 于是，财政司从政事部中划出升格为财政部，与总司令部、政事部三部直辖于都督府。

浙江是革命党人力量最强的地区之一，革命党人长期在浙江从事革命活动，有很大的影响。杭州起义前夕，浙江革命党领袖陶成章、章太炎都尚在海外，其他革命党人如朱瑞、童保暄等虽都有意出任都督，但其声望都难以令人折服。而汤寿潜在 1905 年后领导了浙江的保路运动，并卓有成效地主持修筑了沪杭铁路，这使他“有声海内，识者皆尊敬”，因此汤寿潜被各界推举为浙江军政府首任都督。

二　浙人治浙时期

自 1912 年至 1916 年，浙江省的政治可以分为三个阶段：蒋尊簋时期，朱瑞、屈映光时期，吕公望时期。1912 年元旦，中华民国临时政府在南京成立，汤寿潜调任临时政府交通总长，而接任呼声甚高的光复会领袖陶成章在上海被刺，于是蒋尊簋被推为都督。蒋尊簋就任半载，在浙江政治、经济、文化和社会生活等方面建设取得了一定的成就。1912 年南京临时政府成立后，大总统孙中山即率师北伐。朱瑞的浙军援宁支队被扩编为北伐军第六师北上。南北双方达成协议后，1912 年 3 月 10 日，袁世凯就职临时大总统，极力插手各省军政府。“至五月间，朱瑞得胜班师，不肯回浙，大有逼走蒋百器之势。蒋闻京中有更换浙督消息、即电请辞职。袁就派朱瑞即率军返浙，接任都督。”[②] 1912 年 8 月 21 日，朱瑞被任命为浙江都督。辛亥革命后，随着汤寿潜、褚辅成等人退出浙省政坛，李

① 《杭州新纪事》，《申报》1911 年 11 月 13 日。

② 李净通：《辛亥革命后军阀统治时期的浙江政局》，载中国人民政治协商会议浙江省委员会文史资料研究委员会编《浙江文史资料选辑》第 1 辑（内部资料），第 4 页。

国祁认为“浙省从此进入军人当政时期”①。浙江省的政治权力实际上落入军人手中。尤其是在1917年北洋系军人进入浙江前，担任浙江省的军政首长者均系浙军重要人物，或者与其有密切关系。

辛亥革命后，许多军人因为军功或者在革命中的贡献而被授予民政职务，军政民政不分。各省虽有民政长的设立，但通常都督既是军事亦是民政上的地方最高长官。1914年“二次革命”后，袁世凯厉行军民分治，废都督改任将军，另设巡按使一职作为一省最高民政长官，起用前清北洋旧吏，为各省巡按使。后来将军改称督军，民政方面废巡按使设省长。但军民分治之制并未真正得到实施。在全国各省，军人往往拥兵自重，掌握实际权力，并觊觎省长一职。另一个政治上的变化便是地方官吏的回避制被打破。地方主义蔚为一时潮流，成为民国前期政治主要特色之一。从各省政治实际来看，“浙人治浙”更是喊得比较响亮的一个口号。但是“浙人”也不是一个统一体，不同的派系间的争斗异常激烈。

首先便是军界各分营垒，竞争激烈。浙江陆军大致分成四派，即武备派、士官派、保定派、陆师派。所谓“武备派”，系指出身于浙江武备学堂②者，如张载阳、夏超、周凤岐等。“士官派”系出身于日本士官学校者，如蒋尊簋、周承芙、陈仪等人。“陆师派”系指出身于南洋陆师学堂者，如朱瑞、叶颂清等。“保定派”则为出身于保定军官学校者，如吕公望、童保暄等。士官派在四派之中学识较丰，享有较高威望。武备派资格最浅，但在浙江省服务的人数最多，因此竞争力量胜于其他各派。而陆师派与保定派则在军队各有其势力所在，在1917年前分别掌浙省政局一定时期。

朱瑞担任都督时期，浙省当局成为袁世凯政府得以依恃的重要力量。1913年3月20日，宋教仁在上海被刺，国民党人即发动“二次革命”。在“二次革命”中，朱瑞通电全国，宣布浙江自保，以示中立。并即以此电令告各县知事及各级军事长官，表示以维持秩序，顾全地方为第一义。当南京、上海等地的讨袁军先后失败，各处均派人来杭州求救。朱瑞

---

① 李国祁：《民元—十五年间闽浙地区的政局振荡与领导阶层的急剧变更》，《民国史论集》，（台湾）南天书局公司1990年版，第57页。

② 浙江武备学堂创办于1897年，该校原由前清浙江巡抚廖寿丰呈请创办。1912年，自该校毕业者（包括肄业及中途转赴日本留学者）共计140余人。

表示江西等省独立，系地方反抗中央，应自负责，浙省军队只敷保全境土、人民生命财产之用，严词拒绝。[①] 1915 年，帝制运动起。朱瑞、屈映光联名劝进，率先发电向袁世凯称臣，拥戴“洪宪皇帝”早日登基。同时，朱瑞、屈映光积极办理“国民代表选举”及“国体投票”。1915 年 12 月，护国运动在云南首先爆发。对此，朱瑞通电表示反对，并电京向袁世凯请兵支援，以加强浙省防守力量。阙麟书率炸弹队扑攻将军府，朱瑞仓皇出走。次日，童保暄、夏超等即宣布浙江独立，推屈映光为浙江临时都督，童保暄为总司令。由于没有发生大的战事，所以外电称浙省独立后“秩序异常安静”。不过浙省内部并未安静。“辛亥以后，由于浙省各系力量较为均衡，没有一个整合中心。朱瑞一下野，浙军各派系间矛盾更为加剧，以致无法产生一个合适的人选来担任浙江都督，以巡按使屈映光为临时都督，此为根本原因。”[②] 不过，屈映光倒朱独立，主要是受情势逼迫，他其实并未完全站在反袁之立场，其态度相当暧昧。为免于两面受敌，他一面与武备、保定两派敷衍，以保地位，一面向北京中央政府表白忠心，效忠袁世凯。于是激起公愤，有认为屈映光为“乱臣贼子……袁氏作乱，则如屈映光甘为其臣……何为贼子，袁氏窃国，则如屈映光之刮民脂膏，以力助其窃国者，贼子也”。[③] 加之浙江省内局势极其不稳定，1916 年 5 月 5 日屈映光被迫宣告辞职。吕公望继任浙江都督兼省长，宣布浙江独立，按照西南护国军政府组织大纲，成立浙江护国军政府，颁布《浙江省护国军政府组织法》[④]，并致电各独立省，以求策应。[⑤] 吕公望又致电段祺瑞内阁，敦促其促袁世凯退位。[⑥] 6 月袁世凯死后，浙江取消独立。吕公望就任都督以后，“即裁撤交涉使，改设交涉科，以节经费。又裁撤道尹。以原有经费恢复地方法院，以示法治。颇想为桑梓谋些福

---

① 参见《赣潮中之浙江》（四），《越铎日报》1913 年 7 月 24 日。

② 金普森：《浙江通史 · 民国卷》（上），浙江人民出版社 2005 年版，第 63 页。

③ 我亦浙人编：《浙人请看乱臣贼子》，1916 年（未刊本）。

④ 详见《浙江省护国军政府组织法》，《申报》1916 年 5 月 13 日。

⑤ 参见《吕公望致各独立省电》，李希泌等编：《护国运动资料选编》，中华书局 1984 年版，第 604 页。

⑥ 参见《吕督又一救危要电》，《申报》1916 年 5 月 13 日。

利。"[①] 然而武备派夏超、周凤岐想独霸浙江，以武力胁迫吕公望辞职。

1916 年年底，保定派吕公望与武备派夏超、周凤岐爆发大规模内讧。1917 年元旦，北洋政府国务总理、皖系军阀段祺瑞乘机任命北洋军第四师师长、淞沪护军使皖系杨善德为浙江督军，齐耀珊为省长。在护国运动时期，杨善德曾受袁世凯之命陈兵上海、虎视浙江，而齐耀珊是袁世凯当政时的参政院参政，所以他们都是袁世凯帝制的余孽。面对这种政治态势，浙江各界开始抵制北洋军阀势力。

1917 年 1 月 2 日，浙江省议会议长沈定一召集省议会议员以及参议员召开紧急会议商议对策。省议会与省教育会、杭州总商会及各界商议，联名致电中央请求收回成命。1 月 5 日，沈定一、汤寿潜等 32 位来自浙江绅、政、商、学和新闻各界的领袖人物发起浙江第一次公民大会，在大会上一致赞颂"浙人治浙"下的浙江政治，强调军警矛盾已释，号召浙江各方协力同心，抵制北洋军阀势力。沈定一在演讲中指出："浙江者，我浙江人之浙江也。浙人不能保浙即国人不能保国。况浙江政治冠美全国，不但浙事为浙人之责，即中国全国亦因由浙江人负责。浙江人不自治而一一以委诸外省人，外省人仍不治，不将引外人来治耶？"[②] 全浙公民大会发出《上大总统、副总统、总理电》、《致旅京同乡暨浙籍议员电》、《致各县商会教育会自治团体电》等。其中《上大总统、副总统、总理电》指出："浙江督军省长同日更易，承命之下，不胜惶恐。军民分任，自为政治正规，惟浙自辛亥以来，至上年恢复共和，虽迭经变故而地方安宁，绝无纷扰，实由军政两方都皆本其自治能力，敬恭桑梓之意……请收回成命以便地方，即以保国。"[③] 公民大会还选出赴南北两京请愿的代表，要求中央政府收回成命。然而最终杨善德还是带着部队进入浙江，走马上任。随即齐耀珊也到任，北洋军则源源不断地进入浙江。1917 年的"浙人治浙"运动就此结束，浙江从此进入北洋军阀直接统治时期。

---

① 李净通：《辛亥革命后军阀统治时期的浙江政局》，载中国人民政治协商会议浙江省委员会文史资料研究委员会编《浙江文史资料选辑》第 1 辑（内部资料），第 7 页。

② 《浙人自治大决心》，《民国日报》1917 年 1 月 7 日。

③ 同上。

三 北洋系军阀统治时期

1917 年 1 月，杨善德任浙江督军后不久，浙江的政局虽然已经安定，但北京不久即发生府院纷争。[①] 为了对亲直系的总统黎元洪施加压力，5 月 30 日，杨善德宣布浙江独立。段祺瑞驱逐黎元洪重任北京政府国务总理后，杨善德又立即通电取消独立。6 月，杨善德发布戒严令，划全省为 11 个警备区，实行无限期的军事戒严，对浙江进行军事独裁统治。1919 年 8 月，杨善德病亡后，北京政府又派另一皖系军阀卢永祥继任浙江督军。卢永祥在任初期，颇为关注省内治安，对外交亦持谨慎态度。

20 世纪 20 年代初，全国兴起联省自治。联治派主张先实行省自治，进而联省自治，目的是希望中国也成为联邦制国家。浙江是当时兴起大规模自治运动的省份之一，并且产生了民国史上第一部省宪法。浙江省在当时的全国自治运动中处于重要地位，产生重要影响。浙人较早就提出恢复自治，进行联省自治。1919 年 11 月，浙江省议员孙宋卿等 18 人通电各界，呼吁早日恢复自治："地方自治为立国之始基，为民治之源泉……吾国自来国家之重心操之朝廷，今则其重心之所在在于地方"。[②] 12 月，浙江省议会鉴于上海南北会议一再停顿，发出通电："倘仍迁延误国，惟有联合各省，另组国民自决会，以谋解决。"[③]

1920 年 7 月，直皖战争爆发，湖南督军谭延闿为避免卷入南北战争发出全国通电宣布自治，这给全国乃至浙江的自治运动的兴起以重大影响。浙江省议会旋即通过了恢复地方各级自治案的决议。浙江省内士绅和省外浙人团体纷纷表达支持浙省自治。至于如何进行自治，浙江的自治派与全国各地的联省自治派者持同样的认识，即"欲求省自治，须制省宪以为之准"。[④] 1921 年 5 月 30 日，浙江省议会通过《浙江省宪法会议组织

---

① 因对德宣战问题遭众议院抵制，段祺瑞鼓动督军团以武力胁迫总统黎元洪解散国会。1917 年 5 月 23 日，黎元洪以免除段祺瑞总理职务作回应，引起亲段各省督军之反对。26 日，安徽督军通电宣布黎免段职为非法，与政府脱离关系。陕西、河南、奉天各省督军纷纷响应，宣告独立。

② 《浙议请复自治之通电》，《申报》1919 年 11 月 17 日。

③ 陈益轩：《浙江制宪史》，浙江制宪史发行所 1921 年版，第 1 页。

④ 同上书，第 3 页。

法》，其中规定由省议会选出省宪起草员负责省宪的起草，各县议会所选出代表共同组成宪法会议，草案最后交由宪法会议公布。当时的浙江都督卢永祥是直皖战争后皖系仅存的实力人物，为抗拒直系，取得浙江地方士绅支持，以巩固割据自保。1921 年 6 月 4 日，浙江都督卢永祥通电支持浙江的联省自治，提出地方分权，“先以省宪定自治之基础，继以国宪保统一之旧规”。[①] 在卢永祥的支持下，浙江联省自治运动快速发展。9 月 7 日，浙江省宪法会议通过《中华民国浙江省宪法》和《中华民国浙江省宪法施行法》，9 月 9 日正式公布，故被称为“九九宪法”。“九九宪法”是民国时期第一部正式颁布的省宪，这部宪法除了“序言”外，共 18 章 158 条。1921 年 9 月 10 日至 22 日，浙江省宪法会议通过了 15 种省宪附属法[②]，附属法如此完备，冠当时全国之首。但是“九九宪法”公布后就遭到一些团体和个人的强烈反对，批评省宪的公布“违反众意，包办武断……是假自治之名，行专制之实”[③]。卢永祥即以部分人反对为由，宣布“九九宪法”不能代表民意，拒不付诸实施。

“九九宪法”被搁置以后不久，1921 年 12 月 10 日，新召集的浙江省第三届省议会议决通过《浙江制宪组织法》。按照《浙江制宪组织法》规定：省民无论何人，均可提出宪法草案，或单独提出，或参加连署。之后浙江省议会陆续收到宪法草案共 100 部。1922 年 11 月 4 日，浙江省省宪审查会召开。沈定一在开会致辞中指出：“这一百部宪法草案，都是由我浙江省人民意思中抽出来的丝……审查员的责任，是集合许多民意底丝，织成红、黄、白三种颜色的锦缎。人民衣被的锦缎，是人民自己吐出来的丝。人民喜欢衣被什么颜色的锦缎，是由人民自己的选择……愿我全浙人民监视我们底努力。”[④] 1923 年年初，浙江省省宪审查会依据各部宪草的性质，分类整理成红、黄、白三色予以公布，故被称“三色宪法”。“三

① 《卢永祥关于省宪自治之通电》，《申报》1921 年 6 月 5 日。

② 即《浙江省省议院法》、《浙江省省议院议员选举法》、《浙江省省政院法》、《浙江省省长选举法》、《浙江省省政院政务员选举法》、《浙江省法院编制法》、《浙江省省法院院长及省法院审判员选举法》、《浙江省监察院法》、《浙江省监察院监察员选举法》、《浙江省审计院法》、《浙江省审计一院审计员选举法》、《浙江省县议会法》、《浙江省县议会员选举法》、《浙江省县参事会法》、《浙江省市乡自治法》。

③ 陈益轩：《浙江制宪史》，浙江制宪史发行所 1921 年版，第 88—89 页。

④ 《浙宪审查会开会式》，《申报》1922 年 11 月 5 日。

色宪法”与“九九宪法”比较，对民生、教育等人民权益给予了更多的关注。在财政方面，规定除国税、盐税、烟税、印花税外，其他一切税收均归浙江省财政。对于省政府之组织，各色宪法主张不一，红色宪法主张11人的委员制，黄色宪法主张半内阁制（省长与省政院相辅），而白色宪法主张省长兼省政院长之制。但是，对于“三色宪法”，除省议会热情高涨外，社会各界认为三色宪法草案因“实行尚非时机，故总投票经费迄无人筹划，八月一日总决，九月一日开票，种种规定程序，完全付诸泡影。人皆谓二次制宪，系抵制九九省宪，本属滑稽性质。”① 之后，虽然省议会一直热衷于自治。但是随着江浙两省军事当局已预备开战，“自治”问题逐渐被战争与和平问题所替代。20世纪20年代初的浙江省宪自治运动是一场资产阶级政治改良运动，号召、组织和领导作用的主要是民族资产阶级、新式士绅阶层、资产阶级特别是小资产阶级知识分子。这两部历时数年的宪法，在当时颇具全国影响，但始终未能付诸实施。总结原因，客观上，第一是都督卢永祥只是借口省宪，求得浙江地方势力的支持，以求拥兵割据自保。但是卢永祥也是深恐“省宪实行，己之权力将受拘束，故再三延宕”。② 第二是卷入浙江省宪自治运动的阶级、阶层、集团和个人十分广泛，他们怀着不同的目的参与“省宪自治”，但利益的不同又使他们始终存在着矛盾和纷争。“所以浙省二次制宪的无果而终，既有省议会主观上缺乏诚意的原因，也是客观环境的变化使然。”③

1924年9月，浙江省宪未完成之时，卢永祥与江苏都督齐燮元之间为了争夺上海淞沪护军使地盘和鸦片权利，爆发了江浙战争。掌握北京政权的直系命盘踞福建的孙传芳与江苏的齐燮元南北夹击卢氏，仅仅一个月，浙江的卢永祥即告战败下野，浙江为直系军阀孙传芳所统治。江浙战争不仅对浙江破坏甚大，也影响到日后整个中国的政局。

1925年1月，皖系段祺瑞重掌北京政权后，又任命卢永祥为苏皖宣抚使，卢永祥联合奉军与孙传芳再次争夺江浙地区，爆发浙奉战争。孙传芳联络苏、皖、赣等省军阀组成以浙军为主的浙闽皖赣苏五省联军，分兵

---

① 《浙议会开会无结果》，《申报》1923年7月5日。

② 刘以芬：《民国政史拾遗》（上），文海出版有限公司1953年版，第64页。

③ 金普森：《浙江通史·民国卷》（上），浙江人民出版社2005年版，第246页。

进占上海、南京、蚌埠、徐州，奉军败退山东，由此奠定了北伐战争前中国军阀割据的基本格局。孙传芳与盘踞湘、鄂、豫的另一直系军阀吴佩孚成为北洋军阀统治中国中部地区的主要代表，以及国民革命军北伐的主要对象。

1926 年 7 月，广东国民革命军开始旨在推翻北洋军阀统治的北伐，其东路军直指孙传芳。孙传芳在 9 月中旬亲赴江西督师，已倾向广东国民政府的浙江省长夏超乘浙江后方兵力空虚之机于 10 月 16 日宣布浙江独立。孙传芳令上海警备司令宋梅村率部进攻夏超，夏超败退杭州后被俘虏处死。12 月，浙军师长周凤岐、陈仪又先后倒戈起义，有力地配合了北伐军向浙江进军。从 12 月上旬至次年 2 月间，北伐军在浙江境内取得了决定性的胜利。1927 年 2 月 18 日，北伐军进占杭州，2 月底，北伐军克复浙江全境，结束了北洋军阀在浙江的统治。

第二节 经济背景

一 浙江工商业的发展

进入 20 世纪后，在全民族救国强国的急切呼号声中，清朝浙江当局对民族资本主义工商业的政策开始从阻挠转变为支持和鼓励，浙江社会形成了一股发展民族资本主义经济的热潮，民族资本主义经济在浙江开始了较全面的发展，形成了一个初具规模的、比较完整的经济形态。在 20 世纪初的 10 年时间里，新办各种民族资本主义企业近 200 家，而且还具有一定的规模。资本总额在 2000 万元左右的企业遍及工业制造、采矿、铁路、轮船航运、邮政、电信、金融、农林牧渔等行业。尤其 1904—1907 年是浙江民族资本主义高涨阶段，“企业总数猛增至 64 家，几乎是前 4 年的 5 倍。”[①] 1908—1911 年虽然是清末与民初两个高潮间的经济发展低谷，但质的方面却有提高。这一时期减少最多的企业是樟脑业、烛皂业，增加最快的是电力企业，作为民族资本主义工业主要部分的纺织业稳步上升。总之，辛亥革命前十年的浙江经济发展呈现上下起伏的局面，但是整个趋势呈现逐渐上升的状态。

---

① 汪林茂：《浙江通史 · 清代卷》（下），浙江人民出版社 2005 年版，第 19 页。

辛亥革命浙江光复后，浙江在经济上出现了新的局面。浙江军政府颁布了一系列保护民族工商业的法令，鼓励兴办实业。军政府推行减轻赋税政策，废除封建徭役制度；废除各埠码头肩抬挑驳等劳工所出的税收制度；废除清朝的厘金制，改为统捐，之后还降低统捐税率。对于不属于统捐的，如生丝、茶叶、酒等设立特别捐，捐税也比以前减轻。例如“原运丝80斤（一包）需缴正附捐税29元，光复以后，经临时省议会改订捐率，运丝每包百斤，只收正附捐税20元。”[①]浙江新办的企业也明显增多。“1911年至1913年，宁波、杭州、绍兴、温州、湖州五地新建企业达到11家。”[②] 1912年，由朱谋先、陆仲芳、许炳坤、蒋尊簋等人集资创办的纬成丝织公司，为浙江的民族丝绸工业开创了新的发展阶段。浙江光复后一些陆续恢复生产的工厂也有了较大的发展。1912年9月，通久源纱厂系当时浙江最大纱厂恢复生产。1911年，光华火柴厂在杭州得以扩建，资本额由5万元增至50万元。1911年，嘉兴永明电灯厂改为电灯公司，资本由5万元扩充到10万元，并扩大供电。1912年9月，工商部通过了改善与发展工商业的议案80余件。1914年年初，工商部又公布《公司条例》、《公司保息条例》和《商人通则》三项重要工商法令。这些制度在一定程度上促进了浙江民族资本主义经济的发展。1912年6月，浙江省城工商界组建新的杭州总商会。不久，劝业会、农事和织业试验场、商品陈列所等纷纷设立。实业教育也有了新的发展，各种工业学校、农业学校、商业学校、职业学校及习艺所纷纷举办，这些都推动了辛亥革命后浙江经济的发展。

1914年第一次世界大战爆发后，主要资本主义国家先后卷入。为扩大军火生产，减少了民用工业品的生产，这些国家不得不放松对殖民地、半殖民地国家的商品输出。1916年以后，英、法、德等国输华的商品大减：英国货减少一半，法国货不及战前的三分之一，德国货几乎完全停顿。这时，美、日乘机而入，加紧向中国倾销商品。“总体上，大战期间洋货入口的总值，较战前的一九一三年仍有所下降。”[③] “例如1913年杭

---

① 魏颂唐：《浙江经济纪略》，1929年版，第76页。

② 浙江省辛亥革命研究会、浙江省图书馆编：《浙江辛亥革命前夕浙江社会经济情况》，《辛亥革命浙江史料选辑》，浙江人民出版社1987年版，第1页。

③ 徐和雍等编：《浙江近代史》，浙江人民出版社1982年版，第293页。

州口的洋货进口55.8万多海关两，1918年减少到19.5万多两。宁波口的洋货进口增长率减缓，1913—1918年增长率不到4%。”[①] 战争期间，进口商品竞争力降低，民族工业的国内外市场扩大，商品价格的上升幅度大于工资增长幅度，如1915—1920年，布价上升76%，工资只增长35%。制成品价格上升的速度快于原料品，特别是农产品原料的价格相对下跌，使这一时期工业利润有较大幅度的提高。如棉纱，“每生产一包16支纱，1916年获利7.61元，1917年升至36.93元，1919年达70.65元。”[②] 这一时期，浙江民族工业获得了发展的好机会，民族工业获利丰厚。在浙江资本主义发展史上占有重要地位，为浙江资本主义经济奠定了坚实的基础。因此这一时期，被誉为浙江民族工业的“黄金时期”。

在浙江民国经济发展的“黄金时期”，尤其是以丝织业、棉织业为代表的轻工业得到了迅速的发展。浙江的丝织业历史上就十分发达，素负盛名。辛亥革命以后，仅杭州一地就创设了纬成（1912年）、天章（1914年）、虎林（1914年）、云成（1914年）、庆成（1916年），文记（1917年）、新恒（1918年）等较大的丝绸工厂。第一次世界大战爆发后，“英国之来货既减，日货亦受抵制，本国纱厂勃兴，而浙省纱厂亦得蒙其惠。”[③] 伴随着电力织机的发明，新式缫丝机和丝织机的推广，浙省丝织业得到迅速发展。这一时期浙省丝织业规模大、设备新。这一时期新建的丝织厂达50多家。新建的缫丝厂有15家。例如创建于1912年的纬成公司，在创办时资本仅两万元，第二年增资为四万元。1914年增资至二十万元。产量虽日渐增多，但仍供不应求。1917年增资达四十万元，扩充厂房，设有缫丝、织绸、炼染等部。全厂有缫丝车四百部，人力织机三百二十台，所产“纬成缎”、“纬成绸”闻名遐迩。生丝除供本厂自用外，还运销美国、巴拿马等地。到1923年已拥有资本240万元，成为当时全国最大的丝织公司。据统计“杭州丝绸业各厂手织木机增长数：1912年为28台，1913年为56台，到了1914至1918年迅猛发展，1914年为294台，1915年为442台，1916年为531台，1917年为623台。”[④] 棉纺织业

① 金普森：《浙江通史·民国卷》（上），浙江人民出版社2005年版，第85页。

② 同上。

③ 实业部国际贸易局：《中国实业志·浙江卷》，一四（庚），民国二十二年十一月初版。

④ 彭泽益编：《中国近代手工业史资料》（第二卷），中华书局1957年版，第640页。

方面，19 世纪末 20 世纪初，浙江已有宁波通久源纱厂、宁波和丰纱厂、杭州通益公纱厂、萧山通惠公纱厂等。但由于洋纱、洋布泛滥，销路不畅，这些纱厂发展缓慢，还面临倒闭威胁。例如 1911 年浙江棉花歉收，宁波通久源、和丰等纱厂被迫停工；杭州通益公纱厂也陷入绝境，只得易主改组。第一次世界大战爆发后，进口的洋纱、洋布急剧下降，纱价上涨，因而浙江棉纺织业得到较快发展。这一时期浙江“新建的棉纺织厂大小近 30 家，1918 年纺锤总数居全国第三位。”①如宁波和丰纱厂，1909 年只有纱锭 11760 枚，1919 年增至 23000 枚，1919 年获利 125 万元。又如杭州通益公纱厂于第一次世界大战期间也增添了 1 万枚纱锭，还增设了布厂。这时，浙江还创办不少新的棉纺织厂，如镇海公益织布厂、镇益织布厂、杭州振华布厂、鄞县复成染织厂、嘉兴加木染织厂等。这一时期，针织业也急剧发展。浙江所需的针织品原来大部分从国外输入。第一次世界大战爆发后，国外输入的针织品开始减少，而市场又有迫切需要，于是一些商人、手工业者开始经营针织业。“1915 年全省从事针织品制造的厂家有 2745 家，共 1355 名工人，生产衬衫衬裤、手套、袜子、汗衫、毛巾等，年产值达 87.49 万元。制造的厂家数占全国各省的第四位，工人数位居第二位。”② 此外，浙江的火柴、碾米、造纸、皂烛、玻璃、制伞、织席等轻工业都在第一次世界大战期间有了很大的发展。

辛亥革命后，随着民族工业的逐步发展和浙江工业学校的创立，浙江开始出现机器制造。第一次世界大战期间及以后的一段时间内，浙江的五金机械工业、电力工业都有了很大的发展。1900 年，浙江开始出现五金机械厂。“1914 年至 1926 年，陆续新建的五金机械厂达到了 20 家。”③ 这一时期内新建的五金机械厂虽然有许多仍以修理机器、制造零件为主，但已有不少厂从修理转向制造，生产提花机、织布机、织绸机、轧棉花机、碾米机、锯板机以及柴油引擎等，并且规模越来越大。1914 年创办的杭州武林铁工厂，主要业务范围是修理机器，制造机器零件。其最初的资本只有两万元，1916 年规模逐渐扩充。到 1917 年武林铁工厂仿造提花机成

① 实业部国际贸易局编：《中国实业志 浙江省》，1933 年版，第 126 页。

② 彭泽益编：《中国近代手工业史资料》（第二卷），中华书局 1957 年版，第 664—665 页。

③ 金普森：《浙江通史 · 民国卷》（上），浙江人民出版社 2005 年版，第 101—102 页。

功，各地绸厂争先购买，盈利颇丰。1920 年，武林铁工厂资本增至 10 万元。之后，武林铁工厂逐渐发展为制造提花机、柴油机、织绸机的专业工厂，成为浙省当时规模最大的机器制造工厂，在全国也享有一定的声誉。

“浙江省电力工业在这一时期也得到飞速发展，初步统计，新建电厂达 70 余家。”[①] 除了主要城市，浙江的大部分县城及重要集镇都建起了发电厂。电力使用逐渐从照明转向为碾米、纺织、丝织提供工厂动力。如宁波发电厂，前身是创立于 1914 年 12 月的宁波永耀电力公司，初创时规模很小，只有 2 台 25 千瓦发电机和蒸汽引擎。随着工业用电数量的增加，发电厂规模不断扩大。1916 年增加了 1 台 120 千瓦蒸汽发电机和锅炉。1922 年又添置 2 台 650 千瓦的发电机和锅炉。

第一次世界大战前，浙江采矿业比较落后，虽然也有一些矿产开采，但都是土法。在第一次世界大战期间，浙江采矿业有所发展。1912 年，长兴煤矿创办。长兴煤矿是当时浙江最大的煤矿，也是浙江商办机器采矿业的开始。1915 年长兴煤矿聘请德国矿师指导开采，后因中国对德宣战，改聘法国矿师指导开采，规模和产量不断扩大。“1918 年，改组为长兴煤矿有限公司，资本增加到 220 万元。”[②]

交通是振兴实业的枢纽，是一个地区经济发展不可或缺的重要基础。浙江交通近代化走在全国前列，是近代浙商投资最多的行业之一。第一次世界大战结束后，除了日本在战时加强了对中国的侵夺外，欧美帝国主义势力卷土重来，中国的民族工商业由暂时的发展逐渐转为萧条。在这种情况下，一部分投资就转到修筑公路和兴办长途汽车运输企业上来。“1918 年至 1920 年，北洋政府陆续公布了《修治道路条例》、《修治道路规则》、《修治道路收用土地章程》、《商办道路规则》、《商办桥梁规则》及修筑道路奖励条文。”[③] 浙江于 1923 年允许地方团体修筑省道，由省给予补助。商办公司投资承筑道路，不给补助，给予专利营业权。这样就为商资筑路提供了方便条件，浙江近代商办公司投资筑路由此兴起。到 1926 年，省建及商资路线共 281.52 公里。其中商建占了 78%。浙省第一条由商资

---

① 金普森：《浙江通史・民国卷》（上），浙江人民出版社 2005 年版，第 102 页。

② 同上书，第 106 页。

③ 同上书，第 107 页。

建筑的公路是杭余路（杭州至余杭），属浙江六大省道之一浙皖线的第一段。由成立于1922年的浙江省第一家商办汽车运输企业——杭余省道汽车股份有限公司承筑。到1924年全部工程完工，正式通车。杭余路通车后，由于沿线集镇较多，商业比较发达，反响甚好，行旅称便，汽车公司获利丰厚，因而相继又有5家筑路公司设立。以上5家商办公司都是采取股份有限公司形式，均在当地招股筹集资金，用以修建当地的道路。1907年7月24日，为抵制英国掠夺浙江铁路权，浙江绅商在上海集会，决定浙江自办铁路，成立商办浙江全省铁路有限公司。浙江铁路公司是典型的商办公司，其建路成绩居各商办铁路公司之冠。浙江铁路公司成立后，着手修建沪杭铁路浙段。至1914年1月间，基本上建成了沪杭甬铁路在浙江境内的线路。由于江苏路段于1914年1月收归国有。1914年4月11日，北洋政府交通部与商办浙江铁路公司股东代表议定，将浙江路段杭州至枫泾、曹娥至宁波两段铁路及杭州江干至湖墅支线收归国有，公司所有股本由政府偿还。至此，江、浙两省商办沪杭甬铁路全部收归国有，正式命名为沪杭甬铁路。从1912年始，浙江民族资本外海和内河航运业进入发展壮大时期。据统计，“新建的规模较大的轮船航运公司就有26家。”①1914年，虞洽卿集资20万元创办三北轮埠公司，为此修筑海塘，建立码头，修筑小铁路，建设小型火电站，并架设通讯线路。但不久因泥土淤积，轮埠码头报废。公司迁至上海，在宁波、镇海、舟山设立分公司。第一次世界大战爆发，交通受阻，运费猛涨。虞洽卿又为三北公司添资百万元，购置江轮五六艘，发展沿海及长江上游航线。此时，三北公司已经成为全国性大航运企业。这一时期，浙江内河航运业的发展更为迅速，特别是经济发达的杭嘉湖地区，内河轮运企业的诞生如雨后春笋。“1914年至1927年期间，杭嘉湖地区已领取部照开业的轮运企业达95家。1915年，王清记商号改称王清记轮船局，有轮船4艘，20年代又添置多艘，开辟杭州至苏州、盐官至侠石、长安至崇德及乌镇等航线。”② 当时的钱江内河航运企业主要有钱江商轮公司、振兴轮船公司、杭诸汽船公司、钱浦商轮公司等。

---

① 金普森：《浙江通史·民国卷》（上），浙江人民出版社2005年版，第109页。

② 同上书，第111页。

随着工商业的发展、沪杭甬铁路的建成和城市人口的增加，浙江的商业也得到迅速发展。杭州是浙江省省会、旅游胜地。自沪杭甬铁路通车后，旅游业得到迅速发展，商业也日益繁盛。长期以来，杭州商业以春季香市（每年阴历二月至五月，外地至天竺、灵隐进香者极多，此时称为香市）和秋季观潮两季最为兴旺。杭谚有“春季赚钱，秋季过年”。与旅游业密切相连的旅馆、饮食、娱乐、照相等业，在进香、观潮之际，更是盈利可观。“与旅游业直接有关的旅店，1912 年以前为 15 家，1912—1927 年新增加 76 家；饭店过去 15 家，新增 109 家；菜馆过去 3 家，新增 38 家；面店过去 19 家，新增 99 家；游艺业过去没有，新开设 3 家；照相店过去没有，新开设 15 家。”[①] 一些高档消费品行业也有很大发展。浙江绸缎不但运销东北、两广等地，连东南亚等地客商也纷至沓来，采购贩运。随着上海开辟为通商口岸及国内轮船、铁路交通的发达，过去在宁波依靠帆船运销集散的南北物产，逐渐移向上海。上海已成为全国商业的中心，宁波的商业没有过去繁荣。这一时期宁波商业中比较繁盛的是草席业和药材业。此外，1911 年以后因渔场逐渐扩大，货源增多，宁波各鱼行的营业额逐步上升。随着商品经济和进出口贸易的发展，温州商业逐步趋向繁荣。绸布、药物、南北货、卷烟、染料等各类行业都有较大的发展。这一时期温州通过海运的出口贸易获得较快的发展，主要出口货物有茶叶、菜籽、桐油、木炭、纸伞、皮箱、草席等。

1845 年，第一家外国银行——英国丽如银行进入中国，1897 年中国第一家银行——中国通商银行正式成立，期间 52 年是中国银行业孕育期。随着近代工业的发展，洋务运动的影响，帝国主义对中国经济的残酷掠夺事实，以及银行业优于传统金融业的实际，使清朝政府的一些官僚们不得不接受办银行“以振兴实业挽回利权”[②] 的建议，中国的银行业就迅速发展起来了。“自 1907 年至 1911 年，全国共创办起新式银行 19 家，其中浙江 3 家：1907 年创办的浙江兴业银行、1908 年创办的四明银行和 1909 年创办的浙江银行。”[③] 成立于 1907 年的浙江兴业银行，最初设立时附属于

① 金普森：《浙江通史·民国卷》（上），浙江人民出版社 2005 年版，第 114 页。

② 《光绪三十三年邮信部奏拟设立交通银行折》，转引自杨端六《清代货币金融史稿》，三联书店 1962 年版，第 369 页。

③ 陈国强主编：《浙江金融史》，中国金融出版社 1993 年版，第 137—138 页。

浙路公司，目的是为浙路公司提供金融服务。辛亥革命后，对浙江本省的工矿企业、铁路，如长兴煤矿、永利碱厂，都积极地给予支持。尤其是对浙江的铁路建设的支持，苏杭甬铁路由于得到浙江兴业银行的支持，成为当时各省自建铁路完成得最好最快的省。[①] 1913 年 9 月开办的中国银行杭州分行和 1915 年 3 月开办的交通银行杭州分行具有国家银行的性质，中国银行和交通银行都有钱币发行权。1915 年在杭州创办的浙江地方实业银行，1923 年改组为浙江地方银行，属省立银行性质。自 1912 年至 1927 年这 16 年中，浙江银行业发展迅速，国办的和资本较大的商办银行发展较快。特别是 1913 年 9 月开办的中国银行杭州分行，因为有经理库款和发行货币等特权，中国银行杭州分行通过委托商业银行及钱庄代理发行的办法，大大增加了浙江的中国银行钞票发行额，"1917 年为 171.7 万元，1926 年达 1200 万元"[②]。当时，在浙江省流通的货币几乎全部都是中国银行发行的货币。同时，中国银行杭州分行还代理国库业务，浙省库款为中国银行独家控制。中国银行杭州分行还支持与扶助民族工商事业，直接对工商业放款。1915 年，杭州鼎新纱厂就以棉纱 330 箱，向中国银行押借 3 万元。商办银行的增加是银行业发展的明显标志。在民国浙江经济发展的黄金时期，浙江商办银行有了近代工业作为依托，发展较快，1913—1925 年浙江创设的商办银行有 19 家："镇海渔业银行、浙江地方实业银行、华孚商业银行、杭县农工银行、浙江储丰银行、杭州道一银行、绍兴县农工银行、杭州惠迪银行、浙江商业储蓄银行、浙江典业银行、嘉兴商业储蓄银行、湖州丝绸银行、杭州商业银行、浙江工商银行、瓯海实业银行、浙江实业银行杭州分行、绍兴丝绸银行、嵊县农工银行、海盐农工银行。"[③] 这些商办银行对民族资本的工厂融通资金、发展生产起了积极的推动作用。钱庄业是推动市场商品经济发展，沟通商业渠道和调剂资金余缺的一个重要金融行业。钱庄是银行业兴起之前，浙江主要的金融机构。第一次世界大战期间及以后的一段时间中，浙江的现代工业发展较快，新

① 1914 年爆发的第一次世界大战，促使中国民族工业在大战期间的繁荣。1915 年，浙江兴业银行的行政和业务中心移至上海，改上海分行为本行（后称总行），改杭州总行为分行，并在上海成立统一的董事会。

② 金普森：《浙江通史·民国卷》（上），浙江人民出版社 2005 年版，第 119 页。

③ 同上书，第 119—120 页。

兴的银行业因现代工业的发展而迅猛发展。但是新式银行的兴起，并未能取代钱庄的作用。相反，浙江的钱庄业因民族资本主义经济的发展而兴旺发达，这种态势一直延续到30年代初。“1931年全省有889家钱庄，其中562家在杭州。”① 这时是浙江钱庄业的鼎盛时期。1929年的世界经济危机影响到中国后，钱庄业受到打击。1934年美国提高银价，中国白银大量外流，全国发生金融恐慌，钱庄业再受重创。辛亥革命胜利后至20世纪20年代初，浙江的旧式金融机构典当行也没有因这一时期银行的兴起而萎缩，反而获得长足的发展。如“杭州市1921年前后就有典当行19家”。② 浙江各典当行的营运资本相差不大，大多为1万—5万元。20世纪20年代中期以后，由于新式金融业逐渐取得主导地位，更由于经济萧条，浙江的典当业呈衰落之势。

总结1911—1926年这一时期，浙江的工商业发展速度快，厂矿单位有了较大增加，投资总额增长迅速。产业的分布在地区上有所扩大。由主要集中在杭州、宁波一带，扩大到省内主要城市和重要集镇。产业结构有了新的变化。除了以丝织、棉纺织为代表的轻工业外，五金机械、电力、矿业、交通运输、银行等各行业都得到了较快的发展。出现了像“宁波帮”这样的近代资本主义企业家群体。“宁波帮”不仅在浙江举足轻重，而且是上海诸商帮的巨擘，在国外也有极大势力，成为我国近代新兴民族资产阶级的重要组成部分。同时，在这一时期，对近代中国政治、经济有重大影响的江浙财团逐渐形成。第一次世界大战对浙江资本主义发展的影响是很深刻的，这一时期的发展为浙江资本主义经济奠定了坚实的基础。在第一次世界大战结束的几年以后，在外国资本主义经济侵略卷土重来的影响下，中国资本主义经济开始衰颓。

二　浙江的财政困境

民国前期浙江省议会的议案中有许多与财政相关，并且议案的执行效果与当时的财政状况也有很大的关系。所以对民国前期浙江省的财政状况作一略述。

---

① 尹铁：《浙商与近代浙江社会变迁》，中国社会科学出版社2010年版，第143页。

② 金普森：《浙江通史·民国卷》（上），浙江人民出版社2005年版，第119页。

浙江光复后，百废待兴，虽然各项事业都急需费用。但是浙江军政府考虑民众的困境，反而减轻赋税。1911 年 11 月 5 日，浙江军政府通告全省："所有历年积欠及本年应完钱粮一概豁免，其厘卡自九月十五日起先行裁撤。"[①] 这使得原来处于困境的浙江财政愈发困难。"1912 年浙江省预算收入只有 1000 万元，而预算支出竟达 2000 万元。"[②]为了解决财政困难，浙江军政府采取多项措施解决财政困境。一是没收官产，追缴外逃前清官员巨款。军政府将追缴的款项暂时汇解于浙江兴业银行，"1911 年 11 月 1 日，就有银 100 万元、现洋 10 万元。"[③] 1912 年 1 月，浙江军政府财政部专门成立了官产清理局清理各府厅州县的官产。官产清理局令各府县民事长将辖区内所有前清官产详细造表送财政部。浙江军政府还派专员调查携款外逃的前清官员。二是建立和健全合理税收制度。浙江军政府在成立之初虽然通令豁免钱粮，裁撤厘卡，但所有正用及地方公用杂捐必须完纳。为消除民众误解，汤寿潜专门出示晓谕，指出："各项常捐如盐、绸、烟、丝茶、酒、糖等款照常完纳。"[④] 地丁和统捐是浙省财政收入的主要部分，浙江军政府于 1912 年 2 月重新征收地丁和统捐这两项税费。三是发行军用票和爱国公债。"浙江军政府于 1911 年 1 月 1 日第一次发行军用票 300 万元，以 100 万元救济商业，维持市面，以 200 万元充作军饷。"[⑤] "1912 年 6 月，军政府第二次发行军用票 200 万元。1912 年 2 月，浙江军政府财政部发行维持市面公债 100 万元，期限 5 个月，年息 6 厘。维持市面公债发行后，浙江省财政收支缺额仍巨。军政府为应付一时财政上之急需，筹议发行公债 500 万元，定名为爱国公债，由浙江省军政府负偿还之责，并指定以浙西盐课厘收入作抵。公债票上市后两个月就募 30 万元，其中 50 万张 1 元票公债很快被认购一空。"[⑥]

1912 年 8 月朱瑞接任浙江都督后，以屈映光为民政长，浙江省从此

① 《浙江新政汇志》，《申报》1911 年 11 月 11 日。

② 《浙江省预算不敷之可惊》，《申报》1912 年 4 月 2 日。

③ 《浙江新政汇志》，《申报》1911 年 11 月 11 日。

④ 《新浙江缔造种种》，《申报》1911 年 11 月 25 日。

⑤ 浙江省人民银行金融研究室编：《浙江近代金融史》（未刊本），第 122 页。

⑥ 潘国旗：《近代中国地方公债研究——以江浙沪为例》，浙江大学出版社 2009 年版，第 95 页。

进入军人当政时期。朱、屈时期的浙江省财政负担很重。“1913 年 7 月，财政厅向礼和洋行借款 1000 万元。但因浙江省前借 600 万元债款两次逾期，礼和洋行不愿借给，以至于都督府机关的官长一概只发半薪，兵警也暂给半饷。”① 经过一年多的整理，财政情形有明显改观。② 1914 年 7 月，浙江省政府财政厅成立，收支有了统一机构，军政各费开支都有了严格的规定，通过整顿税收，效果非常明显。“1914 年度预算，据屈映光向中央呈报，新税旧税通盘计算，收支相抵可余 500 万元，除弥补前欠，偿还礼和借款、地方公债，收回军票，共 200 余万元外，计可报解中央 300 余万元。”③ 这除了说明浙江省在努力向中央靠拢外，亦可看出浙江省财政整理确有实效。正如魏颂唐所言民初浙江省财政在 1916 年前是“极盛时期。”④

1916 年浙江省政局发生变化：增练师旅、添设机关、扩充警察、推广司法，支出开始膨胀，军政各费达到了 1720 万元，而收入方面出现减少。由于当年省议会议决，漕南抵补金改为每石 4 元，较从前减收 1 元，每年收入约计减少 70 余万元。尽管浙省将中央的解款如数截留，尚不够支配。因此，不得不向省内金融界借垫，以应急需。“截至 1919 年，共计亏垫银 120 万元。”⑤ 此后浙江省的财政虽然经财政当局多方筹划，力事整顿，但是都没有效果，财政状况一年比一年窘迫。1920 年、1921 年两年浙江连遭岁荒，田赋因为灾害而蠲缓，共短收银 200 余万元，丝茧捐也减收 60 余万元。从 1921 年起，由于浙西实行减赋，每年又减少收入 40 万元。而在支出方面，各机关经费一项，之前每年额定为 30 万元，经过几次的增加，到 1919 年一年变为 483.6 万余元。其他还有警察官吏恤金、水警煤费、密查费等款，一些或是因为中央核准，一些或是按本省现状必须增加者，共计不下 10 万元。收入减少的同时，支出又在增加。截至 1920 年，浙省财政共垫借银 180 万元，巨额的积欠导致周转失灵。于是 1920 年，浙省财政厅呈准军民两署，募集第一次定期借款 150 万元。但是

① 《浙江省借款不成之窘况》，《申报》1913 年 7 月 3 日。

② 参见李振华：《近代中国国内外大事记》，文海出版社 1979 年版，第 3117 页。

③ 同上书，第 3049 页。

④ 浙江财务人员养成所：《魏颂唐偶存稿》，1931 年版，第 2 页。

⑤ 徐绍真：《浙江财政概要》，杭州财务人员养成所 1931 年版，第 3 页。

由于当时旧欠未清偿，新债又须按月拨还，财政仍然十分窘迫。至1921年度终了时，亏垫达到了320余万元。1922年，浙江省多地洪水泛滥，田赋减收约达160万元，而其他捐税，因灾后民力凋敝，亦短收40余万元。加之抵补金附税，又逐年递减，而当年新增支出如保安队及临时防务等款，约需36万数元，到1922年度终了，共积欠借款420万元。于是浙省财政厅无奈之下又举行第二次定期借款200万元，以应燃眉之急。1923年内，浙江省疏浚太湖的测量费用，改良蚕桑会的经费，添募警备队的薪饷各项，共计18.9万余元，上述这些支出事关浙江省水利、实业和治安无法节减，于是亏欠借款在1923年度又增加了50余万元。于是浙江省于1924年1月，再募集第三次定期借款150万元，仍然不足支配，只能在当年的6月，发行第四次定期借款200万元。1924年“齐卢之战”爆发后，浙江政局不稳，支出浩繁，财政更加恶化，因前几年发行债券都要陆续还本付息。浙江当局只能在1925年、1926年两年再次发行善后公债300万元，整理旧欠公债360万元。

总之，浙省光复后，自军政府成立伊始，财政就开始艰难。在之后的十几年里，浙江的财政总是与借款、举债分不开。因为军事繁兴，兵灾迭现，军事开支尤为巨大，使得财政益形竭蹶。而人民流离失所，粮赋缴纳时断时续，货物生产的停滞导致统捐减少，赋税有减无增。财政困难之际，只得通过借款和发行公债得以缓解。但是历年所欠借款，需按时清偿，于是前欠未清，后债又积，只能借新还旧，以致浙省财政一直困难重重。

北洋时期浙江财政收支比较表①　　　　单位：元

年度	收入	支出	余（+）或亏（-）
1912	5423121	13095763	-7672642
1913	7977504	11835399	-3857895
1914	13314837	13840521	-525684

① 收入数为赋税收入，包括地丁、抵补金、屯粮、租课、契约、契纸费、验契费等项，债款等临时收入未计算在内。参见浙江财政税务志编辑委员会《浙江财政税务志》，中华书局2002年版，第163页。

续表

年度	收入	支出	余（+）或亏（-）
1915	13641691	15614138	-1972447
1916	16763612	17217283	-453671
1917	12990813	15298902	-2308089
1918	13563008	14925723	-1362715
1919	11915118	13086149	-1171031
1920	12510191	14047538	-1537347
1921	11878602	13770306	-1891761
1922	12416696	14210240	-1783544
1923	13309990	13067143	+242847
1924	12976426	15447209	-2470783
1925	13822646	14754799	-932153
1926	11895994	17577777	-5681783

第三节　社会背景

民国前期浙江社团的发展、新式教育的创办、报刊的宣传、爱国主义运动的开展对民智的开启、民权的扩张、政治参与意识的增强起到积极的作用。

一　社会团体的发展

民国初年，社团大量成立，通过社团、议会积极参与政治，成为人们参加政治活动的一种方式。1911 年南京临时政府临时参议院制定的《中华民国临时约法》规定了人民应该享有的各项“自由权”，其中包括“人民言论、著作、刊行及集会、结社之自由”。于是民国初年成为近代社团发展迅速的时期。据台湾学者张玉法先生的初步统计，自辛亥武昌首义爆发至 1913 年年底，新成立的公开党会共 682 个。其中，政治类 312 个，联谊类 79 个，实业类 72 个，公益类 53 个，学术类 52 个，教育类 28 个，慈善类 20 个，军事类 18 个，宗教类 15 个，国防类 14 个，进德类 9 个，其他 10 个。[①]

民国前期浙江的社团也是数量极多，而且种类十分庞杂。一些社团还兼有多重性质。“部分政坛活跃人物往往把组党结社作为扩大个人影响、捞取政治资本的筹码；各派政治势力常常将组党结社视为纠集力量、谋求发展的途径；某些执政者也要通过组党结社来实现他们的特殊目的；更多的社团则反映了社会各界人士关心、参与各项社会事务的热情和愿望。”[②]由于历史遗留资料的不完整，以下主要介绍在议会政治活动、传播新思想、争取权利中比较活跃的浙江商会组织、浙江教育会、浙江工人社团和学生组织。

明清时期，领军中国商界的主要是徽商和晋商。进入近代以后，尤其是在民国时期，浙江商人逐渐取代徽商、晋商成为中国商界最重要的区域商人群体。浙商以地域观念为纽带，以公所、会馆、甚至各种学会团体为据点，表现出很大的团聚力。光绪二十九年（1903 年），清朝政府颁布《商会简明章程》，规定各省城商埠可设立商务总会，各府厅州县设立商务分会。浙江绅商闻风而动。1902 年，浙江第一个商会——杭州商务总会成立。“从 1903 年至 1911 年，浙江至少有 56 个府或州县 21 个镇成立了商务总会或商务分会，入会商号总数至少有 16617 家。”[③] 1902 年上海商业会议公所成立，1904 年改组为上海商务总会。这是东南各省第一个商会组织，足以控制上海金融和影响全国商业的商人团体。浙商在其中的议董（会董）、会员中，处于明显优势。从 1907 年到 1927 年，上海总商会的会董中约有 50% 为浙籍资产阶级代表。1908 年，杭州商团成立。杭州商团是由实力雄厚的丝、绸二业董事倡议建立的，以尚武会为基础。进入民国以后，“士绅原有的地位失去了制度上的屏障，加上绅、商之间的流动加剧，商人开始在地方秩序的维持中扮演着愈来愈重要的角色。”[④]“传统的儒家秩序观既不被社会大众所看重，中央政府权威的崩塌亦使强

---

① 张玉法先生的统计包括各党会之支部，海外华人所组之党会，含有地方政府性质者不录，临时性的集会不录，机关团体以内的组织不录。参见张玉法《民国初年的国会》，《近代史研究所集刊》，1987 年第 13 集，第 462—463 页。

② 王世刚主编：《中国社团史》，安徽人民出版社 1994 年版，第 295 页。

③ 汪林茂：《浙江通史 · 清代卷》（下），浙江人民出版社 2005 年版，第 52 页。

④ 马敏：《官商之间：社会剧变中的近代绅商》，天津人民出版社 1995 年版，第 243 页。

制措施无法推行，政府方面的利益诱导更为缺乏。而且，民国前期江浙地区官员在‘走马灯’般地更换，社会秩序的维护未必是地方军人所关切的重心。但是，区域社会的稳定却与商业的荣衰、财产权的保护密切相关，因此地方商绅会自发地来维持地方秩序，而商人由于利害所系，往往表现得更为主动。”① 江浙商人对社会的秩序维护使得江浙地区在民国前期政治混乱的时期经济尚能发展，社会亦能有所进步。1924 年江浙战争前，杭州总商会联合上海总商会及南京、苏州等地总商会成立苏浙和平协会，和平协会先通过了《江浙和平公约》五条。继《江浙和平公约》公布后，“经杭州总商会金润泉与皖绅余诚格，翰绅吴绮、吴仿等人努力运动，《皖浙和平公约》及《赣浙和平公约》得以签订。”② 1926 年，杭州总商会委托王竹斋与孙传芳的部队交涉，劝阻了孙军进入杭城搜查反孙失败潜逃的夏超，使杭州避免了一次大骚乱。江浙战争时，潘国纲部将所部移至宁波绍兴一带。而此时孙传芳军已占据浙江省大部，颇有武力逼潘就范的态势。“宁波总商会为安宁地方秩序，迅速替潘军筹措到军饷 l4 万元，并承诺每月供给 6 万—7 万元。”③ 经商绅努力，潘师驻宁波时，基本未对地方有大的破坏。因此，宁波在战争期间，不仅损失甚微，反而因他埠混乱，坐收渔翁之利。“是年甬埠钱庄、银行盈利最多者达 6 万元，其他各业虽不如往年，但都有盈无亏。”④

随着近代工业的较快发展，浙江工人数量不断增加。“1912 年，浙江有工人 22662 人，到了 1918 年有 75930 人，这些数字不包括当时具有相当数量的矿业、航运、搬运、市政、邮电、交通、运输等行业的工人。”⑤ 据 20 年代初的调查，当时浙江工人生活状况按收入大致可分为甲、乙、丙 3 类：“甲类为月收入 20 元以上者，多为技术工人，除个人生活开支外，其余尚足赡养家室；乙类为月收入 10 元—20 元之间者，此类工人要

① 冯筱才：《在商言商：政治变局中的江浙商人》，上海社会科学院出版社 2004 年版，第 284 页。

② 参见上海宏文图书馆编：《江浙战史》（第一册），上海宏文图书馆 1924 年版，第 9—13 页。

③ 《甬埠恐慌之现状》，《申报》1924 年 10 月 1 日。

④ 《地方消息——宁波》，《申报》1925 年 1 月 31 日。

⑤ 浙江省工会志编纂委员会：《浙江省工会志》，中华书局 1997 年版，第 94 页。

赡养家室已有拮据；丙类为月收入为10元以下者，收入仅够自己开销。这3类工人中，甲类者占5%，乙类者占20%，丙类者占70%以上。”①浙江产业工人不断地为争取自己最基本的生存条件而斗争。1912年、1915年，杭州鼎新纱厂工人两次为索取工资举行罢工。1915年，在反对日本帝国主义向北京政府提出“二十一条”时，浙江铁路工人一致奋起，对日货予以拒购拒运。1919年五四运动中，宁波码头工人拒绝搬运日货，这是全国出现较早的一次反帝罢工。1923年2月，绍兴印刷业、箔业300多名工人为声援京汉铁路工人罢工，并要求增加工资，改善生活待遇，举行了示威游行。1925年五卅运动期间，杭州、宁波、绍兴、温州、湖州、嘉兴、镇海、慈溪、舟山、瑞安、衢州等地的工人先后举行罢工、罢市。辛亥革命以后，由于受民主主义和其他进步思潮的影响，浙江工人开始打破行会、地域、籍贯、帮派等各种束缚，自发地从原来工人和业主混合组成的行会、公所等组织中分离出来，单独成立工人自己的组织，如杭州的酱业伙友公会、药业伙友联合会、绸业伙友协济会、织业公会和宁波店员伙友联合会、永嘉工商伙友会、湖州织工辅助会、诸暨县铁工联合会等。这些工人组织，一般都为了保护自身利益，加强工友间的联络，有事互助互济。五四运动后，浙江开始出现了现代工会组织，1920年在杭州成立的浙江印刷公司工作互助会。随后至1927年永嘉南北货职工会、温州织工研究会、宁波印刷工人联合会、杭州印刷工人俱乐部、绍兴印刷工人联合会、绍兴店员联合会、诸暨店员联合会、宁波和丰纱厂工会、杭州机织总工会、宁波店员总工会、光华火柴工会等先后成立。在五四运动的影响和推动下，浙江各地还出现了地区性的工团联合组织。1922年5月，杭州各工团联合成立杭州劳工协会。1923年5月，杭州职工联合会成立。不久，由机器工人和手工业工人联合组成的杭州工人协会也成立。1925年2月，以宁波铁路机务工人为主的宁波工人协会筹备会成立。这些工人团体在争取自我权利方面起到了积极的作用。

浙江省教育会1912年在杭州市成立。《浙江省教育会简章》规定该会“以研究教育事项，力图教育发达”为宗旨。会员除县教育会会长，各级各类学校的校长、教员和部分毕业生外，还有社会各界人士，如蔡元

① 浙江省工会志编纂委员会：《浙江省工会志》，中华书局1997年版，第128页。

培、沈定一等。到1919年，学会会员共有1200余人。浙江省教育会以发展新教育为己任。会长经亨颐曾发文称："教育会非官厅之佐治机关，会长非隶属于官厅之佐治员，故官厅不能以命令行文教育会，亦不能用命令行文教育会长。"① 尽管浙江省教育会只是一个民间教育团体，不能运用行政的手段在全省贯彻教育改革的意图。但教育会通过各种途径，向教育界传递国内外教育思想和各类信息，促进人们教育观念的转变。同时也举办一些活动，密切与省内各县教育会的联系，使新教育的实施由省城向各地推进。五四期间，浙江是新文化运动的中心，就教育界来说是浙江省教育会力图推进全省的教育事业，不断开展学术活动及其他专业活动，其主要工作包括：一是组织学术讲演会，活跃学术空气，交流各种新思想。二是联络学界和出国考察教育。浙江省教育会曾发起成立全浙教育会联合会，商讨全省教育事宜；出席全国教育会联合会，共商教育改革方案；承办了第三次全国教育会联合会。1918年，浙江教育会组织寒假旅日教育观察团，考察了日本的普通教育、实业教育和社会教育。三是倡议或组织教育公益事业，如倡议设立公众运动场、倡议创办浙江大学、组织"浙江省教育会附设日文讲习班"等。

二　新思想的传播

（一）新式教育的发展

人民受教育的程度对人民政治参与意识提升具有积极的作用。清末新政时期的教育改革主要体现在引进西方学制和西方课程。民国前期的教育改革进一步体现在教育观念、管理体制、教学内容和方法的更新，注重个性发展，追求科学化和民主化。民国成立后，南京临时政府教育部颁布以培养共和国国民健全人格为宗旨的民国教育方针和"壬子癸丑学制"，浙江的教育得到了很大的发展。在新式小学大量建立的同时，对旧式私塾进行了改造和利用；中等教育在注重举办普通中学的同时，师范教育、实业教育也得到相应的发展；高等教育与基础教育相比，虽然略显薄弱，但专业化程度有了很大提高。值得一提的是，这一时期女子受教育的机会有了增加，除学制规定初小实行男女同学外，全省各地兴办了不少女子中学、

① 经亨颐：《官厅错看教育会》，《教育周报》1913年第3期。

女子师范学校和女子实业学校。

民初的五年中，浙江的各类教育都有了较大的发展。尤其是初等教育迅速发展。1912 年，教育部颁布《普通教育暂行办法》和《小学令》，规定各学堂一律改为学校。浙江省教育司根据南京临时政府教育部颁布的《普通教育暂行办法》和《小学令》，拟订《对于小学教育的办法》，对小学的设置、学制、宗旨、课程等作了详细规定：1. 小学教育以留意儿童身心之发育，培养国民道德之基础，并授以生活所必需之知识技能为宗旨。2. 小学分初等小学校与高等小学校，各以所属性质称城镇乡立、县立和私立 3 类。3. 初等小学校修业期限为 4 年，高等小学修业期限为 3 年，初等小学实行男女同校。4. 废除读经科，初等小学的课程设置修身、图文、算术、手工、图画、唱歌、体操等；高等小学的课程设置修身、图文、算术、本国历史、地理、理科、手工、图画、体操等。“1912 年，各地小学的数量迅速增加，全省计有 6130 所，在校人数 262295 人，比宣统元年增加了两倍多。”① 1916 年，遵照中央政府关于推行 4 年义务教育的决定，浙江省开始着手筹备工作，虽然整个计划没有完成，但是小学教育有很大发展。“至民国十年（1921 年），全省小学 10688 所，在校人数 481603 人。”②

自清末兴学以来，中等教育由普通中学、师范学校和实业学校组成。中等教育在注重举办普通中学的同时，师范教育、实业教育也得到相应的发展。民国建立之初的五年，发展尤为迅速。原有的 11 府官立中学均改称为省立中学，各地成立了一些县立中学、私立中学、女子中学和外国人创办的中学。如 1911 年，永康县、诸暨县创办县立中学。1914 年，宁波陈训正、钱保杭、李镜弟创办私立效实中学。1912 年，美国基督教会管理的贞才女学堂、育才女学堂、蕙兰女学堂 3 校合并，成立弘道女学，内设女子中学堂。“至民国五年，浙江有中学 25 所，在校学生 5000 多人。”③ 1916 年至 1921 年，私立中学略有增加，尤其是以女子中学增加最多。1922 年至 1926 年，公私学校均有发展。“民国十五年统计，全省有

① 浙江省教育志编撰委员会编：《浙江省教育志》，浙江大学出版社 2004 年版，第 73—74 页。

② 同上书，第 203 页。

③ 同上书，第 274 页。

中学 47 所，其中省立 12 所，县立 18 所，私立 17 所，在校中学生 8712 人，全省三分之一以上的县有中学。”①

民国初期，遵照“壬子丑癸学制”，实业学堂改为实业学校。1913 年，北京政颁布《实业学校令》和《实业学校规程》，将清末举办的高等实业学堂改为专门学校，归入高等教育系列。中等实业学校分为甲、乙两种程度，甲种施行完全的实业教育，为中等程度。乙种施行简易的实业教育，相当于高级小学程度。实业学校有省立、县立、公立和私立之分。浙江的甲种实业学校主要设置在杭州和宁波。乙种实业学校为部分县立，有的则是补习学校。实业学校主要涉及农业（包括农业、蚕业、森林、水产）、工业和商业。“民国元年，浙江实业学校 16 所，学生 1055 人，民国十一年，浙江有各种职业、实业学校 40 所，其中甲种 12 所，乙种 25 所，附设之补习科和讲习所 3 所。”② 1922 年“壬戌学制”发布，实业教育均改称职业教育，包括五种类型：职业学校、大学职业专修、小学职业预备教育。职业教育由单轨型向综合型过渡，与普通教育合而为一。“壬戌学制”规定，初级中学施行普通教育，但得视地方需要，兼设各种职业科。原乙种实业学校改为职业学校，招收高小毕业生；原甲种实业学校改为职业学校或高级中学的农、工、商科，并酌设职业教员养成科。据此，原公立工业专门学校附设之甲种工业学校改为公立工业专门学校的附设工科职业学校。1924 年，教育部批准《浙江省施行新学制各校改组案》，规定旧制省立甲种农业、蚕业、商业、水产、森林各学校应一律改为省立职业学校。“至民国十九年（1930 年），浙江职业学校共 28 所（内有 9 所为附设），占全省中等学校总数 134 所之 14.2%，职业学校学生 2351 人，占中等学校学生总数 23184 之 10%，教员 291 人，占中等学校教员总数 2184 之 14.3%，职业学校职员 123 人，占中等学校职员总数 793 之 15.5%。”③

1912 年 10 月，南京临时政府教育部公布《大学令》和《专门学校令》，对高等学校的设立等问题做出具体规定。浙江的高等教育也进行了

① 浙江省教育志编撰委员会编：《浙江省教育志》，浙江大学出版社 2004 年版，第 275 页。

② 同上书，第 383 页。

③ 邵祖德等编：《浙江教育简表》，浙江人民出版社 1988 年版，第 157—158 页。

相应的调整，包括裁撤、新建、升格等方面，从而形成了以高等专门学校为主的格局。到1916年，浙江省经政府设立的高等学校和专门学校共有5所：浙江公立医药专门学校、浙江公立工业专门学校、浙江公立法政专门学校、浙江公立农业专门学校以及外国教会创办的之江大学。虽然民国前期，浙江的高等教育在学校数量和办学的质量上相对以往有很大提高。但是与同时期的浙江基础教育发展相比，浙江的高等教育的发展水平显得相对薄弱。据统计，“1916年到1920年间浙江高等学校的学生数为514人，居全国第十二位。”①

浙江民国前期教育改革的发展主要依靠知识界、教育界的力量，其中受西方民主思想影响的归国留学生和经五四运动洗礼的青年学生最为突出。在教学中进一步从教育观念、教学制度、管理手段等方面趋于个性化、民主化和科学化。以留日学生经亨颐为会长的浙江省教育会，热心联络全省教育界，是推动浙江教育改革的核心组织。五四学生运动、各类学界刊物和教育改革，使新教育从宣传到实施，逐步引向深入。至20世纪20年代，浙江教育的近代化基本完成。

（二）报刊业的发展

辛亥革命胜利后，1911年军政府成立后所颁布的《浙江军政府临时约法》规定：“人民得享有……言论著作集会结社之自由。”这是浙江历史上第一次正式给包括报刊在内的出版物以明确的法律地位。1912年3月11日，南京临时政府颁布的《中华民国临时约法》明文规定：“人民有言论、著作、刊行及集会、结社之自由。”接着，孙中山又下令交通部核减新闻邮电费，并批准该部所拟实施办法，即“报界之电费，悉照现时价目减轻四分之一，邮费减轻二分之一”。至于前清的《著作权章程》，因其内容与民国国体不相抵触，内务部决定在未颁行新的著作权法前暂时援用。这些法律、法令的颁布施行，标志着以言论出版自由为本的新闻法制开始建成，这大大鼓舞并推动了浙江报刊业的进一步发展。

在武昌起义后的半年内，浙江新创办的报纸就有20余家，为当时全国创办报纸最多的几个省市之一，仅次于京、沪、津、广。浙江报刊业在民初呈现兴盛状态，“民国元年即1912年，新创办的报刊为数最多，共计

① 舒新城：《中国近代教育史资料》（上册），人民教育出版社1981年版，第373页。

30家左右。1912年至1913年，全省先后创办报刊约50家，原有继续出版的报纸5家。”[①] 1912年在杭州新创办的报刊中，主要有《浙江潮》、《平民日报》、《彗星报》、《自由报》、《民铎报》、《天职报》、《公民日报》等。杭州以外的地区也有百多家报刊先后创刊，如嘉兴的《禾报》和《善报》；绍兴的《禹域新闻》、《越铎日报》；台州的《赤霞报》、《时事日刊》等。[②] 这些报刊大都拥护孙中山的民主革命纲领，旨在谋求全国的统一，反对袁世凯阴谋称帝。

1911年11月18日，辛亥革命后杭州出版的第一份报纸《汉民日报》创刊，《汉民日报》由邵飘萍主持笔政。作为浙江军政府的机关报，《汉民日报》“以尊崇人道，提倡民权，激励爱国尚武之精神，建设完全无缺之共和政府为唯一宗旨”。民国成立前后，该报坚定不移地代表革命派利益，始终为民主共和政体的建立和维护而呐喊，在反对袁世凯假共和真专制的斗争中旗帜鲜明。由于《汉民日报》坚持维护民主共和的立场，不畏权势，直言不讳，在反对袁世凯假共和真专制的斗争中旗帜鲜明。由于对暴政时弊多有指责，因此见忌于官衙。1913年8月10日，《汉民日报》被查封停刊。1912年1月3日，绍兴的《越铎日报》由绍兴早期革命文学团体“越社”创刊。鲁迅参与筹备工作并被推为名誉总编辑。鲁迅（笔名“黄棘”）在《（越铎）出世辞》中阐述了《越铎日报》的宗旨：“抒自由之言议，尽个人之天权，促共和之进行，尺政治之得失，发社会之蒙复，振勇毅之精神，灌输真知，扬表方物。”《越铎日报》极富民主革命色彩，热情支持新生的共和政体，内容新鲜丰富，反映民众心声，针砭时弊，坚持革命。报纸期发量很快由300份增至1700余份，除本埠外，销行上海、南京、北京、奉天等地。

在1913年及以后的数年间，全省新创办的报刊主要集中在杭州、绍兴和温州。在杭州，较有影响的《之江日报》和《浙江民报》，均创刊于1913年4月。民国前期北洋政府内务部警政司检阅的报刊中，浙江仅检查《之江日报》一种。该报几经波折，到1937年12月日军侵占杭州前夕停刊，出版延续24年之久，乃是浙江在民国年间报龄最长的一份民办

---

① 王文科、张扣林主编：《浙江新闻史》，浙江大学出版社2010年版，第65页。

② 同上书，第67页。

报纸。绍兴的《警铎日报》创刊于1913年2月，自称以“鸣警铎世，铁笔诛奸”为宗旨。《越州公报》创刊于1914年，致力于“新文化、新思想的传播”。温州的《瓯海日报》常有为民代言的文稿见报。1918年1月，普济轮在上海吴淞口沉没，温州乘客300余人罹难，一时“哀声震里巷”，而招商局迟迟不理。《瓯海公报》逐日报道事态发展，伸达民意，催办善后。1915年，同盟会员卢浩、钱衍在宁波创办《浙东公报》，宣传爱国图治，伸张民权。袁世凯上台之后，新闻界曾经在辛亥革命时期的活跃气氛烟消云散，浙江的报刊业处境艰危，每况愈下。尤其是在1913年至1918年，不仅许多报纸的正常业务常受骚扰，且有《天职报》、《慧星报》、《良言报》、《新浙江报》等先后被迫停刊。

民国前期浙江还有多家新创办的商业报刊出现。其中，《浙江商报》最具规模，且办报历史较久。《浙江商报》1921年10月10日创刊，由杭州商会主办。创办人陆启（佑之），原是商会文牍。杭州商界深受军阀统治之苦，利益常受侵扰，普遍要求有代表商界利益的报纸，以使商界有发表言论之地，又可通过广告推销商品、促进商业繁荣。《浙江商报》就是在此背景下创办的，并经市商会会长王竹斋等出面，由商会拨给开办费和经常性的月贴。创办人陆启是省自治法会议代表，与各方人士接触较多，故消息灵通，常撰发一些独家新闻，使得报纸销路日增。

随着新文化运动的深入开展，尤其是五四运动爆发后，各党派、团体、青年学生和社会进步人士竞相创办报刊，批判旧伦理道德观，宣传新文化、新思想。在杭州，出版了《教育潮》、《浙江青年团团刊》、《杭州学生联合会会报》、《浙江新潮》、《钱江评论》、《浙江省立第一师范学校校友会十日刊》、《曲江工潮》等进步报刊，“总数不下20种，占全国五四时期出版物总数的1/10”。[①] 这些刊物的发行传播，对浙江全省新文化运动起了重要的作用。1919年浙江省立第一师范学生施存统、俞秀松等人，联合省立一中学生查猛济、甲种工业学校学生夏衍等，以省立一中和甲种工业学校的半月刊《十日》为基础，改组出版了《浙江新潮》周刊。《浙江新潮》受十月革命影响，宣传社会主义思想，其矛头直指黑暗的社会制度和虚伪的封建礼俗。在《发刊词》中，它提出了“改造社会”的

① 金普森：《浙江通史·民国卷》（上），浙江人民出版社2005年版，第325页。

主张；在第 2 期发表了施存统的《非孝》，主张在家庭中用平等的爱来代替不平等的孝道，引起社会强烈的反响，被当局以“贻害秩序，败坏风俗”的罪名查封。《浙江新潮》被查禁了，但是一师和省立一中的进步学生随后又出版了《浙江第一中学校学生自治会半月刊》、《钱江评论》等刊物，继续宣传新思想新文化。浙江印刷公司工人于 1920 年七月建立“工作互助会”。互助会于同年 12 月创办了《曲江工潮》，该刊的宗旨是“革新旧工业，研究新艺术，图谋工界福利，增进工人知识”。《曲江工潮》是浙江的第一份工人刊物，也是全国最早出现的工人刊物之一。

杭州以外，浙江各地在五四以后，宣传新文化运动，反对帝国主义和军阀，提倡科学与民主，反对迷信与专制报刊。从 1919 年 5 月到 1927 年 4 月，宁波地区先后出版报刊 60 余种，是宁波新闻史上的鼎盛期。主要包括：《效实学生自助会周刊》、《时事公报》、《春风周报》、《宁波评论》、《救国》、《良心》、《民意》、《火耀》等。绍兴地区有《越铎日报》、《越州公报》、《诸暨民报》、《绍兴新闻》等。温州地区有《新学报》、《救国讲演周刊》、《瓯海新潮》、《浙江十中周刊》等刊物。嘉兴、湖州等地有《平湖日报》、《新民报》、《民生报》、《湖州公报》、《新乡人》等刊物。

综观 1912 年至 1927 年期间的浙江新闻界，随着新闻事业在曲折中发展，社会舆论的力量也越来越大，形成了浙江中一支令人不能忽视的社会力量。尽管浙江的军阀政府对进步报刊、对危及自身统治和权力基础的报刊予以干涉。然而，但是与全国许多地方相比，浙江的新闻界没有发生骇人听闻的惨案。浙江新闻界在反帝爱国，传播新思想新文化，开启民智中起到了积极的作用

（三）爱国运动的发展

1919 年 5 月 4 日，北京爆发五四运动。杭州、嘉兴、绍兴、台州、温州等地学生，也纷纷举行集会和游行示威，成立学联，声援北京学生。6 月，全国学生运动发展为工人和各界群众的爱国斗争，运动中心从北京转到上海。上海工人罢工、商人罢市后，宁波、杭州、温州、台州、嘉兴等地工人、商人宣布罢工、罢市。接着群众性的“抵制日货”运动在浙江省迅猛开展。全省各地纷纷成立抵制日货会、劝用国货团等组织，作出勿用日货、勿用日钞、勿坐日船、推广国货等决议。许多群众焚毁了自己

日常所用的日货。随着斗争的深入，学生提出限期处理完日货后不得再购销日货，并对隐匿日货、调换商品标签的奸商采取行动。杭州总商会通电表示支持学生的爱国运动，杭州总商会还通告各县商会和各业董事，一致实行抵制日货。宁波商会决定解除洋行与外国的10余万元的订货。嘉兴、绍兴、宁海、温州、瑞安各地方的商会也相继采取了行动。

五四运动以后，全国各地开展抵制日货的斗争。1919年11月16日，福州学生进行抵制日货宣传时，遭日本暴徒数十人持械殴打造成死伤。随后，多艘日舰抵达福州示威，大批日本士兵登陆，殴打和逮捕爱国人士。"闽案"发生后，全国再次掀起了全国反帝爱国运动的高潮。浙江各界也在全省掀起了支援"闽案"斗争的高潮。12月2日，由杭州学生联合会发起，在杭州公共运动场召开国民大会。大会提出："取消日本领事裁判权，赔偿损失，慰藉死伤，向政府向我谢罪。"① 第二天，杭州国民大会委员会正式宣告成立。国民大会委员会致电北京政府，对"闽案"表示严重抗议。"12月9日下午，杭州总商会也召开临时会议，决议各业宁愿牺牲营业，不再贩卖日货，以示抗议，并发出通告，要求各业商店自10日起停止出售所存日货。"② 除杭州外，宁波、嘉兴平湖等地都进行了各种形式的抗议活动。

1925年五卅事件在上海发生后。"6月3日，杭州各界群众3万余人举行大会，杭州总商会在会上提议组织联合会，以应付变局。"③ "商会在救济上海罢工工人方面，颇为主动。各业捐款几乎均解交总商会，一起汇上海总商会。"④ 6月4日，宁波全市学生、商人在主要街道、港口、货栈等处粘发招贴画，号召不买英日货，不吸英美烟。6月11日，宁波洋货公司决定从6月30日起停止出售英、美、日货，限期清理现存货物。之后，温州、湖州、海门、诸暨、温岭、瑞安、兰溪、临安、萧山等县市也相继举行"三罢"，抵制英、美、日货。

---

① 《杭州学生联合会报》第21期。转引自中共浙江省委党校党史教研室编《五四运动在浙江》，浙江人民出版社1979年版，第13页。

② 参见《杭州学生联合会报》第21期，转引自中共浙江省委党校党史教研室编《五四运动在浙江》，浙江人民出版社1979年版，第13页。

③ 《江浙各界对沪惨案的协助》，《申报》1925年6月5日。

④ 同上书1925年6月5日。

第三章　民国前期浙江省议会立法与中央立法的权限划分

第一节　民国前期中央与地方的立法关系

1911 年辛亥革命后，国际环境和国内政治格局都发生了深刻变化，这就意味着新的国家结构形式不可能简单延续和复制传统封建帝国的模式。而且随着地方性力量的成长与壮大，使得新的国家形式选择的过程中也充满了各种不可预测的因素。国家的结构形式如何构建，中央与地方关系如何设计是一个棘手的问题。在这一时期，中央与地方立法关系亦呈现出复杂多变局面。民国前期就曾屡次出现了中央政府利用强势干预地方事务，而各省无论有无法理，必定是奋力争取。中央权限范围、各省议会的议事权限没有形成合理的制度或良好的惯例，这种状况成为了民国前期各省议会顺利运作的主要障碍之一。

一　民国前期有关国家结构形式的争论

国家结构形式体现于中央与地方的关系，也决定了中央与地方的立法关系。民国前期，各种政治势力和政治人物纷纷围绕这个问题展开了激烈的辩论，主要有联邦制、单一制和分权制之争。

（一）联邦主义

清末以来，地方势力业已高涨。早在清光绪十三年（1897 年）孙中山先生在日本与宫崎寅藏和平山周的谈话中，提出革命后的中国应行联邦共和之治。梁启超在 1900 年首次提出联邦制思想。他从在美国的游历中得出结论，认为中国应当将 18 个行省改为独立州。

辛亥革命后，国家的整合性遭到破坏，独立的各省开始各自为政，而于此同时中央势力出现了真空状态，这就为联邦政治造成了事实的基础。各省几乎无不是自举都督，自定约法，一个个俨然独立的小国家。他们基于确保国民自由权利，不再受中央专制政治之蹂躏；或者基于既得权力之保有，不致受到中央削藩式之侵夺，极力主张联邦论，要求地方分权，反对中央的过分集权。当时如湖北、江西、浙江、江苏等独立各省的政治制度，已带有了一些联邦主义的成分。武昌起义之后，湖北军政府以地方立法的形式通过了《鄂州约法》，建立了共和制的地方政权。浙江军政府成立后制定《浙江军政府临时约法》，规划了共和体制。当时这些地方立法实际上是依据联邦制原则来构想中央与地方关系，确立了立法权由中央与地方共享的原则。

民国初年，兵戈扰攘不停，省权力与中央权力无法协调之际，戴季陶、章士钊等人即提出了联邦论来解决问题。戴季陶于 1947 年 7 月在《民国》杂志上发表《中华民国与联邦组织》一文，回顾民初国基、政本与联邦制的关系："革命之起也，由于各省独立，是共和政治为各省势力所集合而构成者，事实如斯也。然而，自南京参议院成立时起，至国会被解散时止，此二年间，议院曾未有关于此大关键一定解决策。唯因循敷衍，以从事与不完全之立法，至国基不定，政本不立。"[①] 后来他们遭到袁世凯集权势力的抵制，在理论上遭到梁启超进步党人的驳斥后而一度沉寂。

洪宪帝制失败后，国人目睹武人割据，统一无望。而当时在第一次世界大战前后，各国纷纷采取联邦方式，于是引起国人"联邦的统一，和平的统一"的愿想。知名人士如李剑农、蔡元培、熊希龄、范源廉、胡适、朱经农、王宠惠、徐谦、丁燮林、曹亚伯、蒋方震、章太炎、孙儿伊、高一涵、郭泰祺、王正廷、张继、吴敬恒等都对联邦论持支持态度。李剑农指出："袁世凯死后的中国，地方势力，已非中央所能制，中国要想统一，必须以制定联邦宪法为起点，以废去督军为止境，欲废督必先裁兵，欲裁兵必先统一，欲统一，必先确定联邦制。"[②] "洪宪帝制失败后，连原先反对地方分权主义的进步党人张东荪、丁世峰也均主张起联邦自治

① 戴季陶：《戴季陶集》，华中师范大学出版社 1990 年版，第 777—778 页。

② 李剑农：《民国统一问题》，《太平洋》1922 年第 7 期。

的精神来，使联邦论颇有‘甚嚣尘上’之概。”①

（二）集权主义

康有为是主张中央集权、反对联邦制的代表人物。1910 年，他在发表的《裁行省议》一文中指出行省面积太广，总督巡抚拥有过分权力，都会引起严重的行政问题。如果行省不加废除，中国就是采取了立宪政府，仍会遭到同样的问题。如果没有强大的中央政府来完全掌控国家的财政、司法与军事，中国永远不能变成现代“文明”国家。康有为在之后的岁月中一直为废除行省而努力。20 世纪 20 年代，面对联省自治和地方独立运动愈演愈烈的形势，康有为写下《废省论》和《中华救国论》。他指出，中国与美国的条件不同，如中国模仿美国政府的组成，将是愚蠢之极，联邦制度有大害而无一好处。一个行省“跨越千里”，拥有百万以上的人口，是个太大的行政单位，不能行使有效的统治。如果随便实行地方自治，只会阻碍全国统一，不仅不能救国，反而会加重中国的病况。他意识到，行省可能成为中央行政的障碍，“联省自治”只不过是将军阀割据合法化和制度化。

归纳起来，民国前期反对联邦制，主张单一制中央集权者的理由主要有三：其一，从中国几千年的历史看，周朝的列国、唐朝的藩镇均是一种地方分权制度，而实行这种分权制度的结果是导致了周唐的灭亡；相反，中国在太平盛趋、富强统一的时候，采用的都是中央集权制度。中国的单一制是中国政制的发展趋势。现今中国既已是一个统一的整体，没有必要再实行联邦制。美国之所以采用联邦制，是为美国独立后的各邦谋求统一，他们是先有邦而后有国。如果中国仿效美制，那便是先有国而后有邦，这不仅不会加强中国的统一，反而只会加速中国的分裂。其二，从中国眼下的情况看，自民国建立以来，各省军阀本已嚣张跋扈，目无中央，如若在此情形之下再提倡联邦制，则会导致中国的迅速崩裂。其三，从中国民众的现实情况来看，“以现时中国的情形而论，中国教育凋残，人民知识幼稚，遇事多自私自利，不顾大局，以如此之人民程度，而欲采用联邦制，是无异于东施效颦也。”②

---

① 李剑农：《中国近百年政治史》（下），（台湾）商务印书馆 1974 年版，第 545 页。

② 唐德昌：《联省自治与现在之中国》，《太平洋》1922 年第 7 期。

（三）均权主义

分权与集权各有弊端。要想达到在中央与地方关系上分权而不分裂、集权而不专制的最佳状态，孙中山先生提出了集权与分权优点于一体的均权主义。孙中山提出分权主义曾经历一个过程，孙中山在中央与地方的关系有过集权与分权的徘徊。在南京临时政府成立之前，孙中山主张的是联邦制，而当在南京临时政府成立面临困境，孙中山转而主张中央集权。之后为了制约袁世凯，在《中华民国临时约法》中，孙中山又主张联邦分权。二次革命后，为借南方实力派力量实现统一国家，孙中山尽管在表面上主张“联省自治”，但是他的内心仍然是主张中央集权。在这反复过程中，孙中山对中央和地方的关系产生了新的见解，开始主张兼采中央集权与地方分权之长，体现了“分权主义”的萌芽。1912 年到 1922 年 6 月，是孙中山均权主义思想的酝酿阶段。1912 年 9 月，在与袁世凯谈话中孙中山主张：“有限的中央集权，其意谓司法、交通、外交、军事、财政则宜归之于中央。其他则宜由地方自理。”① 1912 年 9 月，他更进一步指出：“实无所谓分集，例如中央有中央当然之权，军政、外交、交通、币制、关税是也。地方有地方当然之权，自治范围内是也。属之中央之权，地方固不得取之；属之地方之权，中央亦不得代之也。故有国家政治、地方政治，实无所谓分权集权也。”② 他还指出：“实则集权、分权，皆由人之成见而生，如外交、海陆军，不容有地方分权，其他利民之事，不容有中央集权，盖须相因而行。”③

从 1922 年 6 月陈炯明叛变到 1925 年，是孙中山均权主义思想的形成阶段。1924 年 1 月，孙中山在《中国国民党第一次全国代表大会宣言》中首次提出了“均权”的概念。该《宣言》第一项规定：“关于中央及地方之权限，采均权主义。凡事务有全国一致之性质者，划归中央；有因地制宜之性质者，划归地方。不偏于中央集权制或地方分权制。”之后，孙中山在《建国大纲》及一些谈话、演讲中，继续使用“均权主义”这一概念。有关均权主义的理论也更加完善。孙中山认为划分中央与地方权限

① 陈旭麓、郝盛湘主编：《孙中山集外集》，上海人民出版社 1990 年版，第 186 页。

② 《孙中山全集》（第二卷），中华书局 1982 年版，第 482 页。

③ 同上书，第 534 页。

有两点标准：第一，以事务的性质作为划分事权的首要标准。他指出："要研究权力之分配，不当挟以中央或地方之成见，而惟以其本身之性质为依归。"[①]"凡事务有全国一致之性质者，划归中央；有因地制宜之性质者，划归地方，不偏于中央集权制或地方分权制。"[②] 第二，事务性质相同时，再作程度上的划分。如"同一军事也，国防固宜属之中央，然警备队之设施，岂中央所能代劳，是又宜属之地方矣。同一教育也，滨海之区，亦侧重水产；山谷之地，宜侧重矿业或林业，是固宜予地方以措置之自由，然学制及义务教育年限，中央不能不为划一范围，是中央亦不能不过问教育事业矣"。[③] 孙中山的均权主义，在中央与地方以事务性质为划分标准，事务性质相同的再作程度上的区分，这种分类标准在运用上颇具弹性，便于随时代变化而做必要调整，避免了僵化、机械地构建中央和地方关系的死板模式。这种划分标准，无疑更能适应中央与地方越来越互相依赖、越来越趋向共存和融合的时代要求。

二　民国前期宪法对中央和地方立法权限的划分

中央与地方的关系就是国家利益与地方利益之间的关系，主要表现在两个方面：国家结构形态、中央与地方的权限划分。民国前期，中央政府频繁更换，实际上并未出现过真正统一的中央政府。中央与地方的关系也不是中央集权制下的 地方与中央之间的绝对的隶属关系，而只是单一制下中央与地方松散的统属关系。整个民国前期都处于中央集权与地方分权的较量之中。中央与地方的军事力量决定了中央与地方关系，地方对中央是否服从也是以地方和中央的军事力量的变化而变化。"军阀时期一个显明的特征是'分崩离析'，政治，社会，经济都分为派系，或分为省和省以内的区……派系和省区都不是独立的主权单位。省或区宣布过'独立'，也取消过'独立'，但他们所谓的'独立"跟民族国家的独立不同。他们'独立'的主要考虑是某一个时期的中央政权，从他们的角度来看，不能代表他们所了解的'合法'或'正统'两个观念，也就是不能使他

① 陈旭麓、郝盛湘主编：《孙中山集外集》，上海人民出版社 1990 年版，第 33 页。

② 《孙中山全集》（第二卷），中华书局 1982 年版，第 123 页。

③ 同上书，第 32 页。

们的权力‘合法’或合于‘正统’。一旦中央政权合于他们的要求，独立也就取消了。”[①] 尽管民国时期的中央与地方关系受到双方军事力量的左右。但民国时期国家单一制的结构形式并未改变，只是中央与地方的关系处于松散、变动的状态。这就影响到了中央与地方的立法权限的划分。民国前期中央与地方关系的发展经历了诸多的困扰和顿挫。国家独立、统一和现代化是推动增强中央政府权威、扩大和稳固中央政府权力的内在动力。而现代化的艰巨任务、利益扩张的要求、西方思潮的影响等则又往往成为推动地方扩张权力的助力。在此情况下，形成了中央与地方关系的发展具有如下特点：多变性和不稳定性、法定关系与实际关系的背离、实践的丰富性、中西观念的冲突与融合、与民主和法治观念的背离等。[②]

（一）南京临时政府时期的权限划分

辛亥革命后，各省纷纷独立，这时即将建立的国家将采用哪种国家结构形式成为当时面临的现实而紧迫的重大政治问题。由于辛亥革命的成功主要依赖于各省的光复和独立。强大的地方势力都希望革命后能够维护既得利益，巩固地方势力。所以地方多主张联邦制。1911 年 1 月 7 日，山东省各界代表提出八项主张，其中第五项为“宪法须注明中国为联邦政体”。[③] 江浙两省发表通电表示支持联邦制。梁启超曾归纳了当时联邦论者的理由：“中国幅员广阔，交通不便，中央政府治理不易，改为联邦制，则较易治理；各省利害关系不同，本省人对本省事务较为关切，利用人们的地方观念与爱国心，可使国家的发展更形周密；各省相互竞争，进步较快；革命独立后各省没有确定的中心点，将来恐难相下，联邦可以息争；清廷若不能一时完全倾覆，可使其加入联邦，以弥兵端；蒙回藏疆在联邦制下始不致分裂。”[④]

1912 年 1 月 1 日，南京临时政府成立后，当时的局势是西方列强侵略中国的局面犹存，蒙藏问题尚未解决令人不安，新建立的国家还面临着外交承认问题。所以挽救民族危机以及外交上的态势，决定了需要一个统一的中央政府。但实际上当时国家尚未统一，各省各自为政、实力强。而

① 陈志让：《军绅政权——近代中国的军阀时期》，三联书店 1980 年版，第 8 页。

② 参见李国忠：《民国时中央与地方的关系》，天津人民出版社 2004 年版，第 362 页。

③ 参见中国史学会：《辛亥革命》，上海人民出版社 1957 年版，第 323 页。

④ 李达嘉：《民国初年的联省自治运动》，台北弘文馆出版社 1981 年版，第 20 页。

此时的南京临时政府，由于财政匮乏，在政治、行政、军事上都极其脆弱，号令不出都门。巨大的反差使得人们主张单一制，反对联邦制，希望国家的统一，建立一个强有力的中央政府成为当时一种普遍的社会心理。

1912 年 1 月 1 日，孙中山就任临时大总统。1 月 28 日，临时参议院成立，临时中央政府初具规模，新型的民主共和政权——南京临时政府正式成立。在南京临时政府存在的短短的 3 个月内，由于局势未稳，只制定了包括《中华民国临时约法》在内的少量法律法规。《中华民国临时约法》仿制西方三权分立原则，规定了中央政权的组织架构。《中华民国临时约法》共 7 章 56 条。其中规定："中华民国由中华人民组织之"，"中华民国之主权，属于国民全体"。这项规定确立了主权在民的原则，从而使中华民国具有了民主共和的基本性质。《中华民国临时约法》规定了人民的基本权利和义务；规定了中央政权机构由参议院、临时大总统、国务院、法院组成，实行立法、行政、司法三权分立，并规定各机构的职权；规定了由国会制定中华民国宪法，在宪法未实施以前，约法的效力等于宪法；规定了中央的立法权限包括：法律案的提出、议决和公布；国家预决算的决定；制定全国的税法、币制及度量衡准则；决定公债的募集及国库有负担的契约。

《中华民国临时约法》对于中央与地方的关系只规定了中央政权机构的组成和各自的权限，对于地方政权的组织原则、机构和权限则没有予以规定。这主要是由于当时关注的主要焦点在于全国的统一、中央政府的建立以及中央政府内部的关系，尤其是立法和行政的关系。此时，有的省份战争还在进行，局势还未稳定，所以就没有在约法中规定地方制度。然而，没有相应的地方政权系统作基础，中央政权体制也很难稳固地存在和发展。

（二）袁世凯统治时期的权限划分

在袁世凯统治初期，《中华民国临时约法》仍是国家的根本大法，仍在实施中。1913 年，袁世凯制定《中华民国宪法草案》，简称《天坛宪草》。《天坛宪草》在中央与地方的关系上采取的是单一制。《天坛宪草》规定："省长依法执行国家行政并监督地方自治。"实际上是主张在中央集权制下实行有限的地方自治。相对于《中华民国临时约法》而言是一个极大的进步。然而由于袁世凯的阻挠以及国会的解散，《天坛宪草》最终未能议决。

1914 年 1 月，袁世凯下令解散了国会，使国会制宪被迫终止。接着，袁世凯召开“约法会议”，准备拟订约法草案。袁世凯要求增强总统权力，唯命是听的约法会议立即按照袁世凯的提议起草《中华民国约法增修案》。随后，经约法会议通过。1914 年 5 月 1 日《中华民国约法》由袁世凯公布生效，人称“袁记约法”。与《中华民国临时约法》相比，“袁记约法”的突出特点是加强了总统的权力。“袁记约法”也没有划分中央与地方的权限，但其条文可以看出该约法实行的是袁世凯一人的中央集权制度。“约法杂采美国、日本及欧洲大陆各国宪法中最偏重行政之条文，再加以别出心裁，独自创作的集权制度，以实行其‘一人政治’主义。”[①]

（三）袁世凯之后北京政府时期的权限划分

袁世凯去世后，中央与地方关系刚走出袁世凯的高度集权制，片刻又陷入了军阀割据和混战之中。中央政权更替频繁、军阀混战。各派军阀各自称雄一方，兵变不断。从 1912 年到 1928 年这 17 年间（从护国战争到 1928 年张学良在东北“改旗易帜”），军阀轮流上台执掌中央政权，内阁变更 47 次，国家首脑或总统更换 8 次，7 人上台执政（其中有一人两次担任总统）；内阁改组 24 次，产生了 26 位总理。这一时期中央与地方关系实质就是中央军阀与地方军阀的关系，不同的中央军阀与地方军阀对中央与地方关系的处理有着不同的方式和方法。

这一时期的北京政府，制定了三部宪法。1919 年的《中华民国宪法草案》（即“民八宪草”），1923 年的《中华民国宪法》（即“贿选宪法”），1925 年的《中华民国宪法草案》。

1917 年 7 月，溥仪复辟，但不久失败。段祺瑞掌握北京政府的实权。他拒绝恢复第二次被解散的国会，下令召集临时参议院，1918 年 8 月 1 日，“安福国会”[②] 成立。1919 年 1 月 6 日，宪法起草委员会正式开会，并决定不采用《天坛宪草》，而是另行草拟。8 月 12 日，宪法草案全案议决，即《中华民国宪法草案》议决通过。从中央与地方的关系看，“民八宪草”并没有规定中央与地方政权的职权划分；从中央各机构的职权来看，中央政权的职权变化也不大。1920 年 7 月，皖系在直皖战争中失败，

① 陈茹玄：《增订中国宪法史》，上海世界书局 1947 年版，第 69 页。

② 由于是段祺瑞御用政客团体安福俱乐部一手操纵而成，故称为安福国会。

同年 8 月 30 日“安福国会”闭会。

1923 年，曹锟以行贿方式被国会选举为总统，之后国会通过《中华民国宪法》（《贿选宪法》），该宪法的第五章“国权”与第十二章“地方制度”规定了中央与地方的职权划分。第五章国权中的第二十四条规定下列事项，由国家立法：外交；国防；国籍法；刑事、民事及商事之法律；监狱制度；度量衡；币制及国立银行；关税、盐税、印花税、烟酒税、其他消费税、及全国税率应行划一之租税；邮政、电报及航空；国有铁道及国道；国有财产；国债；专卖及特许；国家文武官吏之铨试、任用、纠察及保障；其他依本宪法所定属于国家之事项。第二十四条规定下列事项，由国家立法并执行，或令地方执行之：农、工、矿业及森林；学制；银行及交易所制度；航政及沿海渔业；两省以上之水利及河道；市制通则；公用征收；全国户口调查及统计；移民及垦殖；警察制度；公共卫生；救恤及游民管理；有关文化之古籍、古物，及古迹之保存。上列各款，省于不抵触国家法律范围内，得制定单行法。第二十五条规定下列事项由省立法：省教育、实业及交通；省财产之经营处分；省市政；省水利及工程；田赋、契税及其他省税；省债；省银行；省警察及保安事项；省慈善及公益事项；下级自治；其他依国家法律赋予事项。第十二章地方制度中的第一百二十四条规定，地方划分为省、县两级。第一百二十五条规定，省依本宪法第五章第二十二条之规定，得自制定省自治法。但不得与本宪法及国家法律相抵触。第一百二十八条规定县设县议会，于县以内之自治事项，有立法权。《贿选宪法》关于中央和地方的权力划分，对于地方有较大的自由度，是以前的宪法、约法中所没有的。第二十六条规定除列举事项外，如有未列举事项发生时，其性质关系国家者，属之国家；关系各省者，属之各省。遇有争议，由最高法院裁决之。第二十八条规定，各省法律与国家法律抵触者无效，省法律与国家法律发生抵触之疑义时，由最高法院解释之。但是如果是国法侵夺省权，就无从纠正。“则所谓‘属之国家’、‘属之各省’者，其分界盖至危矣。”[①] 这与联邦制的地方权力不能予以剥夺的特点不符。因此《贿选宪法》采取的是单一制。

1924 年，北京政变后，段祺瑞任临时总执政。1925 年，国宪起草委

---

① 陈茹玄：《民国宪法及政治史》，上海书报流通社 1928 年版，第 178 页。

员会起草《中华民国宪法草案》。段祺瑞在就任之初，就宣布组织国民代表会议以解决一切问题，并把制定国宪作为其首要的工作。该草案完成后，国民代表会议还未召开，段祺瑞政府便垮台，宪法草案也无从交议，也就没有成为正式宪法。《中华民国宪法草案》对中央与地方关系以及职权的划分有所规定。《中华民国宪法草案》在中央与地方的权限划分上仿效《贿选宪法》，采取列举式，未被列举的事项，性质属于全国者，由国家立法，属于各省的，由省立法。

三　民国前期临时参议院和国会的立法

立法权是议会固有的主要权力。民国议会萌生之初，参议院就声明："鉴清帝逊位，中华民国完全统一，参议院为全国最高立法机关。"① 在参议院和国会时期，尽管议会多次遭遇流变。但是，只要议会或议会性的组织存在，立法活动就没有停止过。根据《中华民国临时政府组织大纲》第十条；《中华民国临时约法》第十六条、第十九条；《国会组织法》第十四条；《中华民国宪法》第三十九条等法的规定，行使民国立法权的机关在不同的时期分别为临时参议院、国会。临时参议院、国会拥有"议决一切法律案"之职权，即是民国议会的立法权。从议会的立法成果看。"自各省代表会到国会终了，议会总共修订议决通过了各种法律或具有法律规范性质的文件156部。"②

武昌起义后，各省派代表组成各省都督府代表联合会。在1911年11月20日至1912年1月1日期间，各省代表会通过的法律案有3部：《中华民国临时政府组织大纲》、《修正中华民国临时政府组织大纲》、《参议院暂行议事规则》。

在1912年1月28日至4月8日的南京临时政府时期，南京临时参议院在南京开会仅两月有余，通过法律案27部：《关于清帝退位后优待条件》、《关于皇族待遇条件》、《关于满回族待遇条件》、《追认大赦命令》、《南京府官制》、《各部官制通则》、《外交部官制》、《内务部官制》、《交

① 《参议院议决案汇编》（甲部第一册），北京大学出版社1989年版，第119页。

② 薛恒：《民国议会制度研究（1912—1926）》，中国社会科学出版社2008年版，第199页。

通部官制》、《外交及领事官考试委员会官制》、《外交及领事官考试委员会官制》、《法制局官制》、《印铸局官制》、《铨叙局官制》、《临时稽勋局官制》、《国务院官制》、《教育部官制》、《重订教育部官制》、《陆军部官制》、《海军部官制》、《各部院司官制》、《筹办军需印花税》、《修正国务院官制》、《修正农林部官制》、《修正工商部官制》、《中华民国临时约法》、《参议院法》。

"1912 年 4 月 1 日，临时大总统孙中山正式解职。4 月 2 日，参议院多数通过袁世凯提出的临时政府迁北京案。4 月 29 日，北京临时参议院开院。"① 1912 年 4 月 29 日至 1913 年 4 月 8 日期间的北京临时参议院通过 71 部法律案：《参议院常费支给章程》、《参议院议事规则》、《参议院办事规则》、《参议院旁听规则》、《法典编纂局官制》、《印铸局官制》、《国务院秘书厅官制》、《法制局官制》、《修正各部官制通则》、《修正铨叙局官制》、《临时稽勋局》、《修正司法部官制》、《蒙藏事务局官制》、《修正教育部官制》、《筹备国会事务局官制》、《众议院议员各省复选区表》、《礼制》、《陆军官制表》、《交通部官制》、《蒙古待遇条例》、《陆军部官制》、《海军部官制》、《省议会议员选举法》、《更正众议院议员（直隶、江苏、湖南、甘肃、四川、广东、广西、吉林、福建）各省复选区表》、《国庆纪念日》、《更正众议院议员（河南、湖南）各省复选区表》、《省议会议员各省复选区表》、《省议会议员各省复选区表施行法》、《服制》、《外交部官制》、《更正众议院议员（甘肃、新疆）各省复选区表》、《更正众议院议员（广西、贵族）各省复选区表》、《印花税法》、《中央行政官官等法》、《中央行政官官俸》、《陆军官佐士兵等级表》、《海军官佐士兵等级表》、《陆军官佐礼服制》、《陆军官佐服制、国史馆官制》、《更正中央行政官官等表》、《参谋本部官制》、《更正众议院议员河南复选区表》、《财政部官制》、《更正中央行政官等表》、《参议院议员选举法华侨选举会施行法》、《国籍法》、《中央学会法及中央学会法解释案》、《陆军测量官官制官俸法》、《技术官官俸法》、《兴华汇业银行则例》、《戒严法》、《中国铁路公司条例》、

① 张玉法：《民国初年的国会》，（台湾）《近代史研究所集刊》1987 年第 13 集，第 96 页。

《行政执行法》、《省议会暂行法》、《西藏第一届国会议员选举法》、《中国银行则例》、《国旗统一法案》、《东三省都督改为奉天都督毋庸兼辖吉江两省》、《东三省都督改为奉天都督毋庸兼辖吉江两省修正案》、《民国元年六厘公债条例》、《中国铁路总公司条例》、《浙江裁免漕南兵米改征抵补金办法大纲》、《国会议员选举监督解释》、《国会组织法选举法之解释权限》、《众议院议员选举法第一、二、三款之解释》、《众议院议员选举法第六条第五款之解释》、《众议院议员选举法第七条第二、三款之解释》、《众议院议员选举法关于蒙藏青海选举之解释》、《参议院第三十一条修正案》、《参议院议事细则修正案》、《参议院会议日时规则案》。

1912 年 3 月 11 日公布的《中华民国临时约法》第五十三条规定，“本约法施行后，限十个月内，由临时大总统召集国会，其国会至组织及选举法，由参议院定制”。1913 年 4 月 8 日，第一届国会在北京成立。在第一届国会第一期常会时期（1913 年 4 月 8 日至 1913 年 11 月 4 日），国会展现出立法活力，被后世称为“国会神圣时代”①，共通过法律案 15 部：《议院法》、《大总统选举法》、《禁烟公约》、《国会议员内乱外患罪逮捕法》、《宪法起草委员会众议院互选规则案》、《宪法起草委员互选细则》、《两院议员族费表》、《众议院规则》、《参议院议事规则》、《参议院委员会规则》、《参议院秘书厅组织规则》、《参议院警卫处办事规则》、《参议院旁听规则》、《众议院议长副议长互选规则》、《众议院议事规则》。1913 年 11 月，袁世凯下令取消议员资格，导致国会因出席议院人数不足而被迫停闭。

1916 年袁世凯恢复帝制失败后，1916 年 6 月，在南方要求恢复旧约法、国会的坚强辩争和海军宣布独立的重击下，经过段祺瑞附署国会赞同令终于发布，国会得以重开。1916 年 6 月 1 日至 1917 年 8 月 12 日期间的第一届国会第二期常会期间通过法律案 5 部：《国葬法》、《民国纪念日修正案》、《参议院华侨选举试行法》、《参议院议员选举法第二十一条第二

---

① 张玉法：《民初对制宪问题的争论》，《中研院近代史研究所集刊》1983 年第 12 期，第 124 页。

项解释》、《暂行各县地方分庭组织法》。[①] 1917 年 6 月，因是否参加欧洲一战产生分歧，黎元洪解散国会。

第一届国会第二次被解散后，部分国会议员转赴广东集会，成立国会，一般称为“护法国会”，对北京政府 1918 年成立的国会，以新国会称之。护法国会选举孙中山为中华民国军政府大元帅及各部总长人选，组成了广东护法政府。北方选出新国会后，民国法统分裂，出现南北两个政府。护法国会历时六载，自 1917 年 8 月延续至 1922 年 5 月，奔走维护民国法统及约法，居危就险，人数常常不足，在立法上成就颇少，只有《军政府组织大纲》、《修正军政府组织大纲》、《国会非常会议组织大纲》。1922 年 5 月，直系战胜奉系，直系军阀遂倡“恢复法统”，敦请徐世昌、孙中山同时下台，以谋南北统一，进而建立直系全国政权。此时，“旧国会复活的声浪，澎湃海内”。[②] 1922 年 6 月，陈炯明因反对孙中山北伐，二人决裂，广东的国会由此结束。该国会虽有雄心壮志履行各项立法，尤其是制宪，但因人数不许，立法往往流产。

1917 年南北分裂后，1918 年 8 月 12 日第二届国会召开，至 1920 年 8 月 30 日闭会，共历三届常会。第二届国会又称“新国会”、“安福国会”。称其为第二届是因为它继第一届国会之后，依北京政府的法定程序选举和组织的，是其机关和公文的正式名称。新国会是相对被黎元洪非法解散且段祺瑞政府拒绝恢复的第一届“旧”国会。安福国会则是指它实际上被“安福系”把持。安福国会通过的法律案有 12 部：《修正国会组织法第五条》、《修正国会组织法第六条》、《修正参议院议员选举法第十七条》、《修正众议院议员选举法第九十八条》、《修正议院法第十二条》、《西北筹编使馆制》、《文官高等考试法》、《文官普通考试法》、《外交官领事官考试法》、《监所职员官等法》、《监所职员官俸法》、《县自治法》。1920 年 7 月，直皖战争爆发，皖系失败。8 月 3 日，徐世昌下令解散“安福俱乐部”。1920 年 8 月 30 日，国会闭会后，第二届国会遂不了了之。

---

① 在国会第二期常会中，最重大的任务是制定宪法。国会宪法审议会从 1916 年 9 月 22 日至 1917 年 1 月 10 日先后召开审议会 24 次，对“天坛宪草”的大纲进行审议。其间曾经对国会采用一院制还是两院制问题；是否定孔教为国民修身大本问题；总统解散众议院的限制条件问题；省制是否入宪问题等发生过多次激烈的争辩，其中争辩最烈的是省制问题。

② 《旧国会复活与梁士诒》，《大公报》1920 年 5 月 4 日。

1922年春，直系战胜奉皖主导北京政局，知非法不足建政立国，除了恢复第一届国会外别无合法轨道，所以谋求恢复法统和旧国会，让徐世昌、孙中山同时去职，再请黎元洪出山，以收束北方混乱，消除南北分离，建立直系控制的中央政权。[①] 1922年6月11日，黎元洪到京复职，第二日下令撤销了1917年的解散国会令。1922年8月1日，旧国会在京宣布复会。因为国会1917年6月会期当中被解散，会议仍继续第一届国会第二期常会。9月18日，复会后的国会宣布国会第二期常会届满。翌日，通电宣布第三期常会从10月1日开始集会。这样，国会就成为民国法统延续的依托。1924年9月，直奉第二次战争爆发，直系失败，曹锟解职。11月24日，段祺瑞入京组织临时政府。同日，公布《中华民国临时政府制》，将国会排除临时政府的政治架构之外。后下令检举侦捕贿选议员，议员人人自危，国会人去楼空，自然停闭。1925年2月起，段祺瑞执政召开善后会议，4月24日，宣布废弃民国法统，旧国会因此而结束。同日，段祺瑞公布《国民会议条例》，拟召集由民选代表组成的国民会议重新制宪，再建国会。1923年期间的第一届国会第三期常会通过的法律案有10部：《修正国会组织法第二十一条第二款》、《商标法》、《修正国会组织法》、《中华民国宪法》、《修正议院法第八十条》、《国家联合会公约》、《国际邮政公约》、《国际法庭公约》、《中智通好公约》、《中瑞通好公约》。

民国前期的中央立法呈现出各阶段不同的特点。在南、北临时参议院时期恰逢民国肇建，百废待举，尤其是新的政府机构的建立需要有关法律为之立基，并且由于基本政治制度的更迭，旧制又不能循用。所以在政治体制方面的立法数量就比较多。在袁世凯当政时期，立法工作一部分由参议院进行；另一部分在解散国会以后，由代行立法院职权的参政院进行，参政院曾制定了多部法律。而更多的是通过行政系统以命令、章程、规则、条例、办法、细则、通例、简章等行政立法的方式完成。至1916年秋，民国法律体系已经基本完成。北洋政府1916年9月18日公布了《法

① 留北旧议员向直系军阀游说恢复国会之利：一，可以取消徐总统法律上之地位；二，可以使北方恢复民六以前之合法局面；三，西南护法之举，亦冀可以终了。载顾敦鍒《中国议会史》，苏州木渎心正堂民国二十二年版，第350页。

令辑览目录》，对“民国成立以来法令、各官厅单行章程条例以及历年公报所载官文书，凡具法规性质而现行有效者”①，刊登目录。“共刊登了宪法、国会、法院、官制、司法、外交、内务、财政、军事、教育、农商、交通、服制、赏恤、统计、地方制度20大类1395部法律法规。”② 其中，行政立法数量占绝大多数。民国前期立法重点在政制创新方面，民商及刑法部分继承的是前清法律。③

第二节　民国前期浙江省议会的立法权限

一　临时省议会时期的议会立法权限

辛亥革命后，浙江军政府成立之初，内设参议会为临时议事机关。参议会为浙江军政事务的最高决策机关。全省之重要政务及一切规章，参议会均有议决权。参议会的参议员大都是革命党人或是与革命党有密切来往的人士。但是参议会只是军政府初创时期临时性与过渡性的议政和立法机关，非经选举产生，参议员还可以兼任行政官员。这与资产阶级革命派所希望建立的三权分立的地方民主共和政权不相符合。由于省议会的设立涉及纷繁的选举工作，于是军政府采用变通办法，由每府推举4人，先组织临时议会。1911年12月10日，浙江省临时议会在原浙江咨议局会所召开，议员共38人。与咨议局相比，临时议会议员中新式学历出身者所占比例大幅度上升，单具传统功名的议员减少，其中不乏留日学习法政者，革命派议员占绝对优势。

1911年12月13日，浙江省临时议会选举莫永贞、张翅为正副议长。

① 《政府公报》1916年9月18日。

② 该目录详见《政府公报》1916年9月18日。

③ 南京临时参议院于1912年4月3日通过《新法律未颁行前暂适用旧有法律案》。参议院给大总统的咨文指出：经本院于四月三日开会决议，佥以现在国体既更，所有前清之各种法规，已归无效。但中华民国之法律未能仓猝一时规定颁行，而当此新旧递嬗之交，又不可不设法补救之法，以为临时适用之。此未经规定颁行以前，暂酌用旧有法律，自属可行。所有前清时规定之《法院编制法》、《商律》、《违警律》及宣统三年颁布之《新刑律》、《刑事民事诉讼律草案》，并先后颁布之《禁烟条例》、《国籍条例》等，除与民主国体抵触之处，应行废止外，其余均准暂时适用。唯《民律草案》前清时并未宣布，无从援用。嗣后凡关于民事案件，应仍照前清现行律中规定各条办理。

在正式开议前，浙江省临时议会紧急制定了《浙江省临时议会议会法》及其附属法《浙江省临时议会议事细则》、《浙江省临时议会议员互选细则》、《浙江省临时议会办事处办事细则》、《浙江省临时议会旁听规则》等，对议会的法律地位、职权、产生、议事、解散、职权、旁听等重要事项做出了规定，为议会的运作提供了法律依据。在全国没有一个为浙江所承认的中央政府和国会的情况下，浙江省临时议会在全国局势尚未稳定之时召开，完全为其他省所少见。

《浙江省临时议会议会法》是浙江省临时议会赖以存在的法律依据，它明确规定了“浙江省临时议会为本省临时立法机关”，与咨议局只是“备行政官厅咨询之机关”的法律地位不同。对于临时议会的权限，《浙江省临时议会议会法》第二章权限第六条规定了议会的权限：(1)本省根本法及其他法律；(2)本身预算及决算；(3)本省税法及公债；(4)本省对外契约之缔结或继续；(5)本省权利之存废事件；(6)本省义务之担任或增加事件；(7)本省法律上应属于议会权限之事件或都督交议事件；(8)公断和解本省县议会争执事件。第七、第八条规定了都督对于议会立法权限的监督。临时议会议决案咨报都督后，如都督有异议，得于一星期内提出异议书，议会再议。对于复议案，如经到会议员三分之二以上通过，都督必须公布实施议决案。在以上有关临时议会权限的规定内容中，一些是明确规定了临时议会的立法权限，一些是在权限的内容中包含了临时议会的立法权限。

《浙江省临时议会议会法》颁布后，1912 年 1 月 22 日，《中华民国浙江省约法》公布实施，约法共分七章四十八条。《中华民国浙江省约法》仿制美国宪法，强调立法、行政、司法事务三权分立和互相制约。其中规定“中华民国浙江省人民以固有之区域组织军政府统治之”，“本军政府以都督及其任命之各部政务员与议会、法院三部构成之”。《中华民国浙江省约法》第二十八条，简要地规定了省议会的立法权，即议会享有议决法律案及预算税法募集公债与省课有负担之契约。

除了对议会的立法权予以规定外，《中华民国浙江省约法》对于行政机关的立法权也予以了规定。《中华民国浙江省约法》第十五条规定，都督总揽政务，对外为全省代表。此条隐含了都督可以发布命令的权力。第十八条规定：遇紧急必要时，都督得发代法律之命令，及为预算外支出，但须于次期议会求其追认。第二十四条规定：都督依法制定文武官规。由此可见，议会与行政机关的立法权在《中华民国浙江省约法》中都是予以考虑到了，但是具体如何分界，《中华民国浙江省约法》并没有给出明确的界定。实际上，在浙江军政府成立之初，军政府就以政府命令的形式，颁布一系列措施。军政府通令废除旧有国家机器，“各府厅州县一律改称为县”，“凡各府厅州之分府，同知、通判、州判、府经、照磨、知县、司狱、吏目、县承、典吏、主簿、巡检等官一律裁撤。”[①] 同时，建立府、县两级制的新型政权，于“各府设军政分府，置军政分府长一人，各县设民事长一人”[②]。即使在临时议会召开后，军政府也还是出台了大量政府立法，巩固新生政权。浙江光复后，各地匪盗乘机肆虐。军政府建立后，把惩匪缉盗当作一项重要的任务。都督向全省各路统领、各县知事发出剿匪令。军政府还切实加强了对枪支弹药的管理，专门制定了《取缔民间枪弹规则》，严禁私购、私运、私藏枪支弹药，违者严惩。都督府制定了《民团章程》，要求各府县筹办民团，以卫人民，而保治安。浙江光复后，为减轻民众负担，都督府于 1912 年 11 月 5 日通檄全省，宣告“所有历年积欠及本年应完钱粮一概豁免，其厘卡自九月十五日起先行裁撤。”[③] 浙江军政府成立后，颁布和实施了许多社会改革的政令，如剪辫、禁缠足、禁赌等。1911 年 11 月 26 日，都督府出示晓谕：“限令人民一律薙发……不论军民人等限一个月内将发辫剪去，如逾限不剪，定将应享公民权利剥夺。”[④] 都督晓谕发出后，“惟顽愚乡民自封故见，竟拖豚尾不肯剪除。且恐为警察所剪，相率屏迹，不敢上街买物……现在都督为体恤商艰起见，重申命令，展限至阳历元年 2 月 17 日即阴历年底为止为一律。尽之期，如有逾期不剪者，即将其公民权剥夺，并严加惩治。”[⑤] 南京临时政府颁布禁赌令后，浙省都督蒋尊簋即通令各属遵照执行，并出示晓谕：“凡店铺中有售卖各种赌具，亦即悉行销毁，永远禁售。倘敢阳奉阴

① 《新杭州纪事》，《申报》1911 年 12 月 2 日。

② 《浙江地方官制之规定》，《申报》1911 年 12 月 6 日。

③ 《杭州新政汇志》，《申报》1911 年 11 月 11 日。

④ 《杭州光复后之进行勒令剪辫》，《申报》1911 年 11 月 16 日。

⑤ 《浙省广设剪辫会》，《申报》1912 年 2 月 8 日。

违，仍有该项情事，一经访问或被告发，查有确据，定即拿获按律治罪。”[①] 南京临时政府颁布禁止缠足令后，军政府立即发布《令各县知事禁止缠足文》，依据南京临时政府内务部“已缠者，令其必放；未缠者，勿许再缠”的要求，责成各知事切实谕禁，并要求各自治会广为劝导，以期禁绝缠足陋习。[②] 除了大量的都督令外，政府还颁布了大量的政府立法，表现为令、训令，也有表现为章程。如《浙江警察教练所章程》是为培养警察而设立的，章程规定了警察教练所的组织机构、学生的资格和招考方式、课程设置。[③] “查内政经纬万端，以警察为根本。警政不良各事，均无所措手。而警察设所教练为本中之本。无论经济如何困难，必设法筹办。”[④] 对于议会已颁布的《浙江省各司官制》，军政府颁布《浙军政府民政司禁烟处简章》，其中第一条规定：“本处遵照各司官制第六条为民政司暂设机关，专理禁绝鸦片事宜。”[⑤] 这些政府的立法形式，在后来的北洋政府时期及南京国民政府时期，有些仍然续存。

除了都督府享有行政立法权外，都督府下属的各司也有一定的行政立法权。浙江省临时议会第一届常年会通过的《浙江省各司官制》中确认了各司的命令权。其中第一条规定：各司置司长管理事务如下：民政司长管理全省内务行政及交通实业一切事并监督各属地方行政长官，财政司长管理全省财政出纳事宜，教育司长管理全省教育行政事宜，提法司长管理全省司法行政事宜。第一条在确认了各司司长对于其管辖范围内的政务的管理的同时，其实也隐含了各司发布命令的权力。第三条规定：各司长承都督之命就于主管事务或于特别委任范围内，得发司令。第四条规定：各司长就于主管事务得发指示训令于地方官吏，必要时得停止地方官之命令处分或取消之。第三条和第四条明确了各司司长的命令权，实践中浙江省各司通过了大量的命令，对于议会议决中没有涉及的行政管理事项以命令的形式发布，以弥补议会议决案的不足。例如浙江省临时议会第二次会议议决《浙江省警察官制》后，民政长定立《浙江省考验警察官暂行规

① 《告谕》，《浙江公报》1912 年第 28 期。

② 参见《令各县知事禁止缠足文》，《浙江公报》1912 年第 48 期。

③ 参见《浙江警察教练所章程》，《浙江公报》1912 年第 81 期。

④ 《浙江民政司呈送修正巡警教练所章程文》，《浙江公报》1912 年第 81 期。

⑤ 《浙军政府民政司禁烟处简章》，《申报》1912 年 2 月 28 日。

则》，提出了该规则是对于议会立法的实施：

> 查此次考验警察官暂行规则专为考察警务人选以觇其学识而示任用先后之标准。原根据于本省警察官制修正案性质，纯为施行细则。当然由行政官厅酌定……官制所动警察官资格范围广漠，有任用之标准，无任用之方法，以致呈请任用纷至沓来。若非设法澄叙，有用之才无由表见。①

1912年3月11日，《中华民国临时约法》颁布后，《中华民国浙江省约法》依法已生效。《中华民国临时约法》规定了参议院的职权：(1)议决一切法律；(2)议决临时政府之预算决算；(3)议决全国之税法币制及度量衡之准则；(4)议决公债之募集及国库有负担之契约。《中华民国临时约法》并没有规定地方议会的相关内容。虽然《中华民国浙江省约法》第三条规定：本约法自中华民国共和宪法实行日失其效力，在《中华民国临时约法》生效后《中华民国浙江省约法》的效力自然结束。但是，笔者认为临时议会制定的其他法律，只要不与中央立法冲突，仍然是有效的。浙江省临时议会的立法权限仍可以根据《浙江省临时议会议会法》进行运作。况且光复之初，在省与国的关系中，省仍是相对独立，尽管在《中华民国临时约法》中没有规定省议会的职权，实践中浙江省议会的各项职权也仍然是按照《中华民国浙江省约法》的规定在运行。

浙江省临时议会的召开适逢百废俱兴，万端待理，所讨论的议案多是重要的法律案，涉及建构一个新政权的行政、司法、立法方面的根本制度。例如《中华民国浙江省约法》、《浙江省临时议会议会法》、《浙江省都督选举法》、《浙江省地方官制》、《浙江省各司官制》、《浙江省法院编制法》、《浙江省修正新刑律施行法》、《浙江省行政审判院法》、《浙江省辩护士法》、《浙江省检证规则》、《浙江省讼费规则》等。到了第二、第三届时，具体施政方面的议案才逐渐增多。财税类议案始终是省议会关注

① 浙江省议会编：《赵士英质问浙江省考验警察官暂行规则的警察任用条件与浙江省警察官制第十二条、第十三条相冲突是否存在命令改变法律》，《浙江省第一届第一次临时议会质问书》，第25页。

的重要议题，每次会议都有大量的此类议决案。此外，临时议会对浙江学者的学制、高等教育、禁烟及交通水利等也作出了新的规定。临时议会的议决案，不仅数目众多，而且范围广泛，浙江省临时议会的三次会议至少通过了192件议决案[①]，内容涉及政治、经济、社会生活的各个方面，为浙江咨议局所望尘莫及。议员们的参政议政之态度也是前清咨议局所无法比拟的。浙江省临时议会在讨论《中华民国浙江省约法》时认真参政议政的态度，当时的《汉民日报》是这样报道的：

> 此次临时会议全场秩序甚整精神，形式却大比前清时咨议局不同。昨日下午所议浙江军政府临时约法，先由起草员将草案宣布。其研究最详细之点为关于都督应负责任与否。有坚执都督不能不负责任者，有坚执都督势不能使负责任者。又关于人民享有之自由。有谓原始生人本自由，毋庸规定条件，若规定反不自由者。有谓人民久处专制之下，不规定则不知者。此层虽未表决，似多数赞成规定条件。至都督责任，大众以为尤关重要。付之审查又云付之特别审查……[②]

浙江省临时议会在全国尚未统一、省自为政的情况下，利用革命派掌握政权的大好时机，以极快的速度通过了大量议决案。临时议会作为一个地方立法机关，通过了许多事关根本制度的法律，实际上已对政体、省制、官制等作出了规定，行使了国会的职能。此固然是出于巩固政权的需要，但拥有如此巨大的职权和广泛的议事权限，即使在联邦政体下的地方议会也是不具备的，与其本身的法律地位并不相称，这也为以后中央与地方议会在立法职权上的争执埋下了伏笔。

二　正式省议会时期的议会立法权限

（一）对于省议会职权是否适用《咨议局章程》的争论

袁世凯当上总统后，竭力主张中央集权，军民分治，地方长官应由中

① 详见浙江省议会编：《中华民国元年元月浙江省临时议会议决案》、《中华民国元年浙江省第二次临时议会议决案》（上编、中编）、《浙江省临时议会第三次会议议决案》。

② 《临时议会议事》，《汉民日报》1911年10月25日。

央任命，地方议会须受中央约束，从而改变省自为政的现状。都督为革命党人的南方省份，多主张责任内阁制和地方分权；都督为非革命党人的北方省份，多附和袁世凯的主张。但在对待地方议会权限方面，无论是否革命党人出身，各省都督几乎都主张限制地方议会的权力。1912 年 4 月，蒋尊簋通电赞成中央实行总统制，地方实行军民分治，军政直辖中央，地方以民政为重，“路航邮电盐税海关应归中央专管，财政、教育等改归地方”。[①]

1912 年 7 月，袁世凯政府向参议院提出了省制、省官制、省议员选举法等草案。参议院对这些议案进行了激烈的辩论，但是久议不决。根据国会组织法的规定，国会中各省参议员是由各省议会选举产生的。但是，省议会的选举和成立须事先完成，否则正式国会就无法成立。为此，参议院首先议决了《省议会议员选举法》。于是，1912 年 11 月至 1913 年 2 月，全国有 18 个省进行了省议员的初选举和复选举，接着各省的议会纷纷如期召开。但是当时全国性的省议会法还没有出台，对于省议会的地位、组织和职权都还不是很明确。袁世凯的意图是想在中国建立一个中央集权的国家。当时的国民党员在各省议会的席位中占有优势。一旦省享有巨大的职权，中央就有可能失去对地方各省的控制。袁世凯政府与地方省议会在中央与地方的权限方面展开了激烈的争辩。争论的发端就是省议会是否应该适用前清的《咨议局章程》。

1913 年 2 月 1 日，袁世凯发布总统令，指出《省议会暂行条例》和《地方行政编制法》等法案正在交参议院议决，还须等待一段时间，《咨议局章程》是过渡时期比较合适的替代法律。总统令指出，如果省议会没有暂时的法律作为依据，那么“未免有各省自为风气之嫌……前清《咨议局章程》系属现行法律之一，所有各省议会一切组织及其职权，除该章程与民国政体及新颁法令抵触者外，当然适用。”[②] 此项法令一出，各省议会一片哗然。因为此令不仅有关前清旧法《咨议局章程》的适用性，而且还有关袁世凯以命令代替法律的合法性问题。浙江省议会率先起来强烈反对，广东、黑龙江、河南、贵州、安徽、江西、吉林、江苏等省

① 《杭州蒋都督请军民分治均由中央委任管辖电》，《临时公报》1912 年 4 月 23 日。

② 《临时大总统令》，《政府公报》1913 年 2 月 1 日。

议会纷纷响应表示反对。当时的浙江都督朱瑞对袁世凯政府极其顺从，主张将省议会等同于咨议局。1913 年 2 月 18 日，都督兼民政长朱瑞在省议会开幕式的致辞中指出：“奉大总统命令省议会为颁行前暂适用前清咨议局章程以昭划一。”[①] 议长莫永贞在议会开会词中严厉斥责朱瑞的观点，认为：“咨议局其体裁不过备行政官厅之咨询机关，无独立之性质，其职权尤为局限纤渺……现在成立之省议会矗然峙立于行政司法两者之外，为浙江省之独立机关。”[②] 在议会的选举会结束后，浙江省临时议会向朱瑞声明《咨议局章程》与民国政体根本抵触，万难承认临时省议会适用《咨议局章程》。[③] 浙江省临时议会还致电参议院称：“大总统以命令通用《咨议局章程》，与民国政体根本抵触，且背离《约法》，本议会虽已成立，断不能认非法之命令，务请贵会速将《议会暂行法》议决。”[④] 此外。浙江省临时议会又通电各省，希望各省能够协力进行反对省议会适用《咨议局章程》的大总统令。

1913 年 3 月 7 日，国务院通电各省，强调在省议会法未经议决公布之前，省议会的一切组织及其权限应当准用《咨议局章程》办理。省议会，犹如从前各省之有咨议局，虽然名称不同，但是同为地方议事机关。该电指出：“改建共和，只能谓为国体有所变更，不能谓为国家业已破裂，所有从前国家之现行法律，除与民国国体及新颁法律抵触者外，当然有效。”暂行准用《咨议局章程》，是政府维持法律的统一和延续性，与《中华民国临时约法》并不矛盾。如果“各省动援根本抵触为词，则国家前途为祸甚烈。”[⑤] 对此，浙江省临时议会立即致电国务院，指出没有经过参议院的议决，而擅自将《咨议局章程》修改通行，在《中华民国临时约法》没有根据。临时议会指出各省光复后，废除咨议局，改组临时议会，当时得到了参议院及大总统的公认。《咨议局章程》与省议会无法同时存在的法理。接着浙江省临时议会再次电请北京参议院取消适用《咨议局章程》的命令，还再次致电各省议会共同争取反对适用《咨议局

① 浙江省议会编：《浙江省议会第一届常年会议事录》，第 1 页。

② 浙江省议会编：《浙江省议会第一届常年会议事录》第 1 册，第 2 页。

③ 浙江省议会编：《浙江省议会常第一届年会文牍》第 1 册，第 1—2 页。

④ 浙江省议会编：《浙江省议会常第一届年会文牍》下编，第 1 页。

⑤ 浙江省议会编：《浙江省议会常第一届年会文牍》中编，第 39—40 页。

章程》。浙江省临时议会的抗争得到了大多数省议会的支持。在各省的协力努力下，参议院议决通过了《省议会暂行法》，并于 1913 年 4 月颁布施行，结束了这场省议会是否适用《咨议局章程》的争执。

（二）《省议会暂行法》颁布后浙江省议会的立法权限

1913 年 4 月，《省议会暂行法》颁布，其第十六条规定了省议会的职权：(1)议决本省单行条例，但以不抵触法律命令为限；(2)议决本省预算与决算；(3)议决省税及使用费，规费之征收，但法律命令有规定者不在此限；(4)议决省债之募集及省库有负担之契约；(5)议决本省财产及营造物之管理方法，但法律命令有规定者不在此限；(6)议决本省财产及营造物之管理方法，但法律命令有规定者不在此限；(7)答复省行政长官咨询事件；(8)受理本省人民关于本省行政请愿事件；(9)得以关于本省行政及其他事件之意见建议于省行政长官；(10)其他依法律命令应由省议会议决事件。相较于《浙江省临时议会议会法》、《浙江省议会法》，《省议会暂行法》作为全国统一的省议会法对省议会职权进行削弱。

首先，架空了省议会的行政监督权。《浙江省议会法》第十六条规定："议会对于都督认为失政或违法时有议员四分之三以上出席及四分之三以上之议决得提出不信任书于都督；议会得质问都督及政务员；议会经出席议员三分之二以上之可决对于都督得弹劾及政务员之失职及违法。"《省议会暂行法》第十七条规定了省议会对行政长官的弹劾权："省议会对于本省行政长官认为有违法行为时，得以出席议员三分之二以上之可决提出弹劾案，经由内务总长提交国务会议惩办之。"由此可见，省议会只是可以提出弹劾都督，但是具体处置则由国务院办理。所以省议会的弹劾权只具有形式，而非实质上的处置权，是一项被架空的权力。

其次，削弱了省议会的立法权。在议会职权规定中，议案的最终决定权最能反映议会与都督之间权力分配关系。《省议会暂行法》第三十九条规定："对于省议会之议决事件，省行政长官无异议时，应于十日内公布之；若省行政长官不以为然，应于五日内声明理由咨交复议，经到会议员三分之二以上仍执行前议案时，省行政长也应于十日内公布之。如果省行政长官认为议决案违法时，得咨省议会撤销，如省议会不服其撤销，可以提起诉讼于平政院。"由此可见，省议会与省行政长官对于议案有争议时，议案的最终决定权可以在于平政院。而《浙江省临时议会议会法》

和《浙江省议会法》都规定了当省议会与省行政长官对于议案有争议时，议案的最终决定权在于省议会。《浙江省临时议会议会法》第八条、《浙江省议会法》第十四条规定："都督对于议决之法案有异议时得作异议书于七日内提出议会再议。议会对于都督的复议，如经到会议员三分之二以上同意执行前议案时，都督必须执行。"

第四章　民国前期浙江省议会的立法程序

第一节　立法提案

一　立法提案总览

民国前期，浙江省议会经历了临时议会时期（1911 年 12 月—1912 年 11 月）和正式议会时期（1913 年 2 月—1926 年 11 月）。临时议会时期涉及议会立法程序的规则主要包括：《浙江省临时议会议会法》、《浙江省临时议会议事规则》、《浙江省临时议会互选规则》、《浙江省临时议会旁听规则》、《中华民国浙江省约法》、《浙江省约法试行法》、《浙江省议会法》。正式议会时期涉及议会立法程序的规则主要包括：《省议会暂行法》、《浙江省议会议事细则暂行规定》、《浙江省议会暂行互选规则》、《浙江省议会暂行旁听规则》。由于临时议会时期的时间短暂，所以本书中主要涉及的是正式议会时期的立法程序。

议会的提案包括立法提案与非立法提案。在民国浙江省议会期间，立法议案的提出主体包括省长、议员和人民。议员提出议案，需要有其他议员的赞同。在浙江省临时议会时期，根据《浙江省临时议会议事规则》第五十三条的规定，凡动议有两人以上之赞成者可作为议题。到了正式议会时期，《浙江省议会议事细则暂行规定》第六十八条规定，凡是议员自行草拟议案之发议，度具草案附以理由有十人以上连署陈之，议长才将议案列入议会议事日程。1913 年 4 月 2 日公布《省议会暂行法》第二十五条的规定，议员有五人以上之赞同，得提出议案。纵观民国浙江省议会各时期，议案提出的主体主要是省长（早期是民政长）和议员，人民请愿案相对较少。议员的提案数量，第一届议会比较多。到了第二届议会，尤其是民国九年常年会后，议员相对于省长的提案逐年下降。浙江省议会民国十四年第一、第二次临时会时期，省长提案 99 项，而议员只提出了 9 项。

议会立法提案的领域涉及面很广，涉及政治、经济、文化等各个领域，其中经济类提案最多。在浙江省临时议会和浙江省第一届议会期间，由于国家初创，所提议案大都涉及基本的制度建设。在第二届和第三届浙江省议会的提案中，与增减各类经费相关的提案日益增加。如在第二届的浙江省议会民国九年常年会的 157 个立法提案中，有关预算、追加各种经费的提案有 60 件，然而最后实际通过的只有 6 件。在第三届议会时期的民国十四年常年会中，共有 114 件提案，其中与预算、决算及追加各种经费的提案有 75 件，然而最后由议会议决通过的只有 23 件。此外，在民国前期浙江省议会立法议案的提出中，还包括了其他的主体，如民国十一年第二次临时会中，庶政股起草并提案《结束浙江通志局办法草案》，其结果是付特务股审查后，最后未议决，又如委员会提案并起草《浙江省制宪经费预算案》。

根据现存的浙江省议会议事录，除去查办案、弹劾案和咨询案，民国浙江省议会的立法议案数目如下：①

		省长提案	议员提案	人民请愿	其他	总数
民国浙江省第一届议会 1913—1918	浙江省第一届第二年第二次临时会	24	32	24		80
民国浙江省第二届议会 1918—1921	浙江省议会民国八年第二次常年会②	41	59	12		112
	浙江省民国九年第一次临时会	44	32	16		92
	浙江省议会民国九年常年会	63	62	27		152
	浙江省议会民国十年第一次临时会	60	24	16		100

① 表格的资料来源于浙江省图书馆古籍部现存的《浙江省议会第一届常年会议事录》、《浙江省议会第一届第二年第二次临时会议事录》、《浙江省议会第二届第一年第一次临时会议事录》、《浙江省议会民国八年第二次常年会议事录》、《浙江省议会民国九年常年会议事录》《浙江省民国九年第一次临时会议事录》、《浙江省议会民国十年常年会议事录》、《浙江省议会民国十年第一次临时会议事录》、《浙江省议会民国十一年第一次临时会议事录》、《浙江省议会民国十一年第二次临时会议事录》、《浙江省议会民国十三年第一、二次临时会议事录》、《浙江省议会民国十四常年会议事录》、《浙江省议会民国十四年第一、二次临时会议事录》。

② 自民国八年开始，议会的名称不以第几届，而是称为哪一年的会议。

续表

		省长提案	议员提案	人民请愿	其他	总数
民国浙江省第三届议会1921—1926	浙江省议会民国十年常年会	81	38	18		137
	浙江省议会民国十一年第一次临时会	52	28	9		89
	浙江省议会民国十一年第二次临时会	56	20	4	2[①]	82
	浙江省议会民国十三年第一、二次临时会	96	9	6		111
	浙江省议会民国十四年第一、二次临时会	99	9	无		108
	浙江省议会民国十四年常年会	90	9	4	1[②]	104

议会提案中非立法案，主要是咨询案、弹劾案和要求查办官员案。咨询案非常少，例如第一届常年会的《咨询民国祀典事件》、《咨询公款公产分配事件》。民国九年常年会省长提案的《筹办三门湾模范自治农垦办法咨询案》，民国十一年第二次临时会省长提案的《大有利电器公司不允停招新股及分社董事检察各名额咨询案》。议员或人民提出的要求查办官员的案件，每届议会都有提出 3 件左右，对于要求查办知事的案件最多，其他还包括对省长的弹劾案。民国前期浙江省议会曾对省长齐耀珊[③]多次弹劾。第一届第二年第二次临时会，议员胡禧昌提议《弹劾齐省长裁撤审检所案》，结果是议员修改议题。议员藏邦彦提议的《弹劾浙省长齐耀珊违法案》；议员黄强、钱宗瀚提议的《弹劾齐省长违法变更预算案》，两案合并付特务股审查，最后虽经议会通过，但也是不了了之。民国九年第一次临时会，议员郑迈、许祖谦提议的《弹劾浙江省长齐耀珊违法案》，经议会三读通过，但是这最后一次的弹劾案因为齐耀珊的离职也不了了之。

① 议会庶政股起草并提案的《结束浙江通制局办法草案》、浙江制宪法委员起草并提案的《浙江制宪经费预算案》。

② 特务股提出 1 项议案。

③ 齐耀珊省长 1907 年 1 月 1 日上任，1920 年 6 月 24 日调离。

二 省行政长官的提案

（一）民国前期浙江省行政机构的变迁

民初各地光复后，各地尚无统一的制度。所以一些省行政长官称为省民政长官（和军政长官对称），“一些省由北洋政府任命为‘民政长’，如山西、湖北、四川、福建、江苏、江西”。[①]杭州光复后，浙江军政府成立，由汤寿潜出任浙江第一任都督。1911 年浙江省临时议会通过的《浙江省临时约法》第十五条规定，都督的权限在于总揽政务，对外为全省之代表。这实际上是确定当时浙江省的都督府是军政行政代表机关，施行军政合一。浙江军政府成立后，立即着手建立都督府的下属各个机构，设立政事部、财政部、民政部、外交部、交通部、总务部等。以上各部起初为并列机关，不久，政事部以下之财政、民政、外交、交通、总务各部均改为科，“悉隶政事而辖于都督”。[②] 稍后，财政科又独立为部，另增设军政部。这样就形成了浙军总司令部、军政部主军政，政事部掌管民政，财政部掌管财政的格局。蒋尊簋出任都督后，浙军都督府的机构设置更趋完善。浙江省临时议会通过的《浙江省各司官制》第一条规定，各司置司长管理事务如下：民政司长管理全省内务行政及交通实业一切事宜并监督各属地方行政官吏；财政司长管理全省财政出纳事宜；教育司长管理全省教育行政事宜；提法司长管理全省司法行政事宜。第三条规定，各司司长就主管事务对都督负责任。

1913 年 1 月 8 日，北洋政府公布《划一现行各省地方行政官厅组织令》（简称《划一令》）。依照《划一令》的规定，各省行政长官仍称民政长，省行政机关称为行政公署。省行政公署设置一处（总务）、四司（内务、财政、教育、实业[③]），这些均属内部组织的性质。省设民政长一人，为行政公署长官，总理全省政务，由中央任命。民政长的职权，除概括规定外，《划一令》没有具体的列举。“对于各省已设专任民政长的仍

---

① 钱实甫：《北洋政府时期的政治制度》，中华书局 1984 年版，第 229—230 页。

② 《新浙江进行种种》，《申报》1911 年 11 月 19 日。

③ 民国二年，浙江省设置实业司管理全省实业事宜。于是都督府出现了下辖 5 司 3 局 1 厅 1 处的行政格局。5 司即：民政司、财政司、教育司、实业司、提法司；3 局为：法制局、印铸局和稽勋局。

旧，其余各省则于民国二年一月十日命令一律暂由都督兼任。由于袁世凯当然不愿地方势力兼揽军民两政，便陆续任命文人充当民政长。"① 1913年5月23日《省官制》公布后，省行政机关颇有所化。省行政长官由民政长改称巡按使，行政公署改称巡按使公署。巡按使公署内设置政务厅，作为行政枢纽。原财政司所掌职务与此前所设国税厅筹备处合并，另行设置财政厅。《划一令》对于民政长的职权没有具体的列举，而《省官制》对巡按使的职权进行了具体的规定。1916年7月6日，黎元洪再把巡按使改称省长、巡按使公署改称省长公署，但在制度本质上并无变化。②

尽管浙江在民初光复后，根据《中华民国浙江省约法》的规定，施行军政合一都督总领军务和政务的局面。但是随着中央《划一令》的出现，总领全省政务的行政长官逐渐地变为民政长。自1912年至1926年间，浙江都督逐渐从行政兼任中脱离出来。浙江民初的几年里，出现了军政合一的局面，由都督兼管省行政长官，如1912年至1913年，出现了都督蒋尊簋、朱瑞兼任民政长。1916年，屈映光兼任将军和巡按使，之后吕公望兼任将军和省长。但是在1917年以后，不再出现军政民政领导兼任的情况。③ 从下属机构来看，浙江省在1912年至1913年之间，行政长官为民政长，省行政公署下设内务司、财政司、教育司和实业司。1913年，《省官制》公布后，浙江于1914年5月，民政长改称为巡按使④，下面设置政务厅、财政厅、教育司、实业司等。⑤ 1916年7月6日，黎元洪

---

① 钱实甫：《北洋政府时期的政治制度》，中华书局1984年版，第230页。

② 参见钱实甫：《北洋政府时期的政治制度》，中华书局1984年版，第230页。

③ 详见刘寿林等编：《民国职官年表》，中华书局1995年版，第276—283页。

④ 巡按使管辖全省民政官吏和巡防、警备各队；受政府的特别委任，监督财政和司法行政以及其他特别官署的行政事务。依其职权或特别委任，得发布省令。对所辖地方官吏的命令或处分认为违背法令或妨害公益、侵越权限时，得以停止或撤销；对所辖地方官吏认为应付惩戒的，呈报大总统请付惩戒，并咨陈内务部（有贪劣款迹的得迁行撤任）；认为应予奖励的，办理相同。受政府的特别委任监督全省财政，有权稽核赋税出纳和考核经征官吏；凡经征官吏的任免奖惩，由财政厅长呈请巡按使核办，并转咨财政部、受政府的特别委任监督司法行政，有权稽核司法经费和考核司法官吏；凡各县承审、管狱等员的任免奖惩，由高等审判厅长呈请巡按使核办，并转咨司法部。对所辖以及政府委任监督的各高级官吏，每半年将办事成绩并呈报大总统考核。详见钱实甫《北洋政府时期的政治制度》，中华书局1984年版，第230页。

⑤ 参见刘寿林等编：《民国职官年表》，中华书局1995年版，第276页。

再把巡按使改称省长、巡按使公署改称省长公署。① 于是在1916年7月，浙江亦将巡按使改称为省长，下设政务厅和财政厅。1917年开始，省长下设政务厅、财政厅、教育厅和实业厅，这种行政机构的设置一直延续到了1926年。

（二）省行政长官提案

民国浙江省议会的提案大多数来自省行政长官。在行政长官是民政长时期，由民政长提出议案，在行政首长是省长时期，由省长提出议案。

第一届浙江省议会，以1917年浙江省议会第一届第二年第二次临时会为例。省长提出议案如下：《浙江教育会请补助会所建筑经费案》、《浙江丝厂条例修正案》、《浙江省推收户粮规则修正案》、《设置新化县案》、《浙省派遣留学日本实业练习生规程》、《省立水产品制造模范工厂附设水产试验场办法》、《抵补金每石带征省地方税一元拟仍继续照办事件》、《六年度浙江省地方税出入预算书》、《修浚浙西水利经费修正案》、《追加修筑省道筹备处职员经费事件》、《浙江省补助学校经费规程》、《浙江省（公立）图书馆章程》、《浙江护塘森林局章程》、《实业调查会议案》、《添设省立第三第四苗圃议案》、《浙江外海水上警察厅取缔船舶规程案》、《削减浙江地方实业银行官股二十万元作为特别公债金事件》、《追加钱江渡轮经费事件》、《浙江内河取缔船舶规程案》、《改设省会工程局事件》、《浙江警备队总司令部暂行简章》、《浙江内河水上警察取缔船舶规则》、《改良手工造纸传习工场修正案》、《设置省立公众运动场并附通俗图书馆案》。议案涉及教育、文化、实业、交通运输、税收等多方面。在该届议会中，省长提出的议案共23个，涉及经济、实业发展的8个，涉及教育的5个，涉及交通水利事业的6个，涉及警察警备的3个，涉及行政区域划分的1个。

第二届浙江省议会，以民国八年第二次常年会为例，省长提案如下：《追加省立第四苗圃八年度临时费预算案》、《省立各苗圃附设造林场案》、《省立第二苗圃八年度预算案原列工食不敷请追加案》、《省城三仓追加八年度岁出临时预算案》、《旧温台金衢各属制糖厂八年度岁出预算案内牲畜一款请照案追加案》、《省立贫儿院章程案》、《省立公众运动场追加八年度室内运动场建筑购置费案》、《追加公立图书馆八年度印行所房租

① 参见刘寿林等编：《民国职官年表》，中华书局1995年版，第277页。

费》、《浙江省商品陈列馆取消售卖入览券案》、《拟将留美学生暂时空额学费作为自费生临时津贴案》、《拟设原蚕种制造分厂案》、《省立第一至第十一中学校追加考察费案》、《标卖第一劝工陈列所房屋地皮添筑商品陈列馆内劝工场房屋及储藏室晒场案》、《省内警察厅工务处追加八年度经常临时两项预算案》、《六年度浙江省地方岁出岁入决算书》、《追认六年度省地方预算案内各机关流用各项定额及增支各款案》、《设立王阳明先生祠经费不敷案》、《省立甲种工业学校追加八年度经常费预算案》、《追加八年度留日官自费生奖励费案》、《省立甲种森林学校请于八年度酌减学费案》、《省立第七中学追加修缮费案》、《追加商品陈列馆点灯装置费案》、《省立甲种农业学校追加八年度购置显微镜经费案》、《省立第九中学追加八年度改建自习室经费案》、《修筑环湖马路原定经费无着拟先择要开办另款指拨案》、《回复西湖帅公祠案》、《织物整理模范工厂展长试办期限案》、《筹设浙江外海渔业局案》、《取缔外海船舶修正案》、《省立第四师范学校追加八年度修理费案》、《六年度决算案内追加钱江义度购置汽轮经费不敷案》、《省立第四师范学校追加八年度修理费案》、《省立第十师范学校追加校舍被火修理费案》、《省立第四中学校追加八年度修理费案》、《省立甲种水产学校追加八年度暂租渔轮经费案》、《省立第二师范学校追加八年度修理费案》、《省立第六师范学校追加八年度修理费案》、《筹设模范机器缫丝厂案》、《浙江地方实业银行官商拆股案》、《六年度决算案内财务费岁出临时门烟酒附税运汇费及贴现案》、《追加钱江义渡局七年度修理租屋费案》。在这届议会中，省长提出议案共 41 个，其中涉及经济、实业的 15 个，涉及教育文化的 18 个，涉及交通事业的 4 个，其他的如警察 1 个、渔业 1 个、名人祠建设 2 个。

第三届浙江省议会，以民国十四年常年会为例，省长提案如下：《省地方农事试验场设置造林事务所经费预算案》、《浙江省立第四苗圃追加十三年度临时费预算案》、《浙江省立棉种试验场附设传习生议案》、《省立原蚕种制造场追加十一年度修筑围墙临时费案》、《省立原蚕种制造场修养蚕室追加十三年度临时费案》、《浙江省立女子蚕业讲习所拟请各县增送女子并展长学年案》、《浙江外海渔业局拟定职权事项规则草案》、《制造水产品模范工厂请追认十一年度风灾修复费案》、《改良磁业传习工场请追加十一年度临时修理添置各费案》、《旧温属改良制糖厂请追认十一年度修理添置各费案》、《旧台属改良制糖厂追认十一年度购置费案》、《旧台属改良制糖厂请追认十二年度修理被灾修理费案》、《旧金属改良制糖厂追加十一年度修缮购置费案》、《追加造纸工场十一年度预算建筑费案》、《制造水产品模范工厂为八年度经常费第一项第二目不足以同项第一目节入流用请追认案》、《追认改良手工造纸工场十二年度被水冲毁工程修筑费案》、《追认改良手工造纸工场传习工场事十二年度被风吹倒房屋墙垣建复费案》、《民国十年度省地方岁出入决算书》、《浙江省道经费保存支付规则案》、《省道局追认十年度添置器具经费案》、《修筑省道筹备处追认十年度决算书》、《省会工程局造林试行办法及经费预算案》、《省会工程局十四年度临时费预算书》、《浙江省省道局章程修筑案》、《浙江省修筑省道收用土地条例案》、《修正浙江修筑省道施工条例案》、《浙江省官商合办省道汽车条例案》、《省立三仓办理平糶追认十年度临时岁出入预算书》、《派赴日本实业实习生费额改为派赴欧美学额经费案》、《减少留日学生名额移增留欧美学额经费案》、《修正派遣留学日本实业练习生规程案》、《省立第一师范学校追认十一年度毒案善后经费案》、《省立蚕业学校附设补习科改办蚕业讲习科案》、《拨还新昌县茧捐附加税案》、《公立图书馆分馆因马路经过追加十三年度拆造经费案》、《省立各学校校舍因灾损坏追认十一年度临时修理费案》、《省立甲种农业学校追认十一年度漏列七月分兽医医科经费案》、《省立甲种商业学校追认十年度拆换教室架梁工料费案》、《省立甲种水产学校追认十年度风灾修理费案》、《私立慧兴女子中学增加补助费案》、《吴兴县立女子师范学校增加补助费案》、《省立产科学校追加十四年度经常费案》、《省立产科学校开办经费不足追加十四年度临时费案》、《追认九年度留学日本学生逾额经费案》、《追认十一年度留美学生出国川资案》、《公立法政专门学校追认十一年度附设商科临时费案》、《省立甲种农业学校追认十一年度兽医科日本教员回国川资案》、《省立甲种农业学校追认十年度修筑夏季作业场及走廊经费案》、《省立甲种蚕业学校因马路建筑拆改分校校舍追认十年度临时费案》、《公立工业专门学校追认十一年度因风灾修理墙岸经费案》、《公立工业专门学校追认十一年度改筑石桥临时费案》、《浙江警备队增加各营哨兵哨长月薪案》、《浙江警备队增加正副兵月饷案》、《浙江警备队增加什兵衣履费案》、《公立法政专门学校追认十一年度修筑校路费案》、《公立工业专门学校追认九年度漏列教员修金及房租案》、《公立工业专门学校追加十三年度三年期工科教员修金及实习消耗费案》、《省立甲种森林学校追认十一年度校舍修理费案》、《省立甲种森林学校追认十一年度七八两月林场经费案》、《省立甲种水产学校追认九年度因灾修理费案》、《省立甲种水产学校追认十一年度因灾校舍修理费案》、《公立医药专门学校追认九年度房屋租案》、《公立医药专门学校追认九年度临时费案》、《省立第二师范学校追认十年度因灾校舍修理费案》、《省立第五师范学校追认十年度风灾损坏校舍修理费案》、《省立第十师范学校追认八年度火灾修理费案》、《省立第三中学校追认十年度因灾校舍修理费案》、《省立第三中学校追认十四年度因军事损失临时费案》、《省立第四中学追认十年度因灾校舍修理费案》、《省立第七中学校追加十三年度校舍修理费案》、《省立第十中学校认追十年度临时费案》、《决选浙江地方银行监事理事》、《省立第八师范学校追认十年度装置电灯案》、《省立第二师范学校追加十一年度膳厅及厨房修理费案》、《省立第一师范学校追认十一年度建筑附属小学第三部校舍经费并移用购地费案》、《十四年度兴筑省道岁出入预算案、十四年度省地方岁出入预算书》、《省立改良磁业传习工场追加修建磁窑经费案》、《修正施行新学制省立各校改组办法案》、《浙江省小学教师待遇规程案》、《省立第一中学校追认十年度建筑不敷经费案》、《修正浙江省立中等学校校长任用规程案》、《修正省立女子蚕业讲习所案》、《省立第十中学校校舍因灾毁损追认十一年度临时修理费案》、《筹设省立通俗教育馆案》、《追加大有利电器公司官股股本案》、《修正浙江省派遣留学生规程并派遣留外专门研究员规程案》、《省城三仓办理平粜追加十一年度岁出入决算书》。在这届议会中，省长提出议案 88 个，涉及经济、实业的 23 个，涉及教育文化的 51 个，涉及交通事业的 9 个，涉及警备的 3 个，涉及渔业的 1 个，涉及造林的 1 个。

从以上选取的议案来看，省长提案涉及政治、经济、文化等各方面，财税类议案始终是首要关心的议题，每次省长都有大量的此类议决案，且提案数始终位于第一位。第一届省议会百废俱兴，万端待理，所讨论的议案多是重要法律案，涉及行政、司法、立法方面的根本制度。到了第二、第三届省议会时，具体施政方面的议案才逐渐增多。早期议会提案更多地涉及整个地方制度的构建。到了后期，尤其是第二届的后期和第三届，议案的大部分是有关经费的追加。浙江省议会每年议案虽然数量在不断的增加，但是增加的主要是各种追加经费和预算的提案，尤其是在第二届和第三届议会，这类涉及经费、预算类议案的数量超过了非经费、预算、结算提案数量。

以下是对于各界议会，省长提案中涉及经费预算、与非经费预算议案的对比①

		非经费、预算、结算提案	涉及追加经费、预算、结算提案	省长提案总数
民国浙江省第一届议会1913—1918	浙江省第一届第二年第二次临时会	18	5	23
民国浙江省第二届议会1918—1921	浙江省议会民国八年第二次常年会	12	29	41
	浙江省议会民国九年第一次临时会	18	26	44
	浙江省民国九年常年会	15	47	62
	浙江省议会民国十年第一次临时会	24	38	62
民国浙江省第三届议会1921—1926	浙江省议会民国十年常年会	28	53	81
	浙江省议会民国十一年第一次临时会议	7	45	53
	浙江省议会民国十一年第二次临时会	10	46	56
	浙江省议会民国十三年第一、二次临时会	33	63	96
	浙江省议会民国十四年第一、二次临时会	25	74	99
	浙江省议会民国十四年常年会	14	74	88

① 表格的资料来源于浙江省图书馆古籍部现存的《浙江省议会第一届常年会议事录》、《浙江省议会第一届第二年第二次临时会议事录》、《浙江省议会第二届第一年第一次临时会议事录》、《浙江省议会民国八年第二次常年会议事录》、《浙江省议会民国九年常年会议事录》《浙江省民国九年第一次临时会议事录》、《浙江省议会民国十年常年会议事录》、《浙江省议会民国十年第一次临时会议事录》、《浙江省议会民国十一年第一次临时会议事录》、《浙江省议会民国十一年第二次临时会议事录》、《浙江省议会民国十三年第一、二次临时会议事录》、《浙江省议会民国十四年常年会议事录》、《浙江省议会民国十四年第一、二次临时会议事录》。

省长提出的议案往往来自下属机构的建议，例如民国七年，省长根据省教育厅的呈请，提出了《模范讲演所及优良小学教员奖励金议案》。①

浙江省长公署咨省议会据教育厅拟呈模范讲演所及优良小学教员奖励金议案请议决由

浙江省长公署为咨行事，案据教育厅呈称，查本年度内教育厅行政事项如模范讲演所之设立，教员奖励金之筹备，均属要图。节经逐项研究妥为规划，拟定办法，缮具议案。所需经费已分别编列预算，底案另案呈核。理合将议案呈合鉴核等情，并服议案到署。据此复核无异，除将另呈预算册汇案咨送外，相应连同议案备文咨请

贵议会查照议决施行此咨

浙江省议会

计咨送议案二件

省长齐耀珊

中华民国七年四月二十三日

三　议员提案

（一）议员总况

民国浙江省议会期间，议员提出了大量的议案，这与议员的参政素养是分不开的。浙江省议员整体年轻化，许多接受过新式教育，一些是新闻从业人员，不少议员深受西方资本主义思想文化的影响。

浙江光复后，军政府不设民意机关，其布政措施缺乏监督，召集临时会议就被急迫地提上了议事日程。汤寿潜要求各府于 1911 年 12 月 10 日以前速举代表到省组织临时议会。但因时间匆忙，十一府实际选出代表 38 人。议员最大 49 岁，最小 24 岁，平均年龄 36 岁。不少议员接受过新式教育，在已确知学历的 19 人中，6 人具有传统功名，13 人具有新式学历（其中 10 人曾留学日本、3 人毕业于省内外的新式学堂）。当选议员中，其中从事教育者 8 人，有 6 人为各类法政学校教师。议员中有报纸主

① 参见《浙江省长公署咨省议会据教育厅拟呈模范讲演所及优良小学教员奖励金议案请议决由》，《浙江公报》1918 年第 2191 号。

笔或经理。有6人曾担任咨议局议员或参与筹办咨议局，或是预备立宪公会会员。议员中有《新浙江潮》经理和主笔。从政治身份看，有16人是光复会或同盟会会员。另有一些议员虽非革命党人，但曾参加了浙江各地的光复，属于革命派。①

1913年2月18日，浙江省第一届议会召开。议员们大都年富力强，很多毕业于法政专业，对运用民主程序颇为熟练。议会内国民党、共和党两党相互对峙，使得浙省议会在形式上具备西方议会制度的基本特征。在第一届省议会中共有152位议员，对于确知学历的有31人，具有传统功名的14人，具有新式学历的17人（其中5人兼具传统功名），留学日本者居多。从事教育者有18人，有8名为公立法政学校教师，议员中有新闻从业者，包括《之江日报》、《良言报》、《台州日报》的主笔，《彗星报》的主笔和经理，《两浙日报》的经理。议员中有29人曾担任过咨议局、众议院、临时议会的议员，具有丰富的议会经验。议员的年龄背景，在已知年龄的144位议员中，最小26岁，最大60岁，平均年龄为37.5岁。议员总体上存在着年轻化。40岁以下的议员共94人，占61.9%。50岁以上的议员由咨议局的30.7%减少到4.6%。在已知的议员的党派背景，议会中国民党议员114人，共和党议员28人，公民激进党1人，无党派议员5人。国民党在议会中占有绝对优势。②

第二届和第三届议会选民调查登记严重失实，产生了诸多的违法舞弊。例如杭州海宁、嘉兴桐乡、湖州吴兴三县第二届时的选民数分别为39800人、8523人、84329人，第三届时分别猛增207439人、36180人、379928人。③ 一些县的选民人数甚至超过了人口数。如果说第二届选举的最大问题是浮报滥冒等造假猖獗，那么第三届选举，又增加了有组织地抵制、破坏选举的新情况。第三届选举时，正值联省自治运动，省宪的实行即意味着旧式省议会的结束，于是省宪派与省选派展开斗争。尽管存在着诸多的问题，但是议员还是最终选举出来，并行使了他们的权力。第二届

① 参见沈晓敏：《处常与求变：清末民初的浙江咨议局和省议会》，三联书店2005年版，第432—433页。

② 同上书，第434—440页。

③ 《第一二三复选区分配省议会选举初选当选人名额表》，《第三届省议员选举分配第一二三复选区初选当事人名额表》，《浙江公报》1918年第2243－2245、3271号。

省议员有 152 名，在已知年龄的 52 位议员中，平均年龄为 39.1 岁。已知学历的，议员中有 15 人具有新式学历，有 2 人具有传统功名。议员中 32 人曾经出任过咨议局、临时议会或省议会议员，占全部议员的五分之一以上，有议会经验的议员越来越多。第三届议员有 162 名，已知年龄的 161 人中，平均年龄 38.9 岁，较第一届增长 1.4 岁，比第二届减少 0.2 岁。已知学历的，有 16 人具有新式学历，有 2 人具有传统功名。议员中分别有 38 人曾经出任过咨议局、临时议会或省议会议员。以上数据说明，第二、第三届省议员的学历背景与年龄结构较第一届并无显著变化。但与第一届相比，第二、第三经营报刊的议员大幅增加，议员以律师、记者、教师等新旧知识分子为主。经营报刊和兼职律师的议员在议会中最为活跃，是各派议员的领袖或骨干，最具影响力。①“报馆经理或主笔，类多戴有省议员之头衔，其在省外各属者，虽多非由省议员经办，而多数亦在其议员势力支配之下……经理主笔之属省议员者，几逾半数，省城各报，则尤所在多是……其势力自民元以迄民十五，相承未替，而尤以民八至民十三卢永祥离浙之数年为尤鼎盛。”②

（二）议员提案

浙江省临时议会，一共召开三次会议③，至少通过了 129 件议决案④。浙江省临时议会，一共只有议员 38 人，议员的提案数量并不是很多。浙江省第一届议会共召开 6 次会议⑤，1913 年 2 月 18 日，浙江省第一届第一次常年会召开。浙江省第一届议会，由于准备时间仓促，《选举法》规

① 参见沈晓敏：《处常与求变：清末民初的浙江咨议局和省议会》，三联书店 2005 年版，第 221 页。

② 项士元：《浙江新闻史》，杭州《之江日报》发行，民国十九年铅印本，第 8、67、81 页。

③ 这三次会议包括：1911 年 12 月 20 日召开的浙江省临时议会第一次会议，1912 年 4 月 1 日召开的浙江省临时议会第二次会议，1912 年 11 月 8 日召开的浙江省临时会议第三次会议。

④ 数据统计来源：《浙江省临时议会议决案》、《中华民国元年浙江省第二次临时议会议决案》、《浙江省临时议会第三次开会议决案》，其中第二届临时议会的议决案仅有上中编，不见下编。

⑤ 这六次会议，即 1913 年 2 月 18 日至 5 月 18 日的浙江省第一届第一次常年会，1913 年 6 月 10 日至 7 月 9 日的第一年第一次临时会。1914 年，袁世凯下令解散省议会。1916 年 9 月 4 日，浙江省议会正式恢复，是为第一届第二年常年会，至 11 月 3 日结束。1916 年 12 月 2 日至 12 月 31 日，第二年第一次临时会召开。1917 年 4 月 1 日，第二年第二次临时会召开，至 5 月 1 日结束。1918 年 4 月 24 日，第三年常年会召开至 6 月 17 日结束。

定选举的准备时间为九个月，因国会参议员等着省议会去选举，故第一届省议员选举准备时间不足三个月。由于议员们没有充分的时间准备议案，成立后又把主要精力放在与中央政府的斗争上，对省内事务反而不够投入，所以议员提出的议案较少。在袁世凯解散国会和省议会之前，浙江省第一届议会召开了一次常年会和临时会。1914 年，袁世凯下令解散省议会。1916 年浙江省议会恢复，1916 年 9 月 4 日，召开第一届第二年常年会。第二届议会共召开 6 次会议①，议员的提案总体略高于省长提案。以现存资料看，民国八年第二次常年会，议员提案 59 件，省长提案 41 件，议员提案占全部的 53%。民国九年常年会议员提案 66 件，省长提案 62 件，议员提案占全部的 42%。民国九年第一次临时会，议员议案 38 件，省长提案 44 件。议员提案占总提案的 38%。1921 年 10 月 5 日，浙江省第三届议会召开。此后，议员提案大大减少，民国十年常年会省长提案 81 件，议员提案 38 件，议员提案占总提案的 28%。到了民国十四年常年会，议员提案 88 件，议员提案 10 件，议员提案占总提案的 10%。民国十四年第一、第二次临时会，议员提案 99 件，议员提案 9 件，议员提案占总提案只有 8%，到了已有记录的最低点。

与浙江省临时议会相比，浙江省议会由于受《议会暂行法》规定的议事权限的限制，再也没有像临时议会那样对政体等根本制度做出规定的议决案。但其议案对咨议局和临时议会的议案有某种继承性。例如《修浚浙西水利案》、《南田立县案》、《钱江义渡改良跳板办法案》等议案，都是咨议局或临时议会的议决案，由于没有得到很好的执行或情况有了变化，遂重新提出于省正式议会。议员提出的立法议案主要关系地方事务、实业发展和教育等。浙江省议会期间，议员作为民意的代表提出的议案大都属于实业振兴、教育、水利等关乎地方社会经济发展的议案。尽管议员的提案，大多最后没有议决通过，但是这丝毫不能改变当时浙江省议会议员积极参政，关心地方各项事业发展的热心。这些可以选取各界议会中的议员提案中可以看出。例如浙江省议会第一届常年会议员提出议案：《疏

① 第二届议会召开 6 次会议。1918 年 10 月 20 日，第二届省议会成立，第二届第一年常年会召开。1919 年 4 月 28 日，民国八年第一次临时会召开（以后的会议都是以民国某年命名）。1919 年 10 月 29 日，民国八年常年会召开。1920 年 5 月 17 日，民国九年第一次临时会召开。1920 年 10 月 28 日，民国九年常年会召开。1921 年 5 月 16 日，民国十年第一次临时会召开。

浚浙西水利案》、《筹办贫民习艺所案》；民国十一年第一次临时会议员提出议案：《编辑浙江单行法令类纂案》、《废娼条例案》、《筹设浙江蚕务局案》、《整顿货物认捐案》、《筹设省立通俗教育讲演所案》；民国八年第二次常年会议员提出议案：《建设浙江大学案》、《免除家酿酒捐建议案》、《筹设公立工业专门学校案》、《请推广工业教育案》、《筹设工业试验所案》、《筹设吴越大学案》、《筹办浙江女子医学讲习所案》、《清理西湖案》、《浙江办理灾歉西湖案》、《设立西湖名胜保存会案》、《建造房屋章程》、《暂行取缔茧行案》、《选派省立各校教员赴西洋考察案》；浙江民国九年常年会议员提出议案：《恢复地方各级自治决议案》、《浙江省暂行县自治单行法议案》、《试办浙江省会市政公所议案》、《设立县市政公所议案》、《拟设浙江省立五金模范工场议案》、《取缔医生营业规则案》等。民国九年第一次临时会议员提出议案：《提议省立各学校特待生案》、《奖励茧业条例案》、《振兴实业案》、《筹设浙江省立女子家政讲习所案》、《筹设浙江古物保管事务所案》；民国十年常年会议员提出议案：《浙江地方实业银行收归省办案》、《户口登记暂行条例案》、《筹办杭州大学大纲》、《培养师资案》、《整顿小学教育案》；民国十年第一次临时会议员提出议案：《拟将本省省立各学校酌量改组以资实用案》、《浙江分道设立贫女工场案》、《浙江省各县公立医院案》、《倡办机器造纸厂案》、《浙江省派遣出洋留学生细则》、《拟设浙西改良棉种试验场案》；民国十一年第二次临时会议员提出议案：《拟浙江省儿童保障条例案》；民国十三年第一、第二次临时会议员提出议案：《拟办浙江商号登录局案》、《提议奖励浙江造林案》、《筹设省立模范造林场案》等。

具体以第一届议会常年会提出的《筹办贫民习艺所案》为例。贫民习艺所源于晚清的工艺局。1901 年年底，光绪帝鉴于“京师游民实多，以教工为收养，实于生计有益”，下令京师内外城各设工艺局一区，专门收教游民，以期“工有所劝，民有所养”[①]。之后，许多地方政府开始兴建了工艺院。民国以后，中央政府也认识到贫民习艺所有利于慈善和实业。1913 年 5 月工商总长刘揆一发布了《各地普设贫民工场事宜令》，同

---

① 刘锦藻编：《清朝续文献通考》卷三百八十三，浙江古籍出版社 2000 年版，第 11301 页。

年工商部颁布了《设立地方贫民习艺所案》。基于这样的背景，浙江都督通令各县筹办，但是举办者寥寥。为了明确这项事业属于当务之急，于是在1913年的浙江省第一届第一次常年会时期，议员王兆基等提出筹办贫民习艺所案。希望以此来推行贫民习艺所。在提案的理由中，议员指出了浙江举办贫民习艺所的意义：

> 近年以来物价昂贵，生计日艰，小民无谋生之路。弱者转于沟壑，黠者流为盗。苟不为之，图谋生计必难。保地方之治安，故筹办贫民习艺所以消纳困苦。无业之人授以手艺，俾赡身家则不独。萑苻籍以消弭而工作之品得渐改良，亦足以稍挽权利。且设立一种救贫事业，使贫民可免饥寒得以自立，必可节救贫之经费。目前最要之举，无过于此。[①]

四　人民请愿提案

除了省长提案和议员提案外，浙江省议会几乎每届都有人民请愿案。人民请愿案包括团体请愿案和公民请愿案。团体和公民向省议会提出议案，说明了民众对省议会充满了期望信任 。从现存的浙江省议会议事录的记载，人民请愿案在提案总数中占的比例非常少。历届省议会的人民请愿案从1件到28件不等，通常占全部提案的4%—10%，并且历次议会的人民请愿案的数量呈下降趋势。第一届省议会的人民请愿案稍有成绩，但第二、第三届省议会 请愿案非常少，并且绝大多数的请愿案根本未予象征性的讨论就遭到废弃。[②] 根据现存的浙江省议会议事录的记载，人民请愿案最多的一次是浙江省第一届第二年第二次临时会，提案总数78件，人民请愿案为23件，占到了提案总数的近三分之一。而相比之下，浙江省议会民国十四年第一、第二次临时会的提案中竟然没有一件人民请愿案。

根据现存的浙江省议会议事录的记载，民国前期浙江省议会经由人民

① 浙江省议会编：《浙江省议会第一届常年会议事录》，第73页。

② 参见沈晓敏：《处常与求变：清末民初的浙江咨议局和省议会》，三联书店2005年版，第283页。

请愿提出的议案主要如下：

第一届第二年第二次临时会时期人民请愿议案共有 23 件，包括高延年提案的《规定武烈王祀典事件》、兰溪县商会提案的《变通布杂捐票效用期间事件》、李金奎等提案的《免缴永嘉育婴堂涂田买价事件》、金华兰溪衢县三商会的提案《规复元年土产药材捐率修正事件》、吴守澄提案的《撤销衢县双港口巡船事件》、蔡元培等提案的《补助浙江旅沪竞雄女校经费请愿事件》、虞尚德提案的《修改茶叶捐章程请愿事件》、邵炳文等提案的《请免加丝捐内附加浙西水利经费请愿事件》、吴兴商会提案的《核减湖绉捐率请愿事件》、金溶熙等提案的《请恢复元年绸缎捐请愿事件》、姚祖模等提案的《修正浙江推收户粮规则请愿事件》、方英等提案的《请愿补助嘉兴女子师范学校经费请愿事件》、杨奎明等提案的《请给北洋大学浙籍学生请愿事件》、张廷黻等提案的《免缴百斤以下家酿公卖费请愿事件》、孙锵提案的《西湖设立王阳明先生祠请愿事件》、陈讼言提案的《请禁旧温属酒捐浮征请愿事件》、王猷提案的《省立实业各校编辑杂志或浅说请愿事件》、王庆生提案的《永嘉户折照式编造请愿事件》、省农会提案的《补助浙江省农会经费请愿事件》、胡演元等提案的《补助瑞安县立中学校经费请愿事件》、楼封锡提案的《补助永康县立中学校经费请愿事件》、张嗣恩提案的《筹设道立乙种农业学校请愿事件》、王雪怀提案的《张田附祀王渔夫附祀阵亡将士祀请愿事件》。

浙江省议会民国八年第二次常年会时期，人民请愿议案共有 12 件，包括毛蒙正提案的《陈请维持民食案》和《陈请取消本会警察案》、章箴提案的《陈请取消浙江先祠案》、吴文苑提案的《陈请津贴留学费追加预算案》、何颂华提案的《陈请取消呈请书加贴印花税银案》、张宗文提案的《陈请补助赴法勤工俭学旅费案》、许文绥提案的《陈请补助留法勤工俭学案》、方一仁提案的《陈请津贴赴法留学学旅费案》、陆启提案的《陈请办理三仓平糶案》、牟永庚提案的《陈请草帽辫模范工厂传习所案》、张天祚提案的《陈请补助青年团经费案》、卢章耀提案的《陈请津贴留法勤工俭学旅费案》。

浙江省议会民国九年第一次临时会时期，人民请愿议案共有 16 件，包括徐自华提案的《陈请保存鉴湖女侠专祠恢复原状案》、费隐提案的《津贴私立行素女子中学校案》、吴文苑提案的《陈请酌给留学北京中国大学津贴费案》、杨继章提案的《陈请补助赴法留学案》、陈训正提案的《陈请将宁波工业学校该归省立或增给补助案》、秦枬提案的《陈请筹办改良浙江糖业案》、张宗文提案的《陈请补助付法勤工俭学旅费案》、毛蒙正提案的《陈请缓筑环湖马路案》、童保俊提案的《陈请酌给旅京陆军军官学校津贴费案》、张群提案的《陈请创设浙江省立丝织模范工场案》、朱云光提案的《陈请津贴留学北京大学学费案》、阮性存提案的《请支给留日原定国币案》、方一仁提案的《陈请补助赴法勤工俭学旅费暨常年津贴费案》、陶崇廉提案的《陈请将嘉兴地丁附加税数目依照部令限度酌改或修正浙省地丁征收方法案》、高岳钟提案的《陈请取缔闽盐入浙案》、朱福清提案的《陈请笔款补助嘉兴育婴堂案》。

浙江省议会民国九年常年会时期，人民请愿议案共有 25 件，包括许炳堃提案的《陈请补助省教育会临时经费案》、杨文耀提案的《陈请补助北洋大学浙籍学生学费案》、毛蒙正提案的《陈请预筹民食案》、省教育会提案的《陈请拟改学校团体公文数式案》、全浙教育联合会提案的《陈请酌拨省税推广义务教育案》、王骏声提案的《陈请补助留日官费生书籍费案》、朱福清提案的《陈请补助嘉兴育婴堂经费案》、陈训正提案的《陈请将宁波工业学校改归省立案》、兰溪商会提案的《陈请议决停征疏浚桐江上游航路附税案》、郑松如提案的《陈请修正木捐捐率案》、袁民方提案的《陈请将浙江私立贫女习艺所改归省立案》、邵章提案的《陈请推广浙江蚕业案》、陈正提案的《陈请酌给留学南通纺织专门学校津贴费案》、褚寿康提案的《陈请将私立惠兴女子中学改归省立案》、胡品第提案的《呈请咨行整顿吏治案》、包耀圻提案的《陈请酌给留学直隶公立农业专门专门学校津贴费案》、韩清泉提案的《陈请追加公立医药专门学校九年度预算案》、徐贤焯、叶鼎、黄福墀分别提案的《陈请补助赴法勤工俭学旅费案》、徐耀庭提案的《陈请修筑羊市至江干马路案》、钱季平提案的《陈请整顿惠民病院》、黄强提案的《陈请拨款补助利达手工改良造纸传习所案》、叶三多提案的《陈请补助赴法勤工俭学学费案》、陈炎提案的《陈请防止三门湾流弊案》、潘钟俊提案的《陈请拨款补助景宁县疏筑城区河堤案》、蔡咸章提案的《陈请酌给留学北京中国大学津贴费案》。

浙江省议会民国十年第一次临时会时期，人民请愿议案共 14 件。包括：海宁县商会提案的《陈请提议江浙二省汽车路经过海宁县城案》、省教育会提案的《陈请补助修理费案》、留日学生联合会提案的《陈请增给留日学旅费案》、黄佩德提案的《陈请提议停办本省塘工奖券并严禁他省奖券行销来浙案》、王衷海提案的《陈请提员户籍登记案》、蚕丝会提案的《陈请推广浙江蚕业案》、海门商会提案的《陈请拨款补助振市公司案》、赵云崧提案的《陈请议咨撤销禁止开通牛子汇新港案》、许金标提案的《陈请拨借天台达昌制糖厂公款案》、费隐提案的《陈请津贴私立行素女子中学校经费案》、褚寿康提案的《陈请将私立惠兴女子中学校改归省立或拨给补助费案》、陈均提案的《陈请提议规复绍兴禹王春秋祭典案》、张伦官和蔡咸章分别提案的《陈请酌给留学国立北京大学津贴费案》、叶三多和钟焜分别提案的《陈请补助留法勤工俭学学费案》。

浙江省议会民国十年常年会时期，人民请愿议案共有 18 件，包括：褚寿康提案的《陈请改惠兴女校为省立或拨助经费案》、沈清钊提案的《留日官费生请加给补助费案》、钱峻提案的《实行户籍登记案》、叶三多提案的《补助留法勤工俭学学生学膳费案》、费隐提案的《陈请津贴行素女校购置费案》、谢德铭提案的《追加旧温属甲种商校补助费案》、陈复初提案的《陈请改良粮食运输办法案》、颜曦提案的《陈请将温岭松门河头统捐分局移设北门案》、钟景楚提案的《陈请停免零酿生酒捐案》、端木彬提案的《陈请拨款兴复贤祠案》、李锡齐提案的《省宪法总投票办法案》、来福成提案的《筹筑江墅马路案》、来福成提案的《查禁体刑案》、郑松如提案的《陈请更定木捐案》、章镇南提案的《海门禁米改归海葭保卫团兼办种种窒碍请咨省署收回成命案》、胡品第提案的《请撤消浙江省参事会案》、姚寅恭提案的《请补助旅顺工科学校学生经费案》、姜维贤提案的《陈请通过杭州大学案》。

浙江省议会民国十一年第一次临时会议时期，人民请愿议案共有 9 件，包括：张景龙提案的《陈请公决公立法校校长事件案》、宋崇厚提案的《陈请主持公立法政学校事件》、徐自华提案的《陈请维持原案恢复鉴湖女侠专祠事件》、郑松提案的《陈请修正木捐捐率事件》、周凤岐提案的《陈请援例补助浙江体育师范学校经费事件》、黄龙骧提案的《陈请补助南通纺织专门学校浙籍学生书籍费案》、郑文提案的《陈请补助浙江留日官费生学费事件》、鄂兼善提案的《陈请拨款补助实业丛报社常年经费或完全收归官办事件》、赵骥提案的《陈请拨借省款扩充东阳大生瓷业工厂事件》。

浙江省议会民国十一年第二次临时会时期，人民请愿议案共有 4 件，包括：方悌提案的《陈请增加省农会补助事件》、赵骥提案的《陈请拨借省款扩充东阳大生瓷业工厂事件》、周凤岐提案的《陈请援例津贴浙江体育师范学校经费事件》、陈云扉提案的《陈请议决省立甲种商业学校修理费案》。

浙江省议会民国十三年第一、第二次临时会时期，人民请愿议案共有 5 件，包括：洪陆东提案的《陈请拨给山西大学浙籍学生津贴事件》、郎庆详和林镜铭分别提案的《陈请禁止柴炭出口事件》、蔡勋提案的《陈请酌拨货物附加税补助公益费事件》、范琦提案的《陈请拨给省立女子中学校暨附属小学幼稚园校舍建筑费津贴》、徐钧溪提案的《陈请增加浙江留日官费生学费事件》。

浙江省议会民国十四年常年会时期，人民请愿议案共有 4 件，包括：速记林殿章提案的《本会速记函请临时薪金改常年支给事件》、赵鸿儒提案的《补助兰溪商会私立职业学校经费案》、褚寿康提案的《撤换法政学校校长案》、王一成提案的《修正浙江省补助学校经费规程案》。

从上述人民请愿案来看，人民请愿提案的事项绝大多数是有关民生，如教育、税收、实业、农业、交通等，其中有关教育的请愿案最多，其主要内容涉及的是申请教育费用的补助，这反映当时的民众对于教育的关注度以及当时省级教育经费不足的现状。请愿案绝大多数由民众提出，这些民众中不乏地方社会知名人士，“如历届议会中颇具影响力的议员任凤冈 、阮性存、杜棣华、祝绍箕、何绍韩、郑迈、张韬、林茂修、顾绍钧、丁仁等是律师公会会员，并因其通晓法律而成为议会内的中坚。”①社会团体请愿案主要是各地商会提出。如第一届省议会曾议决通过《浙江省茧行条例案》，放宽对茧行设置的限制，把每 50 里改为每 20 里可设一行。民国八年临时会时，应蚕农的请求，省议会议决通过了《废除浙江省茧行条例案》，对茧行的设置不再限制，实行完全开放。杭总商会联络苏州、南京总商会共同向浙江军民两长及省议会施压。省议会被迫作出让步，把

① 沈晓敏：《处常与求变：清末民初的浙江咨议局和省议会》，三联书店 2005 年版，第 284 页。

浙江蚕业最发达的杭、嘉、湖三属及绍兴、萧山、诸暨三县的开放时间展缓三年。[①]

第二节　议案的审议过程

1911年12月10日，浙江省临时议会召开，临时议会的议事规则依据的是《浙江省临时议会议事细则》、《浙江省临时议会议员互选细则》、《浙江省临时议会议会办事处办事细则》、《浙江省临时议会旁听规则》。浙江省正式议会召开后，于1913年颁布了《浙江省议会暂行议事规则》，以规范浙江省议会的议事过程。

一　初读会

对于列入议事日程的议案，首先进行的是初读。初读会朗诵议案的标题后，民政长或政务委员及发议者需要说明议案的旨趣。以浙江省议会第一届常年会的《浙江省织物整理模范工厂案》为例。

> 第一次会议日时，四月十四日下午一时二十分至三时。
>
> 一读会
>
> 众议员先后出席会议。浙江省织物整理模范工厂案先由政务委员说明理由。
>
> 政务委员说明理由如下：
>
> 中国蚕桑导源最古，数千余年，仅知守成，鲜有进步。曩者无兴竞争，故步自封尚无大损。海禁既开，外人竭力殚精，各出技巧，染织物品输入日多。及今不图，十年以后，中国之货将无顾之人。吾浙绸业素称发达，近年为外货侵夺，几有一落千丈之势。虽有一二私立工厂，原料之重，身份之厚，未始不足。与泰西缎、东洋缎相衡，而外观不能有耀，究不足抵制外货。此无他，织成以后，不知整理方法，更无机械整理。此实一大原因也。吾浙织物所谓整理仅有上浆、上轴、研光三种，其器具甚劣，工作不精，故难言进步。近年东西各

① 参见《浙议会开放茧行案之争潮》，《申报》1919年12月13—14日。

国发明各种整理机械，运转灵敏，织成之物少者经数次工程，多者经数十次工程，而后方可发售。机械繁多，方法变化，因物利用，各适其宜。惟此种整理机械非用汽车及电力发动不可，需资浩大，决非私家工厂所能为力。吾浙苟能发斯巨愿，创办织物整理模范工厂以指导。之所谓工欲善其事，必先利其器。不独吾浙丝织物得以从速改良，并可为毛织物之先导。爰条举设立浙江织物整理模范工厂办法及算法如左。[①]（以下法律草案、预算说明书略）

二　审查委员会审查

初读会结束后如果议会认为可以成为议案的，需要交付审查委员会审查。反之，经初读认为议案不成立的，该议案就此废弃。在浙江省临时议会时期，《浙江省临时议会议事规则》规定设置审查员，审查员分为 5 股，其中法律审查股审查员 16 人，财政审查股审查员 15 人，庶政兴革审查股审查员 11 人，建议审查股审查员 5 人。因为当时中央政府尚未成立，所以浙江省议会通过了一些有关属于中央职权的议案。所以当时还有第五股，专门用于审查军政外交及其他特种事件。在正式议会时期，《浙江省议会暂行议事规则》设置常务审查员和特务审查员。常务审查股共有 4 股：法律审查股、财政审查股、庶政兴革审查股和建议审查股。法律审查股审查员 27 人，财政审查股审查员 31 人，庶政兴革审查股审查员 31 人，建议审查股审查员 13 人。常务审查股设置审查长及副审查长各 1 人。审查长、副审查长、审查员由议员互选产生，特务审查员审查特种事件，人数无定。

法律审查股负责审查本省单行章程及权利存废事件。对于法律案的审查内容包括：全部性质的审查、逐条旨趣的审查、增删改当否的审查。财政审查股负责审查有关地丁、厘税、杂捐、盐课、公债、预算、决算的议案。庶政革兴股负责审查的议案包括：学务、警务、实业、工程、路况、自治、水利等。如为独立一种应兴或应革之事件，就对全案是否适当进行审查。如果有兴革事件划分数部的议案而各部中有事件不一者，应当逐一审查。建议审查股是对人民建议的议案进行审查。对于人民的建议，书记

---

① 浙江省议会编：《浙江省议会第一届常年会会议事录》，第 18—19 页。

应当记名建议者的姓名、籍贯、年龄、住所、职业并盖印圆章。法定团体之建议书须盖用钤记并由代表人署名盖章。建议书须由一名议员介绍之书介绍议员之姓名与表面但是法定团体不在此限。建议书如有下列情形，议会不得受理：一是干预司法审判；二是没有按照法定的形式提出。

当然，审查委员会的审查事项的界限并不是绝对的，如果议员对于议案交付有审查组不同意见的，最后还必须由议员表决。例如1916年9月11日，召开第一届议会第二年常年会（第一届议会解散后复会）的第六次常年会，当天到会议员84人。沈定一议长首先报告议事日程。先议追认各校优异生减免学费及津贴膳杂费办法。由政务委员说明理由。陈钟祺质问此种单行条例是否为法律案可以追认。林卓质问此鼓励将来有如何之效果。委员逐一答复。而胡炳旒、方赞修、余寿堃对于此案意见应提交会议，不能追认。何绍干以此案追认似乎不合，然议会解散之后已无交议之处，现交议会追认未可遂尔反对。张廷霖起而反对言，此案自应成立，唯办法不统一，应当修正。众赞成，遂付审查。唯时有主张付法律股者，有付庶政股者，又有主张付法律股、庶政股两股联合审查者。议长付表决，赞成付庶政股者四十五人，占多数。最后该议案则交付庶政股审查。[①]

对于一些已经通过审查委员会审查的议案，由于议员对于审查股意见的不一致，一些议案会被重新审查。第一届议会第二年 常会召开的第十次常会，到会者102人。议会的第三项议题是筹办商品陈列馆及附设劝工场案。审查长说明本案不成立之理由后，经政务委员出席答辩后。王兆基发言称本案极关重要，如能照办，使人得观摩之益。以资仿造，其影响力于实业，极非浅显。盛邦彦说明商品陈列馆与西湖市场极有关系，利益有二：（甲）各县习艺所所出品类藉此陈列可以觇成绩之高下，（乙）西湖为之外人士游览之场，商品陈列可以唤起一般人之实业心及竞争心。王庆对于审查报告之理由认为极不充分，浙江工业较前已经进步，此种进步当然由提倡而来。至第一陈列所办法不良系人的问题非事的问题。何绍伟发言中以中国自抵制日货风潮后，国货亦日益精进，但于商标广告两项，太不讲究，致国货与外货无从判断。有陈列所为之分类陈列，使人一望了然，易于识别。但官办总靠不住，似以官商合办为宜。张宗峄主张再付审

① 参见《浙议会常会纪》（六），《民国日报》1916年9月14日。

查，众无异议。[①]

审查会由审查长主持，审查会不在议会会议中开。开审时，议员禁止旁听审查会。但是关于审查事件议员或民政长及政务委员有陈述意见者，经审查长允许可到会发言。审查会审查时必须审查员出席过半数，表决时以多数表决的方式。表决同数时，由审查长决定。除议长认为秘密者外，凡审查会之报告必须印刷配付各议员。审查委员会审查完毕后，如果对于议案有加以修正时，当具有修正案说明理由同报告书提出于议长。以浙江省议会第一届常年会的议案“筹设浙江省织物整理模范工厂案”为例。第一次常会中，召开一读会，政务员说明提出议案的理由后，经各议员相互讨论，反对者以为：“整理二字不足骇人。织物之改良且外货样色俱优，非仅整理光亮可谋抵制。赞成者咸谓社会心理日趋新奇，整理织物能使光彩鲜丽，是为改良要着。表决赞成本案成立者计七十九人，多数。[②] 于是议案交付庶政股审查。第二次常会中，庶政股提出审查会报告，对于议案提出了多处修改，修改之处都在报告中附加了理由。庶政股提出审查报告书中将第一条修改为：本工厂先办理丝织、棉织、麻织等织物，整理事宜以谋织物之改良。俟办有成效查看地方情形添置机器，扩充整理毛织之一部。”[③] 对于第一条的修正，庶政股出具了理由：“整理毛织物需置缩绒机、洗绒机、幅张干燥机、起毛机、剪毛机、轴上光机、铁轴上光机、蒸汽发光机、电气发光机等机器。现在吾浙毛织物甚少，故从缓办。”[④]

三　二读会和三读会

审查委员会的报告出来后，议会将对审查报告进行大体讨论，以决议是否开二读会。凡议决不续再读的，议案则作废。二读会应当自初读会完毕后，最快在第三日举行。但是议长也可以咨询议会后，缩短间隔时间或与初读日同时进行。二读会时，将议案逐条提出。二读会时，议员提出修正议案的动议，这些动议需要提前提出于议长。审查委员会报告中的修正

① 参见《浙议会常会纪》（十），《民国日报》1916 年 9 月 18 日。

② 浙江省议会编：《浙江省议会第一届常年会议事录》，第 23 页。

③ 原提出的议案中对于第一条是这样规定的：事业之规定。织物整理模范工厂办理丝织、毛织、棉织、麻织等织物整理事宜以谋织物之改良。

④ 浙江省议会编：《浙江省议会第一届常年会议事录》，第 23 页。

案无论是否赞成，即成为动议。当然议长也可以变更逐条讨论的顺序，或连合数条或分割一条付之讨论。

二读会结束后，议会将议案托付审查委员会整理修正议决之条项及文句。三读会应当自二读会完毕之日起算，最快须于第三日举行，但是议长也可以咨询议会后减短时日或与二读日同时进行。三读会除了更正文字外，不得做任何修正。但是发现议案中有互相窒碍或与现行法律相抵触的除外。

三读会结束后，对于一个议案的审议就结束了。归纳而言，议案审议的整个流程如下：首先是提出动议，经过初读会后，统一称为议案，或是直接打消。初读后，所有议案要交付审查委员会进行审查，经过审查委员会的审查后，议会就开始二读，二读审查后，决定议案废弃，或二读通过。二读通过的议案，如果议会决议不召开三读会，则成为议决案。决议需要三读的案件，待三读通过后成为议决案。

以下是民国八年十一月二十六日，《浙江省贫儿院章程》的二读会过程：

时间：民国八年十一月二十六日下午

议员张鸿材请开二读会，众无异议。

主席宣告开二读会。

秘书长朗诵标题浙江省贫儿院章程草案。

有议员提出删除草案二字，通过。

读第一条，

议员讨论，

有议员提出标题加上浙江二字，通过。

读第二条，

有议员提出删（使身心发展品格完善，注重个别指导）十五字，通过。

读第三条，

议员讨论，

有议员提出本院经费由省税支出但得收受乐捐，通过。

有议员提出第三条后另添（前项之乐捐应列入决算）十字，众赞成。

读第四条，

有议员提出（部颁小学令）五字改为高等小学校令国民小学校令，通过。

第五条酿制预算下加一（时）字。

读第六条，

议员发言讨论，

主席咨询王议员爰斯主张年龄以八岁至十三岁为限，三字改（五）字，众无异议。

读七条至十条，通过。

读第十一条，

有议员提出删（即令）二字亦（令）字改得字，通过。

读第十二条，

有议员二人主张删除，

主席宣告删除第十二条，十三条改为第十二条，

读第十二条，

议员讨论，

人数不足，延会。

时间：民国八年十一月二十七日下午

秘书长读第十二条，

议员讨论，

主席咨询本条照叶议员亘东修正第一项全部二字改一字（校）字第二项（全部）二字删，众无异议，通过。

读第十三条，

有议员提出第二、第三项（设）字均删，众赞同。

有议员提出该院即有院长主持事务，第二项院监应删。

议员先后发言。

主席宣告讨论终止，付表决，赞成删除者起立。

七十八人，起立者三十四人，少数，本案照原案。

读第十四条，通过。

读第十五条，

有议员主张删除，

有议员反对，仅主张删（第一）二字，众无异议，通过。

读第十六条，通过。

主席宣告本案二读完，全通过。

主席宣告本案托付法律股整理后再行三读会。[①]

四　议案的表决和公布

浙江省临时议会时期和正式议会时期的议会对于议案的表决程序大致相同。《浙江省临时议会议事规则》的第九十一条至第九十六条，规定了临时省议会表决的程序。《浙江省议会暂行议事细则》的第一百零九条至第一百十七条，规定了正式省议会表决的程序。

以《浙江省议会暂行细则》为例，对于议案的表决程序如下：表决时议长须宣告应行表决之问题。表决时，议长应令以为可者起立，检查起立者之多寡，宣告可否之结果。其结果如认为可疑或议员提起异议的，应令以为否定的议员起立反证之。如果仍有异议，有十人[②]以上之赞成，议长则不用起立之方法，而以记名投票表决。议长认为必要时或有议员十人[③]以上之要求时，亦得不用起立之方法，使以记名或无记名投票表决之。记名投票时，以问题为可之，议员记名于白色票，以问题为否之，议员记名于青色，顺席次投入投票匦内。无记名投票时，依前条用纸，顺席次投票同时将名次投入投刺匦。进行投票表决时，应关闭议场禁止出入。投票结束后，议长宣告结束。议员不得请变更自己的表决。对于表决的人数要求，浙江省临时议会第一次会议通过的《浙江省临时议会议会法》第十六条规定，凡议会非有议员过半数到会，不得开会议。第十七条规定，凡议会以到会过半数之所决为准，可否同数则取决于议长。《浙江省议会法》对此与《浙江省临时议会议会法》的规定相同。1913 年，中央颁布的《暂行议会法》，对于表决的人数要求也与上述相同。

---

① 浙江省议会编：《浙江省议会民国八年第二次常年会议事录》，第 42—47 页。

② 《浙江省临时议会议事规则》第九十三条规定是议员 5 人。

③ 同上。

以1916年浙江省议会第一届第二年常年会讨论“各校优异生减免学费及津贴杂膳费办法案”的表决过程为例：

> 省议会昨日开第十次常会，到会者102人。议长报告议事日程……（三）规定各校优异生减免学费及津贴杂膳费办法案……何绍韩则云本案应从根本打消，大致谓补助经费谓为补助校费则可，补助学费则不可。至奖励学生自有正当奖励之法，不必以金钱为奖励。且照此办法，每年须费洋十余万元，殊可不必。秦炳汉起言：“何君十万元之数根据何项调查。何请教政务委员说明。委员答复每年约九千元。何君之数大约以全省计。”秦炳汉云：“减免学费等办法原属奖励学生，但不得谓之为金钱奖励。金钱奖励云者系指直接以金钱为给付者而言。若津贴学费系为多数贫寒子弟造就成材之用。窃以为万不可少。”议长付表决，不赞成者起立，起立者50人（时到会人数101人），少数。有异议，再付反证表决，起立者47人。有异议，再为有记名之投票，表决开票时，蓝票52，白票49，遂打消。①

对于议会通过的议案，由民政长（或省长）公布施行，其效力及于全省。在浙江省临时议会期间，当民政长对议案有异议，最终的决定权在于议会。浙江省临时议会第一次会议通过的《浙江省临时议会议会法》第八条和之后的《浙江省议会法》第十四条规定，省议会议决案咨报都督后，如都督有异议时，得提出异议书，于七日内提出议会再议。如议会对于前项议案，经到会三分之二以上议员仍执前议时，都督仍应公布议案。1913年的《浙江省议会暂行议事细则》第一百十八条规定，议会表决按咨报民政长后，如民政长有异议时得为异议书，于七日内提出于议会，如经到会议员三分之二以上仍执前议而民政长仍有异议时，得由议会或民政长将议案送国会核议。可见根据《浙江省议会暂行议事细则》对于都督有异议的议决案，最终的决定权不在于议会。1913年通过的《省议会暂行法》第三十七条规定，省议会之议决事件省行政长官应于十日内公布。《省议会暂行法》第三十八条规定，省议会之议决，省行政长官

① 《浙议会常会》（十），《民国日报》1916年9月18日。

如不以为然时，应于五日声明理由，咨交复议，如有出席议员三分之二以上仍执前议时，省行政长官应于十日内公布。省议会之议决，省行政长官如认为违法时，得咨省议会撤销之。如省议会不服，其撤销时得提起诉讼于平政院。前条诉讼于平政院未成立之时，最高法院受理之。可见，根据1913年的《省议会暂行法》，必须是省行政长官认为议决之事有违法的，可以向北京的最高法院或平政院提起诉讼。

所以，在浙江省正式议会期间，根据《议会暂行法》，省议会通过议案后，民政长若只是不以为然，可以提请议会复议，但议会若仍执前议，民政长得照案公布。但是，如果都督与议会的关系并不好。议会对于都督的复议通常都予以否决。例如在都督朱瑞任期召开的常年会和临时会期间，所有朱瑞要求复议的案件全被议会以法定多数否决，维持原议。依法朱瑞须将议决案公布施行，但实际上朱瑞以议决案不在省议会议事范围之内、省议会无权议决为由，将议案提交中央察核，借中央政府打压省议会，从而达到取消议决案的目的。《议会暂行法》既没有明确规定行政长官可以提请中央政府取消地方议会的议决案，也没有规定国会可以纠正地方行政长官的决定，故国会经常保持沉默。例如南田立县案，南田是位于东海三门湾东边的一个岛屿，紧邻象山县的昌石镇、奠南乡，清末在南田设抚民厅。浙江省临时议会第一次会议议决的《浙江省地方官制》规定各旧府厅州一律设县，南田因此设县。浙江省临时议会第二次会议时，都督蒋尊簋又要求议会将象山县所辖的昌石镇、奠南乡划归新设的南田县，议会议决同意。但因反对者甚众，浙江省临时议会第三次会议又议决南田废县改设岛司，昌石、奠南仍归象山县。此议决公布后，不同意见迭起。正式省议会成立后，都督朱瑞向议会提议，要求维持原状，即南田立县，昌石、奠南割归南田。但省议会认为昌石、奠南“既为象山原有区域，历史上自有不能分割之势”[①]，为维持治安和开发南田，议决南田设县，昌石、奠南仍归象山县。朱瑞不以为然，咨请议会复议，议会仍执原议，依法朱瑞须照案执行，但朱瑞因不满此议决，电请国务院察核。国务院认为昌、奠并割属于变更行政区域，应由国会议决，浙议会有关南田立县议

---

① 浙江省议会编：《本会咨催公布南田改县昌奠仍归象辖案文》，《浙江省议会第一届常年会文牍》上编，第4页。

案应予取消。引起了省议会的强烈不满。议员秦炳汉等质问朱瑞：“此案由民政长咨送本会付议，则本会对此案有议决权已为贵民政长所承认……未付议之前，并未电请国务院察核示遵，乃于议决案公布之后，忽电请国务院察核示遵，置议会于何地……如以国务院一电即可取消本会已议决公布之议案，则本会之权能全失，法案之信用何存。”① 省议会还咨照国会，重申把昌、奠割归象山的理由：“以象山之地归诸象山，不仅保全固有区域，而分割之弊可扫除，南田县治仍建南田，不独可以垦田殖民，而寄居之民亦得藉资安集。”② 省议会请求国会支持省议会的议决案，但国会不为所动，议决案最终没有得到公布和实施。

第三节　议会立法程序中的其他问题

一　议员对议案的讨论

在议案的议事过程中，诸多环节需要议员的讨论，包括在初读阶段是否动议列为议案并交付审查委员会的审议，对审查委员会的审查的意见。在二读会阶段中的逐条审查，以及在三读会中对于议案文意的讨论。《浙江省议会暂行议事细则》第四章议事中的第三节讨论，从第八十五条到第一百条对于议员如何在议场开展对议案的讨论予以规范。

对于议事日程所载的议题，发言者在议会开始之前，应预先将姓名通告书记员，并注明反对或赞成的字样。书记员应当依据通告的顺序记入发言表并报告议长。议长在讨论开始时，依据发言表使反对者首先发言，然后使赞成者与反对者交互发言。未通告之议员非于已通告的议员发言完毕，不得请发言。未通告而欲发言者起立呼议长并告自己之姓名、席次，待议长许可使得发言。二人以上同时起立请发言时，议长认先起立者指使发言。同时起立，议长依其席次指定之。凡发言须登演坛，但极简短之发言及承议长许可不在此限。民政长或政务委员当于其席起立发言，但有议长之要求须登演坛。讨论不得涉于议题之外。议员不得于同一议题发言至

---

① 浙江省议会编：《秦炳汉质问书》，《浙江省议会第一届第一次临时会议员质问书》，第35—36页。

② 浙江省议会编：《民政长取消本会议决南提案立县昌石奠南仍归象山案》，《浙江省议会第一届第一次临时会议决案》，第14—15页。

二次，但质疑应答或唤起注意不在此限。审查长或报告者为辨明报告之旨趣可以数次发言。民政长或政务委员及发议者、动议者为辨明议案及发议动议之旨趣，可以数次发言。议长参与讨论时，应当退就议员席，使副议长临议长席。讨论终局由议长宣告。发言虽未全数完毕，若议员提出讨论终局之动议，有十人以上之赞成时，议长应当咨询本会决定之。

在民国前期的浙江省议会开会期间，议员经常讨论激烈，例如以下：

> 浙江省议会于二十二日开十五次常会……（六）处理萧山湘湖案（以上审查报告）……由一百三十二席报告审查结果。由会咨复省长饬县交乡自治联合妥议筹办。一百四十一席发言，若此案由九乡自治会处理，则此云应垦，此云应濬，争端不息，必永无解决之一日。兴利除弊，议会之责。不如由本会以适当公允之法决定之，以息其争。并谓此案外间颇有双方运动之说，尤应审慎出之。一百二十五席起立发言，运动二字实属不忍闻听，请议长注意应调查此说从何而来。一百三十二席起立言议会对于议案非赞成即反对。可以指赞成者受运动，亦何不可指反对者为受运动。此案审查结果系受大会公决之意旨，并无成见云云。各席对于运动一说质问不已。后由一百四十一席声明所谓运动者并非只本会而言，不应于议会中言之，愿即取消。接续讨论本案词旨要，各执议，无结果。最后由六十八席发言谓，湖税既由九乡人民担负，非官荒可知。官厅不能标卖即九乡人民亦应以湘湖水利关系生命财产，缓照前案，永远禁止开垦。咨复省长，查照赞成此说者颇多。议长付表决，赞成禁止者起立，起立者六十七人，通过。①

二　议案的通过率

二读会之后，接着就是进入议案的审查阶段，不同的议案在审查阶段有着不同的结果。由于议会开会时间有限，而所提交的议案又多，所以，每日开会都有许多没有完成日程中预先安排的议题。浙江省议会开会时，通常是从每日下午 1 点 30 分开始到 5 点结束。在短短的几个工作小时里，

① 《浙议会常会记》（十五），《民国日报》1916 年 9 月 24 日。

所能议决的事项很少。经常出现因为人数不够无法表决，导致延会。这样，每日的任务完不成，也就导致了到议会闭会的时候，大量的议案没有经过表决，只能留存到下一届议会。所以就出现，在连续两届议会中出现同样的议题。例如，1920 年 11 月 16 日，浙江省议会民国九年常年会开始开议提案。下午 1 点 30 分开始开会。共九项议题，当日只完成议决 3 项。当日省长交议 6 项[①]，议员提出 3 项[②]。当讨论到省长提案的第四项《浙江改良棉种试验场追加八年度岁出预算案》时，秘书长已朗诵议题，政务委员宋镜寰说明本案旨趣，议员马义新等 11 人先后发言讨论，但是因不足法定人数请延会，主席宣告延会，散会时间是下午 4 点 10 分。[③]第二日，11 月 7 日（星期三）下午 1 点 20 分开议，第二日的议程包括需要继续完成前一日没有完成的议题以及当日新增加的议题共 12 项，即包括前一日尚未完成的 4 项议题，还要完成当日新增的议题 8 项。最后实际只完成一半议案，即 6 项议题。当日省长交议 10 项议题[④]，议员提出议题 2 项[⑤]。当讨论到省长交议论的第 7 项议题《省立各苗圃附设造林场议案》，秘书长朗诵议案后，议员清点人数，发现人数不够，只能延会，议会结束是在下午 4 点 15 分。[⑥]

因此，几乎每届议会都没有完成所有的议案，或是没有经过一读、二

① 列入当日日程，拟讨论决议的省长提案为 6 项：《浙江省中华民国九年度地方岁出预算书复议案》、《追认六年度烟酒附税运汇贴现各费案》、《武林铁工厂息借官款议案》、《浙江改良棉种试验场追加八年度岁出预算案》、《筹办贫民习艺所案修正草案》、《留学欧美及日本经费于九年度起拟照原预算额以国币核给案》。

② 列入当日日程，拟讨论决议的议员提为 3 项：《限制各县准备经用途单行法规》、《取消所得税条例建议案》、《议员费锡龄辞职事件》。

③ 详见浙江省议会编：《民国九年浙江省议会常年会第 1 号议事录》，《民国九年浙江省议会常年会议事录》，第 13 页。

④ 列入当日日程，拟讨论决议的省长提案为 10 项：《浙江改良棉种试验场追加八年度岁出预算案》、《筹办贫民习艺所案修正草案》、《留学欧美及日本经费于九年度起拟照原预算额以国币核给》、《限制各县准备经用途单行法规》、《取消所得税条例建议案》、《议员费锡龄辞职事件》、《省立各苗圃付设造林场议案》、《省立贫儿院章程草案》、《设立王阳明先生祠经费不敷案》、《追加省城三仓办理平粜八年度临时经费案》。

⑤ 列入当日日程，拟讨论决议的议员提议为 2 项：《贫民习艺所修正案》和《取消所得税案》。

⑥ 详见浙江省议会编：《浙江省议会民国九年常年会议事录第 1 号》，《浙江省议会民国九年常年会议事录》，第 13 页。

读，或是一些需要交付法律股、庶政股或财政股事先审查的却没有完成审查。在第一届第二年第二次临时会时，提出立法议案没有最后议决的立法议案 2 件。到了第二届民国九年常年会，提出立法议案有 97 个立法议案没有得到议决。尤其是越到后期，大量的议案没有完成，如民国十四年常年会，提出立法议案 103 个，有 47 个议案未完成议决。

由于没有及时被议决，所以一些议案只能是在下一届议会再次提出，一些议案甚至到了下一届，仍然是没有轮上讨论议决。例如民国九年常年会，省长提案的《省立甲种农业学校追加八年度临时费修造夏季作业场及走廊案》，未经初读，到了民国九年第一次临时会时，再次被省长提出，虽然通过了初读，财政股也审查报告，但最后还是没有议决。民国九年常年会，省长提案《省立第十师范学校追加八年度修理费案》，通过了初读，财政股也审查报告，最后没有议决，到了民国九年第一次临时会时还是同样的结果，该议案再次被省长提出，最后虽然是通过了初读，财政股也审查报告，最后还是没有议决。

历届议会议案经过一览表①

		未经初读	经初读后议决作废	审查股未审查或审查后议会打消（废弃）议案	二读或三读通过议案	审查股审查后议会未议决议案	其他未议决议案	法律案总数总计
民国浙江省第一届议会 1913—1918	浙江省第一届第二年第二次临时会	0	38	18	24	0		80

① 表格的资料来源于浙江省图书馆古籍部现存的《浙江省议会第一届常年会议事录》、《浙江省议会第一届第二年第二次临时会议事录》、《浙江省议会第二届第一年第一次临时会议事录》、《浙江省议会民国八年第二次常年会议事录》、《浙江省议会民国九年常年会议事录》、《浙江省民国九年第一次临时会议事录》、《浙江省议会民国十年常年会议事录》、《浙江省议会民国十年第一次临时会议事录》、《浙江省议会民国十一年第一次临时会议事录》、《浙江省议会民国十一年第二次临时会议事录》、《浙江省议会民国十三年第一、二次临时会议事录》、《浙江省议会民国十四常年会议事录》、《浙江省议会民国十四年第一、二次临时会议事录》。

续表

		未经初读	经初读后议决作废	审查股未审查或审查后议会打消（废弃）议案	二读或三读通过议案	审查股审查后议会未议决议案	其他未议决议案	法律案总数总计
民国省第二届议会1918—1921	浙江省议会民国八年第二次常年会	15	24	10	10	51	2①	112
	浙江省议会民国九年第一次临时会	12	13	3	15	47	2②	92
	浙江省民国九年常年会	60	21	0	24	39	8③	152
民国浙江省第三届议会1921—1926	浙江省议会民国十年第一次临时会	36	6	0		24	34	100
	浙江省议会民国十年常年会	35	32	2	33	34	1④	137
	浙江省议会民国十一年第一次临时会	59	4	0	1	25		89
	浙江省议会民国十一年第二次临时会	59	4	0	8	10	1⑤	82

① 一议案是付财政股并入决算案内；一议案是认为系内部办事手续。

② 无法打消1项，撤回议案1项。

③ 一议案备文咨照无复议理由，四议案撤回提案，两议案公决电至中央否认，一议案付法律股后审查并案报告。

④ 该议案被撤回。

⑤ 该议案提案后，未举行任何后续程序。

续表

		未经初读	经初读后议决作废	审查股未审查或审查后议会打消（废弃）议案	二读或三读通过议案	审查股审查后议会未议决议案	其他未议决议案	法律案总数总计
民国浙江省第三届议会1921—1926	浙江省议会民国十三年第一、二次临时会	93	1	0	11	5	1①	111
	浙江省议会民国十四年第一、二次临时会	76	5	3	4	18	2②	108
	浙江省议会民国十四常年会	26	22	3	29	22	2③	104

三　议案的修改

民国前期处于快速社会变革期，所以浙江省议会的立法频繁修改，尤其是在临时议会期间。1911 年，浙江省临时议会第一次议会通过的议案主要是关于政权建立的基本制度，共 44 项议决案。1912 年，浙江省临时议会第二次会议的议决案中，有 10 项为修正案，而议决案总数也就只有 33 项。

普通的法律议案的立法过程前文已经阐述。对于议案修正的程序，在《浙江省临时议会暂行议事细则》第八十五条至第九十条，《浙江省议会暂行议事细则》第一百零八条予以规定，内容基本相同。《浙江省议会暂行议事细则》规定，有发修正议案之动议者，须有十人以上之赞成，具草案提出于议长。议员提出之修正案与审查会提出修正案，其表决顺序以

① 该议案是经初读，但是未议决是否交付审查股审查。

② 一议案并入预算，一议案提案后，未举行任何后续程序。

③ 同上。

属于议员者为先。同一议题而提出数个修正案时，由议长定表决顺序。其顺序以最远于原案者为先。已成立之修正动议非经议会之许可不得撤回。修正案已被否决时，当就原案取决之。修正案及原案皆不得过半数之赞成，议会议决为不得作废时，得使常务或特务审查员另草是案付之会议。议员发修正之动议及提出修正案，以在再读会中之议案为限。

民国前期，浙江省议会议决的各项立法的修正案主要有：浙江省临时议会第二次会议议决的《浙江省修正城镇乡地方自治章程并城镇乡地方自治选举章程》、《修正浙江省临时议会议会法》、《修正浙江省都督府官制》、《修正浙江省法官考试暂行法》、《修正浙江省官俸暂行法》、《修正浙江省议会议员选举法》、《修正浙江省议会议员额数分配表》、《修正浙江省县自治章程并县议会议员选举章程》、《修正浙江省法院编制法》、《修正浙江省地丁征收法》、《修正浙江省统捐暂行法》、《修正浙江省实行禁绝鸦片法》；浙江省临时议会第三次会议议决的《修正浙江省县自治章程》、《修正浙江省城镇乡地方自治章程》、《修正浙江省法院编制法》、《修正浙江省统捐暂行法》、《修正浙江省特别规定捐率》、《修正浙江省统捐局设立地点表》、《修正浙江省地丁滞纳处分暂行法》、《修正浙江省暂行不动产登记法》、《修正浙江省审判暂行章程》；浙江省议会第一届常年会议决的《修正浙江省暂行不动产登记案》、《修正浙江省暂行不动产登记法实施细则》、《修正浙江省地丁滞纳处分暂行法》《修正浙江省筹划小学经费案》；浙江省议会第一届第一次临时会议议决的《选送学生入医学专门学校修正案》；浙江省议会第一届第二年常年会议决的《修正地丁滞纳处分暂行法第二条案》；第一届第二年第一次临时会议决的《修正浙江省地丁滞纳处分暂行条例》、《修正浙江省抵补金滞纳处分暂行条例》、《修正浙江省立中等学校校长任用规则》、《修正浙江省派遣留学生规程》；浙江省议会第一届第二年第二次临时议决的《修正浙江省推收户粮规则》、《筹办贫民习艺所案修正案》；浙江省议会第一届第二年第二次临时会议决的《修正浙江省推收户粮规则》、《筹办贫民习艺所案修正案》；浙江省议会第二届第一年常年会议决的《外海取缔船舶规则修正案》；浙江省议会民国九年第一次临时会议决的《筑省道计划修正案》；浙江省议会民国九年常年会议决的《修改贫民习艺所办法案》、《修浚浙西水利议事会修正案》、《修正浙江警备队编制暂行章程》；浙江省议会民国十年常年会议决的《浙江修筑省道奖励修正条例》、《浙江修筑省道募捐修正条例》；浙江省议会民国十三年常年会议决的《浙江修筑省道计划修正案》、《浙江省自治法会议组织法修正案》。

民国前期，浙江省议会立法修改的主要原因是社会环境发生了变化。以《浙江省筹划小学经费案》为例，1912 年浙江省临时议会第二次会议议决《浙江省筹划小学经费案》，其中第三条规定各项公益捐原充学费者照旧征收。1913 年，浙江省议会第一届常年会修改了《筹划小学经费案》，其中第三条修改为：各项公益捐原充学款者照旧征收，其向未征收有案者经自治会议决呈由主管官厅核准。其理由是因为光复后社会稳定，财政紧张开始缓解："光复之初，以维持现状为急。故原案仅规定原充学款者照旧征收。现在地方秩序恢复既久。如平阳之议，抽取烟酒捐充女学经费。温属旅余商民之议，推广茶捐充旅学经费，均经先后呈请立案前来。可知各地方咸知教育之重要，无不积极以图进行，故宜宽予限制以为酌量扩充地步。"[①]修改的理由还包括原条文的不完善、不严谨。例如原来的《筹划小学经费案》第四条规定：各县县税（以地丁征收法第二条规定之县税为限）参酌本县收入多寡划定兴办各县小学及补助小学经费（至少须于上项县税内划定三分之一专充是项经费）。修改后第四条规定：各县县税（以本省地丁征收法第二条规定之县税为限）参酌本县收入多寡，至少须划定十分之四充兴办小学及补助小学教育经费。其修改理由是因为原来议案规定的条款不明确，益滋纠纷："原案规定至少三分之一，嗣根据平湖县议会议提十分之四、杭县及桐乡县议会议题十分之五，均经各该知事呈请核示前来。前都督蒋曾有暂以三分之一为限，俟下届议会开会时再行付议之命令。虽原案规定至少之数。原许各属以自由斟酌之余地。但未明定限制。转滋争执。故兹拟规定前数。"[②] 此外，还有一些是因为中央立法的变化而导致修改省议会的立法。

① 浙江省议会编：《第一届常年会议事录》，第 9 页。

② 同上。

第五章　民国前期浙江省议会立法的内容（上）

第一节　地方议会组织法

有关国家机构组织的立法主要集中于临时议会时期。浙江省临时议会在全国尚未统一，在省各自为政的情况下，以极快的速度通过了大量有关议决案，但是临时议会作为一个地方立法机关，实际上已对政体、省制、官制等作出了规定，行使了国会的职能。此固然是出于巩固政权的需要，但拥有如此巨大的职权和广泛的议事权限，这使得在地方与中央的立法职权上产生矛盾。到北洋政府时期，中央对地方国家机构的组织立法有较多的规定，浙江省议会在这方面的立法就比较少了。关于地方议会组织立法，由于在本书的其他部分已有部分涉及。所以，这里只是主要梳理和概括前后变迁和主要内容。

一　临时省议会时期

辛亥革命时期，各省设立的临时立法机关颇不一致。浙江省临时议会制定了本省有关议会的立法。1912 年 9 月以后，北洋政府陆续颁布各种有关法规；1913 年年初，各省先后依法成立新的省议会。“二次革命”失败，袁世凯下令解散省议会，浙江省议会于 1913 年 2 月 28 日被解散。袁世凯死后，国会恢复，省议会也奉命重新集会。由此，浙江省的议会组织立法主要分为临时议会时期和正式议会时期。临时议会时期的议会组织立法是由临时议会制定，而正式议会时期的省议会的组织立法是由北洋政府所制定的，后者则不在本书讨论的范围。

在浙江省临时议会正式开议前，临时议会紧急制定了《浙江省临时议会议会法》、《浙江省临时议会议事细则》、《浙江省临时议会议员互选细则》、《浙江省临时议会议会办事处办事细则》、《浙江省临时议会旁听规则》等，对议会的法律地位、职权、产生、议事、解散、旁听等重要事项做出了规定。尤其《浙江省临时议会议会法》、《浙江省临时议会议事细则》对议会的运作做了详细的规定。之后召开的各次临时议会中，浙江省临时议会通过的有关地方议会的立法主要有：《中华民国浙江省约法》、《浙江省约法实施法》、《浙江省议会法》、《浙江省议会议员选举法》、《浙江省议会议员数额分配表》等。

《浙江省临时议会议会法》是在临时议会尚未召开之前由临时议会紧急制定的。《浙江省临时议会议会法》共分七章，总计三十条。第一章总则，第二章权限，第三章会议，第四章任期及辞职，第五章罚则，第六章办事处，第七章经费。主要内容如下：

1. 浙江省临时议会为本省临时立法机关，由各府所举议员组织之。临时议会议员额定44人，每府选出4人。临时议会设议长1名，副议长1名，由议员用无记名投票方式互选，以得票过半数以上多者当选。

2. 议会的职权。议会议决以下事项：本省根本法及其他法律；本省预算及决算；本省税法及公债；本省对外契约之缔结或继续；本省权利及存废事件；本省义务之负担或增加事件；本省法律上属于议会权限之内事件或都督交议事件；公断和解本省县议会争执事件。临时会议开会时，都督或派主管各部将本省行政事件到会报告已往之情形及宣布未来之方针，并答复议员质问。申复都督咨询事件、收受本省自治会或人民陈请建议事件。

3. 都督对议决案的执行。临时议会议决案咨请都督公布实施。临时议会议决案如都督有异议，得于一星期内提出异议书。对于都督的复议书，若议员三分之二以上同意仍执前议，都督仍需要公布实施。

4. 临时议会的召开。临时议会由都督召集，会期30日。会议意外遇有紧急事件经都督之要求或议员十名以上之联名陈请，由议长召集特别会议。议会开会须有过半数以上议员到会，可否同数取决于议长。议会以到会议员过半数之所决为准。会议时都督及各部部长或所派之行政委员得到会陈述意见，但不列议决之数。议员于议会时所发言论，对于议会以外不负责任。议员除现行犯罪外，于会期内非得议会承诺不得逮捕。

《浙江省临时议会议事细则》对议会的议事过程予以了详细的规定，

《浙江省临时议会议事细则》共九章，一百四十八条。第一章会议散会延会中止及休憩。第二章审查，规定了议案审查委员会的组建及其对议案的审查程序。第三章议事日程，规定议事日程由议长定之；议事日程所载之顺序先临时中央议会，次本省都督提出案及咨询事件，次议会自行提出议案，次地方自治争议事件，次人民陈请建议案。第四章议事，议事包括动议、读会、讨论、修正、表决。第五章议事录及速记录。第六章缺席请假及辞职。第七章警察及秩序。第八章停会闭会。第九章附则。正式会议时期的《浙江省议会议事暂行细则》与《浙江省临时议会议事细则》相比几乎没有很大的变化。所以，《浙江省临时议会议事细则》是整个民国前期省议会召开的程序的基调。①

浙江省临时议会第一次会议通过的《中华民国浙江省约法》对临时议会进行了明确的规定，其中的第四章第二十六条至第三十八条规定了议会的职权、议会的组成、议会的各项职权、议会的会期、议员的言论豁免权等。此外浙江省临时议会又通过了《浙江省议会法》、《浙江省议会选举法》、《浙江省议会议员数额分配表》、《县议会议员选举章程》，使得浙江地方议会顺利运行。

《浙江省议会法》与《浙江省临时议会议会法》比较，前者主要是增加了有关议会对行政官员的监督、议员的选举资格等。《浙江省议会法》第六条规定议员对于都督认为失政或违法时，有议员四分之三以上出席及四分之三以上议决得提出不信任书于都督。第十七条规定本省行政司法人员如有纳贿及违法等事，议会得弹劾之。第十八条规定议会议员有十人以上署名得提出质问书于都督。《浙江省议会法》第二章规定了省议会议员定额 120 人，其数额以人口之比例为标准，但每县至少选出议员 1 人。凡有本国国籍之人民具下列资格者有选举权：(1)本省男子年满 20 周岁以上；(2)住居本省三年以上者；(3)有正当职业；(4)识文字者。凡是有本国国籍之男子住居本省逾 5 年以上年满 25 周岁得享有被选举权。凡有下列之一的不得有选举权及被选举权：(1)剥夺公权及停止公权；(2)失财产之信用被人控实尚未清结者；(3)曾宣告徒刑以上未复权者；(4)有精神病者。下列人等停止其选举权和被选举权：(1)现任行政司法官吏；

① 《浙江省议会暂行议事细则》的内容在第四章中已有阐述，本章就不再赘述。

(2)现役海陆军人；(3)现充警务人员；(4)各学堂学生；(5)僧道及宗教师。第三章规定了议长及副议长。省议会设议长一人、副议长一人。议长维持议场秩序整理会议事务，对于外部为议会之代表。此外，《浙江省议会法》对一些内容进行更详细和明确的规定。例如对于议员的任期规定为三年。议会的法定会期每年二次，以四月一日至五月末，十月一日至十一月末。

《浙江省议会选举法》共九十二条，第一章总则。第二章选举区域，明确议员选举以复选举行之，初选举及复选举均以县为区域。第三章办理选举人员，初选复选均应设投票管理员、开票管理员及监察员，由知事委任。第四章初选举，共分十一节，包括：(1)投票区；(2)初选人名册；(3)当选人额数；(4)选举告示；(5)投票所；(6)投票纸、投票簿及投票柜；(7)投票方法；(8)开票所；(9)检票方法；(10)当选票额；(11)当选知会及执照。第六章复选举。第七章选举变更，共分三节：(1)选举无效；(2)当选无效；(3)改选及补选。第八章选举诉讼。第九章罚则。第十章附则。

二　正式省议会时期

北洋政府成立后，出台了规范各省省议会的有关法规，1912 年 9 月 4 日公布《省议会议员选举法》，1912 年 9 月 25 日公布《各省第一届省议会议员名额表》，1912 年 10 月 2 日公布《省议会议员选举法施行细则》和《省议会议员复选区表》，1913 年 4 月 2 日公布《省议会暂行法》。浙江省原有的规定就不再适用。《省议会暂行法》、《省议会议员选举法》等中央立法与《浙江省议会法》的不同之处有：

1. 议员选举条件。《省议会议员选举法》对于享有选举权的条件与《浙江省议会法》有不同的规定。根据《省议会议员选举法》的规定，须年满三十一岁以上的中国男子，在编制选民册以前已在选举区内居住两年以上，并有下列资格之一的，方可投票：(1)年纳直接税两元以上；(2)价值五百元以上的不动产；(3)小学以上毕业。被选举人的资格除了满足选举人资格外还须年满二十五岁以上。在丧失选举权和被选举权的条件中《省议会议员选举法》增加了吸食鸦片。对于停止选举权和被选举权的条件，《省议会议员选举法》增加了 (1)小学教员；(2)承揽省内各项工程者及工程公司的办事人；（3）在本选举区内的办理选举人员（除监察员外）。

2. 省议会职权。《省议会暂行法》缩限了《浙江省议会法》赋予浙江省议会的权力。《浙江省议会法》规定议会的职权包括：议决本省根本法及其他法律；本省对外契约缔结或继续；本省权利及存废事件；本省义务之负担或增加事件；本省法律上属于议会权限之内事件或都督交议事件；公断和解本省县议会争执事件。这些职权在《省议会暂行法》中没有体现。《省议会暂行法》将省议会议决法律称之为本省单行条例，省议会议决的本省单行条例、省税及使用费规费之征收、本省财政及营造物之管理方法，不能与中央的法律命令相冲突。《浙江省议会法》规定省议会对于都督有失政或违法时须有议员四分之三以上出席及四分之三以上议决即可提出不信任案。《议会暂行法》规定本省行政长官的弹劾除了需要出席的三分之二以上议员同意外，还须由内务总长提交国务院会议承办之。

3. 议决案公布时间。《省议会暂行法》第三十七条规定省议会的议决事件，省行政长官应于十日内公布，而《浙江省议会法》对于省行政长官公布没有时间上的明确。

4. 对省议会的议决时间。省行政主管有异议的，提出议决的时间。《浙江省议会法》第十四条规定：省议会议决案咨报都督后，如都督有异议时，得提出异议书，于七日内提出议会再议。《省议会暂行法》第三十八条规定：省议会之议决事件，省行政长官如不以为然时，应于五日内声明理由，咨交复议。

5. 议员的名额。《浙江省议会法》规定了省议会议员定额 120 人。1912 年 9 月 25 日公布的《各省第一届省议会议员名额表》，规定第一届浙江省议会议员的名额为 125 人。

第二节　地方行政机关组织法

地方行政机构组织立法主要是关于行政机关的设置、职权、职责、运行程序等的法律规范，其中职权、职责的规范内容是省级国家机关组织法规范的核心。地方行政组织法的立法主要集中于浙江省临时议会时期，原因是当时整个国家初建，中央还没有规定有关各行政机关的组织法。到了北洋政府时期，尤其是《划一令》等有关地方行政组织立法出台后，浙江省议会制定的行政组织立法与中央立法有冲突的部分就相应失去效力了。

浙江省临时议会议决的行政组织法主要有：《浙江省都督选举法》、《浙江省各司官制》、《浙江省地方官制》、《浙江省官制施行法》、《浙江省文官考试暂行法》、《浙江省文官任用暂行法》、《浙江省职官等级表》、《浙江省官俸暂行表》、《修正浙江省官俸暂行表》、《浙江省官俸暂行法》等。

一　有关都督的组织立法

浙江省临时议会第一次会议议决的《中华民国浙江省约法》和《浙江省都督选举法》对都督有相关的规定。《中华民国浙江省约法》第二条规定，本军政府以都督及其任命之政务委员与议会、法院三部构成之。该条确立了都督的性质是浙江军政府三权分立中的一部分。第十四条规定都督由人民公选，任期三年。第十五条至第二十五条规定了都督的职权：都督总揽政务对外为全省之代表、都督公布议会议决之法案执行之；都督于议会开会中期提出法案及预算案于议会；遇紧急必要时，都督得代发法律之命令及预算外之支出，但须于次期会议求其追认；都督于法定会期外遇有必要时，得要求议长召集临时会议；都督统帅全省水陆军队；都督依法任用全省文武官员。

《浙江省都督选举法》分五章，共二十二条。第一章总纲、第二章初选举、第三章复选举、第四章经费、第五章附则。主要内容如下：

1. 总原则。选举都督用复选举法，由人民选出选举员，再由选举员选出都督。选举员总额依省议会议员数额，但每县至少选出一人。

2. 初选举。初选举于各县人民中选出选举员，依省议会初选选举手续，由县议会执行。初选举用无记名投票法。选举员以得票最多数者为当选。下列人员有初选举权：(1)本省男子年满 20 周岁以上；(2)住居本选举区继续三年以上者；(3)识文字者；(4)有正当职业者。本省男子年满 25 岁，住居本选举区 3 年以上，识文字，有正当职业者于初选举时有被选举资格。有下列之一者无选举权与被选举权：剥夺公权或停止公权者、曾处徒刑未复权者、有精神病者、僧道及宗教师。下列人员停止选举权和被选举权：现任行政司法官吏、现役海陆军人、各学堂学生、现充警察人员。

3. 复选举。复选举以选举员选举都督，由省议会执行之。复选举用无记名投票法，以得票过半数者为当选，不及半数时，以最多数二人用投票法决定之。凡本省男子满 30 岁者于复选举有被选举权。投票完毕即行开票当选。选举争议行政审判院裁判之。

二 地方行政机关的组织立法

民国前期议会对于浙江地方官制的立法集中于浙江省临时议会时期，主要包括浙江省临时议会第一次会议通过的《浙江省都督府官制》、《浙江省各司官制》、《浙江省地方官制》和《浙江省官制施行法》。

《浙江省都督府官制》共十三条。主要内容有：都督府设置职官包括：秘书长、秘书员、译员、钤事、掾吏。秘书长承都督之命督率秘书员分掌吏事并考核一切文牍事宜。译员承上官之命令掌翻译事务。钤事承上官之命令掌钤写事务。掾吏承上官之命令掌会计庶务各事务。都督府设军咨处辅佐都督掌筹划战守事务。都督府设外交官，承都督之命掌理交涉事务。都督府附设二局：法制局掌草拟法规，审查各司长提案及调制各司统计事务。印铸局掌编撰官报及印行事务，并制造官用文书票券及官署职员印信关防钤记事务。法制局职员包括：局长、编纂员、钤事、掾吏。印铸局职员包括局长、编纂员、工师、工手、钤事、掾吏。浙江省临时议会第二次会议修正了《浙江省都督府官制》：都督府设法制处与公报处。法制处掌草拟法规及办理本省统计事务。公报处编辑公报及印行事务并制造管用文书票卷兼办官署印信关防钤记。

《浙江省各司官制》共十五条，主要内容如下：

1. 各司设置及司长职权。各司设置司长，管理实务如下：民政司长管理全省内务行政及交通实业一切事宜并监督各属地方行政官吏；财政司长管理全省财政出纳事宜；教育司长管理全省教育行政事宜；提法司长管理全省司法行政事宜。各司长就主管事宜对都督负责。各司长承都督之命就于主管事宜或于特别委任范围内得发司令。各司长就于主管事务得发指示训令于地方官吏，并于必要时得停止地方官吏之命令处分或取消之。

2. 各司长统辖所属职员，掌其吏事。各司以下设置职员：佥事 1 人、秘书 2 人、科长、课长、课员、钤事、掾吏。佥事参预各司主要事宜，司长有事故时得代行其职。秘书长承司长之命总核各科文牍事宜。科长承司长之命指挥课长以下职员处理事务。课长承上官之指挥掌各科之事务。课员承上官之命处理所管事务。钤事承上官之命掌缮写事务。掾吏承上官之命掌会计庶务。

《浙江省地方官制》分三章，共二十四条。第一章总则，第二章知事及属官，第三章区官与岛官。主要内容如下：

1. 总则。全省地方设县以原有之区域为准，旧府厅州一律称县。县设置职官：知事、参事、科长、科员、书记、掾吏。知事所管辖之特定区域及岛屿得酌设区官或岛司。

2. 知事及属官。知事管辖全县为其代表。知事直接受民政司长之指挥监督关于各司主务，受各司长之指挥，监督执行法律命令及管理所属行政事务。知事执行事务具体如下：依法律命令应筹办事项、对于县议会及县参议会应行议决事项发其议案、县费或地方公费所支办事项、依法律命令收入支出及监督会计、地方公债及预算事项。知事对于所属行政事务依其职权得特别委任或对于管辖内发布命令。知事所属设置：民政科、财政科、教育科。民政科主管事务包括：监督公共团体行政、调查户籍、警察行政、选举行政、实业交通、公益善举、公用征收、土木行政、卫生行政、禁烟等。财政科主管事务：会计出纳、租税征收、财政清理、地方公债、预算编制等。教育科主管事务：普及教育、特种教育、审查学校课程、教育统计、著作美术保护、宗教行政等。科长承知事之命管理本科事务监督各员。科员承科长之指挥分掌事务。书记承上官之命令从事记录。掾吏承上官之命令从事庶务。区官及岛司直辖于知事，由知事呈都督核准任用。区官及岛司执行该区管辖内行政事务。

三　行政官员官制立法

民国前期的官吏分为文官和武官两类。文官广义包括行政官、外交官、司法官、技术官和警察官五种。文官的狭义用法有时专指行政官。《浙江省文官任用暂行法》第一条规定本法关于都督任用行政官员均适用之。这里本书也仅限于行政官。

浙江省临时议会第一次会议议决的《浙江省文官考试暂行法》分五

章，共十八条，第一章总则、第二章资格、第三章考试、第四章录取、第五章附则。主要内容如下：

1. 总则。文官考试分高等、普通二种，一等三级、二等一级须受高等文官考试，二等二级、二等三级须受普通文官考试。文官考试每年举行一次。

2. 文官考试资格。具有下列资格之一而年满二十周岁得应普通文官考试：一国文具有根底者；二曾在中学或与中学相当之学校毕业者。人民具有下列资格之一而年满二十五岁以上者得应高等文官考试：一有普通法政知识并办地方新政在三年以上者；二曾习法政三学期以上毕业者。有下列情形之一的，不得应文官考试：一剥夺公权者；二受破产宣告尚未偿清债务者；三曾宣告徒刑以上为复权者；四有精神病者。

3. 考试方式和科目。考试分口述、笔述两种。高等文官考试的科目包括：宪法、法学通论、现行各项法规、行政法、政治学、经济学、财政学、统计学、国际法。普通文官考试的科目包括：宪法、法学通论、行政法、经济学、现行各项法规。口述于笔试及格后行之，其科目以主要科目为限。

4. 录取。录取以总积各科分数平均计算之。分数计算以百分为满点。满八十分以上为最优等，七十分以上者为优等，六十分以上者为中等。笔述及格口述分数亦作一门并入计算，但主要科目有二科不满五十分者不得列最优等。二科不满四十分者不得列优等。

浙江省临时议会第一次会议议决的《浙江省文官任用暂行法》共五条，主要内容有：文官任用分特简、荐任和委任三种。特简、荐任文官以有左列资格任用之：有特别勋绩或于政治确有经验者；充当法政专科教习三年以上者；在本国或外国高等专门学校三年以上毕业者；经高等文官试验合格者。委任文官以有下列资格之一者任用：凡有普通法政知识办理新政三年以上成绩昭著；经普通文官试验合格者。

北京政府成立后，1913 年 1 月 8 日，袁世凯将地方制度以大总统命令的方式公布，发布了与地方制度有关的 9 道命令，1914 年 5 月又颁布了《省官制》。随着北洋政府陆续颁布地方官制，浙江省临时议会通过的大量有关地方行政组织，组织的立法不再适用。

第三节　地方司法制度

浙江省临时议会期间议决了大量有关司法制度的决议，包括《浙江省法官考试暂行法》、《浙江省法官任用暂行法》、《浙江省法官编制法》、《浙江省修订新刑律施行法》、《浙江省行政审判院法》、《浙江省辩护士法》、《浙江省检证规则》、《浙江省讼费规则》、《浙江省审判暂行章程》、《浙江省检事厅调度司法警察章程》、《浙江省监狱署官制》、《浙江省监狱署职官等级表》、《浙江省监狱署职员俸给表》、《浙江省警察官制》、《浙江省会警察官制》、《浙江省警察官制等级表》、《浙江省警察职员俸级表》、《修正浙江省审判暂行章程》、《修正浙江省法官考试暂行法》、《修正浙江省法院编制法》等。

一　审判制度立法

由于南京临时政府存续时间比较短暂以及当时的政局未定，所以新式法院的组织建设以及其他各项审判制度，主要是在北京政府时期逐步实施。浙江省临时议会期间，在中央还没有相应立法的情况下，浙江省临时议会就开始立法，构划了地方审判制度的框架。

《浙江省法院编制法》共十五章，共一百一十一条：第一章法院通则，第二章县法院，第三章地方法院，第四章省法院，第五章司法年度与分配事务，第六章法庭之开闭与秩序，第七章法庭之用语，第八章判断之评议及决议，第九章庭丁，第十章检事厅，第十一章推事及检事之规定，第十二章书记官及通译员，第十三章承发员，第十四章法律上之补助，第十五章司法行政之职权与监督。主要内容如下：

1. 法院通则。法院共分三等：县法院、地方法院、省法院。法院审理民刑诉讼案件，但关于军法或行政诉讼等另有法令规定者不在此限。县法院为折中制，其审判权包括：轻微刑事案件由推事一人单独行之；繁重事件由诉讼当事人请求或法院之职权以推事三人合议行之。地方法院为合议制，以推事三人组织之。浙江省共分十一个地方法院。省法院为合议制，以推事五人组织之。合议审判以庭长为审判长，单独审判以该推事行审判长之职。

2. 法院内部组织和管辖。县法院以事之繁简酌分民刑各庭。地方法院设置院长一人、推事二人、预审推事二人。县法院管辖第一审民刑诉讼案件并登记其他非讼事件。地方法院设民刑二庭。地方法院设置院长一人、推事五人。地方法院管辖：不服所属县法院判决而控诉之案件；不服所属县法院之决定或命令，依照法令而抗告之案件。省法院设民刑二庭。省法院设置院长一人、民刑推事各五人。省法院管辖：不服地方法院第二审判决而上告之案件；不服地方法院之决定或命令，依照法令而抗告之案件。

3. 法庭开庭。诉讼之辩论及判断之宣告均公开法庭行之。审判长居法庭首席，于开闭法庭及审问诉讼均有指挥之权。

4. 合议庭的评议。法院合议审判案件时，应照本法所定推事员数评议及议决之。判断之评语由审判长总司其职。判断之评语概不公开，但候补及学习人员得入席旁听。评议判断时，该庭员须各陈述意见。评议判断时，其陈述意见之次序以官资较浅者始，同以年少者始，以审判长为终。判断之决议以过半数之意见定之。

5. 检事厅设置和职责。各法院设置检事厅如下：县检事厅、地方检事厅、省检事厅。检事厅之管辖与各法院相同。检事厅职责包括：刑事依照刑事诉讼法及其他法令所定实行搜查、处分、提起公诉、实行公诉并监察判断之执行。民事及其他事件遵照民事诉讼法及其他法令所定为诉讼当事人或公益代表人实行特定事宜。法院为民事诉讼当事人时，应由附设该法院之检事厅检事代理为原告或被告。

6. 推事及检事之任用。凡各级推事及检事非有法定资格不得任用。凡现任推事及检事不得为以下事项：于职务外干预政事；为政党党员、政社社员并中央议会或地方议会之成员；为报馆主笔及辩护士，经营商业但得长官许可者不在此限。凡对于推事并检事不得有勒令调任、借补、停职、免职及减薪。以下事项不在此限：违反本法规定不得为事项；试补人员未补实任者；因惩戒调查或刑事被控应停职者；受刑法之宣告或惩戒之处分者。

7. 司法行政监督权。提法司长对于法院除法院院长均有监督之权；省法院院长监督该院并所属下级法院；地方法院院长监督该院并所属县法院；县法院监督该院各员；省检事长监督该厅及所属下级检事厅；地方检事长监督该厅并所属县级检事厅；县检事长监督该厅各员。监督事项包括：有废弛职务及侵越权限者应加儆告使之勤慎；有行止不检者应加儆告使之悛改。

浙江省临时议会第二次会议修正了《浙江省法院编制法》，修改内容有：县法院之审判权以单独推事行之。地方法院设置推事二人或五人。县检事厅置检事一人或五人。司法行政监督权如下：提法司对于法院有监督权；省法院监督该院并所属下级法院；地方法院监督该院并所属县法院；县法院监督推事，推事监督该院各员。

《浙江省法官考试暂行法》共十七条，主要内容有：法官考试分为二次，第一次考试合格者得试补各级法官或为学习人员，第二次考试合格者得实任各级法官或为候补人员。凡下列各项人员得应第一次考试：在中外法律或法政学堂得有毕业文凭；在法政讲习科或审判研究所得有毕业文凭者；在法律或法政学堂得有四年期修业文凭。第一次考试分为笔述实验、口述实验两种。笔述不合格者毋庸再试口述。笔述科目有：比较宪法、刑法、各项现行法规、各国民法商法及民刑诉讼法、国际法。凡第一次考试合格者，除试补外，均为学习人员，以二年期满。凡试补及学习期满人员依法院编制法规定得应第二次试验，但法官任用条例第九条规定的免试者除外。第二次考试仍分笔述与口述两种。笔述以实地案件为题，应详叙事实与理由，拟定判决文。口述以第一次考试笔试科目为限。第二次考试合格者，得改为实任或候补，未合格者仍发往各级法院学习一年，期满再行考试，仍不合格者，即行罢免。浙江省临时议会第二次会议修改了《浙江省法官考试暂行法》，主要内容是下列各项人员得应第一次考试：在法政讲习科或审判研究所得有毕业文凭者；在法律或法政学堂得有四学期修业毕业文凭者。

《浙江省法官任用暂行法》共十三条，主要内容有：(1)各级法院院长由都督特简，各级法官由提法司选定合格人员呈请都督核准任用，凡各级书记官由提法司直接委任但须报都督。(2)法官任用须经过考试合格。但是下列人员可以不经考试令其试补：担任法政或法律学堂法科教员三年以上者；在外国法政大学或法律学校三年以上获得毕业文凭者；在各省法政或法律学堂三年以上获得毕业文凭者；在法科年半以上毕业曾任司法官或执法员一年以上者。凡各级法官试补满一年，由提法司长考核成绩卓著者，得免第二次试验改为实任。(3)凡有下列情形之一的，不得任法官：剥夺公权者；有精神病者；曾处徒刑以上未复权者；年龄未满二十五岁者。凡法官发现有下列情形的，即行免权：精神衰弱不能执行职务的；非法行使职权经被害者控告得实时。

《浙江省审判暂行章程》共五章八十二条。第一章总纲；第二章审判通则：第一节管辖、第二节回避、第三节印票、第四节预审、第五节公判、第六节判决之执行、第七节协助；第三章诉讼：第一节起诉、第二节上诉、第三节证人鉴定人、第四节辩护人、第五节管收、第六节保释、第七节讼费；第四章各级检事厅通则；第五章附则。其主要内容有：(1)管辖。刑事案件由犯罪地或犯罪人所在地之法院管辖，凡民事案件以被告所在地之法院管辖。(2)预审。凡第一审刑事案件之疑难者应行预审。凡现行犯事关紧急者，预审推事可不待检事厅之请求，径行预审，但须知照存案。凡公判案件因证人、鉴定人供述不实或本系重罪受理时误认为轻罪者或由轻罪发觉其他重罪，均由审判官移送预审，须知照检事厅存案。凡预审案件辩护士不得出庭，凡预审案件禁止旁听。(3)公判。凡公判单独制以审判官一人开庭合议制，以审判官三人或五人开庭，并得由该院院长派学习推事随同听审。(4)判决之执行。刑事之判决除死罪须呈提法司转呈都督核准执行外，余均于上诉期满后执行。民事之判决于上诉期满后，除败诉者遵断完案外，得依下列方法行之：查封欠债者至物产勒限完案、管理查封之物产以其利息抵偿欠款、拍卖查封之物产抵偿欠款。(5)诉讼。凡刑事案件因被害者之告诉、他人之告发、行政长官之移送或自行发觉者，皆由检事提起公诉。凡民事案件非本人或其代理人不得诉讼。(6)上诉方法。上诉的方法如下：一控诉，凡不服第一审之判决于第二审法院上诉；二上告，凡不服第二审之判决于终审法院上诉者；三抗告，凡不服法院之决定或命令，依法律于该管上级法院上诉者。(7)辩护人。凡辩护士未经在该地方检事厅登录者，不得在该地方法院所属县法院行其职务。(8)管收。凡刑事犯徒以上之罪，未经判决即被告逃匿，被获者皆看守所管收之。(9)保释。凡民事被告及刑事轻微案件均取保或责付其家族听候传审。(10)公诉。凡刑事虽有被告概由检事用检事正文提起公诉。其未经起诉者，法院概不受理。

《浙江省行政审判院法》共四章三十四条。第一章行政审判院之组织、第二章行政审判院之权限、第三章行政诉讼之手续、第四章附则。其主要内容有：行政审判院设于省会，行政审判院设院长一人、评议官六人、秘书官一人、书记官若干人。院长为审判长或命评议官为审判长。依法令规定审判起诉案件如下：除海关税外，关于租税及手数料之赋科事件、关于滞纳租税处分事件、关于营业免许之拒否取消事件，关于土木水利事件、关于土地之官有民有区分事件。行政诉讼由行政官厅下处分书或判决时之日起六十日之内起诉，但因灾害迁延除外。审判时须全体出席，合议依过半数议决。法院之判决事件得约束于有关系之行政官厅。

《浙江省辩护士法》共二十条，主要内容有：辩护士为受当事者之委任或从法院命令，得于法律所定范围内行其职务。辩护士须具备以下条件：有中华民国国籍者、年满二十五周岁者、试验及格者。凡有下列情形之一者不经试验得为辩护士：有可任为推检资格者、已退职之辩护士复请登录者。凡有下列情形之一者不得为辩护士：剥夺公权及停止公权者、犯徒刑以上之刑者、受破产之宣告未复权者。辩护士不得为行政司法官吏。辩护士不得兼营商业，但经辩护士会之许可除外。辩护士请登录时，须于所属法院之检事厅为之由，检事长呈出请求书于提法司。辩护士应设立辩护士会，不加入辩护士会者不得行其职务。

《浙江省检证规则》共十条，主要内容有：凡审理案件，非有确切证据不能定案。凡犯案审理无确证者，得下无罪或免诉之判决。证据包括：证人之陈述、证物之检查、被告之供白。凡有下列情形，不得作为证人，其陈述只能作为参考：与原被告为亲属者、年龄未满十六周岁以上者、有心疾者、曾处徒刑者。

《浙江省讼费规则》共二十七条，规定了浙江省法院征收的各项讼费包括：印纸费、状纸费、票费及递送费、抄录费、履勘费、证人费及鉴定人费、复查费及拍卖费。

二　地方警察制度的立法

辛亥革命浙江光复后，浙江省临时议会第二次会议议决了警政方面的立法有：《浙江省会警察官制》、《浙江省警察官制》、《浙江省警察职员官俸表》、《浙江省警察官制等级表》等。

《浙江省会警察官制》共二十条，主要内容有：设置浙江省会警察局，浙江省会警察局直隶民政司，办理省会警察警务。省会警察局管辖区域以省城城厢为限。省会警察局设职员如左：局长、科长、消防队长、科员、稽查员、警官、书记。局长由民政司呈请都督任用。局长承民政司之指挥监督都率所属。局长关于各司主管之警察事务承各司之指挥监督。局长于管辖区域内，得依其职权发布命令。

《浙江省警察官制》共十七条，主要内容有：浙江省各县设警察署，隶属于民政司，受县知事之指挥监督。警察署管辖区域与县同。警察署设置职员：署长、警官、书记。商埠或繁华市镇得酌设分署。署长承上官之命令指挥监督都率所属。署长于管辖区域内，得依其职权发布命令。署长及分署长以在高等巡警学校及法政学校三年以上毕业或巡警学校一年以上及法政学校年半以上，曾任警官一年以上，确有成绩者为合格。警官须在巡警及法政学校一年以上毕业或充巡长三年以上，确有成绩者为合格。

北洋政府于1913年后陆续颁布了有关警政组织方面的规定。随之浙江省议会有关警政的立法权渐渐地几乎收归中央。1913年1月，北洋政府发布《划一地方警察官厅组织令》，设立省会警察厅，撤销原各省区巡警道和警务公所。1914年8月，发布《地方警察厅官制》和《县警察所官制》，省、道、县三级行政建制。1915年7月，发布《各省整顿警政办法大纲》，要求各省建立警务处。1918年北洋政府内务部发布《各省区警务处组织章程》、《关于警务处组织章程实施应注意条件》，其中对警务处的组织作了具体的规定。从1912年到1918年，北洋政府时期的地方警察机构的设置逐渐趋于定型。

北洋政府时期，“在政治上倾向军事集权独裁的秉性，决定其不喜司法权独立这一事实。”① 因此，北洋政府在颁行法院组织法或诉讼法方面不断拖延，要求一些司法实务直接援引清末制定的有关规定。1912年3月10日，袁世凯下令在民国法律没有经过议定颁布之前，所有前清施行的法律包括新刑律，除与民国国体抵触失效外，其余的暂行援用。有鉴于此，北洋政府时期继续适用前清已施行的《各级审判厅试办章程》和《法院编制法》。1912年6月20日，司法部在修正后重新颁布《法院编制法》。1912年9月16日，北洋政府司法部颁布了《律师暂行章程》。之

① 韩秀桃：《司法独立与近代中国》，清华大学出版社2003年版，第193—213页。

后，北洋政府陆续制定各种单行章程，或者是依照司法部令、大理院的解释，或是单独制定各种单行章程，以期填补清末司法制度的疏漏。随着北洋政府各项司法制度的颁布。浙江省临时会所通过的各项司法制度则不再适用。

第四节　税收金融立法

民国前期浙江省议会为支持和发展浙江经济，议决了许多有关税收、金融、公司等制度。

一　税收立法

近代西方财政理论和实践发展的重要成果就是将财政收支分为中央财政和地方财政。而在中国古代，没有中央财政和地方财政的划分，一切财政收支，原则上都是以中央政府的名义运行的。清政府筹备立宪阶段，不少人从地方自治的需要出发，呼吁划分国地两税。资政院和宪政编查馆在预备立宪程序中，也在中国历史上首次提出了要划分中央与地方财政，但当时没有付诸实践。辛亥革命后，浙江军政府早期，因为还没有统一的中央政府，也就无所谓中央与地方的税收划分。所以当时的浙江省临时议会议决了一系列的税收议案，兼顾地方财政收入扩充的同时，也保护地方民生。

1913 年，北洋政府财政部颁布《国家税法与地方税法草案》和《国家费目地方费目标准案》，初步明确中央行政和地方行政的范围、界限。总体状况是主要的收入归于中央，地方的税收收入受到很大的压制。尤其是中央与地方政府对于田赋的归属，争论较为激烈，但结果是田赋仍归中央。其他重要税收如关税、盐课、统捐、厘金等也都归中央。地方税收科目包括田赋附加和其他不重要的杂税而已，并且地方附加税的增长幅度也受到限制。①

① 即便如此，实行中央专制集权的袁世凯仍容不得有相对独立的地方税收体系。1914 年 6 月，袁世凯政府下令取消国地税收划分方案，仍实行中央政府统收统支的旧财税体制。1916 年袁世凯政权结束，国地税法草案才得以恢复，在实行中则吸取了旧税制中解款制度的一些做法，建立了所谓“专款制度”。详见吴兆莘：《中国税制史》上，商务印书馆 1937 年版，第 125 页。

首先，按照税源的划分，划归中央的税收包括：田赋、盐税、常关、统捐、厘金、矿税、契税、牙税、当税、牙捐、烟税、酒税、茶税、糖税、渔业税。划归地方的税收包括：田赋附加税、商税、粮米捐、牲畜税、油捐、酱油捐、船捐、杂货捐、店捐、房捐、戏捐、车捐、乐户捐、茶馆捐、饭馆捐、肉捐、鱼捐、屠捐、夫行捐、土膏捐、其他杂税、其他杂捐。

其次，将来税项之划分。划归中央政府者：印花税、登录税、遗产税、营业税、出产税、所得税、银行纸币税。划归地方政府者：房屋税、国家不征的消费税、国家不征的营业税、入市税、使用物税、使用人税、营业附加税、所得附加税。

但是实际上，中央与地方的税收划分并没有很好地执行。例如从法律上说，应当属于中央的田赋，名义被称为“某省的国家支出”，但实际上都在省的控制之下在省内被花费掉。但是就立法层面而言，中央在立法上确定了中央与地方的税收的划分，浙江的地方财政由此产生。就立法权而言，对属于中央的国税范畴，浙江省议会就不再有立法权。所以，到了浙江省正式议会期间，正式议会对于税收的立法权限就只能限于有关地方税收的这类税收进行立法。

例如，地丁的征收在浙江省临时议会期间适用的是浙江省临时议会制定的《浙江省地丁征收法》等相关规定。1913 年划分中央和地方税后，地丁的立法权就归于中央。1914 年，由浙江省国税厅筹备处编订呈奉，由财政部核定的《浙江省地丁征收暂行章程》，得以在浙江实施。1916 年“财政部咨复浙省征收地丁办法应仍照暂行章程办理由”中表述：“财政部咨开准咨开，以浙省地丁征收法一案应否提交国会请查照见复等因并送章程清折等件前来。查地丁系属国税。各省现行征收章程由系一种单行法规。省议会既无议决之权。国会亦无交议之必要。在全国田赋征收法未经规定以前，浙省征收地丁办法自应仍照暂行章程办理，以重国税而利推行。”[①] 该咨文实际上也是强调了省议会不再对已成为国税的地丁有立法权。

① 《浙江省长公署咨省议会准财政部咨复浙省征收地丁办法应仍照暂行章程办理由》，《浙江公报》1916 年第 1712 号。

浙江光复后，各项开支剧增，军政、赔款、各项社会保障事业等都急需用款。1912 年浙江省预算收入 1000 万元，而预算支出达 2000 万元。浙江省临时议会通过了大量的有关税收方面的决议，这对缓解浙江军政府的财政危机起了积极作用。浙江省临时议会第一次会议通过的议决案有：《浙江省地丁征收法》、《浙江省统捐暂行法》、《浙江省财政收支统一办法》、《浙江省暂行不动产登记法》、《浙江省暂行不动产转移税法》、《浙江省捐换牙贴简章》、《浙江省典当捐贴案》。浙江省临时议会第二次会议通过的议决案有：《浙江省统捐暂行税率》、《浙江省统捐局设立地点表》、《修正浙江省统捐暂行法实施细则》、《浙江省特别规定捐率》、《浙江省地丁滞纳处分暂行法》、《浙江省不动产登记法施行细则》、《修订浙江省地丁征收法》、《修正浙江省统捐暂行法》。浙江省临时议会第三次会议通过的议决案有：《修正浙江省统捐暂行捐率》、《修正浙江省特别规定捐率》、《修正浙江省统捐局设立地点表》、《修正浙江省地丁滞纳处分暂行法》、《修正浙江省暂行不动产登记法》。地丁和统捐是财政收入之大宗，在这些立法中大部分是关于地丁和统捐的征收。浙江省正式议会期间，有关税收方面的立法除了对临时议会期间的一些税收立法进行修改外，主要的立法包括：《浙江省抵补金滞纳处分暂行条例》、《浙江省征收店屋捐章程》、《浙江省推收户粮规则》、《浙省征收卷烟特税暂行章程案》等。

（一）地丁

地丁是从清代延续下来的赋款。地者指田、地、山、荡等类而言，丁者人丁之谓。康熙五十二年（1712 年）实行“滋生人丁，永不加赋”。谕：“海宇承平日久，户口日增，地未加广，应以现在丁册定为常额，自后所生人丁，不征收钱粮”，即以康熙五十年钱粮册登载 24621324 丁，丁银 335 万作为定额，以后增加的人丁，除添补缺额外，不另增加赋税。浙江省在康熙十一年（1672 年）奉准先以盐钞银均入地丁，康熙三十六年（1697 年）以匠班银 7000 余两派入地丁。雍正初，令各省将丁口之赋，摊入地亩输纳征解，统称“地丁”。雍正元年（1723 年）准直隶总督李维钧请将丁银随地起征，每地赋 1 两，摊入丁银 2 钱 2 厘，以后各省一体仿行，是为“摊丁入地”。雍正四年（1726 年）户部定浙江田赋银 1 两，均摊丁银 1 钱 4 厘 5 毫。“浙江各地具体实行摊丁入地的时间，前后不同。

嘉兴、湖州两府早在康熙年间即已实行，绍兴、萧山继之，宁波、台州最晚。”[①] 在清代，“地丁赋款名目繁多，如地丁、河工、颜料蜡茶、南丝、抵课水手、司存留、府厅州县存留等款，属于布政司主管，漕项、漕截属于督粮道主管。凡此种种，均由州县于征起地丁内，分款报解坐支，分案造册奏销，期限各不同，考成亦非一致，十分复杂。”[②]

浙江光复后，百废待兴，军政费用、支付赔款、举办各项社会保障事业急需费用。为解决财政危机，浙江军政府建立和健全合理的税收制度。虽然为普惠民生，军政府建立之初曾通令豁免钱粮、裁撤厘卡，但所有各项常捐，如盐、绸、烟、丝、茶、酒、糖等款照常完纳。地丁和统捐是财政收入的大宗，浙江军政府于1912年2月公布了重新征收这两项税费。

由于地丁在1913年以后，归于国税。所以，浙江省议会对地丁的立法集中于1913年之前。浙江省临时议会第一次会议关于地丁的立法主要有《浙江省地丁征收法》和《浙江省地丁滞纳处分暂行法》。

浙江省临时议会第一次会议通过的《浙江省地丁征收法》，共五十一条，主要内容如下：

1. 征收范围和计算方法。浙省田地山荡应完地丁未经改定税则以前，暂照原定科则征收。每地丁银一两各照原定折征钱数改为征收银圆。折征钱数，各县不同。应以向来解者之正数一两合洋一元五角及备抵外债之三角为省税，余充地方税另表规定。浙西漕南、浙东南兵米一律裁免。但军事未定以前明年（阳历壬子年）应否征收一次，由省议会议决之。

2. 征收程序。开征日期按照成例办理，先期由县知事督饬征收人员造具田赋清册。田赋清册以都图村庄为纲，田地山荡为目。查照业户姓名亩分。每忙应完地丁共数编，列字号，详晰记载。田赋清册造竣后，举行前条各项会议，经议决后，一并专差呈报财政司查核，一面将开征日期并议定事项出示晓谕，随掣由单分配各业户。设户粮柜于县知事公署，派员主任督饬经征人员办理。凡属于业户均须自行完纳，并于前条告示内，淳切劝谕。距城郊之处，得查照城例设立分柜，同前条办理，不得抬价浮收。

① 浙江财政税务志编辑委员会编：《浙江财政税务志》，中华书局2002年版，第109页。

② 潘国旗：《民国浙江财政研究》，中国社会科学出版社2007年版，第27页。

浙江省临时议会第二次会议对《浙江省地丁征收法》进行了修正，主要修改内容有：每地丁银一两，各照原定折征钱数及备抵外债之粮捐数改征银圆。向照市价征银者比照全省最少之数改征银圆。折征钱数各县不同，应以每银一两合洋一元五角为省税，其每两带征备抵外债之粮捐三角亦一律解省，余充县税。完纳地丁凡合银圆一元以上者，银圆军用钞票纸币一体通用，不满一元者，准收小银圆、铜币或制钱。小银圆、铜币未经划一定价以前，由县知事开会按照城镇兑换店牌议定划一价目。1913 年后，北洋政府财政部划定中央行政和地方的税收范围，由于地丁属于国税范畴，立法权归属中央。所以之后浙江省议会就无权对地丁再作出决议。1914 年的《浙江省征收地丁暂行章程》和《浙江省征收地丁暂行章程施行细则》，是由浙江省自己拟定后，由财政部核定。

（二）统捐

民国初年，浙江将清末厘金改为统捐。1912 年，在浙江财政司下设置 11 个统捐局，对货物征收统捐归地方收入。1913 年，成立浙江国税厅筹备处（隶属财政部国税厅总筹备处），是年 5 月接收浙江财政司所属各统捐局，7 月呈准财政部将统捐局一律改名征收局（分局），统捐由地方收入转归中央收入。浙江统捐有百货捐、丝捐、绸绉捐、棉花捐、茶捐、糖捐、洋广货捐、宁镇船捐、宁波闽货捐、煤捐、煤油捐、箔捐 12 种，其中以百货捐范围最广，数额也最大。

由于统捐在 1913 年以后归于国税。所以，浙江省议会对统捐的立法是在 1913 年之前，主要有：《浙江省统捐暂行法》、《浙江省统捐局设立地点表》、《浙江省统捐暂行税率》、《浙江省统捐局设立地点表》、《浙江省统捐暂行法实施细则》等。

浙江临时议会第一次会议通过的《浙江省统捐暂行法》，共二十二条，主要内容如下：

1. 统捐局的设定。各府治所在地设统捐局一所，直辖于财政司。各统捐局应设统捐分局，分局的设立地点专门列表规定。

2. 征收对象和税率。捐额以银圆计算，除本省军用票当然按照额面数目收用外，凡在市流行之各种银圆及钞票一律通用。其奇零之数准用旧有之银圆及一文钱完纳。至在市流行之各种银圆、钞票及铜圆，均照完纳地或完纳地最近之市价核计。各局不得有贴水之名目及任意低昂等事。纹银银圆及铜圆价目须于各局前悬牌揭示，并于捐票盖印价目戳记及填明收银两、银圆、铜圆或制币若干。统捐率按照货物之原价征收百分之五。

3. 征收程序。本省货物之运销，不论道路远近，均第一次经过之统捐局或统捐分局按照应科捐额一次取足，外省货物运入本省地界亦同。运销货物者须照本法所定报验单，应填各款详细报告于第一次经过之统捐局或统捐分局听候查验，随将应纳捐银如数缴足，并向该局领取捐票及报验单。已经一次纳捐之运销货物在报验单所填明之期限内，仅须受经过各局之稽查，不再负纳捐之义务。对于运销目的地在本省区域内，不经过第二次之统捐局或统捐分局者，应按照科捐额折办征收。凡货物已经达到其报验单所指之目的地后，如因意外欲变更其目的地或退回者，于十五日内得向最终稽查之局声明原委，由局验系原单原货于原持税票上摘由盖戳方行之，但以一次为限并不得逾十五日之期。

4. 法律责任。凡有意偷漏隐匿之货物或一票两用者，经查出后，照应纳捐额十倍处罚。凡溢出报验单所填之货物经查出后，其溢出之部分照应纳捐额十倍收取。凡抗不纳捐或抗不受稽查者，即将货物全数扣留送交该管地方官处分之。运销货物如遇有苛罚需索，留难阻抑，强取货物及其他违法之行为，得于一个月内向该管地方官提起诉讼。

浙江省临时议会第二次会议对《浙江省统捐暂行法》进行了修订，主要内容有：对于本省内统捐局和统捐分局的设立和地点专门列表规定。已经一次纳捐之运销货物在报验单所填明之期限内，仅需受经过各局之稽查，不再负纳捐之义务。但是对于运销目的地在本省区域内，不经过第二次之统捐局或统捐分局者，应按照科捐额折办征收。

由于浙江征收统捐虽对厘金旧制作了一些改进，但遇卡检查、手续烦琐，且省与省捐率各异，阻碍商品流通，国民政府财政部于 1928 年召开苏、浙、皖、闽、赣五省裁厘会议后，浙江从 1931 年 1 月起废止统捐，改办特种消费税。

（三）牙贴

浙江省牙税，“在清代后期计分三种：一曰牙行，应领部颁牙贴；一曰丝茧行，由司给发谕单；一曰钞户，由司给发季钞。凡开设牙行，依其地点之繁僻，分为四等，各纳捐银 60 两至 480 两不等。光绪二十九年

(1903 年）起，改为三等，并规定年纳税银 5 两至 10 两不等。”①

浙江省临时议会第一次会议通过的《浙江省捐换牙贴简章》共九条，主要内容如下：

1. 牙贴种类。前牙户或领部贴或领谕单或领季照，名目种种不同。现拟划一定章，总名牙贴。内分三项：长期牙贴（原名部贴）十年一换；年换牙贴（原名谕单）一年一换；季换牙贴（原名季照）一季一换。

2. 捐税种类和税率。新领长期牙贴捐税如下：长期者，“繁盛上则”捐银 720 元，“中则”每户捐洋 360 元，每年完税洋 10 元 5 角。“下则”每户捐洋 180 元，每年完税洋七元五角。“偏僻上则”捐银 360 元，“中则”每户捐洋 180 元，每年完税洋 7 元 5 角。“下则”每户捐洋 120 元，每年完税洋 5 元。年换牙贴捐税各数，比照长期牙贴分别等则完缴 1/10；季换牙贴捐率比照年换牙贴捐率分别等则完缴 1/4。

由于牙贴也属于国税，1913 年北洋政府划分国税与地方税后，牙税属于国税。1913 年之后的浙江省议会就无权对牙贴进行立法。②

（四）不动产税

浙江省临时议会通过的《浙江省暂时不动产登记法》、《浙江省不动产转移税法》、《浙江省不动产登记法施行细则》等法规，建立了对不动产的税收制度，对缓解民初浙江财政危机起了一定的作用。

《浙江省暂行不动产登记法》共十一条，主要内容如下：

1. 登记范围。凡是在浙江省区域内有不动产均应赴登记所登记。其典戤或抵押者亦同。下列属于不动产：田；地；场地；山；荡；房屋基地。

2. 登记机构。凡各县均设登记所一所。由财政司委任各县知事办理。距城较远之地方得酌设分所。

---

① 徐绍真：《浙江财政概要》，杭州财务人员养成所 1931 年版，第 65 页。

② 1916 年由省政府制定，经中央核准的《浙江省续订牙贴章程》，对捐率、牙税做了调整。牙贴捐率：长期者，“繁重上则”捐银 800 元，“中则”捐银 500 元，“下则”捐银 250 元；“偏僻上则”捐银 400 元，“中则”捐银 200 元，“下则”捐银 250 元。年换牙贴捐率，比照长期牙贴分别等则加二成完缴 1/10；季换牙贴捐率比照年换牙贴捐率分别等则完缴 1/4。牙税率：按年缴纳，“繁盛上则”税银 40 元，“中则”税银 30 元，“下则”税银 15 元；“偏僻上则”税银 20 元，“中则”税银 10 元，“下则”税银 5 元。季换牙贴者每季完纳 1/4。应领牙贴有关繁盛偏僻的界限，以资本多寡、年计牙用收入，由县知事按规定标准核定，牙贴捐税并由各县署征收。

3. 凡登记应各就产之所在地为之。凡请求登记者，应开列产主真实姓名及住所，产之所在的、亩分四至并将契据或粮户串册呈验暨呈缴登记费。浙江省临时议会第三次会议对《浙江省暂行不动产登记法》进行了修正，规定该法施行后民国二年二月末日，不请求登记者，查明时勒令登记加5倍收费。

《浙江省暂行不动产移转税法》共十五条，主要内容有：凡在本省区域内不动产转移均应纳税。转移仅限于交易行为，包括：买卖、典戤、抵押。税率如下，买卖契价，千分之二，典戤契价，千分之十五、抵押契价，千分之十。凡依本法所课之税，八成解财政司作省税，余一成作县税，一成作征收经费。凡本法所规定之转移行为自移转成立之日起三个月后隐匿不报，经告发或收税官厅查出者，除照额补税外，再照应纳之税加4倍处罚，所罚之款一半给予告发或查出者，一半充公，但既呈报后而尚未完纳并延纳者不在此限。

（五）抵补金

抵补金也称漕南抵补金，为漕粮与南米（留本省供兵胥之用的粮食）裁免后改征银圆之税。清代漕粮原须解京正供，南米则留在省内发放兵粮。民国成立后，1912年1月，浙江临时省议会第一次会议议决的《浙江省地丁征收法》第三条规定，漕粮与南米一律裁免，但军事未定以前，应否征收一次，由省议会议决。南北统一后，浙江省当局，以粮、南米的征纳，关系全国收入，将浙江省丁漕征收法电请提交北洋政府国务会议。经国务会议公决，浙江省漕粮和南米，仍应照旧征收，并交由参议院议决办法大纲六条，将浙江省向征之漕粮与南米，一律实行裁免，按照原征米数，改征抵补金。

为确保抵补金的收缴，浙江省临时议会第一次会议通过了《浙江省抵补金滞纳处分暂行条例》，共六条。主要内容有：抵补金自开征之日起两个月满为截征之期。自抵补金截征之日起，立限五十日为县知事执行催传业户之时间。县知事对于滞纳之业户经前条规定期间执行催传后，仍未完纳者，照应完纳之数加二十分之一处罚。再过一个月后，仍未完纳者应完纳之数加十分之一处罚。

1916年，社会各界以抵补金负担太重请求降低，浙江省议会通过《回复抵补金法定折价带征省地方税》议决案，内容有：民国五年起，每抵补金原米一石仍照临时参议院议决法案征银圆3元，另行暂时带征省地方税银1元。代征的省地方税悉数解省由省支配。之后抵补金几经变动，逐渐递减。

（六）当捐

当税创自前清康熙三年（1664年），户部税则条例规定，每当铺按年征银二两五钱至五两不等。至雍正六年（1728年），始设典当行贴规则，凡民间开设典当，均应呈地方官转详布政司请贴，按年纳税，奏销报部。所谓税者，专指正税一项而言。后因海防筹饷，或因军需集款，责令各商于正税外，每铺领贴一张，另捐饷银若干，于是有贴捐之名。此项捐银数目，各省原无定率，因款归外销，向不报部，各依惯例而抽收。浙江省典当，前清时，征收当贴捐、当税及架本捐三种。繁盛地方，每贴捐银400两，偏僻地方捐银200两，当税均每年50两，架本捐按架本多寡，分等抽收，后复令加倍完纳，故有正倍捐之名称。[①]

浙江光复后，浙江省临时议会第一次会议议决《典当贴捐修正追认案》。主要内容有：典当贴捐案大体认为可行。惟贴捐繁盛之区原定每贴一张，捐洋600元改为400元。偏僻之区原定每贴一张捐洋300元改为200元。而架本捐，仍按前清旧率，以银两折合银圆，分别征收。凡架本捐在15万元以上者，每年缴正倍捐银300元；10万元以上者，缴捐240元；5万元以上者，缴捐180元；2万元以上者，缴捐120元；不及2万元者，缴捐60元。[②] 1913年后，当捐属于中央税收，浙江省议会对此再无决议之权。[③]

（七）店屋捐

浙江在前清光绪二十七年（1901年）就曾试办房捐，课税范围仅限于铺户行店，且每月租钱在3000文、银币3元以内者准免纳捐，至

---

① 参见潘国旗：《民国浙江财政研究》，中国社会科学出版社2007年版，第34—35页。

② 徐绍真：《浙江财政概要》，杭州财务人员养成所1931年版，第73—74页。

③ 当捐归属于国家税后，浙江省奉北洋政府财政部令迭次整顿，于民国四年由省财政厅拟订《当贴捐税简章》，规定各当铺领贴有效期为10年，期满即应换领新贴，缴纳贴捐。后因各典商多未遵行，1925年由全浙典业公会，呈准缓办。至架本捐一项，有减半缴纳的，也有从未缴纳的，省内各县办法不一，纷歧杂乱，致此项捐税收数大受影响。

于民房住户，概不抽收。[①] 民国四年，浙江省议会第一届第二年常年会通过的《浙江省店屋捐章程》共六章，共二十五条。第一章总则、第二章编查、第三章申报、第四章征收、第五章罚则、第六章附则。主要内容如下：

1. 征收对象和税率。凡在浙江省其余内房屋供营业之用者，无论租屋、典屋、己屋，均适用本章程征收店屋捐。征收店屋捐均照租价 1/10 抽收，其租价每月在 1 元以内者免捐。凡租屋租价，应查验其租契及租折所列之数计算收捐。由房主租户各半担任。凡典屋、己屋及租地建筑物之市屋，以邻近房屋铺面大小为比例定其租价，计算收捐。

2. 编查。各县知事饬令警佐会同自治会董事，将所有店屋每年编查一次。载明住屋、姓名、间数、租价编号列册，随给编查凭照一纸。应收店屋捐，按照编查册所列户数分填收捐凭证，每月限十五日以前一律造齐。

3. 征收程序。店屋捐由县知事派员查照收捐凭证，按月征收之。租屋向租户征收，屋主应出半捐，由租户于月租内自行扣回。典屋或己屋向典主及屋主直接征收。店屋捐按月征收一次。以每月十六日起至末日止为收捐期限。凡捐款均以通用银币完纳，其不及一元者，准用小银圆或铜币照市价核算。县知事将每月捐款除拨充警费并照章扣支征收费用外，于翌日二十日以前，造具册表交县参议会核查。1916 年对此进行了修改，将店屋捐将现并饬由财政厅编入地方预算，列作省税收入。主要原因是当时地方自治尚未明令恢复。尽管当时省议会在给省长的咨文中提及店屋捐系充各县警察经费，由县自治处理，不应列入省税收入的咨文，但是省长公署咨复省议会文中指出："贵会咨请施行当经咨复在案。现在地方自治尚未奉令明令恢复。贵会议决前项店屋捐章程第九条第十七条第二十二条等条，既认为毋庸酌改，自应仍嗣奉到回复自治。"[②] 后议会大会三读议决，采纳了省长咨文中的意见，店屋捐划为省税。

---

① 潘国旗：《民国浙江财政研究》，中国社会科学出版社 2007 年版，第 119 页。

② 《省长公署训令知财政厅、警政厅为省议会议决店屋捐章陈情形由（附议决案并咨）》，《浙江公报》1916 年第 1697 号。

4. 罚则。租户或典主房主应缴店屋捐。如有以多报少，以一户分数户，意图蒙混者，按照所应缴之捐，数倍处罚。凡每月应缴店屋捐，如过月终延顽不缴者，得加1/10处罚。

二　金融立法

（一）发行爱国公债的立法

北洋时期的浙江财政可谓无时不与借债为缘。由于浩繁的军需、政费等支出，浙江省当局发行了大量地方公债。1912年2月，军政府发行维持市面公债。不久，军政府又发行爱国公债500万元。自此以后，1921年、1923年、1924年省财政厅先后发行定期借券4次，1925年有善后公债，1926年发行整理旧欠公债。

1911年浙江光复时，百废待兴，军政各项费用亟待发放。于是浙江军政府发行维持市面公债100万元，期限为5个月，年息6厘。公债投放后，社会认购踊跃。但是发行维持市面公债后，浙江省的财政收入相对支出仍然有很大的缺口。为了缓解财政困境。1912年，浙江省临时议会第一次会议议决通过《浙军政府发行爱国公债简章》，发行爱国公债500万元，该议决案的主要内容有：本公债定名为浙江爱国公债，由浙军政府担负偿还责任。以两浙盐课厘税作抵。本公债发行总额为500万元。公债额面分为一元、十元、百元三种。本公债募集后留置一年，自第二年起至第五年，止四年之内由军政府斟酌情形，用抽签法分为数次偿还。但偿还时准于六个月以前登报布告。本公债年息七厘。自付款之日起，每满一年内付息一次，即由各募集处发付，在付息格内盖用图章。本公债发行价格百分之九十五如额面百元者，以九十五元发行之余，可类推。凡购此项公债券者其银圆须一次交清。凡持有生金生银，应募此项公债者准照时价核算。此项公债券统用无记名式，无论何人均可流通买卖。此项公债券须由浙军都督暨财政部长签名盖章后始得发行。此项公债券由军政府财政部委托各商会及殷实商号银圆为发行所。

民国初年，社会闭塞，人们对于公债并不了解，公债的募集工作非常困难。“军政府财政部特设公债票部经理处及分经理处为发行机关，分头劝募，并规定凡官俸禄在30元以上者，按成搭放债票。计自1912年6月起至1913年6月底止，先后募集票额297209元，搭放官俸票额201919

元，共499128元。”① “爱国公债原定自发行的第2年起至第4年止，酌情用抽签法分次偿还。但是因为财政困难，一直延展到1914年9月底，才开始进行第一次的抽签还本1/10，大约银5万元，以后每6个月抽还一次。一直到1919年的3月，才全部还清。”②

（二）银行立法

清朝晚期，兴办银行之利已被人们所认识。为解决财政困难，更加方便地与当地私营商业银号钱庄的来往，建立一个固定的业务往来机构成为现实的需要。1908年，浙江省设立浙江官钱局，由政府招商承办。1910年，浙江官钱局改组为浙江银行。浙江银行的资本股权由政府资本（官股）和民间资本（商股）组成。由于肩负维持地方经济，提倡地方实业的职责，浙江银行兼具有地方银行的性质，同时也兼具了政府银行与商业银行的功能。浙江光复后，浙江银行被浙江军政府接收，1911年改组为中华民国浙江银行。中华民国浙江银行名义上仍为官商合办，实收资本722850元。原浙江银行股本按原值百分之六十折为新股本，换发新股票。1914年，第一次世界大战爆发后，国内民族工业开始兴起，商股的股东们看到这是发展银行业务的大好时间，提出了以“扶助生产、发展实业”为新的营业方针，并于1915年将中华民国浙江银行易名为浙江地方实业银行，资本增加到100万元，比原额增加28万元，官股六成，商股四成。官股因省库匮乏并未缴足，而商股股款却不断增加。由于业务上的迅猛发展以及商股股东掌握着全行实权，于是引起官方与商股董事的矛盾，最终矛盾无法消除。1923年，浙江地方实业银行的官商股东最终达成协议取消合作，拆分官商股本。浙江地方实业银行被分为官办的浙江地方银行和商办的浙江实业银行。与此相关的是浙江省议会议决的《浙江地方实业银行收归省办案》和《浙江地方银行条例》。

1. 浙江地方实业银行收归省办案

《浙江地方实业银行收归省办》由浙江省议会民国十年常年会议决。浙江地方实业银行向系官商合办，自属休戚相关，利益固宜均沾，损失亦应同负。而该银行商股股东擅减官股，变更章程，甚属不合。即本该银

① 徐绍真：《浙江财政概要》，杭州财务人员养成所1931年版，第144页。

② 潘国旗：《民国浙江财政研究》，中国社会科学出版社2007年版，第45—46页。

行商股股东议请拆股之请求，并依据各国银行制度之原理及我国公司条例种种观察，浙江实业银行经浙江省议会议决，收归省办。① 该议决案的主要内容如下：

（1）浙江地方实业银行应自民国十一年起收归省办。

（2）自收归省办之日起于四个月内将原有商股股本分别发还。

（3）商股应得股利红利至股本发还之止照数摊给。

（4）原提特别公积金二十万内商股应摊认 68657.1 元，以及历年股利红利应予发还原有商股股本时照数扣除。

（5）该银行历年提存之特别准备金并所生利息，应照官商股本按股平均摊派，商股应得之款随同股本一并发给。

（6）该银行收归省办后，所有从前削减之滥账仍须继续追缴。追起之数照前数之规定分别摊派。

（7）商股内扣还之特别公积金 68657.1 元暨历年股利红利（即 68656.1 元之股利红利）并特别保证金内官股应得之款应一并作为股本。

（8）该银行原有公积金仍应留存以固股本 ，商股退出不得提分（此

① 收归省办的理由如下：一法律上之理由查浙江地方实业银行原定资本金 100 万，因商股擅削官股之纠葛迄今尚未缴足。依照《公司条例》第 200 条之规定不得遽议追加资本。即令商股股东不遵照此条办理 ，则 203 条之规定亦应遵守，何得于旧股东未分认有余时，即分售与他人商股，股东既任意违法，则官股前途危险，实甚故不得不收归省办，此理由一；一政治上之理由。考欧西各国银行股制度得随其国势之不同而制为分立制与集中制二种，分立制者，国立银行与地方银行虽有互助之利，而无监督之权。若美国国立银行之于各州银行是集中制者，于中央银行以外就各地遍设分行。分行之于本行尤指之于臂本末相关，故能基金裕丰兑易。金融界得良好之结果。若英国英格兰行之于其他各银行，是今世各国若法若德均由分立而集中。我国中交两行亦均取则于是。但揆诸我国政况，以中交两行之现状。中央财政之紊乱，不有省立银行经理金库，防止挪用则整理财政益无从着手。故为整理本省财政计，不得不先将官商合办之浙江地方实业银行收归省办，此理由二；一学理上之理由。按银行普通原理，凡无回收希望值放款，应以每年盈余项下提存之贷倒公积金填补之，未闻以资本金提作特别公积金而弥补倒账者。即有之，即官商股款亦应照股均摊，何得将官股项下削减 20 万元而商股则无分文之负担。按理固属不合，论事岂得谓平。而商股股东竟擅削官股，自便私图。对于本会议决否认之削减官股弥补烂账一案置之不问，则本会保全省有财产计认为不得不收归商办，此其理由三；一事实上之理由。本年商股股东复以片面之议决，变更章程推翻官六商四之成案，废止官派董事监察人之规定，则官股权利剥夺殆尽。所保留者仅得推举代表一人行使股东之权利（参观十年八月改行章程修正草案第 17 条）而已。该行商股股东既有侵占官股之恶意事实上万难共同经营。故不得不收归省办，此其理由四。载《浙江省长公署训令财政厅准省议会咨送议决浙江地方实业银行收归银行收归省办一案仰即遵照妥为筹备由》，《浙江公报》1921 年第 3447 号。

系商股股东条例内原拟办法）。

（9）商股董事监察人照章应得酬劳，仍扣至商股发还之日止按日摊给。

（10）商股接收时，应将该银行一切账目逐一查清。如于官股董事监察人被拒后，有不利于官股之放款，应由商股负责。

（11）该银行议决收归省办后，关于一切组织应由官厅拟具草案咨交本会议决施行。

（12）浙省原有各项公款向来存放该银行生息者，应仍照案存储，以固行基，不得率行提拨。

（13）关于一切事宜应由省长责成财政厅执行之。

2. 浙江地方银行条例

《浙江地方银行条例》由浙江省议会民国十三年第一、第二次临时会议议决，共二十五条，主要内容如下：

（1）设立。浙江地方银行完全省立，营业上业务完全独立，资本暂定国币银100万元，总行于省会，设分行于上海。

（2）营业范围：各种存款、各种放款、各种汇兑与抵汇、票据贴现及收买、与国家银行及官商各银行订立特约事件、买卖有价证券、买卖生金银及外国货币、代理收解各款、信托业务、保管证券票据及贵重物品。

（3）职权：经理省金库；各县局征收各项省税，均须直接解送浙江地方银行生息；依本省单行法之规定经理募集或偿还省公债事务。

（4）禁止事项：为各机关借贷或担保款项；无抵押品之个人放款与暂支；非营业所需之收买或抵押不动产；期限一年以外之放款；以银行名义为个人担保；非经省议会议决不得发行货币。

（5）组织机构。浙江地方银行以财政厅长为监督。总行内设总管理处，以理事七人、监事三人组织之。理事与监事由行政长官加倍开列富有银行知识或经验者咨交省议会决选之。理事监事之决选用无记名连记法投票以得票多数者当选。理事任期三年、监事任期二年，任满再被选时得连任。理事会应议事项如左：各种规则、预算决算、营业计划、各行人员之支配及任免、分行及代理处之设立废纸及变更、营业所须知不动产之买卖。监事职务监察理事及各职员所行之事务并检查各种簿册及财产。浙江地方银行之理事及监事关于本行事务均得出席于省议会就政务委员席报告一切。

（6）净利润分配：全年决算所得净利，除常年资本官息六厘外分配如下：（甲）先以百分之二十为填补损失公积金；（乙）再以百分之十二为资本官息，不足时之预备公积金。（丙）除去甲乙两项外匀作一百分，以六十分为省收入，以四十分为本行各职员之酬劳金，如有畸零作为盈余滚存。

第六章　民国前期浙江省议会立法的内容（下）

第一节　教育立法

民国前期浙江省非常重视教育，浙江省临时议会和浙江省正式议会通过的教育议案有60多件，其中涉及初等、中等、高等和职业教育，在这些议案中有大量的是有关教育经费的议案。

民国前期，浙江省议会通过的教育方面的议案主要有：《浙江省筹划高等教育进行预备案》、《浙江省学制统系案》、《取消学制系统案》、《省立公共学校选送学生案》、《选送学生入医学专门案》、《筹设省立帅范学校案》、《关于筹备义务教育之全省国民学校设齐年限及办法案》、《关于筹备义务教育之造就师资案》、《筹设省立甲种森林学校案》、《省立师范学校附属小学经费概由省费支出案》、《省立甲种农业学校添设兽医学科案》、《浙江省中等学校校长任用规程》、《浙江省派遣留学生规程》、《修正浙江省立中等学校校长任用规则》、《浙江省派遣留学日本实业练习生规程》、《改组公立归并师范讲习所案》、《优良小学教员奖励金条例》、《筹设浙江省学校成绩展览会案》、《筹设公立工业专门学校案》、《浙江公立工业专门学校办法案》、《筹办杭州大学大纲》、《补助留法勤工俭学学生学膳费案》、《增加留学日本官费生学费案》、《补助私立行素女子中学校经费案》等。

民国前期浙江议会议决案中有大量的补助经费案，其中对教育的补助经费案占了较大的比例。对各类学校的补助，包括补助各级公私立学校经费、教职员工的经费、留学生经费以及学校的修理费等。例如《筹划小学经费案》、《私立女子实业学校补助经费案》、《补助诸暨县立中学校经费案》、《追加浙江留日官费生增加学费案》、《追加省立师范学校校长中学校校长会议赴省川旅费案》、《追加公立法政医药两专门校长赴京会议旅费案》、《追加省立第三中学校修理费案》、《公立工业专门学校请追认九年度改筑手织第一工场经费案》、《补助吴兴县立女子师范学校经费案》、《补助留法勤工俭学学生学膳费案》、《增加留学日本官费生学费案》、《补助私立行素女子中学校经费案》。

一　综合性立法

（一）浙江省临时议会时期有关学制的立法

浙江光复后，浙江省临时议会第一次会议主要议决的是浙江政治制度和税收制度，其中还议决了有关教育的议案，可见浙江省临时议会对教育的重视。

1911 年，浙江省临时议会第一次会议通过的《浙江省学制统系案》和《浙江省筹划高等教育进行预备案》规定了浙江从初等教育到高等教育的学制。主要内容如下：

1. 初等小学修学年限定为四年。

2. 高等小学分第一部、第二部。第一部修学年限定为三年。其课程与中学相联络。其毕业生得升入中学校及中等程度之各校。第二部修学年限定为四年。其第一、第二学年课程与第一部等。自第三学年应就地方情形加授初等实业教课。其毕业生可不升学或可升入中等实业学校，惟不得升入中学。

3. 中学分第一部、第二部。第一部修学年限定为五年，概不分科。其课程与大学相联络，其毕业生得升入大学及高等程度之各学校。第二部修学年限亦为五年，其第一学年至第二学年，课程与第一部等。自第三学年应就地方情形，更受中等实业。其毕业生可不升学或可升入高等实业学校，惟不可升入大学。

4. 高等学校。大学修业年限为五年。预科二年，本科三年，其分科应就地方情形而定。

1912 年，南京临时政府教育部颁布了一系列涉及学制的办法和命令，包括《普通教育暂行办法》、《小学令》、《中学令》、《大学令》、《师范学校令》和《专门学校令》。而浙江省临时议会第一次会议议决的《浙江省学制统系案》和《筹划高等学校进行预备案》，与中央的行政规定由诸多

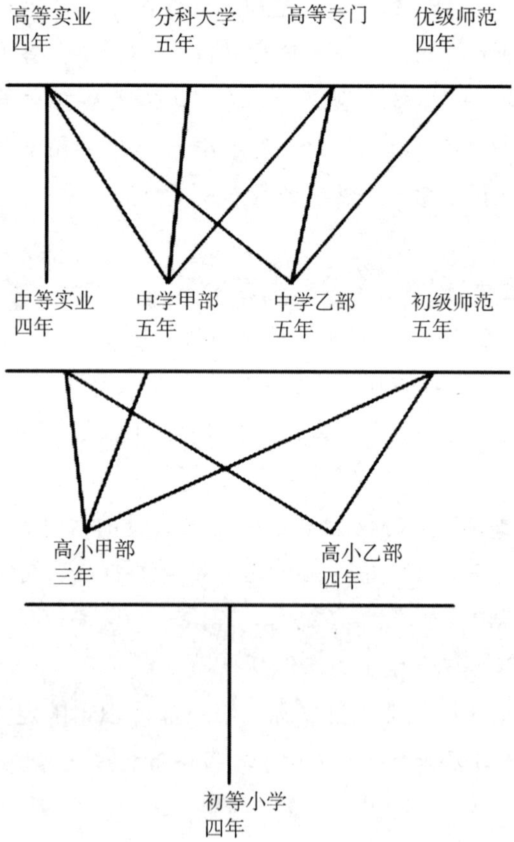

浙江省学制统系图

的冲突。于是，浙江省临时议会第二次会议议决《取消浙江省学制统系案》，该议案指出了原浙江省的学制规定与中央规定的内容不同之处：

> 教育部通告各省电文内开，大局初定各处高等专门学校若不从速开课，则高等学校学生中途废学。中学校之学生亦无升学之途等语。是高等学校不在废止之列。与公布案高等学校改称大学预科及高等学校应即废止不符。又教育部现颁普通教育暂行办法，通令内开中学校为普通教育，文实不必分科。又中学校初级师范学校均改为四年毕业，又高等小学课程共为四年各等语。与公布案中学校分第一、第二两部，休学年限均为五年。统系图内，初级师范五年毕业，高等小学

分第一第二两部，修学年限分三年四年各条不符。

该议案又从议案性质角度指出议案废除的原因是议案与中央立法冲突：

> 在是案议决公布之时，尚未奉有教育部颁令明文，自不能不暂定通章，藉资遵守。现在教育部即已明定办法，事关全国教育统一。浙省未便独异。业经本都督查照，教育部电令各条令，由教育司通饬各属一律遵守，俾免分歧。惟因与公布议案不符，相应照请贵议会查照备案可也等因。准此。查前次本会议决浙江省学制统系案原为暂时应用起见，非法律案可比。现在中央教育部即经颁布普通教育暂行办法与前项本省学制统系互相冲突，当经大会公决，将本会所定学制统系一案，即行取消以归统一。

中央对于全国学制进行统一规定后，浙江省议会对于地方教育的议案，只限于在中央的范围内进行规定。除了浙江省议会的立法之外，浙江有关教育方面的规定还体现于浙江省教育厅的大量的政府命令。①

（二）其他综合性的立法

除了规定学制外，浙江省议会通过了一些促进教育的零散议案。这些议案包括：《省立公共学校选送学生案》、《选送学生入医学专门案》、《筹设浙江省学校成绩展览会案》等。

为促进教育，选拔优秀人才进入中等或高等学校继续深造。浙江省临时议会第三次会议通过了《省立公共学校学生选送学生案》和《选送学生入医学专业门案》。《省立公共学校学生选送学生案》的主要内容有：

---

① 例如民国元年，南京临时政府教育部颁布《普通教育暂行办法》和《小学令》，浙江省教育厅拟订《对于小学教育的办法》，对小学的设置、学制、宗旨、课程等作了如下规定：(1) 小学教育以留意儿童身心之发育，培养国民道德之基础，并授以生活所必需之知识技能为宗旨。(2) 小学分初等小学校与高等小学校，各以所属性质称城镇乡立、县立和私立3类，原则上初等小学由城镇乡负责设立，高等小学由县负责设立，但鼓励有财力的城镇乡或私人开办高等小学。(3) 初等小学校修业期限为4年，高等小学修业期限为3年，初等小学实行男女同校。(4) 废除读经科，初等小学的课程设修身、图文、算术、手工、图画、唱歌、体操，女子加设缝纫；高等小学的课程设修身、图文、算术、本国历史、地理、理科、手工、图画、体操，男子加设农业，女子加设缝纫。

凡省垣高等两级师范、法政专门、中等工业、中等农业、中等商业、蚕桑、女子、师范各学校，由教育司每年饬属保送。每期招考20日以前，由校长报告教育司，电知各县知事选送程度相当者。各校取录学生以各县能普及为主。《选送学生入医学专业门案》主要内容有：由教育司饬令县知事就每县中选中学以上毕业生有志医学者数人赴省投考。选录之学生应一律免缴学费，膳食仪器书籍费由学生自备。医校招考前20日，由校长报告教育司通电知各县知事。每县至少须取得学生一名。每年以34000元预算，免缴学生百名不过2000元，而医学有普及之益。

民国以后，浙江省各类学校设立多年，为比较各学校成绩之上下，促进学校改良进步，举行成绩展览会所。民国八年第一次临时会通过《筹设浙江省学校成绩展览会案》，主要内容有：教育事业日新月异，学校成绩此优彼拙，应借镜以改良。浙省兴学垂20年公私立各学校虽创设有先后，经费有多寡，办理未能一致。学校成绩展览馆包括全省各公私立学校建筑、设备、编制、教授、管理、训练、卫生、经济诸成绩，及学生学业上所得各成绩，罗列一室定期开会任各种阅览，供学者研摩。并请教育专家等第甲乙，编具报告分发各学校，知己之短。

二　初等教育立法

1911年，浙江省临时议会第一次会议通过的《浙江省学制统系案》规定初等教育学制。初等小学修学年限定为四年。高等小学分第一部、第二部。第一部修学年限定为三年，第二部修学年限定为四年。学制划定后，1912年，浙江省临时议会第二次会议通过了《筹划小学经费案》，其主要内容有：各属向有学款、学产非确系国有财产，官厅不得以命令改充行政之用。各学校固有财产或基本金不得改充他用。各项公益捐原充学费者照旧征收。各县县税（以地丁征收法第二条规定之县税为限）参酌本县收入多寡划定兴办各县小学及补助小学经费（至少须于上项县税内划定三分之一专充是项经费）。1913年，浙江省第一届常年会修改了《筹划小学经费案》，提高了小学经费的比例，规定：参酌本县收入多寡，至少须划定十分之四充兴办小学及补助小学教育经费。

1912年，南京临时政府教育部公布《普通教育暂行办法》和《小学令》，拟订《对于小学教育的办法》，对小学的设置、学制、宗旨、课程等作规定。[①] 1911 年，浙江省临时议会第一次会议通过的《浙江省学制统系案》中，对于小学学制的规定即行废止。

民国成立后，教育界要求推行义务教育的呼声愈益强烈。1914 年 12 月，教育部在《整理教育方案》中提出，凡“厉行强迫教育而国强”，建议大总统以命令明白宣示，“确定初等小学 4 年为义务教育”。1915 年 1 月，袁世凯以大总统名义颁布《特定教育纲要》，要求各省制订规划，分年筹备推行义务教育事宜，并将初等小学校改名为国民学校，以符义务教育之义。1916 年，依照中央政府推行 4 年义务教育的决定，浙江省开始着手筹备工作。浙江省计划从 1916 年至 1925 年，在每个乡镇普设国民学校 1 所，并且具体核定了各县应当增加的学校的数量。为培养师资力量，浙江省决定到 1917 年省立师范学校设齐后，原联合县立师范讲习所学生次第毕业后一律停止，一律就近移交省立师范学校。民国前期，由于浙江对义务教育的积极推行，全省各地的小学有了进一步的发展。“1912 年，浙江省小学数为 6103 所，学生达 262295 人；到 1919 年小学校数为 9824 所，学生达 419545 人；”[②] “到 1922 年，小学学校数达到 11303 所，学生数 512110 人。”[③]

为鼓励小学教员，浙江省议会第一届第三年常年会议通过《优良小学教员奖励金条例》，其主要内容有：凡一校内教员均经检定合格，其成绩合于部定。征集优良小学标准及具备征集各事项，由县视学将征集事项及各教员成绩并叙述优良状况，呈报县署，核转教育厅经厅派委省视学复查或由省视学自行查明，确合上开各项者，转呈省长核准给予奖励金。各优良小学之奖励金应即奖给各优良教员，其教员应得奖励金之数目，以成绩为标准，由教育厅长定之。

三　中等学校立法

自清末以来，中等教育由普通中学、师范学校和实业学校组成。民国初年，浙江省的这三类学校都得到进一步的发展：普通中学方面，在原有

---

① 其主要内容有：学堂改称学校，小学分为高等小学、初等小学校两级。高等小学校由县设立，初等小学校由城镇设立。

② 浙江教育简志编撰组：《浙江教育简志》，浙江人民出版社 1988 年版，第 421 页。

③ 同上书，第 74 页。

11 所省立中学的基础上，浙江省新建了一些县立中学和私立中学；师范教育方面，浙江省在 11 个旧府普设省立师范学校；实业教育方面，浙江省结合地方经济特点侧重于设立农业、商业方面的学校。

1912 年 9 月，教育部公布《中学校令》，对中学的设立做了如下规定：中学校定为省立，由省行政长官规定校数及地点，经费由省支给；各县可一县或联合数县设立中学，称县立中学；私人或私法人设立的中学，称私立中学；专教女子的中学，称女子中学。《中学校令》将中学的修业年限改为 4 年。对于中学教育，浙江省议会只是议决了一些有关中学经费的议案。

1912 年 9 月，教育部颁布《师范学校令》，其中规定：以造就小学教员为目的的师范学校，可分为省立、县立（或两县以上联合设立）、私立 3 类。1913 年，浙江省议会第一届常年会通过《筹设省立师范决议案》，其中规定每一旧府各设省立师范学校 1 所，共 11 所。已设师范学校的一律改为省立，未设师范学校的各府限 1914 年 7 月 1 日前一律设立。此外，浙江省议会还议决了一些有关中等学校经费的议案。

1913 年 8 月，教育部公布《实业学校令》，其中规定：实业学校分甲、乙两种，省行政长官视地方需要分别设立甲种实业学校，县及城镇、乡或农、工、商会得设乙种实业学校，亦得酌情设立甲种实业学校；实业学校之种类有农业学校（含蚕业、森林水产、兽医、水产）、商业学校、工业学校等；实业学校凡省经费设立者为省立实业学校，以县经费或城镇、乡经费设立者为县立或城镇、乡立实业学校，农、工、商会设立者称公立实业学校，私人或私法人设立者为私立实业学校。遵照教育部的规定，浙江省成立了大量的实业学校。浙江省议会议决的有关实业学校的议案主要有：浙江省民国八年第二次常年会议决的《筹设公立工业专门学校案》，浙江省议会民国九年第一次临时会议决的《浙江公立工业专门学校办法案》，浙江省议会第一届第二年常年会议决的《省立甲种农业学校添设兽医学科案》，浙江省议会第一届第二年常年会议决的《筹设省立甲种森林学校案》。

为规范中等学校校长的任用，浙江省议会第一届第二年常年会议决《浙江省立中等学校校长任用规程》，共七条，主要内容如下：

1. 任用为省立甲种实业学校校长的资格有：在本国或外国大学或教

育部认可之私立大学农工商科毕业者；在本国或外国实业专门学校毕业且曾充甲种实业学校教员一年以上者。

2. 任用为省立师范学校校长的资格有：在本国或外国大学文科毕业者；在本国或外国高等师范学校毕业者，曾充师范学校教员一年以上者；在优级师范学校选科毕业曾充师范学校教员三年以上者。

3. 任用为中学校校长的资格：在本国或外国大学文科理科毕业者；在本国或外国高等师范学校毕业者，曾充中学校教员三年以上者；在优级师范学校选科毕业，曾充中学校教员三年以上者或充任中等学校教员五年以上者。

4. 各学校校长由本省人任用之，曾受学务上之惩戒处分者不得任用。

浙江省议会第一届第二年第一次临时会议决了《修正浙江省立中等学校校长任用规则》，扩充了省立甲种实业学校校长、中学校校长和省立师范学校校长的任职资格，例如省立甲种实业学校校长的资格也可以是：在本国或外国实业专门学校毕业且曾充甲种实业学校教员或学舍监一年以上者。

四　高等教育立法

浙江光复后对高等教育有较早的筹划。浙江省临时议会第一次会议通过《浙江学制统系案》、《浙江省筹划高等教育进行预备案》，规定大学修业年限为五年，预科二年，本科三年，其分科应就地方情形而定。旧设两级师范学堂暂不分设，惟优级师范学堂定名为高等师范学校附设初级师范学校。旧设高等学校改称大学预科，俟预科毕业酌设本科，旧设法政学堂改称法政专门学校。

但是随着中央学制的规定，浙江原先对大学学制的规定即行废止。1912 年 10 月，南京临时政府教育部颁布了《大学令》和《专门学校令》，对高等学校的设立等问题做出具体规定。浙江的高等教育也因此进行了相应的裁撤、新建、升格等调整，从而形成了以高等专门学校为主的格局。民国初年的中央颁布的新学制取消了高等学堂一级，代之以在大学中自设预科。浙江的各类学堂或是停办，或是并入各类专门学校。

民国前期浙江设立了大量的专门学校，如浙江医学专门学校以及一些原来属中等实业学校性质的省立学校升格为高等专门学校。浙江省议会民国九年第一次临时会议决定将甲种工业专门学校升格为浙江公立工业专门学校。浙江省议会民国八年第二次常年会议决《筹设公立工业专门学校案》，其内容有两条：浙江公立工业专门学校就公立甲种学校改设，其甲种工业学校暂附属之。在议会咨省长公布文中，阐述了工业专门学校设立的理由：

> 吾国工业发达本早，徒以囿于前人之已得者为自足。艺事不加精，学术不讲习。上无诱掖奖进之法，下无研究利导之法。因循谫陋，泥守成规，将何以竞存于今之世。年来外货充斥漏卮，日多金融恐慌，民力日匮。竟以贫弱者颠踬于经济政策，莫以自能，亦实业之未振兴耳。环本省实业教育，并一工业专门学校亦阙然而未设。备提倡之谓何故，非洓办工业专门学校培养专门人才，从根本上补救不可。况本省中等学校几二十处学生毕业，从欲攻求实业者不乏其人，弟以升学无门，讲习无地。虽有颖异之材，居诸坐废俊秀之又蹉跎游惰夫。岂聪明才力之不能深造，欤盖劝工之典未备也。爰议设浙江省公立工业专门学校一所。[①]

浙江省议会民国九年第一次临时会议议决《浙江公立工业专门学校办法案》，主要内容有：工业专门学校就省立甲种工业学校改设之。工业专门学校先设下列两科：电器机械科和应用化学科。[②] 工业专门学校之学科修业期限及入学资格悉遵部颁规程办理。原有之省立甲种工业学校仍附属于工业专门学校，遵照实业学校令第九条之规定，改称甲种工业讲习科，由工业专门学校校长兼辖之。

虽然民国前期浙江的高等教育在学校数量上有所增加，在办学质量上

---

① 浙江省议会编：《本会咨省长公布筹设公立工业专门学校案文》，《浙江省民国八年第二次常年会议决案》，第 8 页。

② 议案说明了先设这两科的原因：查本省工业专门学校应设科目自古以本省所急需者先行设立。查各国现在均有以电力代换蒸汽之现象。浙东地高水急，凡湍流所经之处，均可利用水利发动电机，次电器机械科之急应设备者。近日化学进步日新月异。如造就纸革者，酿造颜料者等项，均须设法改良，此应用化学之急应设备者，故拟先设立电器、机械、应用、化学二科。第一年即先招预科二班，以备次年升入本科。载《浙江省长公署公布第四号准省议会议决改设浙江公立工业专门学校办法一案由》，《浙江公报》1920 年第 2941 号。

也有所提高。但浙江的基础教育与高等教育之间存在较大的差距，使中学毕业生在本省不能充分升学，或失去求学机会，或转而赴外省求学。[①] 并且这一阶段，浙江高等教育的结构以各种高等专门学校为主，缺少由政府办的综合性大学。因此，浙江省内的各界人士一直在呼吁杭州应当设立一所综合性的大学。

1921 年，浙江省议会提议要筹办一所杭州大学。1922 年，浙江省议会在提交筹办杭州大学大纲议案的咨文中指出：吾浙夙号东南文物之邦。计公私立中等学校达三十余所。以未毕业学生达万余人。而所恃为升学之地者，惟法医两校。大学之设置尚付阙如。1921 年，浙江省议会民国十年常年会议决《筹办杭州大学大纲》，共二十二条，主要内容有：大学设在杭州名为杭州大学；大学组织分为两部：大学董事会和大学。大学董事会分为常任董事和非常任董事。董事会的职权包括：筹备开会、募集款项、保管基金、保管及处理本大学财产、编制本大学预算决算、谋本大学基金之增加、保障本大学经济之独立等。董事会不得干预本大学学校行政与教务。大学本科分设各学系，于大学学制中规定。

五　留学生和社会教育立法

清末开始出现留学生，各省选派的官选留学生也日益增多。浙江省正式派遣学生赴国外留学是从 1898 年戊戌变法时期开始。民初，浙江省政府沿袭前清做法，继续向海外派遣官费留学生。辛亥革命后，浙江省留学教育进入第二时期。与前清相比，民国时期的显著特点是制定颁布了一批有关留学生派遣的章程。为了规范留学生的派遣，浙江省议会通过了一系列有关留学生派遣的议案，如《浙江省派遣留学生规程》、《浙江省派遣留学日本实业练习生规程》。此外还包括大量的有关补助留学生经费的议案，如《追加浙江留日官费生增加学费案》、《追加十年度留日特约各校学生经费案》、《补助留法勤工俭学学生学膳费案》、

---

① 1916 年到 1920 年间浙江高等学校的学生数为 514 人，少于直隶、山东、山西、江苏、江西、河南、湖北、湖南、福建、四川、广东等省，居全国第十二位。而中等学校学生数在 1918 年至 1920 年间为 9285 人，居全国第六位。初等学校学生数在 1918 年至 1921 年间为 353154 人，居全国第七位。3 类学校总学生数为 362953 人，居全国第五位。载舒新城：《中国近代教育史资料》上册，人民教育出版社 1981 年版，第 373 页。

《增加留学日本官费生学费案》、《留日非震灾区各校学生拟准一律增加学费案》等。

浙江省议会第一届第二年常年会议决的《浙江省派遣留学生规程》共十五条，主要内容有：派遣留学生以籍隶属本省，年在20岁以上30岁以下有下列资格之一者为限：大学预科毕业生、专门学校本科毕业生、任专门学校教员或继续任甲种实业学校师范学校中学校教员二年以上者；中等学校毕业后曾习欧美日本一国语言三年以上得有证明者。派遣留学生每年依缺额之多寡举行试验，试验科目包括：检验体格、国文、本国历史、本国地理、代数。以上合格者，在按照其拟习之各科再受试验。每年派遣留学生习农商理工医药者至少须占3/4。派遣之留学生须按照预认科目前往学习，不得改变，违者停止官费。如无不得已事故辍学者，省长严饬地方官追还费用。留学生毕业归国后应在本省服务三年，不得他适。浙江省议会第一届第二年第一次临时会对《浙江省派遣留学生规程》进行了修正，主要是提高了留学生的资格：派遣留学生以籍隶属本省，年在20岁以上35岁以下有下列资格之一者为限：（1）曾任本国大学教授或助教授继续至二年以上者；（2）曾任本国专门学校高等师范学校教授继续至二年以上者；（3）曾经留学外国大学高等专门学校高等师范学校本科毕业者；（4）本国大学本科毕业者；（5）本国专门学校高等师范学校本科毕业者。

社会教育也是民国前期教育的重要组成部分，社会教育是除了学校教育以外，另设各种教育机关与设施，补充教育未受教育的成年失学民众，继续教育受过基础教育的民众。浙江的社会教育始于清末，最早的社会教育设施是开办于宣统元年（1909年），为成年失学者及贫寒子弟而设立的简易识字学塾。1917年，浙江省教育厅成立，社会教育为全省教育事业的重要部分之一，民国期间的社会教育机构主要有群众教育馆、图书馆、博物馆、通俗讲演所、民众学校、各种补习学校等。民国前期浙江省议会对社会教育的议案主要有：浙江省议会民国十二年常年会议决的《省立公众运动场附设通俗教育讲演所案》、浙江省议会第一届常年会议决的《筹办贫民习艺所案》、浙江省议会第一届第二年第二次临时会议决的《浙江省公立图书馆章程》等。

第二节　扶持实业和农林渔业立法

一　扶持实业立法

1914 年至 1918 年第一次世界大战期间，主要资本主义国家先后卷入。他们为扩大军火生产，减少了民用工业品的生产，放松了对殖民地、半殖民地国家的商品输出。这样就为浙江的民族工业获得了发展机会，尤其是以丝织业、棉织业为代表的轻工业得到了迅速的发展。为适应时局，扶持满足工业的发展，浙江省议会期间出台的大量振兴实业的议案主要都集中于这一时期。

（一）扶持棉纺丝织业立法

浙江的丝织业在历史上就十分发达，素负盛名。第一次世界大战爆发后，“英国之来货既减，日货亦受抵制，本国纱厂勃兴，而浙省纱厂亦得蒙其惠。”[①] 这一时期，浙江的丝织业规模不断壮大，设备不断地更新。这一时期，浙江省议会议决了与纺织业有关的大量议案，筹办各种纺织业的模范工厂或试验场，促进纺织业的发展。如《招商承办模范缫丝厂案》、《浙江省模范缫丝厂招商承办规则》、《试办改良靛青制造模范工厂案》、《织物整理模范工厂展长试办期限案》、《筹设官商合办浙江模范缫丝厂案》、《停办改良靛青模范厂》。此外还有与茧业发展相关的议决案，如《浙江省茧行条例》、《浙江省丝厂单行条例》和《永康三良制靛工厂息借公款案》等。

1916 年，浙江省议会第一届第二年第一次临时会议议决《浙江省模范缫丝厂招商承办规则》，共十一条，主要内容有：就原有各丝厂分处招商承办。每厂由省款借给 5000 元五年免息归还。承办商人须确系本省殷实商人并由殷实商铺三家以上。承办人资本至少须备齐 10000 元。每厂设传授生十名，每人年贴膳费 40 元。每厂传授生每年换招一次。每厂准各设收茧所一处。每厂办理情形及成效由省公署随时派员抽查外，各承办人每满六个月须呈报一次。各厂如有亏折水火等险，概由承办人负责。

1916 年，浙江省议会第一届第二年常年会议决《试办改良靛青制造

---

① 实业部国际贸易局：《中国实业制 · 浙江卷》，一四（庚），（1933）初版。

模范工厂案》，共四条，主要内容有：本厂择产靛既多，交通便利之处为设立工厂地点。我浙产靛，金衢严处四属为最旺，此四属中又以衢属之江山县地方为最合宜。盖江山地方居衢州属之中心，种户较多，交通亦便。本厂为改良靛青起见，应设植苗场一处，改良种植法示民模范，使一般农民有所观摩，逐渐改良，以期土靛发达。本厂设厂长、化验技术员、事务员、监工、植苗厂工头、场工、小工。

浙江省的杭、嘉、湖等地养蚕、织丝、纺绸等业较为发达，但三业之间存在着较大的利益冲突，集中地表现在茧行的设置和数量上。茧行是经官方许可登记设立的蚕户鲜茧（湿蚕）收购站，所收之茧经茧灶烘烤后变成干茧，销往上海出口或转销他省。为了限制蚕户售茧，保证浙江丝绸业所需用茧。官厅提案对茧行、茧灶的设置和数量有严格的限制，浙江省议会第一届第二年常年会议决议《浙江省茧行条例》，主要内容如下：

1. 旧有茧行请换新贴限四月末日以前，备足捐税银圆取具就地商会或殷实商店三家以上保结。新开茧行仍照向章限三月末日以前，报明开设场所行号取具就地商会或殷实商店三家以上保结，与先开茧行确在二十里以上。

2. 新行灶乘单灶以十乘为标准，双灶一乘作单灶二乘算。每逾单灶一乘以上五乘以下者即依次加倍缴纳牙贴捐税。

3. 各行收茧在度量衡未实行统一以前仍照向章一律遵行向章司码官秤，由财政厅制交茧捐委员，饬令各行缴价领用。不得私用重称，违者除将该行封闭外，仍照诈欺取财律，送交法庭讯辩。各行收茧如发觉有联合抑价情事经查实后，按照情节轻重分别处罚。

1918 年，浙江省议会第二届第三年常年会议决《解释浙江省茧行条例疑义案》，对新开茧行的程序和逾灶加倍缴纳牙贴捐税做了进一步的解释。其中对于加倍缴纳牙贴捐税解释如下：例如设单灶十一乘，即须缴纳两次之贴捐，设单灶十六乘即须缴纳三次之贴捐也或谓设十乘单灶之行仅须缴一灶贴捐，而设十一乘单灶之行即须缴纳两贴捐，似不平。然假如一行设灶不及十乘亦须缴纳一贴捐，即为极端之论。既定有设一灶之行，何能免一贴捐，且增灶加捐之限度，即为一乘至五乘，则在商人方面之以增灶请者，事实上殆无仅增一灶之理。条例之主旨本在维持丝绸限制茧行营业，则收茧多而增设灶乘者依此加倍征捐，即所以寓限制之意。

由于茧行条例对茧行的限制，导致蚕茧供过于求，茧商垄断，甚至联合重秤抑价，影响丝绸业的成本，对正在国内外竞争中日趋不利的浙江丝绸业十分不利。故丝绸业者坚决反对，为了减少限制茧行之流弊，同时兼顾丝绸各业，在综合了各方面的意见后，浙江省议会民国八年第一次临时会议决《废除浙江省茧行条例案》。①

1916年，浙江省议会第一届第二年第一次临时会议决《浙江省丝厂单行条例》，共九条，主要内容如下：本条例适用于创办汽机、木机之丝厂。凡设立丝厂应报明姓名、厂号、资本、地点、丝车种类部数并将组织方法拟具章程，呈由该管县知事转呈省长公署核准办理。汽机丝厂备有丝车一百部者，得在厂内收茧附设烘茧单灶十乘。百部以上，其灶数比例增加。丝厂所设地点不受茧行条例之限制。木机丝厂备有丝车一百部者，得在厂内收茧附设烘茧单灶十乘。一百部以上，其灶数比例增加。丝厂所设地点不受茧行条例之限制。丝厂内附设之茧行所收之茧，由茧捐委员复称查勘担数，照章收捐。俟该厂缫成丝斤后，准将丝捐护照照章换给经捐护照出运。丝厂内所收之茧，不得超过本厂需用之额。如有超过需用之额而贩卖者，除将货物充公外，并停止其营业。每县得设汽机木机丝厂各一所。凡设丝厂之所在县，五年内不得有第二厂之设立。

（二）扶持其他实业的立法

民国前期，浙江省议会还议决了许多有关筹办各种模范工厂、试验场

---

① 议决案中的详细理由如下：今病商民流弊甚大，夫营业自由载在约法，查该条例第三条之规定凡开设茧行地点须距离原有茧行在二十里之外，限制人民营业自由，适以供少数茧行之垄断。查照省议会暂行法第十六条第一项但书之规定，不免与约法相抵触。此茧行条例法律上应行废止者一也。自由贸易为经济学制原理，进来欧美各国因加迭尔、托拉斯之独占，已惹起社会主义之反响。殷鉴不远。殊足寒心。今于二十里内仅准设一茧行，抑价把持之弊正复相同。甚或甲乙两行沆瀣一气，往往于行粘截领收茧。盛旺时期，忽停其一，四十里之内实际上一行，害且更烈。可怜数百万户之养蚕农民，辛苦勤劬，收货鲜茧，原冀博取微资以作仰事俯蓄之计。今受茧行条例之制限，又恐鲜茧逾时即坏，不得不吞声忍气，贬价求售。怨讟所丛，久将横决。经济社会定起恐慌。此茧行条例学理上应行废止者二也。或谓茧行开放者有碍丝绸各业，其实不然。盖茧有干鲜之分，丝有运用之别。茧行收鲜茧而烘干转运出口，踏庄收鲜茧而缫为用丝专售机户，踏庄茧行并行不悖，则机户之用丝与茧行条例之废除不生影响且茧行条例开放之后，丝茧以自由竞争，竞争之结果出产必增。是该条例之取消，适足以促茧业之发展。此茧行条例事实上亟应废止者三也。载《浙江省长公署公布第五号准省议会议决废止取缔茧行条例由》，《浙江公报》1919年第2554号。

的议案，以促进丝织业之外其他实业的发展。这些议案主要有：《遵照交通部推广电线变通办法增设本省电线并认垫款案》、《设立浙江矿务局案》、《筹设改良手工造纸传习工场案》、《筹办商品陈列馆附设劝工场案》、《试办浙江水产品制造模范工厂案》、《筹设改良瓷业传习工场案》、《添设改良制糖场附设种蔗试验场案》、《武林铁工厂请将前借官款展期还本案》等。

浙江省议会第一届第二年常年会议决案通过的《筹设改良手工造纸传习工场案》，主要内容有：改良手工造纸传习工场设置地点：于龙游县原料最多，纸业繁盛之处先行筹设一处。组织：场长兼技术员、技术主任和事务员各一人。场长以富有造纸经验兼新旧学识者充任技术主任。以高等工业学校毕业，兼有造纸技术者充任。制品：除仿造洋纸外并改良固有纸品。艺徒：额定三十人，每年招生一次，以一年为学习期。

浙江省第一届第二年第一次临时会议决《试办浙江水产品制造模范工厂案》选择舟山为试办浙江水产品制造模范工厂地点。其原因是“浙宁台温三属，渔业以宁为最，而宁又以定海之舟山为中心点。轮舶交通商务荟萃。附近各岛更与温台各埠生气联络。不特风气开且每当三四月份间渔舟聚集，购货起货莫此为便。”① 该议决案主要内容有：本厂制造物品先办食用工用两种。各种又择要举辨细别如下：食用包括罐储品、干制品、腌藏品、盐干品。工用包括：藻类制作洋菜、鱼骨制作牙粉、介壳制作纽扣。工场分为事务部、原动力部、罐储部、盐干腌藏部、骨壳部、洋菜制造部。工厂组织包括：场长兼技术员、庶务兼会计、工役、技术员、助理技术员等。

浙江省议会第一届第二年常年会议决的《筹办商品陈列馆附设劝工场案》，主要内容有：商品陈列馆附设劝工场地点：西湖新市场。组织包括：馆长兼技术员一人管理馆内一切事务，事务员六人掌管以下各科事务，陈列科、庶务科、文牍科。陈列馆陈列之商品分本省品、外省品二部分共十类：农业品及图艺品、林业品、水产品、探矿及冶金品、化学工业品、染织工业品、制作工业品、机械工业品、图绘写真及印刷品、参考品。陈列物品须将名称、产地、价目、用途、制造地点、制造人姓名详细

① 《试办浙江水产品制造模范工厂案由》，《浙江公报》1917 年第 1729 号。

开列标签悬挂。

架设电对于促进实业发展有重要意义。浙江省临时议会第三次会议议决《遵照交通部推广电线变通办法增设本省电线并认垫款案》，主要内容有：拟架设的电线线路包括：省城江干—富阳县—桐庐县—建德县—淳安县。省城西—余杭县—临安县。吴兴县—安吉县，中途接至长兴县。绍兴—余姚，中途接至上虞县。金华县—义乌县，江山县—常山县，永嘉县—瑞安县，缙云县—丽水县—松阳县，中途接至云河县—景宁县。石门、海宁、德清、武康、萧山、奉化、浦江、龙游、江山、黄岩、天台等线路。以上共拟添设线路一千二百里有零，设局二十八所，共计需洋51928元。

浙江省议会民国九年常年会议决《武林铁工厂息借款案》，武林铁工厂产品行销日盛，但是苦于资金不足：

> 其所需机械尽属购咨外洋，每年输出金额实属颇巨，苟能设厂自造推广业务，商人购置以形便利，且影响所及各项机械工业得以从速振兴而各地工业学校亦可借资练习。武林铁工厂自开办迄今已六载，所有制品大致为三。其一，学校用手工具专供中小师范各校之用，一岁之内需数颇多，而通国工厂均未从事于此，该厂仿制以来行销日盛。其二，编织机械，丝织业为吾浙工业之中心，而新式提花机踏花机等向皆转辗购诸他国者，该厂悉心仿造曲尽其妙垣内外。其三，铁工机械者为制造机械之机械，其中以万能力械最为精巧而难制。今该厂亦能制就足为国货至光。现据该厂以厂务发达，资本不足……①

《武林铁工厂息借款案》帮助解决工厂的资金难题，该议决案的主要内容如下：

1. 息借公款计银2万元，息7厘。
2. 担保省垣殷实商号。
3. 偿还期限：第一、第二、第三年每年按数还息；第四、第五年每

① 浙江省议会编：《拟拨借武林铁工厂公款议案》，《民国九年常年会会议决案》，第15页。

年按数还息并还本6000元；第六年本息还清。

二　农林渔业立法

浙江省自古以来，农业发达，加之文化水准较高，所以以科学改进农业的运动比其他省较早发生。“远在前清光绪二十三年，杭州即有蚕学馆之创设，至宣统三年劝业道即在杭郊笕桥设立农事试验场，至一九一五年设立原蚕种制造所，一九一九年设立棉种试验场，一九二四年设立昆虫局与造林场。”[①] 浙江省议会议决的与扶持农业相关的议案主要有：民国八年第一次临时会议决案《筹设改良棉种试验场案》，浙江省议会第一届第二年常年会议决案《浙江省保护森林条例》，第一届第二年第一次临时会议议决案《浙江省立苗圃办法》，第一届第二年第二次临时会议决案《添设省立第三苗圃案》，民国十三年第一、第二次临时会议决案《筹设省立第一模范造林场案》，第一届第二年第一次临时会议议决案《浙江渔业公司暂行章程》，民国九年第一次临时会议决案《劝办浙海渔业公司条例》、《浙江外海渔业局条例》等。

浙江省的棉产改进始于1917年，浙江省议会民国八年第一次临时会议决《筹设改良棉种试验场案》，浙江省实业厅将棉种试验场设立于余姚，“计咨送余姚县筹设改良棉种试验场议案”中阐述了设置棉种试验场的理由：

> 穷维面纱至用衣被天下远过丝绸，而近年来各处布厂无不用洋纱，使利源外溢……我浙余姚年产额不下百万元而仅能纺十四支以下粗纱，平湖年产盈百万元，品质视姚棉尤劣。故各处工厂不得不仰给于舶来之品，工战商战均无完全胜利之望，苟长此因循不求进步，不但工商业永无生色，即农户亦日即衰微。如美棉一担可售银四五十两，而华棉只值三分之一，美国种棉之地每亩可收二担，而华棉中稔之地只收七八十斤生产寡而价值低……洋棉纤维之细而长柔而极能纺极细之纱。余姚之棉粗而短脆……此非特土宜有别气候之故也，其关系于人事者。如播种之早，晚施肥之多少，分株之疏密，入土之浅

① 胡先骕：《近世中国农业研究机构概况》，未刊文。

深，以及防止害虫，疏通水道等事，宜皆悉心体察逐渐改良。然后得受洋棉种子之益。盖洋棉种子之所以优美者，亦由积时进步而成，固非毫无学问之。农夫贸然从事所能遂奏效果者，倘仅仅采购种子而，不学学术上之试验，恐始必有逾淮化枳之优，终将有因噎废食之惧，徒糜经费难收实效，此改良方法所拟设试验场之理由也。[①]

浙江省议会第一届第二年常年会议决的《浙江省保护森林条例》，是在中央1914年的《森林法》和1915年的《森林法施行细则》的前提下，对浙江森林保护的详细规定，其主要内容有：凡县辖境内之森林由县知事会同城镇乡自治董事，查勘划分各乡区警察所，责令保护。省公署应将试验适宜之森林苗种做成说明书，饬县晓谕准造林者得呈县详给各项森林苗种，酌免缴价。凡造林在五年以上，林木茂盛疏密得宜者，年终由县知事汇详，省长给奖。警察于巡视时，发现有森林法第五章所规定的盗窃、烧毁和损害森林者，按照轻重逮捕解县或予以即决处分，并令赔偿损失。

早在1921年之前，浙江省就开始关注林政工作，但当时只有杭州、兰溪、临海、永嘉（后迁丽水）设省立苗圃四所。到1924年，才在建德前省立甲种森林学校原址上设立省立第一模范造林场。[②] 浙江省议会第一届第二年第一次临时会议议决《浙江省立苗圃办法》，主要内容有：省立苗圃现设二处，一处设于省城，即钱塘道所办苗圃，定名为浙江省立第一苗圃。一设于兰溪西乡，即前金华道所办苗圃，定名为浙江省立第二苗圃。均直隶省署。各苗圃设圃长一人，由省委任。苗圃应行整顿改良各事宜，由省署随时察核督率遵办。苗圃种植情形由圃长先具全年设计书送省查核，年终并将种植成绩具报。[③]

省立苗圃设立后，民国七年，浙江省实业厅提出在省立苗圃铺内附设省立模范造林场，省公署驳回提案，其理由是“造林事业关系民生，事

① 浙江省议会编：《民国八年第一次临时会议决案》，第7—8页。

② 参见胡先骕：《近世中国农业研究机构概况》，未刊文。

③ 育苗工作开始于1927年以前，1935年省立各林场苗圃面积达880余亩，产苗4670余万株，自1938年至45年，各县育苗2360余株，推广民间之苗自1931年起至1945年止，各区分发苗木一万余株，公路行道树共栽770000余株。载胡先骕：《近世中国农业研究机构概况》，未刊文。

关重要。当有具体办法，在省立苗圃内附设省立模范造林场似有轻重倒置之嫌。况就近有无官荒山如来文所计划之多，及土宜若何，非切实调查其真相不可。原拟办法，殊嫌空泛。"① 之后，到浙江省议会民国十三年第一、第二次临时会议才议决通过《筹设省立第一模范造林场案》，共十一条，主要内容有：省立第一模范造林场选金衢严处森林发达地区，第二、第三模范造林场于第一造林场办有成绩后次第筹设。造林之土地属于官荒山地，旧森林学校原有悉数拨之。第一模范造林场每年造林定为五百亩，于第一条指定区域内分年培造之。第一模范造林场应需之秧苗由省立第二苗圃供应。第一模范造林场场长须具备下列资格，并由实业厅任之：外国农科大学或农业专门学校林科毕业者；国外农科大学或农业专门学校林科毕业办理林业事务一年以上者。

为了提倡远洋捕鱼，第一届第二年第一次临时会议议决《浙江渔业公司暂行章程》，筹划官股50000元，另外招商股30000元。在上海恒源祥机器厂定制渔轮一艘，下水后开至甬，由甬放洋捕鱼。《浙江渔业公司暂行章程》，共十八条，主要内容有：浙江渔业公司暂由官商合资办理报部立案，以提倡本省渔业为宗旨，在浙海洋面捕鱼及经营渔业各项事务。本公司先集资把80000元为八百股每股计银100元，官厅认五百股，其余三百股招商分认。本公司向上海著名工厂定造新式渔轮一艘名曰府浙。按汛捕鱼，俟营业发达再行自立场所。本公司办事员役包括：总理一人，协理一人，会计一人，庶务一人，厂工杂役若干人，渔轮管驾一人，副管驾一人，机匠若干人，捕鱼人若干人，其余公役水手若干人。总理、协理由商股中公举熟悉渔务，富有经验者各二人禀请省长核准。总理、协理任期均为一年为限，得连举连任。本公司收入除各项支销外，余利按二十成分派，五成分给本公司及渔轮内各办事员役之红币，五成提存公司预备扩充之用，十成按照商股所出各股分给之。公司设账员二人，省长选派一人，股商推选一人协同查账。设董事五人，由省长选派二人，股商推选三人，照章组织董事会。

为管理和振兴外海渔业捕捞，浙江省议会民国九年常年会议决通过

① 《浙江省长公署训令实业厅准省议会咨复交议省立苗圃附设模范造林事务所一案请撤回原案调查妥拟交议由》，《浙江公报》1918年第2423号。

《浙江外海渔业局条例》，浙江设立外海渔业局。该条例共十二条，主要内容有：浙江外海渔业局总局属于实业厅，以整理外海渔业行政发展渔业为主旨。总局设于定海，临海与永嘉二县各设分局。总局局长须通晓本省渔业人员，由省长委任。分局局长须熟悉渔业，由总局局长推荐，实业厅委任。渔业局的职权包括：外海渔业调查、外海渔业公所公会等之整理、保护外海渔业、振兴外海渔业、征收外海渔业船舶牌照费等事项。

为鼓励设立渔业公司，并予以补助。浙江省议会民国九年第一次临时会议议决《劝办浙海渔业公司条例》，条例共六条，主要内容有：凡本国人民集股在浙海开设渔业公司购置渔轮，依公海渔船检查规则检查合格注册有案，得依本条例呈请省款补助和保息。凡渔业公司能购置深水渔轮者，每艘依照船本补给十分之一，但每艘不得过2万元，每公司以2艘为限。凡新成立之渔业公司，股本保息为五年为率，自开办之日起，五年为保息期间。关于《公海渔业奖励条例》第九条、第十条及《公司保息条例》第七条、第八条、第十条、第十七条各规定，实业厅应对于被保息及省款补助之渔业公司得照此办理。

第三节　交通和水利建设立法

一　交通建设立法

（一）省道建设立法

“举我浙江一省，论地大民众，物产丰饶。只因外县道路崎岖，亘久不修，交通梗塞，民智不开。遂至遍地宝物无法开采。而农业、工业、商业、渔业、矿产、森林亦佥不克发展。舍赶筑省道外无他策。省道一成。则鸟迹兽蹄之山路可以化为亨衢。湫隘荆榛之险道可以平为康庄。”① 浙江省议会期间通过了大量有关省道建设的法案。1916年，浙江省都督吕公望提出省道建设，浙江省议会第一届第二年常年会议决《修筑浙江省道案》，开始规划浙江省道建设；第一届第二年第一次临时会议决《修筑省道办事处章程》、《浙江修筑省道募捐条例》、《浙江修筑省道收用土地条例》、《修筑省道奖励条例》；浙江省议会民国九年

① 《浙江省道基本线兴筑谈》，《浙江月报》1926年第1期。

第一次临时会议决《修筑省道计划修正案》；浙江省议会民国十年常年会议决《浙江省道局章程》、《浙江省道分局章程》、《浙江修筑省道施工条例》、《浙江修筑省道地方团体及商人承筑条例》、《浙江省道商办汽车条例》、《浙江省道商办汽车营业规则》、《浙江省道商办汽车发给执照规则》、《浙江修筑省道奖励修正条例》、《浙江修筑省道募捐修正条例》；浙江省议会民国十三年常年会议决《浙江省道征收车马通行费章程》、《浙江修筑省道计划修正案》、《浙江修筑省道地方团体及商人承筑条例修正案》。

《修筑浙江省道案》的主要内容有：省城设修筑浙江省道筹备处。省道分期修筑，先从干线入手次及支线。干线修筑分为四期：第一期自省经余杭、富阳、新登、桐庐、建德、兰溪、龙游、衢县、常山等县至江西玉山县界，共长五百九十余里（旧称浙赣路线），又自兰溪、金华、武义至永康县共长一百七十里，为全台线之西段。第二期自省经萧山、诸暨、东阳、永康、缙云、丽水、云河、龙泉、庆元等县至福建政和县界，共长八百六十三里（旧称浙闽副线）。又自永康经仙居至临海共长二百四十二里为全台线之东段。第三期自省经萧山、绍兴、上虞、余姚、奉化、宁海、临海、永嘉、瑞安、平阳等县至福建福鼎县界共长一千零十三里（旧称浙闽正线）。第四期自浙经余杭、临安、淤前、昌化县至安徽交界之昱领关共长二百零二里（旧称浙皖正线），又自浙经德清、吴兴至泗安接安徽之广德界限，共长二百六十五里（旧称浙皖副线），又经崇德、嘉兴至江苏交界之王江、泾镇，共长二百三十五里，旧称（浙苏县）。上述干线建成后依此修筑干线未经各县之支线，其期限令定之。干线路修筑的经费包括：各干线所须之经费包括：全路修筑费、调查测量费、勘估工程费、劝导联络暨筹备开工经费、工程事务所经费、监工经费、购民地经费。各干线所需经费，第一期需洋2115260元，第二期需洋3062898元，第三期需洋2810148元，第四期需洋1949249元。以上修筑省道经费以省税及公款补助暨募捐充之。

民国九年第一次临时会对《修筑浙江省道案》进行修正，主要内容有：对一些主干线的距离勘测后进行了更正。确定了支线原则为：凡干线未经各县，自县城起以有一向与干线衔接。经费来源：省款、地方团体承揽的，省款补助一部分。民国十三年常年会对《修筑浙江省道案》进行修正，主要内容有：经费包括省款担任及国库补助，地方团体承揽的，省款酌量补助。商人承揽的，不予补助，准予其法定年限内行驶汽车专利。全省省道事宜由设于省会的省道局办理。

《浙江修筑省道募捐条例》共十四条，主要内容有：募捐种类包括：现金、材料、修筑省道必须收用之田地等、担任修筑省道若干之一切费用、人工。募捐人员包括：以县知事为募捐主任、以地方各公正绅士为募捐董事。募捐主任由省长委任、募捐董事由募捐主任遴选各地方公正绅士呈请省长委任。各县募捐主任应将已收捐款连同收据存根，按月缴存办事处汇报省长公署备，查并将捐助人姓名、捐数及收据号数登载于《浙江公报》。募捐主任应将捐款人姓名与所捐数目按月分别城镇乡榜示。民国十年的《浙江修筑省道募捐修正条例》，主要规定了各地方公正人民为募捐董事。

《浙江修筑省道收用土地条例》共十七条，主要内容有：修筑省道收用土地以必须应用为限。收用土地之种类包括官产和民产。官产由县知事查明后呈请省长转饬主管官厅拨用。民产由县知事查明后向产主收买。土地应收用者由省道办事处委员会绘其图说，通告县知事，将业主姓名及应用亩分，即行榜示并通知业主。业主接到通知后不得将土地售与他人或用为建筑埋葬及其他一切设备之物。收买土地之价由县知事委托募捐董事向业主商定，如有争议时组织评价会评定之。评价会会员由县知事遴选本地公正绅董十人以上充之。评价会以县知事为主席。评价会议决以过半数定之。评价会开会时业主或关系人得到会陈述意见。土地收用后其粮赋由公家负担之。收用土地内有建筑物须迁让者，由县知事于三月前通知业主，迁让其费用及损失由收用者支付。

《浙江修筑省道地方团体及商人承筑条例》共十六条，主要内容有：承筑应呈请省道局审查转报省行政长官核准后，由省道局立案发给执照。无故延期或停筑致妨碍全路进行者，得由省道收回或另招承揽人。承筑之省道，省道局随时派员查察并于竣工后派员勘验。地方团体承筑，须在十里以上。商人承筑的，由省道局核定之。干线及支线之分段由地方团体承筑者，其经费由省款补助。全线或分段由商人承筑者，不给补助费，得行使汽车营业。凡承筑省道准许行使汽车专利年限期满时，所有承筑之路由省道局无条件收归省有。

《浙江省道商办汽车条例》共十八条，主要内容有：凡中华民国人民集资承筑省道，创办汽车营业者照本条例行之，前项营业之组织依股份有限公司办理。营业请求如下，由省道局核准立案：创办理由书、暂行章程、路线图及说明书、创办费用概算书、营业收支概算书、股本总额、创办人姓名籍贯职业住址。创办人须承受股本总额1/3以上，上列之股本须于呈请立案时，提出确实之凭证，并由省道局检验。营业执照之有效期自开始营业之日起最多至满30年为止。汽车公司开业之前须具左下列各款呈请省道核准：汽车时刻表自起点站至终点站、汽车逐日来往次数表、载客价目表、运货价目表。

《修筑省道奖励条例》是为奖励修筑省道出力人员以及捐助经费者而定，条例规定了奖励的对象，奖励的事由和奖励的内容。《浙江修筑省道施工条例》主要是对省道各项工程为大体之规定。

（二）钱江义渡改良和环湖西湖马路建设立法

钱江流域为杭绍宁台各府属出入要冲，行旅往来，日恒逾万，钱江风淘汹涌，险象环生。前清设立义渡由士绅办理，资金由民众捐集。前清浙江咨议局议决改良钱江义渡局，认为义渡局虽数慈善事业，但关系全省人民，但政府也不得不负责，提出的改良包括增加渡轮、增加瞭望塔。浙江光复后，民国浙江省议会第一届第一次临时会议决《改良钱江义渡改良跳板议案》，议决案规定对跳板进行改良，防止上下船危险发生。改良费用共需洋3861.5元，常年的人工费用，跳板夫、牛车夫、总跳板夫费用需洋2136元，并将这些费用列入1913年度的预算。但是由于议会中断，没有执行。

浙江省议会第一届第二年第一次临时会议议决《钱江义渡收归省有并改设轮渡案》，议会在咨文中认为钱江义渡“禀请筹办之绅是否即为全体公认。办理义渡之人，是则尤难。确定矧自付诸绅办以来，敷衍因循，行旅者皆称不便。自因撤销绅办收回省有，借以维持法案而洽舆情。至改设汽轮，速率即得增加，风涛尽可抵制，往来便捷，化险为夷。且按预算表所列出之数与二年预算相较，所增之数甚微（227元）。故钱江义渡收归省有，改设轮渡，以便行旅，公决以该两案并为省立钱江义渡改设轮渡案。”①

① 《浙江省议会钱江义渡收归省有并改设轮渡案咨文》，《浙江公报》1917年第1733号。

民国前期的修筑西湖环湖马路，对于近代杭州的发展有着重要意义。浙江省议会民国八年第一次临时会议，省长交议《修筑环湖马路案》，议案的咨文提出修筑西湖环湖马路的理由："西湖乃东南灵秀，四方名人流连忘返，西湖建设既足游人之陶冶之情、林木之栽培、园池之结构、尤足觇国民高尚之趣事，点缀湖山之风景，乃增长邦域之光荣。浙省自改革以后仅筑湖滨一路，而环湖各处荒芜如故。"[①]《修筑环湖马路案》的主要内容有：佥谓修环湖马路，本以交通而著名胜。官厅既筹款于先本省亦乐襄厥成。应照原案计划由官厅切实办理。但原拟七路内松木场路可以缓解，南山、西山、岳坟、白公、灵隐、三竺共六路先行兴筑。计需款655572.58元。由官厅筹集半数，其余一半从七年度以前省地方经费预备费内动支。

二　水利建设立法

浙江是中国最著名的水乡，拥有丰富的水资源，辽阔的海洋、众多的河流和湖泊。但另一方面，海洋季风和雨水，使浙江的水灾相对于中国其他的地方严重。因此，新修水利、兴建海塘、疏浚河流是浙江历代政府的重要事务。民国前期浙江省议会通过的有关水利的议案也很多，主要有；浙江省临时议会第二次会议议决的《嘉禾县议会请联合江苏疏浚浙西水利案》；浙江省临时议会第三次会议议决的《调查全浙水利》、《阻止将军塘开掘缺口案》、《西江塘工经费案》、《丽水堰工经费案》；浙江省议会第一届常年会议决的《修浚浙西水利案》；浙江省议会第一届第二年常年会决案议决的《处理萧山湘湖案》、《修濬浙西水利修正案》、《疏浚桐江上游航路案》、《疏浚桐江上游航路修正案》、《停止绍萧塘工有奖义券案》、《停止疏浚桐江上游航路案》；浙江省议会民国九年常年会议决的《修浚浙西水利议事会修正案》等。

浙江省议会一直重视水利建设，民初浙江省临时议会的第三次会就议决了《调查全浙水利案》，其主要内容有：全省水利事宜由民政司遴派专员调查测绘以便估计兴修。调查时须将地形之高低，水道湖面之面积、浅深、广狭及水量质地测量绘图贴说。测绘当以富春江、新安江、婺江、衢

① 浙江省议会编：《修筑环湖马路案咨文》，《浙江省议会民国八年第一次临时会议议决案》，第7—8页。

江流域为浙东南区域。浦阳江、娥江、鄞江、椒江、瓯江为浙东地区。运河、苕霅泖河等流域为浙西区。每一河流测绘调查完竣，测绘员须将河域应行开浚防堵之计划及该域水源防沙造林之计划详细造册呈核。

浙西杭嘉湖地区地势低平，上游天目山地区的水流顺地势奔腾而下，分注太湖、黄浦江等处。但由于沿途河道年久失修，极为淤塞，一遇暴雨，即遭水患，三属人民深受其害。浙江咨议局时期曾通过《兴修浙西水利议决案》，后因经费无着而未行。浙江省议会第一届常年会议决《修浚浙西水利案》，主要内容如下：

1. 组织。在省城组织浙西水利议事会筹划修浚浙西水利事宜。浙西水利议事会由浙西各县县议会各举一人组织之。浙西水利事务所由浙西水利议事会议决设立。

2. 经费。(1)丝捐。杭嘉湖旧府属经运丝，每包加抽大洋1元，由民政长令行带征，以修浚完竣之日为止。(2)茧捐。杭嘉湖旧属，干茧每百斤加抽大洋5角，由民政厅长令行茧捐委员会带收。(3)轮船捐。凡小火轮及公司船进出口者，每只每次各捐洋5角。其他，拖带之民船，每只每次捐洋2角。

3. 工程。杭嘉湖各属需要疏浚的大小河流。

由于“浙西杭县日形淤浅，若再不从速修浚，将来运输日益迟滞。行船者无不受损碍。浙西区域内向有行驶之华洋小轮及拖带之公司船、民船均应查照前清税务司条陈，筹款方法切实举行，藉充经费，亦属两得。”①　浙江省议会第一届第一次临时会议议决《修浚浙西水利关于船捐一项修正案》，对于船捐有了更详细的规定：船捐，凡经过浙西内河轮船及其拖带公司船、民船均按来往次数照下列数目收取船捐：每日开行一次者，轮船每只捐小银圆5角，其他拖带之公司船、民船每只捐小银圆2角。每日开行二次以上者，轮船每只捐小银圆3角，其他拖带之公司船、民船每只捐小银圆1角。

浙江省议会第一届第二年常年会议决案《修浚浙西水利修正案》，其主要内容如下：

---

①　浙江省议会编：《修浚浙西水利关于船捐一项修正案说明》，《浙江省议会第一届第一次临时会议议决案》，第1页。

1. 在省城组织浙西水利议事会筹划浙西水利事宜。水利工程所在地设水利事务所执行修浚水利事宜。

2. 经费：(1)地丁附捐。浙西各县除淤前、昌化、新登、富阳、临安外，每地丁银一两，带征浙西水利银圆5分，分上下两忙缴纳。(2)货物附加捐。就浙西各统捐局（淤前、昌化、新登、富阳、临安五县及闸口统捐局不在此内）。所征货物每正捐银1元带征浙西水利经费银圆6分，随正捐代收。(3)丝捐。杭嘉湖旧府除淤前、昌化、新登、富阳、临安五县外，经运丝，每包加抽大洋1元。由省长令行统捐局代收。(4)茧捐。杭嘉湖旧府除淤前、昌化、新登、富阳、临安五县外，干茧每百斤加抽大洋五角。由省长令行茧捐委员代收。

3. 工程之缓急由议事会议决。呈由省长核定其局部之施工计划，由事务所主任拟具理由，提出议事会议决，呈由省长核定。

浙江省议会第一届第二年第二次临时会议决的《修浚浙西水利修正案》，主要内容有：在省城筹划浙西水利议事会筹划修浚浙西水利，浙西水利议事会受省长监督。浙西水利议事会由省长令浙西各县知事转饬各县议会各举一人（被选者不限于县议员，但县议员当选时不得兼充）。浙西水利议事会会员于县议会未成立以前，由省长饬令各该县知事慎选素有水利知识经验之耿正绅士一人，呈请省长委充之。淤前、昌化、新登、富阳、临安五县水利归入钱江流域办理不在此限。杭嘉湖旧府属除淤前、昌化、新登、富阳、临安五县外，丝包出省凭护照每包加抽大洋1元，由省长令行统捐局代收 。

第四节　其他立法

一　禁烟立法

基于鸦片之毒害，1906年9月20日，光绪皇帝颁布禁烟谕令："著定限十年以内，将洋土药之害一律革除净尽。"接着清政府连颁谕令，要求各省地方督抚、将军严厉禁烟，包括制定各项禁烟措施和完善禁烟机构。到辛亥革命爆发前，禁烟已取得显著效果，大部分地区鸦片种植得以禁绝，烟馆几乎关闭，鸦片吸食者显著减少，鸦片进口与销售得到有效的控制。

辛亥革命后，新政权尚未巩固，社会因变革处于动乱无序之中，各地新政府忙于军务，无暇顾及禁烟事务，因此使得原来已初见成效并欲进一步深入的全国禁烟运动受到阻碍。有关禁烟的法律、法规无法执行，鸦片贸易、种植、吸食出现恢复。浙江辛亥革命后原有的禁烟公所关闭，禁种在某种程度上有所松弛，农民又重新开始播种。例如“绍台温处金衢严各属农民与光复后咸谓国家改造禁令已弛，以致漫山遍野复植罂粟，如瑞安平乐等地所植烟苗比较上年骤增至三十倍以上余，如萧山沿海植沙塗植烟者亦十亩而九”。①

面对这种情况，以汤寿潜为都督的浙江军政府，为革除陈规陋习，刷新社会风气，建立社会文明新秩序，在浙江省内采取一系列政策措施，重新开始禁烟。1911 年末至 1912 年初，浙江省临时议会期间通过一系列的有关禁烟的立法主要包括：浙江省临时议会第一次会议议决的《浙江省实行禁绝鸦片法》、《浙江省府县禁烟局暂行章程》、《浙江省全省府县禁烟调查员执行规则》；浙江省临时议会第二次会议议决的《修正浙江省实行禁绝鸦片法》；浙江省临时议会第三次会议议决的《浙江禁烟特别条例》。

1912 年 2 月，浙江省临时议会第一次会议议决的《浙江省实行禁绝鸦片议决法》是民国前期浙江禁烟的主要法律。《浙江省实行禁绝鸦片法》共六条，主要内容有：全省禁烟以民国元年二月十七日为禁绝期限，届期土膏店，营业执照、吸户牌照、行旅小票等一律废止。违反规定熬膏吸食者，处五等有期徒刑拘役或 1000 元以下罚金。各属禁烟局禁烟分局有未附设戒烟局的，咨本法公布后十五日内设立。已届禁绝期，凡属吸户无论戒绝与否，于禁限后十日内，将烟具及吸余土膏呈局。其私藏土膏及烟具者处以三等至五等徒刑，私藏烟具者，处百元以下之罚金。未经戒绝之人在男子，应入局戒烟。在妇女老少或病弱，应将每日吸食戒烟药分量报明。戒烟局列册给照，指定制造戒烟药品店铺购服，按旬递减搀土成分迟至元年五月末号，必应戒绝。已属禁绝期限，各属土膏店，应即闭歇，违者除将店屋发封外处本主三等至五等有期徒刑。

为继续严惩严重的种植吸售鸦片状况。1912 年 11 月，浙江省临时议

① 《浙省内政纪要》，《申报》1912 年 2 月 24 日。

会第三次会议又议决《浙江省禁烟特别条例》，规定了更为严厉的禁烟条款：第一条凡吸食或购买或私藏鸦片者处四等有期徒刑；第二条凡播种鸦片者处以三等有期徒刑，并将其播种田地一并充公；第三条凡开设馆舍供人吸食鸦片烟者处以三等有期徒刑，并将开设房屋充公；第四条凡制造或贩运鸦片烟吗啡料者除以三等有期徒刑，家产一律充公；凡犯第二条至第四条者自民国二年三月一日起，均处以死刑；查禁时（包种吸售而言），如有聚众违抗需调遣军队查办者准予格杀勿论。此后，浙江省内罂粟种植几近全部肃清，省内的吸毒者也大为减少。

二　社会秩序管理立法

民国前期浙江省议会通过的有关社会秩序管理的议案比较少，零散地涉及公共卫生、文化娱乐、交通和户籍管理等方面。主要有：浙江省临时议会第二次会议议决的《浙江省预防传染病规则》、《浙江省管理道路规则》；浙江省议会第一届第二年常年会议决的《浙江省取缔戏园规则》、《浙江省食品商品市场取缔规则》、《人力车取缔规则》；浙江省议会第一届第二年第二次临时会议议决的《浙江外海取缔船舶规则》、《浙江内河水上警察取缔船舶规则》；浙江省议会第二届第一年常年会议决的《外海取缔船舶规则修正案》；浙江省议会民国十一年常年会议决的《浙江省户口登记暂行条例》。

浙江省临时议会第二次会议议决的《浙江省预防传染病规则》共十七条，主要内容如下：

1. 传染病的防御措施。医生诊断传染病者或检案其死体后，当将消毒方法指示其家属，并将传染病情形报告该管警察官吏或防疫委员。患传染病或疑似传染病或因传染病身死者之家，宜速受医生之诊断或检案，并将传染病情形报告该管警察官吏或防疫委员。患传染病之家，当遵医生及该管警吏防疫委员之指示，施行清洁方法及消毒方法。传染病预防上认为必要时，得使患传染病者入传染病院或隔离病舍。传染病预防上认为必要时，对于患传染病者之家或其邻家及交通者之家，得以一定之时日遮断其交通或迁入隔离所及其他适当之场所。患传染病者及死体，非经该管警吏之认可，不得迁移。为传染病毒所污染及有污染之疑之物件，非经该管警吏之认可，不得转移、遗弃、洗涤。患传染病者之死体，充分消毒后，使用疫户营葬规则。传染病预防上认为必要之时，该管警吏得邀同检疫委员向民间住宅及各团体事务所内从事检查，并得对于通商口岸及繁盛地方执行轮船汽车之检疫。

2. 地方长官在预防传染病中的职责：为健康之诊断及检案死体；遮断交通；隔离人民及限制人民之群集（如演剧集会等事）；破坏衣履及污旧物体，当限制其运送或令毁弃之；饮食物认为腐败及有碍卫生，当禁止其贩卖及授受或令毁弃之；令汽车船舶工场或多数人集合之场所，延请医生为预防上之必要之准备；令施行清洁方法与消毒方法及设置变更水井、清渠厕所或停止其使用；为鼠族之驱除；得处分建筑物及使用必要之土地，但土地所有者及受建筑物损害所有者得请求偿金。

浙江省临时议会第二次会议议决《浙江省管理道路规则》共六章，共五十条，主要内容如下：

1. 调整对象：不论公设、私设，凡公众通行之道路桥梁及附属道路之沟渠，以及该管警察官厅认为妨碍通行或为危险之预防，得命其除去或停止之。

2. 道路的安宁。于道路旁私有地内安置竹木等物，须用坚牢之方法围绕之。凡繁盛街市不得搬运火药及一切易于炸裂之物，并不得燃放烟火及火器。掘凿道路及修浚路旁沟井时，均应于夜间燃点标灯。下列事项须经警察署许可：因建筑事，欲置竹、木、土、石等物于道路；因建筑事，借设板垣支架灯类于道路；因建筑事，拟一时掘凿道路或暂止现任往来；在道路间转移巨物，须铺设轻便轨道；在道路间移植树木、建筑灯台或修理更换。道路两旁之房屋、墙垣、树木等物有倾圮倒扑之虞，妨碍行人之处，须速为修理，改置或扶植剪伐。于私有地内，当道路通行之处，如有井沟坎穴等项妨及公众者，须设法另迁或填平之。于道路兴做工事时，须预防砖瓦之坠落及尘垢之飞扬。道路两侧除警察官厅特别指定外，不得摆设棚摊。道路中不得演艺及其他聚众之事。道路中有电线架设之处不得扬放纸鸢。道路中不得睡卧。道路中不得无故携带凶器。道路中不得滥行焚火。道路中不得疎纵疯人或狂犬及一切险恶之兽类或嗾使兽类惊逸。凡未满四岁之小儿不得任其独行或站立于道路中。不得系牛马于道路中之建筑物及树木。路旁树木不得无故折伐，沟渠不得填塞，电杆路灯不得无故毁损。

3. 交通。繁盛市街，一切凉棚晾杆，招牌灯旗之类不得凸出于道路，其悬挂须符合规定。道路当中不得堆置车轿商品及铺晒蔬菜、木片、柴碳一切有碍通行之物。在道路间遇车队、学生队、救火具及葬仪等宜避让之。车轿、扛担暂时休息者，须停歇一旁，不得置道中。在道路间遇有盲聋者宜避让之。肩挑车轿牛马在有车马道设置地方，亦通行于左侧。若无设置者，则可通行于中央，但彼此相遇时须互相避于左方。车轿至转交桥梁时，须徐行，右转须大廻，左转须小廻。街市繁盛之处及晚间概不得疾驱车马。牵系牛、马、猪、羊兽类不得横列道中，其系绳须握在三尺以内。夜中无灯火不得牵牛马。凡遇特别灾变或戒严命令，临时通行之道路，非警察官厅特许者不得行之。在街角桥上或交通频繁之地及警察认为必要之地段，当警察举手之时，车轿牛马之进行皆宜停止。

4. 风纪。公私建筑物不得毁损并不得任意书划，除指定处所外，不许乱贴招纸。道路旁如有示谕张贴，不得涂抹撕破。坊巷桥梁之题志及禁止通行或指引道路之标识不得毁坏破损。在道路间不得为有害公安及风俗之举动、不得为类于赌博之行为、不得高声放歌及演唱淫词艳曲、不得酗酒喧哗、不得口角争殴及骂詈喧嚷。游方僧道及江湖恶丐不得在路口强索钱物。

5. 清洁。门前道路须各自瀌扫清洁所有垃圾须入指定之垃圾桶。不得堆积道旁或倾倒邻家门首。瓦砾尘介其他一切污秽之物须倾入垃圾桶，不得于道路沟渠，任便投弃，禽兽死体须焚化后掩埋，不得投入桶内。井沟之淤泥污水及其他秽臭之水不得泼于道路。不得于道路间抽打或拨灰积之物，致使尘灰飞扬。便桶溺器秽物须覆以紧密之盖，不得任其满溢漏滴道路。于道路间除厕所外不得大小便。于道路旁设厕所，须先受该管警察官厅之许可，并须设相当之遮蔽，随时冲洗。

6. 罚则。凡违犯本法规则各条者，俱照违警律除以相当之罚。但有正条载于刑法及他之法令者不在此限。

《浙江省取缔戏园规则》共二十条，主要内容如下：

1. 调整对象：凡演剧供人观览收取看资，且有一定场所者皆称戏园。

2. 戏园开办许可。凡开设戏园须呈报该管警察厅局所转呈省长核准立案，使得建筑依限落成后，报由警察厅局所派员检查合格者，呈请省长发给许可证始准营业。

3. 戏园应具备的设备：戏园大门须宽一丈二尺以上，门首须点路灯；除大门外须宽有六尺之侧门两处；楼上楼下须各设太平门二处以上；戏园之大门侧门太平门须向外开；戏台及看楼前面须各设置坚牢之栏柱；客席之坐具须坚实清洁；看楼每厢须有扶梯两座以上；屋上四面须通空气；观客席次之四围观须有相当之通路；每一客座须占有一尺五寸以上之地位；园内须分男女便所数处，每日须洒防臭水二回以上；便所须设适当之遮蔽；园内须设水井数口，并多备水缸储水充满，但邻近河池及设有自来水管者得免以上设备；消防水龙及各种器具须置备多架；园内灯火须用电器瓦斯二种，没有的用油火代之；灯火与可燃之物接近处须以铁皮遮隔之；厨灶及易惹火祸之处须为适当之防备。

《人力车取缔规则》，共八章，共四十二条，主要内容如下：

1. 调整对象：本规则凡以人力车经营或家用者皆须遵守。

2. 许可证。凡以人力车营业或家用者，须领有该管警察官署所给车照。人力车车夫须先由该车车行行主或车主将车夫姓名、年龄、籍贯、住址报明该管警察官署，经验明后发给允许证。人力车每辆应月纳 1 元以上 3 元以下车照捐。

3. 车体及附属品之制限：车体制造坚固；车体须以黄色油漆涂之，不得绘画；车体背面须记入车行商号或车主姓名及车辆号数；车中须具备白色布制坐褥并有油布制之车篷及车簾。

4. 车夫之资格与服装。车夫须具备下列资格：年满 18 岁以上 50 岁以下身体强壮，于该警察官署内有住所及确实有保证人。车夫服装要求：须着蓝布制成之号衣；雨具须用油制之黄布类制成者；衣服和雨具上须有商号或车主姓名及允许证之号数。

5. 车夫就业中之限制。车夫就业中须携带允许证及车价表，于岗警或乘客索观时应立即交验；若挽运重要物品，因乘客之要求，须将允许证交乘客暂行收执；在停车场外不得停车待客，乘客因事暂停交通不妨碍之地除外；不得挽空车于路上故意徘徊；未到乘客到达地不得无故请其下车；有乘客遗失物须就近交警察不能隐瞒藏匿；遇火灾或建筑物人群集聚，须遵警察之指挥绕道行驶；不得沿途招揽乘客或为侮谩之言行；不得两车并行或任意疾驰；两车以上连续进行的，须有 4 尺以上距离；后车要超车须扬声器使前车避左使得通过；通过街角桥梁及往来杂沓或狭窄之所须缓行，桥梁略高而不能行使时须请乘客下车；无论何处均须于左侧行驶；途遇对面之车马轿担须互避于左方；夜间须点灯（停车场除外）；无论何处空车须避让寔车；沿途遇上军队及学生队、赴火场之消防队或救火队、清道或邮政所用之车马、婚丧仪仗须停车或避让。

6. 乘载制限。一车只限一人，未满 12 岁不在此限。不得乘载：患疥疮麻风或其他传染病；疯癫及泥醉者；可污染车体或遗留恶臭之物；兽类；凸出于车外长大之物。

7. 乘车价额。价额由人力车行协议分别造列，以里计算及以时计算之车价表呈由该管警察官署核准，分给各车夫携带。不得于定价外别立名目巧索银钱。

8. 停车场。停车场由该管警察官署指定之，停车场由人力车行随时扫帚清洁。

《浙江省食品商品市场取缔规则》共二十一条，主要内容如下：

1. 调整对象：凡在食品市场经营者，凡在食品市场营业，必须领有营业执照。

2. 市场准许入场营业的物品：菜蔬类、水产或鸟兽类、食物类（如熟牛肉、熟鸟等及各种点心摊之类）、水果类。

3. 市场管理措施。场内买卖时刻上午六时至十一时，只准摆设菜蔬、水果、水产、鸟兽类各摊。下午一时起至六时只准摆设食物类及水果类各摊。场内设摊由该管警察官署核定立标编号。场内每日由警察到场弹压，并检查有无妨碍卫生食品。场内各摊用水务宜清洁，用后倒入沟渠。隔宿败馁之鱼虾食物及腐烂水果均不得混售。凡在场内营业者对于同业及买主均宜和平公允，不得争闹。凡在场内营业者对于场内应扫除清洁，不准任意堆积及糟蹋。食品市场之通路不得横有车马及其他物件。渔场等污秽物品须密闭于相当之容器。水果糖食等易着蚊蝇之物均须罩以相当之遮蔽物。

4. 罚则。违反本规则各条者，照违警罚法分别处罚。若屡犯不悛者，得取消执照不准营业。

浙江省议会第一届第二年第二次临时会议议决的《浙江外海取缔船舶规则》共二十六条，主要内容如下：

1. 调整对象：外海商渔各船，但是下列船不受本规则适用：一、国有船舶及归海关管辖之商轮；二、外国军舰及归海关管辖之外国军舰；三、有治外法权者乘坐之船舶及外人非营利之船舶（如游船等）。

2. 牌照管理。船主与保人应交照费，定系地之该管水警区队转报外海水警厅请领牌照。船舶牌照每年给换一次。船舶牌照分八等，以船舶梁头尺寸。水上警察在航行或停泊中可以检查，但不得有任何需索。

浙江省议会第一届第二年第二次临时会议议决，《浙江内河水上警察取缔船舶规则》共十六条，主要内容如下：

1. 调整对象：本规则除左列船舶外凡在内河水警管区以营业为目的者均适用之。但是以下除外：一、国有船舶及归海关管辖之商轮；二、外国军舰及归海关管辖之外国军舰；三、有治外法权者乘坐之船舶及外人非营利之船舶；四、公益之船舶。

2. 牌照管理。凡以船舶营业者应由船主依照报告单式逐项填明，邀同殷实店担保。牌照由内河水警厅制定，咨由财政厅会印后颁发所属水警署备案。船舶营业执照每年给换一次，船无论大小每次征照费小洋 2 角，非营利小洋 1 角。

《浙江省户口登记暂行条例》共十四条，主要内容如下：

1. 登记类型：分为户籍登记和人口登记。户籍登记包括：普通户籍登记和特种户籍登记。普通户籍登记人口住所。特种户籍登记公署、营房、监狱、学校、商号、工厂、寺院、公园、族舍及其他各种公私团体。人口登记包括普通人口登记和特种人口登记。普通人口登记包括：户主姓名、年龄、住址、职业性质；男女口数及名号、年龄、职业；出生死亡及其年月日；迁移及往来并其年月日；已婚嫁及婚嫁之年月日；承继招赘及其年月日；对于户主之称谓关系；盲哑疯癫及其他废疾。特种人口登记包括：船户户口；寺院僧道；公署、营房、监狱、学校、商号、工厂、寺院、公园、族舍及其他各种公私团体居住的人口。

2. 户口清册时须将下列各款事项另计总数：户数、男女口数、年满 6 周岁至 13 岁之学童、年满 20 岁至 40 岁之壮丁、本籍及客籍、职业之有无、废疾、宗教种类、曾受刑事处分者。

3. 户口管理。依县区划定之市乡，各区内住户分编牌甲。以十户为一牌，十牌为一甲。十户之外，另数在六户以上，得自成一牌。五户以下者并入邻牌。十牌之外有另数时，亦同。牌甲均置长一人，负户口登记义务。

4. 户口管理机构。省公署设立户口登记事务所，以主管科长为所长酌用办事员若干人。县公署设立户口登记分事务所，以主管科主任为分所长雇用办事员若干人。市乡各区之户口登记置主任一人，以市乡各区自治会主任人员充之。自治会未成立以前，由自治委员会或保卫团总充之。

三　社会福利立法

民国前期浙江省议会有关社会福利救济的立法少，就现存资料，只有浙江省议会第一届常年会议决的《筹办贫民习艺所案》，浙江省议会第一届第二年第二次临时会议决的《筹办贫民习艺所案修正案》和浙江省议会民国九年常年会议决的《浙江省立贫儿院章程》。

浙江省议会第一届常年会议决的《筹办贫民习艺所案》共七条，主要内容有：各县须先设立一所，艺徒定额至少须满四十名。所内设所长一名，艺师若干，艺徒学员期以六个月为准，成绩优者由所给予证书。习艺所工作种类应斟酌地方情形择其原料最多，销售最广并成本最轻者教之。艺徒制成出售之物品，除成本外，所得余利以六成充作所内常年经费，以四成给予艺徒。浙江省议会第一届第二年第二次临时会议议决《筹办贫民习艺所案修正案》，主要内容是将艺徒学习期以一年为准，成绩优者由所给予证书，不及格者留所补习。由于“地局偏僻，经费不敷，于实际上确有办理为难情形者，亦所在皆有设非量予变通”。[①]浙江省议会民国九年常年会议决《修改平民习艺所办法》，主要修改内容为：贫民习艺所由各县设立之，前项习艺所如体察就地情形实有不能办理者，县知事得详叙原委，呈请省长查明核办 。

浙江省议会民国九年常年会议决的《浙江省立贫儿院章程》共十六条，主要内容如下：

1. 宗旨：以教养贫儿施以作业教育及生活教育，养成其自立之智识能力为宗旨。

2. 教育内容。参照高等小学校令、国民学校令及各项规程，并酌量

---

① 浙江省议会编：《省长交议修改明习艺所办法案咨文》，《浙江省议会民国九年常年会议决案》，第5页。

情形审查个性分组，授以职业上切要之技能。

3. 贫儿数正额154名，附额100名。收集贫儿其年龄以八岁至十四岁为限，并确合于下列：一、父母不俱存，别无可任教养者；二、父母虽具存，确无能力可施教养者。

4. 管理。贫儿入院后关于衣食住行事宜均由本院购办供给。贫儿入院后除尊亲属大故外不得假归，但其亲属经本院之许可，得按时来院探望。教养以六年为期，期满后即令退院，自营生业。其在期内已有自营生业之程度者亦令退院，本院有介绍指导之责并有监督纠正之权。院教科分两级如下：一是高等级，授以高等小学学校学科并教以农工商各项技能及人生必需之常识，要以实施应用为主；二是国民级，授以国民学校全部学科，并酌加粗浅农工商各项智识以为基础。

5. 本院设院长一员总持全院事务。院监一员，教训员、技术员、保育员、庶务员若干员。

1922年设立的省立传染病医院为慈善机关，民国十二年第一、第二、第三次临时会议决《浙江省立传染病医院条例》，共十二条，主要内容如下：

1. 医院经费由省税项下支给，定名曰浙江省立传染病医院，设立于省会区域以内于浙江全省警务处。

2. 本院专治各种急性传染病。设治疗研究二部：治疗部，专治传染病之治疗事宜，又分门诊、出诊、住院三项。研究部，专司传染病病原体之检查及免疫血清之研究制造。

3. 本院人员之组织职务如下：院长、主任医员、医员、药剂主任、药剂员、庶务、会计等。院长由警务处聘请国内外医学专门学校以上毕业者，任医务五年以上确有成绩者充之。

4. 本院纯为慈善机关，凡来就医及住院者不取医药饭食等费，但愿出资者听。院舍由省公署令财政厅指拨相当该管房屋充用。

5. 遇传染病疫情的应对措施：凡遇传染病萌发时，经本院认为有隔离之必要者，得强制执行。遇传染病大流行时，得随时呈请省长指拨临时防疫经费或由官厅劝募设立临时防疫处，添委临时医员协同办理防疫检疫救护事务。

四　地方自治类立法

1909年，清政府颁布《城镇乡地方自治章程》、《城镇乡地方自治选举章程》，规定各省咨议局筹办处兼理地方自治筹办事宜。1910年，清政府颁布《府厅州县地方自治章程》、《府厅州县议事会议员选举章程》，规定府厅州县的自治事宜。1909年4月，时任浙江巡抚增韫设立了“浙江地方自治筹办处”，作为筹办浙江地方自治的总机关，并制定了《浙江地方自治筹备处章程》。章程规定浙江地方自治的办法及顺序是：“第一，开办各级自治研究所；第二，假定自治区域和城镇乡议事会议员数；第三，办理城镇乡议事会选举；第四，办理城镇乡董事会和乡董、乡佐选举；第五，确定城镇乡区域和城镇乡议事会议员额数，限于1911年10月完成；第六，由城镇乡议事会及城镇董事会、乡董次第实行城镇乡自治，要求在1912年内粗具规模。”①

浙江地方自治的各项具体筹备工作从1910年起在全省各地全面展开。一是建立筹办城镇乡地方自治事务所。1909年11月，浙江省自治筹办处就制定了《筹办城镇乡地方自治事务所章程》，规定全省各厅州县一律设立自治事务所，作为各地筹办地方自治事务的机构。按照这一章程，各地方官治事务所相继建立。1910年2月，为规范地方自治活动，浙江省自治筹办处颁布了制定厅州县筹办自治的九个规章：《调查员办事细则》、《造册须知》、《投票所办事细则》、《投票须知》、《投票管理员须知》、《投票报告录式》、《开票所办事细则》、《开票管理员须知》、《开票报告录式》。为了自治机构的选举，各州县都进行了认真的人口、选民调查和自治区域的划分。从1910年11月开始，浙省各厅州县陆续进行地方自治机构的选举 。“至1911年8月，浙江1071个城镇乡自治区域成立议事会的1021个，达90%以上；董事会及乡董乡佐已成立的810个区域，约占80%。”② 接着，厅、州、县自治机构的选举也陆续开始。据增韫奏报，“截至1911年8月，已有24个州县开始进行自治机构的筹备工作。”③

---

① 《浙江地方自治筹备处章程》，《浙江辛亥革命史料续集》，浙江人民出版社1987年版，第164—169页。

② 《浙江巡抚增韫奏筹备宪政遵章胪陈成绩折》，《内阁官报》，宣统三年（1911年）九月四日。

③ 同上。

1911年11月杭州光复后成立了浙江军政府，政权的更替并没有中断浙江地方自治的进程。“军政府都督通令城镇乡自治暂行照旧。”[①] 都督府政事部也照会各府县民事长继续进行前清时期未竟的府县自治机关的选举工作。照会指出自治选举关系重要，现在城镇乡自治会业已次第成立，则府县自治选举亟应继续进行，要求各地立即着手选民登记、造册、呈报等项选举的准备工作。[②] 之后，浙江省临时议会通过的《中华民国浙江省约法》内容中充满了地方分权自治的意味。浙江省正式议会成立后，陆续通过并由都督公布了《修改浙江省修订自治章程决议案》、《修改城镇乡自治章程决议案》、《浙江省自治章程决议案》等。这些议决案只是修改了由于政体变革而不再适用的个别条款，基本内容仍旧。这些法规的颁布，使原已选举成立并已开展实际工作的自治机构的继续存在有了法律依据，并促使前清已经开始选举准备工作的府县自治机构的建立。实践中，一些地方的地方自治在光复后没有停办，地方的议事会、董事会的活动依旧进行。袁世凯上台后实行专制独裁，于1914年2月勒令各省地方自治会停办，浙江自清末开始的地方自治活动暂告停止。

五 祀祠类立法

浙江省临时议会和第一届省议会期间，比较有特色的是议决了大量的祠祀类议案 。为了褒扬先烈，浙江省议会早期，通过了大量的祠祀类议案，而在之后的议会期间，祠祀类议案就再没有出现过。浙江省议会早期的祀祠类议决案一方面把原有满清名臣的专祠或销毁或改建，同时设立新的革命烈士或历史上的民族英雄的专祠、牌位。这些祠祀类议案包括：《浙江省改定祠祀案》、《叶仰高建设专祠案》、《陶焕卿建设专祠案》、《沈克刚附祀叶仰高祠案》、《江钱二公祀事案》、《吴长兴祔祀张苍水案》、《金政玉建设专祠案》、《改西湖杰祠为吴凯专祠案》、《白云庵改为二水先生合祠案》、《赵膺叶仰高合祠案》、《虞廷附祠陶祠案》、《白云庵改为二水先生祠案》、《詹蒙王卓列祠国殇设案》、《海慧寺内崧峻旧祠改设宗忠简公祠案》、《定海旧镇署改建成仁祠案》等。

---

① 《都督统一政权之滥觞》，《申报》1911年12月6日。

② 参见《浙江近事纪闻》，《申报》1911年12月23日。

在祠祀类议案中设立专祠的革命烈士和民族英雄主要有：张苍水（1620—1664 年），南明儒将、诗人，著名民族英雄。南京失守后，与钱肃乐等起兵抗清。后奉鲁王，联络 13 家农民军，并与郑成功配合，亲率部队连下安徽 20 余城，坚持抗清斗争近 20 年。于南明永历十八年（1664 年）被俘，后遭杀害。张苍水与岳飞、于谦并称“西湖三杰”。叶仰高（1880—1911 年），清光绪三十二年（1908 年）留学日本宪兵学校，加入同盟会，返国至沪被清兵逮捕后，后得营救。宣统三年（1911 年）参加武昌起义，回浙响应，举为浙军司令部执法官、尚武队管带（营长）、浙军第八十一标（团）管带、江浙沪联军司令部参谋官。在光复南京关键之战——攻占天堡城时，担任敢死队队长，在战斗中义无反顾，壮烈殉国，时年 32 岁。陶成章（1878—1912 年），字焕卿，光复会创始人之一，曾先后两次赴京刺杀慈禧太后未果，后只身东渡日本学习陆军。第二年回国后，积极参与革命活动。中华民国创立后，他积极准备北伐，1912 年 1 月 14 日凌晨，被暗杀于上海广慈医院。沈克刚（？—1911 年）光复会成员。辛亥革命时参与组织光复军，参加光复上海之役。因与友人王某试验枪械，枪弹误中腹部而死，国民党追为辛亥革命烈士。赵膺（1885—1911 年），曾任浙江陆军小学兵学科教员，后补授二十一营左队官，旋调八十二标一营前队官，驻杭州南星桥。武昌起义爆发，浙江八十一标、八十二标于宣统三年（1911 年）十一月四日夜在杭州起义，八十二标攻克织造署。次日，全城光复。赵膺因功升为第五标一营管带。江苏新军光复南京受挫，浙江于十一月七日成立援宁支队。赵膺坚决请缨北上，十一月三十日，攻南京天堡山，中流弹牺牲。

第七章　民国前期浙江省议会立法的实施

第一节　民国前期浙江省议会立法的实施过程

一　实施立法的程序

前清时期，咨议局作为督抚的附属议事机构，其地位处于督抚之下，其议决案的实施受到督抚的制约。《咨议局章程》第二十二条规定，咨议局议定可行事件，呈候督抚公布施行。若督抚不以为然，应说明原委，令咨议局复议。第二十四条规定，咨议局与督抚交令复议之间，若仍执前议，督抚得将全案咨送资政院核议。第四十六条规定，各省督抚有监督咨议局选举及会议之权，并于咨议局之议案，有裁夺施行之权。

十九议会期间，三分之二以上同意仍执前议，都督仍需要公布实施。民国前期浙江省议会的议决案是由省行政长官来实施。《浙江省临时议会议会法》第七、第八条规定了都督对议决案的执行：临时议会议决案咨请都督公布实施。临时议会议决案如都督有异议，得于一星期内提出异议书。对于都督的复议书，若议员三分之二以上同意仍执前议，都督仍需要公布实施。《浙江省议会法》第十三、第十四条同样规定了都督对于议案的执行权：议会议决案咨请都督公布实施。议会议决案如都督有异议，得于一星期内提出异议书。对于都督的复议书，若议员三分之二以上同意仍执前议，都督仍需要公布实施。北洋政府颁布《省议会暂行法》，该法第三十七、第三十八条规定：省议会之议决事件省行政长官应于十日内公布之，行政长官对于议会议决案如不以为然，应于五日内声明理由咨交复议；若议员三分之二以上同意仍执前议，都督仍需要公布实施。此外，根据《暂行议会法》第三十九条的规定，省议会之议决，省行政长官如认为违法时，得咨省议会撤销之。如省议会不服，其撤销时得提起诉讼于平政院。浙江省议会不服省公署撤销该议会议决“裁撤温属护商警察局案”就是一典型例子。清朝时期浙江温州府洋面海盗纵横。于是商民被迫贿盗购旗以求保护，称为“旗费”。之后商民出资购船募勇，温州府特设海防局管理，旗费变为海防捐。民国后，1913 年，海防局改称护商警察局，委任地方士绅为局长，改海防捐为护捐，由商船董事会负责征收。官厅认为护捐为地方税，未列入国家预算。1918 年 11 月，浙江省议会因护商警察局改局章程没有交议会议决，提出质问。而省公署对于护商警察局改局章程是否属于官治行政咨内务部，内政部的答复是警察属于官治行政，不在省单行条例范围之内，无须交省议会议决。1920 年，浙江省议会民国九年第一次临时会，议员张原炜以该局不能切实保护商船，且该海防局性质确系省自治行政，提出的“裁撤旧温属护商警察局案”，大会议决将该局裁撤 。该议决案具体如下：

> 浙江省议会为咨行事，案查旧温属护商警察局由前清海防改设并附设瓯海船商董事会，为征收护捐机关。其实该局会除征收护捐外，并不能切实保护商船。如玉环坎门，每届冬令渔船密集，该局即设所收捐而往来商船未见有护船一艘，顾名思义已失实。甚至其所属船长时有纵盗殃民，情事迭经商船呈控有案。是护船者适以病商非仅以违法征收侵吞公款已也，在此事实上亟应裁撤者。查吾浙海洋有外海水上警察分区驻扎，星罗棋布，保护商船是其专责。巡稽海上无虞不足，又何必再令一部分之商民负担额外之经费以养此病民之护商局耶？且该局内部组织并非遵照水上警察官制，每年收入支出，既不列入国家预算又不列入省地方预算，是该局成一不伦不类之机关，此在法律上亟应裁撤者。案经大会讨论公决裁撤相应咨请省长查照公布施行。①

但是，浙江省公署撤销了该议决案，浙江省议会不服省公署撤销该议会议决裁撤温属护商警察局案之处分，提起行政诉讼，起诉于北京的平政

---

① 《省议会议决裁撤旧温属护商警察局一案由（附议决案）》，《浙江公报》1921 年第 3165 号。

院。诉讼参与人包括：原告浙江省议会，原告参加人浙江宁台温船商代表王熙堂等。被告浙江省行政公署。被告参加人浙江旧温属各帮船商代表杨焕如等。原告浙江省议会认为：护商警察局属于地方自治行政。海防局的经费来自护捐，护捐属地方税。海防局的设立是因为海盗事实而发生，其章程由本省官厅核准，并未根据中央何种法令，不属于国家行政系统。一国行政可以分为国家警察与地方警察，自治行政也可以设置警察权。既然法律赋予省议会议决单行条例的权力。那么浙江省议会就有权议决包含官规性质的章程。被告浙江省行政公署辩称：护商警察局系海防局改编，属于官办，光复后改为独立机关，民国三年又改为隶属于外海水警厅。几经改编，海防局究竟属于官治还是地方行政，无确定的区别。齐耀珊省长撤销省议会议决案是根据内务部来咨办理，是否合法应请法院审理裁决。

北京平政院最后裁决被告官署撤销原告议决裁撤旧温属护商警察局一案之处分应予取消，由被告官署应将议决原案公布施行。平政院的判决理由如下：护商警察局是因为当时没有水上警察，地方人民为自行保护航业而设立，财权仍操之地方董事会，本非永制。目前该处洋面已有水上警察厅的警员和巡船。护商警察局已属赘设。原告称护捐未列入国家预算，官厅承认为地方税，不得为官治行政，确有理由。民国八年《浙江省修正护商警察局章程》第8条规定："护商警察局专为保护商船而设，不得处理违警案件。"可见护商警察局的性质不同于普通官治行政。被告根据内务部咨认为护商警察局为官治行政，不免误会。《水上警察厅官制》颁布在护商警察局成立之后，护商警察局没有根据水上警察厅官制进行改组。护商警察局章程由本省官厅核准，并未根据中央何种法令，不属于国家行政系统，显然是属于自治行政，其章程属于浙省单行条例。按照《省议会暂行法》第十六条第一项之规定，议会则有议决之权。因此，被告官署撤销原告议决裁撤旧温属护商警察局一案之处分应予取消，被告官署应将议决原案公布施行。[①] 平政院判决后，1921年2月21日，浙江省长公署公布第1号省议会议决裁撤旧温属护商警察局一案。在公告中特别指出："省议会议决裁撤旧温属护商警察局一案，兹依照平政院裁决公布之

① 详见黄源盛：《平政院裁决录存（1914—1928年）》，五南图书出版股份有限公司2007年版，第1041—1046页。

特此公告。”

二　配套立法实施的省级行政规则

为了能够执行浙江省议会通过的各项议案，浙江省政府还出台了大量的细则来配套议案的执行，省行政长官也下达了许多都督令、省长令来执行议案。这些行政规则对议会立法起到了弥补不足和解释的作用，使得省议会立法能够在实践中得以顺利实施。

在政治制度方面。浙江省议会通过了有关警察官制的议案。与这些立法相配套的行政规则有：1912 年浙江省民政司颁布的《浙江全省警察官史惩戒规则》、《浙江全省警察官史奖励规则》、《浙江全省警长警察赏罚规则》、《浙江全省知事办理警察奖励规则》、《巡警教练所章程文》、《民政司通令各县知事按照服制案绘图贴说出示通告》、《浙江全省警察补习所章程文》。1918 年颁布的《浙江省考验警察官暂行规则》。在法院制度方面，与《浙江省法院编制法》配套的行政规则有：浙江省提法司 1912 年颁布的《承发吏及庭丁职务规则》、《提法司令各县知事兼执法长》、《县执法科办事简章》、《法院办事细则》。与议会选举制度方面配套的行政规则有：1912 年浙江省民政司颁布的《复选举事务所章程》、《民政司通令解释停止选举权及被选举权》、《民政司通令各县遵照公布省议会选举经费预算另行详示》。

在教育制度方面，有浙江省教育厅颁布的 1915 年的《巡按使公署饬各道尹、中校中学教育宜认定宗旨施以完全普通教育》，1918 年的《浙江教育厅训令中等以上各学校奉省长公署令准部咨毕业证书厅改由教育厅核办》、《浙江教育厅训令公私立各专门学校奉省长令准部咨专门以上学校嗣后招生勿宜太滥》，1923 年的《浙江教育厅训令各县奉公限止各县增设初级中学办法仰遵照由》。与议会议决的派遣留学生规程相关配套的行政规则有：1916 年的《省长公署训令民政厅据留学生监督函请兑汇冬费准予电汇》和《省长公署训令民政厅准省议会咨覆甲种实业各校设留学生额案不成立》。

在财政税收制度方面，有 1912 年的《财政司呈复县税分配办法与县自治章程并无抵触文》，1924 年的《浙江高等审判厅训令各属为办理不动产登记免征持号费由》等。

在省道修筑方面，有1916年的《浙江修筑省道筹办处暂行办事细则》、1921年的《浙江修筑省道施行条例》、1926年的《浙江省道经费保存支付规则》。有关修筑省道的大量行政规则集中于20世纪20年代，包括《浙江省道局工程投票章程》、《浙江省道局桥工做品章程》、《浙江省道局工土工做品章程》。

在户口管理方面，与1923年的浙江省议会立法《户口登记条例》相配套的行政规则有1923年的《浙江省长公署户口登记事务所办事细则》、《县公署户口登记分事务所办事细则》、《浙江省长公署训令各县设立户口登记分事务所及划分市乡各区呈报》、《浙江省长公署训令各县知事切实赶办户口登记具报由》，1925年的《追加户口登记事务所互查委员川旅费案》。

在禁烟制度方面，民政司于1912年相继颁布《禁烟局董奖励章程》、《调验职官烟癖文》、《拟订暂定禁烟田亩充公细则通令一律遵照示谕》、《浙江各县禁烟人员因公殒命邮赏暂行条例》，浙江教育司发布的《令县知事转饬所中小学校学生严禁吸食烟草》等。

以上这些行政规则可以分为三类：

一是对于在议案中有规定，但是没有详细展开予以说明。例如1912年浙江省临时议会第二次会议议决的《浙江省警察官制》第一条规定，浙江省各县警察署隶属于民政司，受县知事之指挥监督。但是对如何监督没有详细的规定。《浙江全省知事办理警察奖励规则》和《浙江全省知事办理警察惩戒规则》，对于知事通过奖励和惩戒的手段进行监督做了详细的规定。《浙江全省知事办理警察奖励规则》规定，知事对于警察有监督之责，其办事认真者应受奖赏为记功、记大功、请奖。应记功的事项包括：恪守定章，会同绅商筹定开办经费不扰商民；遵章筹办不致延误；一年以内所属警察人员因督率有方，无重大犯罪情节及劣迹显著者。应记大功的事项包括：记功至第三次；遵章依限举办布置适宜及督率训练事事认真；督率警察人员认真办理地方静谧者；督率警察人员发觉花会巨赌拐骗及伪造货币等犯登时拿获者；督率警察人员稽获邻封命盗重犯；一年以内督率所属警察人员恪守纪律严肃者；二年以内所属警察人员无重大犯罪及劣迹显著者。应请奖之事项包括：记大功至第三次；于天灾地变时，督率警察人员设法救援人命在百人以上；督率警察人员拿获著名会匪叛逆乱党询明确实者；办理督查确实成效至三年以上者。此外，在省道假设方面，1916 年，浙江省都督吕公望提出省道建设，浙江省议会第一届第二年常年会议决《修筑浙江省道案》，开始规划浙江省道建设。1921 年的《浙江修筑省道施行条例》对于省道的修筑予以详细化。

二是对于议决案中没有规定的予以补充。例如在禁烟方面，1912 年，浙江省临时议会第一次议会议决的《浙江省实行禁绝鸦片议决案》、浙江省临时议会第三次议会议决的《浙江省禁烟特别条例》对于在议决案没有涉及的内容，民政司于 1912 年相继颁布《禁烟局董奖励章程》、《调验职官烟癖文》、《禁烟田亩充公细则》、《浙江各县禁烟人员因公殒命恤赏暂行条例》。1912 年，教育司也发布了《令县知事转饬所中小学校学生严禁吸食烟草》等。为激励禁烟人员，《禁烟局董奖励章程》规定各县检验局正副董事暨分局董事办理禁烟事宜者卓有成绩者给予奖励，奖励分为三等，凡记大功三次以上者给予一等奖牌，记大功二次以上者给予二等奖牌，凡记大功一次以上者给予三等奖牌。为恤赏禁烟人员，《浙江各县禁烟人员因公殒命恤赏暂行条例》规定：各县禁烟人员履行职务时如有事故发生时，除了水陆巡防对此另有规定外，均应给与恤赏。包括：查禁私种或查禁私运私售私吸之时，经聚众抗拒或被殴伤或受枪弹登时殒命者；受殴伤或枪弹伤及各项兵器水火伤，在六个月以内伤剧，因而殒命者；因履行职务忽罹水火等项灾害或遇各种危险，因而殒命者。恤赏分为三等：一等洋 300 元；二等洋 200 元；三等洋 100 元。《禁烟田亩充公细则》是为了落实《浙江省禁烟特别条例》第二条和第八条中有关播种鸦片者并将其播种田地一并充公的补充规定，该细则规定了查获烟种田亩按照业户知情或不知情应以契约上有无载明暨所定纳租额为限，种烟田亩充公应以现在种烟苗为据，不追溯既往。有烟苗二十株以上者既以私种照章论罪。还规定了充公田亩的拍卖程序。此外在省道修筑方面，1924 年颁布了《省道局章程》后，补充出台了《浙江省道局工程投票章程》、《浙江省道局桥工做品章程》、《浙江省道局土工做品章程》。

三是对于议案进行解释，以免执法者产生异议。如 1912 年，对于省议会选举资格条文中颇多疑义，民政司作出了《民政司通令解释停止选举权及被选举权文》。[①] 同年，上虞议会代表高金培等呈《分配县税案与修订县自治章程议决案抵触》提交请示。财政司的《财政司呈复县税分配办法与县自治章程并无抵触文》，对此作了解释并答复如下：

> 修改县自治章程议决案第七十条第一次项及第七十一条证明县税为确系自治经费。但第七十条县自治经费不仅为第一项县税一款，而此项县税亦不仅为自治经费。如果尽充自治经费，则无论警察教育以及其他各项公益用款无从取给。县自治经费应拨之县税已包括分配十分之三为各项公益用款之内。究应酌拨若干为自治经费应由县议会参酌地方情形办理 。惟县税分配案内酌提十分之一为准备金，系备国家行政上预算外之支出，与县自治章程第八十三条所设之预备费，以备地方行政上预算外之支出并无抵触。

并不是所有的执行性规则都能有效地解决执行问题，有些规定的不恰当反而会带来新的理解和执行困难。例如浙江省议会第一届第一次临时会期间，议员赵士英提出“关于浙江省考验警察官暂行规则的警察任用条件于浙江省警察官制第十二、第十三条相冲突，是否存在命令改变法律”。赵士英在质问书中指出：

> 读近日贵民政长所定之《浙江省考验警察官暂行规则》，细按之下不无异议。条举如下，查浙江省临时议会第二次议决之浙江省警察官制第十二条及第十三条全文明明以毕业年限办事成绩为任用之标准。是则在高等巡警学校及法政三年以上毕业者当然取得荐任官资格。在巡警及法政学校一年以上毕业者当然取得委任官资格，按法任用，无待考验。今规则之第三条竟以上项任用资格变为应考资格，是否以命令变更法律。是否认为此项警察官制修正案为无效。如认为无效耶，何以又加缓行。如认为有效，耶何以擅自变更，可疑者一。又查报载内务部通令，《关于任用警察官规定办法》，凡荐任人员须（一）在高等巡警学校三年毕业者；（二）在高等巡警学校一年毕业到

① 详见《民政司通令解释停止选举权及被选举权文》，《浙江公报》1912 年第 140 号。

厅供差二年以上，确有劳绩者。凡委任人员须（一）在巡警学校毕业领有优等文凭者；（二）在巡警学校以外在各学校卒业，曾在警厅供差已三年确有劳绩者；（三）凡未经警学卒业及经验尚浅者，暂作额外人员云云。是警察一部分之用人行政，本省已规定任用资格，中央又详列任用方法，行政官厅果能实行法令已足造福闾閻，何以又添出此种非驴非马之规则。此项规则如果实行，是否违背中央，藐视省制，可疑者二。又规则之第二条云，浙省警察官自本规则颁行后，以考验合格者，分别任用。则是考试不合格者，将并由其毕业成绩取得之资格一笔抹杀。就事实论，一经考验反得不公平之结果，固属不宜。就法律论一时被黜，即将其法律上应有权利概归消灭，尤为不当？可疑者三。再此项考验系文官考验式一种，应俟国会通过大总统颁布方为有效。即使迫不及待为权宜之计，暂时变通规定一种。本省单行条例以咨甄别亦应按照省议会暂行条例第十六条第一项提交省议会通过方为有效。否则以行政而兼立法立宪，各国无此先例，可疑者四。①

对此，民政长的答复：

查此次考验警察官暂行规则，专为考察警务人选以觇其学识，而示任用先后之标准。原根据于本省警察官制修正案性质，纯为施行细则，当然由行政官厅酌定，自无立法之嫌。盖用人之道不厌求详，官制所动警察官资格范围广漠，有任用之标准，无任用之方法，以致呈请任用纷至沓来。若非设法澄叙，有用之才无由表见，其学问经验转至屈抑。每遇差委取验，文凭亦不胜其烦。因出概括之举，以求考核之资，故规则第七条对于文凭防弊独严，不曰考试而曰考验是故也。无此资格不能与考，即无此资格不能任用，并非旧原定资格有所变更。至谓一经考验反得不公平之结果，或将其法律上应有之权利概归消灭，言之趋于极端。殊未知，此种规则明明以甄别属官为前提，尚

① 浙江省议会编：《赵士英质问书》，《浙江省议会第一届第一次临时会议员质问书》，第2页。

无此等之结果，惟法案定人用之资格则为用人之审慎，法律范围之内当于执行者以活动亦立宪各国所通许。[①]

三 立法实施过程中的阻力

（一）官厅对议案实施的阻挠

如果官厅对议案能够积极推进，议案则能顺利实施。但是，在浙江民国前期，由于多位省长与议会的关系不甚融洽。因此出现了官厅对议案执行的阻挠。例如第一届省议会期间都督朱瑞拒不执行《太平县议会不得解散改组案》，就是典型一例。太平县议会成立于1912年2月8日，由城镇乡自治委员选举产生。2月1日，《浙江军政府公报》公布《浙江省修订县议会议员选举章程》，规定县议会议员应由选民直接选举产生，但该法的生效时间为各地收到公报之时。由于公报到达太平县的时间需十三天，太平县议会在公报到达暨新法生效以前已经成立，公报到达后也没有依法进行改选，与其他各县依新法产生的县议会同时并存。县议会成立后，积极行使监督官厅的职能，先后呈劾县知事，于是不满之人向都督朱瑞呈控县议会议长违法、议员选举不遵定章。朱瑞偏信一面之词，未经省议会同意，以该议会选举未遵定章为由，令太平县新知事汪成教解散县议会，另行选举。太平县议会于是求助于省议会。省议会讨论此案时，朱瑞所派政务委员在出席说明时认为太平县议会必须解散："光复以后，各县议会均属临时性质，自县议会选举章程议决公布后，各处议会悉遵章改选，故太平县议会视同一律，亦应遵章改组。"[②] 法律审查股最后审查认为："太平县议会无违法之明证，何能解散另组，况县议会为全邑最高议事机关，监察行政、整理地方财政，开倡伊始，尤易致招嫌怨，若不按法律维持，积而久之，县议会势必等于虚设。"[③] 省议会议决《太平县议会不得解散改组案》，指出太平县议会无违法明证，不能适用解散处分，也

---

① 浙江省议会编：《赵士英质问书》，《浙江省议会第一届第一次临时会议员质问书》第2页。

② 浙江省议会编：《太平县议会解散争议事件》，《浙江省议会第一届常年会议事录》第2册，第1—5页。

③ 浙江省议会编：《本会咨复改组太平县议会复议案仍执前议文》，《浙江省议会第一届常年会文牍》上编，第7页。

没有改组的必要，要求官厅取消改组太平县议会的命令。但是，朱瑞不以为然，不久宣告太平县新议会成立，旧议会自然消灭。尽管省议会咨照朱瑞，不得以新议会业已经成立为辞，而放任不合法地解散旧议会，要求朱瑞从速执行议决案。但太平县知事汪成教和新的县议会议长陈树基把持新议会，拒不移交钤记等物。为此，浙江省议会在临时会期间再次通过《太平县知事与陈树基朋比把持县议会案》和《太平县议会缺额补选案》两案，前者责成朱瑞“严饬该县知责令将该会钤记迅即撤还旧议会”，后者规定缺额议员按《县自治章程》及新的《县议会议员选举法》进行选举。[①] 但太平县旧议会仍未能恢复，省议会的议决案无法得以实施。

（二）利益相关人对议案实施的阻挠

由于议案涉及到了一定的利益。议案实施的对象考虑到自己的利益，阻挠议案实施，与议会、官厅之间展开斗争。例如《地方实业银行收归省办案》议决通过后。地方实业银行向省长呈文，指出两年前提出官商拆股办法的是商股旧股东，已经不能代表现在所有新旧股东的意愿，并请求省长撤回公布银行收归省办案。1922 年 1 月初，财政部批复省长沈金鉴，对浙江地方实业银行收归省办的做法提出异议。面对多方置疑反对的声音，省政府派员到银行清查账目，认为该行营业，极为发达，蒸蒸日上，为金融界不可多得之银行，若省政府真要收回银行自办，为保持银行信用，官股必须大幅度增资以填补商股一旦退出后留下的巨大资本窟窿。于是省长沈金鉴不得不向省议会提议将银行暂缓收归省办，承认因为“营业之牵制，财力之关系，事实上发生困难”。但在提案最后，省政府还留了一手：“以上办法事出权宜，一俟地方财力稍纾，遇有相当时期，仍照前议执行，收归省办，以符法案。”[②] 1922 年 2 日与 7 日，银行总管理处登报通告各股东，定于 3 月 19 日在杭州行内召开年度股东大会，审议上年营业报告，并分派股利红利，不论新旧，一律按股分章程，请股东自本月 21 日起于领取上年份股利红利时，将股票以旧换新。[③] 此前，省

① 参见浙江省议会编：《本会咨复改组太平县议会复议案仍执前议文》，《浙江省议会第一届常年会文牍》上编，第 7 页。

② 《调停实业银行新消息》，《浙江民报》1922 年 5 月 20 日；《实业银行暂缓收归省办咨询案》，《之江日报》1922 年 10 月 17 日。

③ 参见《地方银行分红之争执》，《全浙公报》1922 年 2 月 8 日。

长沈金鉴已经命令财政厅警告银行，在此次修改章程未经省政府咨部核准以前，所有商股股额应仍按旧章以40万元为限，新近额外加入的股份，只能认作存款，不得视为正式股本一律分配红利。银行的抗命之举，令省政府大为光火。3月19日，浙江地方政府当局出动警力强迫银行年度股东会取消，这标志着官商股之争已经发展到了顶点。1922年底，官商股争执的始作俑者张寿镛重任财政厅长，他利用过去与商股股东较为熟识的关系，与政务厅长徐鼎年、改任杭州总商会会长的金润泉、新任杭州银行公会会长的张笃生等人来回奔走，终于使谈判出现重大转机。3月18日，被禁一年的年度股东大会终于在上海银行公会召开，官股股东未参加。经投票表决，与会商股股东一致同意董事会的意见，接受条件，并推选胡济生、李铭两人作为代表，赴杭州与官厅办理手续。[①] 至此，商股股东终于下定决心，与官股股东分道扬镳，并离开杭州，在上海继续发展商业银行事业。1923年3月19日在杭州，股东代表胡济生、李铭与官股代表浙江政务厅长徐青甫一同正式签署了《解决浙江地方实业银行合同》（即官商分股合同）及其附件，杭州银行公会会长张笃生、杭州总商会会长金润泉作为公证人也在合同及其附件上签字。合同主要条款如下：

（1）杭州、海门、兰溪三行及附属业务，均由划分之官股改名浙江地方银行或另换牌号，继续营业，完全官办。

（2）上海、汉口两行及附属业务，均由划分之商股改名浙江实业银行或另换牌号，继续营业，完全商办。

（3）本合同成立后，杭州、海门、兰溪三行，专归官股接管；上海、汉口两行，专归商股接管。

（4）自接管后，杭州、海门、兰溪三行所有债权债务，完全归浙江地方银行承受负责；上海、汉口两行所有债权债务，完全归浙江实业银行承受负责。双方各登报公告。

第二节　民国前期浙江省议会立法的实施情况

民国前期浙江省议会立法效果有三种类型：一是效果好的。例如行政

---

① 详见《1923年3月18日浙江地方实业银行股东会议事录》，上海市档案馆藏档Q270－1－1。

官制的立法、禁绝鸦片的立法以及兴办国民小学、中学和师范等教育的立法等。二是没有效果的。例如一些为了振兴实业建立模范工厂的立法，花费了资金，但是并没有实际的效果。三是效果一般的，没有完全实施。例如省道建设，从议决案出台后，拖延数年才开始建设了一部分，与议案的要求相距甚远。又如法院制度的建设，一些区域没有实施，仍由县知事担任法官。

一　地方政治立法的实施情况

浙江地方政治制度的确立主要是以浙江省临时议会期间颁布的，以《中华民国浙江省约法》为核心，以及其他的各项政治制度。如行政官制立法，包括《浙江省都督府官制》、《浙江省各司官制》、《浙江省地方官制》等。司法制度立法，包括《浙江省法官编制法》、《浙江省辩护士法》等。各项地方政治制度立法的实施状态基本良好，使得民初浙江确立了崭新的地方政权。之后，随着北洋政府逐渐确立各项地方政治制度后，浙江省临时议会所建立的各项地方政治制度则被中央立法所替代，并按照中央的法律确立地方制度。之后，浙江省议会也通过了一些与中央不冲突的行政机关的组织立法，如《浙江省省道局章程》、《省立贫儿院章程》等。

在浙江省临时议会所确立的政治制度中，大都得到了良好的实施。如在各级政府官制方面，临时议会期间遵循省议会通过的各项官制，北洋时期则遵循了中央所确立的地方官制。辛亥革命胜利后，浙江省临时议会通过了《浙江省各司官制》，设置民政司、财政司、教育司、提法司。依照《浙江省地方官制》的规定，全省地方设县以原有之区域为准，知事管辖权全县为其代表。接受民政司长之指挥监督关于各司主务，受各司长之指挥。中央政府自南京迁于北京后，1913 年 1 月 8 日《划一现行各省行政官厅组织令》颁布，规定已设民政长省份，以民政长为该省行政长官；未设民政长省份，以都督兼民政长。浙江奉《划一令》，在省行政公署内分设民政、财政、教育、提法各司，不久又增设外交部特派浙江交涉员及矿务局盐政局。1913 年 1 月，军民分治，不久又合治，都督兼任民政长，先后改设内务、财政、教育、实业各司及司法筹备处、浙江国税厅、浙江审计分处，司长由民政长呈由国务总理呈请大总统简任。1914 年 5 月 23 日，《省官制》颁布，民政长改称巡按使，为一省之行政长官。巡按使公署内设政务厅，置厅长一人，其下分设总务、内务、教育、实业四科。财政司改为财政厅，厅长由财政部呈请大总统简任。1916年，讨袁军兴，浙省独立，改设浙省护国军政府，重新实行军民合治。在都督之下设民政、警政、财政、军务各厅。不久又将民政厅改为政务厅。1916年9月，全国统一，各省将军改称督军，巡按使改为省长，浙江以督军兼省长，下设民政、警政、财政各厅，同年12月改警政厅为警务处。1917年6月4日，军民分治；9月6日，中央颁布《教育厅、实业厅暂行条例》，于是行政公署下设政务、财政、教育、实业各厅，暨内河外海水上警察局，而将政务厅内之教育、实业二科裁撤，教育厅长由教育部呈请大总统简任，实业厅长由农商部呈请大总统简任。1918年10月，在浙江交涉员之外，增设宁波交涉员，又设浙江印花税分处、浙江省警察厅及浙江吏治研究所、浙江警备队总司令部。1920年，增设绍萧塘闸工程局及盐平塘工局、省立贫儿院。1921年，设立省参事会，又增设烟酒事务局。1922年，增设浙江省道局、浙江外海渔业局。1925年，督军公署改称督办。1927年，增设卷烟特税局。虽然民政长、巡按使、省长之名递更，职权并无殊异。“惟一面中央欲集权，而督军亦时干涉民政，颇难完全执行其职权。”①

在县级地方政治制度方面，根据浙江省临时议会议决的《浙江省地方官制》，全省地方设县以原有之区域为准，旧府厅州一律称县。县设置职官：知事、参事、科长、科员、书记、掾吏。知事管辖全县为其代表，接受民政司长之指挥监督各司主务，受各司长之指挥，监督执行法律命令及管理所属行政事务。1913年1月8日，《划一现行各县地方行政官厅令》公布，有直辖地方之府、直隶厅、州与厅、州等皆改为县长官，概称县知事。1914年5月，袁世凯以命令制定县官制，只列举知事之职权，但是县之组织并无具体之规定。1914年，袁世凯下令停止各级地方自治。1917年1月，国会提出县自治，争持半年，国会解散，遂无结果。1919年9月8日，徐世昌公布《县自治法》，规定县分为自治议决机关及执行机关，议决机关为县议会，执行机关为县参事会。1921年1月，北方内务部召集地方行政会议，议决《县自治法施行细则》及《市自治制乡自

① 民国浙江省通志馆：《重修浙江通志稿》（第九册），方志出版社2010年标点本，第5739页。

治制》，由徐世昌公布。1921 年 9 月至 1922 年 3 月间，北洋政府颁布《县自治法施行日期及施行区域令》，浙江省在 1922 年各县先后成立县议会、县参事会。1927 年 3 月，省政府委员会以其非法通令解散。对于警察官制，1913 年，北京政府始规定办有巡警的县，设警察事务所，1914 年又改为警察所，设所长一人，下有警佐一人至三人，并酌用雇员。县警察所所长由县知事兼任，亦有专任者。警佐承所长之命管理警察事务。此外，有警察分所，设于县区域内之繁盛地方，分所所长则以警佐充之。县警察所之职务，掌县区域内之消防户籍巡警营缮及卫生等事务。

民国前期法院制度的实施并不好。1912 年 1 月 23 日，浙江省临时议会议决的《浙江省法院编制法》公布，其中规定浙江法院分为县法院、地方法院和省法院三等，规定在六个月内一律实行。1912 年 5 月至 9 月间，在省城杭州设立了浙江省法院，在全省原十一个府设立了第一至第十一地方法院。1912 年 12 月 22 日，司法部致电浙江政府，指出《浙江省法院编制法》所定审级四级三审制与司法统一不相符合，希望能够一致。于是，《浙江省法院编制法》终止施行。接着，浙江各地审判机关按照中央的要求进行了改组：各级法院改称审判厅，分别为省高等审判厅、地方审判厅和初级审判厅。1913 年至 1914 年间，浙江没有设立法院的县按照中央的要求设立了审检所。“以县知事专执行检察事务，而以帮审员司审判。三年以后，县知事兼理司法之权更为扩张，凡未设审检厅各县，其第一审之民、刑诉讼，属于初级或地方厅管辖者，皆由县知事审理，而受高等审判检察厅长之监督。其下虽可设承审员，亦不过处于助理之地位而已。凡此皆当时县知事之职权也。”[①] 1914 年，审检所制度被废止，中央颁布《县知事兼理司法事务暂行条例》，实施县知事兼理司法制度，未设法院的县将其司法事务全部委任于县知事处理。由于，县知事兼理司法弊端丛生，1917 年，北京政府颁布《县司法公署组织章程》，但并未切实施行，司法事务实际上仍归县知事兼理。在全国来看，“自民国建立至 1927 年，由县长兼理司法的县数，一直占全国总县数的 90% 以上。这种情况，

---

① 民国浙江省通志馆：《重修浙江通志稿》（第九册），方志出版社 2010 年标点本，第 5778—5779 页。

十六年间没有什么改进。"[①] 县知事兼理司法具有破坏司法独立、司法官匮乏专业知识、司法腐败的弊端。但是民国前期中西文化冲突、政局未稳，财政拮据，普遍设立非中国所固有的法院制度非常困难。所以设立县知事兼理司法，作为折衷县知事衙门与新式法院的权宜之计，也是为了适应时局的需要。为了保障县知事兼理司法制度事务实施，民国前期的中央政府十分注重在县知事的考选中有关法律知识的考察。[②]

二　金融税收立法的实施情况

（一）税收立法的实施情况

浙江光复后，百废待兴，军政费用、支付赔款、举办各项社会保障事业急需用款，而军政府为解民困，又宣告"所有历年积欠及本年应完钱粮一概豁免，其厘卡自九月十五日起先行裁撤"，又使来源枯竭，军政府的财政出现危机。1912 年浙江省预算收入 1000 万元，而预算支出竟达 2000 万元。[③] 辛亥革命后，浙江军政府早期因为还没有统一的中央政府，也就无所谓中央与地方的税收划分，所以浙江省临时议会议决了大量的税收议案，兼顾地方财政收入，缓解政府财政危机的同时，也保护了地方民生。浙江财政收入包括赋税收入、非赋税收入和公债、借款收入。赋税收入主要有田赋、契税、船捐、烟酒附税、盐附税、烟酒牌照税等项。此外，还有正杂各税、正杂各捐等名目。田赋中主要是地丁、抵补金、屯粮、租课和田赋征收费五类。以下就议会议决的，与上述浙江赋税收入重要相关的《浙江省地丁征收法》、《浙江省统捐暂行法》、《浙江省捐换牙贴简章》、《浙江省典当捐贴案》中涉及的田赋、统捐、牙贴和典当捐的实施状况作一阐述。

1. 地丁。1912 年 5 月，经浙江省临时省议会第一次会议议决《浙江省地丁征收法》，每地丁银一两，折合银圆 1.5 元，为中央正税，另加粮捐 0.3 元，为省税，共 1.8 元；其余为特捐，留作县地方之用。"1911 年 9 月至 1912 年 6 月实收 222868 元，1912 年为 3704085 元，1914 年为 4424314

---

① 王用宾：《二十五年之司法行政》，《现代司法》1936 年第 1 期。

② 北洋政府为了推行县知事兼理司法制度，制定了一系列的配套制度，主要包括：1913 年的《县知事任用暂行条例》、《县知事任用暂行条例施行细则》，1914 年的《知事试验条例》、《修正知事试验条例》、《修正知事试验条例施行细则》和《知事指分令》。

③ 《浙江省预算不敷之可惊》，《申报》1912 年 4 月 22 日。

元，1915 年为 4137247 元，1916 年为 4200611 元。”① “1924 年浙江的地丁应征数为 4954502 元，其中国税为 4128752. 3 元，省税为 825750 元。”②

2. 抵补金。抵补金也称漕南抵补金，为漕粮与南米（留本省供兵胥之用的粮食）裁免后改征银圆之税。清代漕粮原须解京正供，南米则留在省内发放兵粮。民国成立后，浙江临时省议会于 1912 年 1 月议决，按照地丁征收法案第三条规定，漕粮与南米一律裁免，但军事未定以前，应否征收一次，由省议会议决。南北统一后，浙江省当局，以漕、南征纳，关系全国收入，中央决定将浙江省向征之漕粮与南米，一律实行裁免，按照原征米数，改征抵补金，每斗折征银圆 0. 3 元（每石 3 元），由于南米向来征折色，不及 0. 3 元者，仍照旧办理。但北洋政府财政部以财政困难，此项抵补金办法较之前清征收实数短细甚巨，即于 1913 年 12 月，由部电饬照前清最多之额征收。由于浙江省议会和民间团体纷纷以负担太重为由请求降低，浙江省政府于 1916 年 10 月改为每斗征收 0. 3 元，另外每斗再加 0. 1 元作为省税。带征的省税，1912 年起逐年降低。“由于抵补金大部分随地丁征收，历年实际征收数在 80% 左右。1912 年实收 98507 元，1914 年为 3320020 元，1915 年为 298291. 1 元，1916 年为 2900599 元。”③

3. 浙江在民国之初，即由清末厘金改办统捐。民国元年在浙江财政司下设置 11 个府统捐局，对货物征收统捐归地方收入。1913 年成立浙江国税厅筹备处（隶属财政部国税厅总筹备处），5 月接收浙江财政司所属各统捐局，7 月呈准财政部将统捐局一律改名征收局（分局），统捐由地方收入转归中央收入。民国之初，浙江省临时议会第一次议会议决《浙江省统捐暂行法》，“从 1912 年至 1923 年，浙江省实收统捐 4644. 9 万元；”④ 其中“百货捐 1911 年 9 月至 1912 年 6 月实收 678071 元，1912 年为 1639817 元，1914 年为 2742368 元，1915 年为 2991024 元，1916 年为 2893258 元。”⑤

① 参见北洋政府财政部财政调查处编辑《各省区历年财政（第一编第二册，浙江省、福建省）》，财政部财政调查处 1927 年版，第 39—69 页。

② 浙江财政税务志编辑委员会：《浙江省财政税务志》，中华书局 2002 年版，第 154 页。

③ 参见北洋政府财政部财政调查处编：《各省区历年财政（第一编第二册）》，1927 年版，第 45—69 页。

④ 浙江财政税务志编辑委员会：《浙江省财政税务志》，中华书局 2002 年版，第 135 页。

⑤ 参见北洋政府财政部财政调查处：《各省区历年财政汇览》（第一编第二册），国民政府财政部财政调查处 1927 年版，第 39—69 页。

4. 牙税。经浙江省临时议会第一次会议议决的《浙江省捐换牙贴简章》，将前清部领牙贴、谕单、季钞统称为牙行捐贴，长期牙贴10年换一次，年换牙贴1年一换，季换牙贴每季一换，并规定牙贴捐率和牙税率。“浙江省牙税实征数，1911年9月至1912年6月为42621元，1912年为70736元，1914年为163258元，1915年为165667元，1916年为202870元。”①

4. 当税。当税经浙江省临时议会第一次会议议决《典当贴捐修正追认案》，大体遵循前清典当贴捐案。“浙江省当税实征数，1911年9月至1912年6月为1000元，1912年为34309元，1914年为54434元，1915年为37028元，1916年为27956元。”②

1913年，北洋政府财政部在初步区分中央行政和地方行政的范围、界限的基础上，颁布《国家税法与地方税法草案》和《国家费目地方费目标准案》。在此之后，浙江省议会有关税收的立法就很少，只限于地方税的范围内立法。为了实现中央专制集权的袁世凯不允许相对独立的地方税收体系。袁世凯取消地方自治，取消国地税收划分方案，实行中央政府统收统支的旧财税体制。一直到1916年袁世凯政权结束，国地税法草案才得以恢复，在实行中则吸取了旧税制中解款制度的一些做法，建立了所谓“专款制度”③。北洋时期，省与国的关系混乱、全国战乱不已，因此划分国家与地方财政的措施都难以切实进行。“在地方军阀把持下，除在

① 北洋政府财政部财政调查处：《各省区历年财政汇览》（第一编第二册），国民政府财政部财政调查处1927年版，第40—70页。

② 同上。

③ 专款之名，始于1915年，当时只有契税、印花税、烟酒税、烟酒牌照税和牙税共5项，谓之“五项专款”。1916年加入屠宰税、牲畜税、田赋附加、厘金增加等项，改名“中央专款”。1916年各省解款给中央政府的专款额定为1859.8万元，这是各省财力无法承受的。1917年，政府将印花税分出，另行办理，又将屠宰税、牲畜税、田赋附加、厘金增加等项从国税中划除，将中央专款定为6项，即：烟酒税、烟酒增加税、烟酒牌照税、契税、牙税和矿税。各省认定额度，多收部分归本省，征收不足部分则由省款补足。因西南六省脱离中央，实际解款额有所减少。1917年各省认定数目为1280余万元，实解数目仅约1036万元。从1919年1月起，烟草事务设立专署办理，有关烟草的3项税年收600余万元，此款划归专署，中央专款仅剩契税、牙税、矿税3项，年额约计630万元。中央政府应发各省军费多由专款划拨，往往因税款未收足，先由各省借用。中央政府声称到年度终了，借款归专款结算，实际上不结清者所在多有，年年后挪，始终抵拨不清，到1922年及以后，干脆成了一笔糊涂账。参见杜恂诚：《民国时期的中央与地方财政划分》，《中国社会科学》1998年第3期。

纸面上抵充各省代付国家支出项目外，全数均被地方截留，中央无法分配。换句话，中央在应付自己的支出方面，对田赋和货物税，不能派任何用场。”①

（二）银行立法的实施情况

1. 浙江实业银行的发展

浙江省议会在民国前期银行方面的主要议决案有：《浙江地方实业银行收归省办案》和《浙江地方银行条例》。

《浙江地方实业银行收归省办》出台后，浙江实业银行从浙江地方实业银行分出独立后，即着手在杭州设立分行，并在当地尽快吸收原属官股方面的职员，通过他们将官股方面的部分存款吸引过来。接着又进行增资，预定资本总额为200万元，实收为180万元。1923年4月23日，浙江实业银行在上海正式宣告成立。次年，购置了汉口路江西路口的房产，从北京路原址迁入营业，后又增资20万元，使该行实收资本总额达到预定的200万元。浙江实业银行成立后，第一届董事长为胡济生，胡济生于1927年病逝，李馥荪继任董事长。浙江实业银行与外商往来特别活跃，外汇业务发展较快，这是浙江实业银行的业务特色。李馥荪主持浙江实业银行以后，聘请外商头目或外商买办为银行的董事，或加入股份兜揽外商存款。他还曾邀请香港何东爵士和纽约华昌贸易公司的李国钦加入浙江实业银行商股，请德孚洋行买办宁波人周宗良当浙江实业银行董事，以此谋求业务更大的发展。他还大量购买外商债券和股票，打入外商投资集团。李馥荪还在许多外商洋行和华商企业中兼任经理、董事。在第一次世界大战时期，德华银行停业，德商及德侨无以立足，浙江实业银行接受德国宝隆医院医师的存款，并允许其门诊收入加封后存入浙江实业银行寄库，德侨为之而感恩戴德，于是在沪德国人后来都到浙江实业银行存款。浙江实业银行还十分重视储蓄业务，发挥聚沙成塔、集腋成裘的作用。银行常务董事陈朵如曾于民国八年就应用复利计算办法，开创零存整取等新型储蓄业务，收到很好效果。李馥荪与陈朵如早年曾留学日本，学习新型的银行管理知识，而官商合办的浙江银行采用的是旧式钱庄做法，业务方向、经营方针都陈旧保守，在李、陈两人和浙江实业银行一些扎实勤恳、有真知

① 潘国旗：《民国浙江财政研究》，中国社会科学出版社2007年版，第4—5页。

灼见的经、襄理人员密切配合下，对银行内部管理制度进行了一系列改革，使全行工作井井有条、生机勃勃，为业务开展提供了保证。总之，《浙江地方实业银行收归省办》实施后，浙江实业银行成立，其制度日趋完善，业务发展，盈利可观。浙江实业银行与当时的浙江兴业银行、上海商业储蓄银行关系密切，被银行界合称为“南三行”。[①]

2. 浙江地方银行的状况

在浙江实业银行和浙江地方银行两家银行分家之前，原来的浙江地方实业银行业务重心全在上海、汉口、杭州三处。分家后，上海、汉口划归浙江实业银行，总行设在上海。在杭的分行划归浙江地方银行。但不久浙江实业银行即在杭州另设分行，并将原杭州分行中一些重要职员拉出去。原杭州分行经理葛叔谦也辞去浙江地方银行的职务，转任浙江实业银行杭州分行经理。于是杭州分行原来的业务也大部被浙江实业银行揽去。因此，官商拆股分家后，官办的浙江地方银行的业务就一蹶不振。在此情况下，要打开业务局面，就不得不依靠当地金融界的力量。当时，由浙江省政府确定浙江地方银行第一任理事、监事共 7 人。驻行理事陈来青，理事金润泉、王萝泉、俞丹屏、徐光溥，监事魏颂唐、吴梦飞。这 7 人中，陈来青是浙江镇海人，曾任东北、山西等地中国银行经理多年，此时退休回故里，经徐青甫推荐，出任浙地行驻行理事，但他年事已高，不思有所作为，只求平安无事，结果实权就操在金润泉（中国银行杭州分行经理）之手。但是浙江地方银行业务发展和中国银行有矛盾，因此金润泉并不希望它有大的发展，当两行利益发生矛盾时，金总以中国银行的利益为重，偏向中国银行。1924 年秋，军阀孙传芳入浙，政局又起变化，陈来青辞职回家，另推罗景江为驻行理事，成文甫为杭州分行经理。罗、成两人，一个不谙业务，一个精神萎靡，业务从此江河日下。1925 年，徐青甫出任该行理事长，原拟力谋刷新行务，但第二年 1926 年政局又变，徐又去职，业务依旧停滞不前。1927 年，国民党政府成立后，又公推王湘泉为理事长。王主要致力于自己开设的典业银行的发展，对浙江地方银行业务似管非管，其间虽也进来一些有用人才，但总因人事关系复杂，无法施展才能，业务始终未能好转。1929 年，钱新之来浙江掌财政，很想帮助该

① 参见陈国强主编：《浙江金融史》，中国金融出版社 1993 年版，第 167—168 页。

行改变局面，他曾为该行办了两件事：一是将已停办的杭州农工银行的业务及全部资金12万元并入浙江地方银行，另拨浙江偿还旧欠公债资金，凑足资本100万元，并把原任杭州农工银行经理周季纶调任浙江地方银行驻行理事。二是要杭州中国银行把杭属的海宁，嘉属的崇德、桐乡，湖属的德清等县的金库业务交浙江地方银行办理，但该行业务发展还是不大。总之，从1923年3月官商分家到1931年，先后足足八年时间，浙江地方银行业务一直萎靡不振，银行业务规模还赶不上一个较大的私人钱庄，有时甚至连开支都发生困难。①

三　实业、交通立法的实施情况

（一）振兴实业类立法的实施情况

民国前期浙江省议会通过了大量的振兴实业类的议案，推动了浙江省的实业发展，或为将来的实业发展奠定了基础。实业类议决案的实施分为三类：第一类是实施效果良好。第二类是开始不好，但是后期发展很好。第三类是实施效果不好，导致议案最终终止。

浙江省议会民国九年常年会议决的《武林铁工厂息借省款案》实施后，武林铁工厂成绩显著提高。武林铁工厂创立于1914年，创立之初只召集资本两万元，职员三人，厂屋十四间，职工、艺徒、小工不过十人。之后虽然继续添加职员、工匠，但是因为诸事草创，产品并不精良。成立3年，没有成绩可言。1916年，聘请日本人为技师，当年仿造提花机不成，损失巨大。1916年秋，改选吴逸民为经理，改组内部人员。1917年春，提花机仿制成功，机织厂大量使用提花机，原有生产力明显不足。于是，添建厂屋十一间，招用徒弟二十余人，但能维持现状，仅盈余二千余元。1918年，续召股本3万元，生产能力发达，一日千里，原有工厂及工徒等又不足分配。于是，又添建厂屋十三间，续招工徒三十余人。当年将历年来的亏耗弥补干净。1919年，营业范围日益增大，订货日多，供不应求。于是，又添置厂屋十六间，续招工徒四十人。1920年，有事务员六人、工场管理员七人、练习生十人、工徒等一百五十余人。厂屋六十余间，日夜轮班工作。武林铁工厂以丝织业为中心，专造织物机，如提花

① 参见陈国强主编：《浙江金融史》，中国金融出版社1993年版，第168—169页。

机、踏花机、摚花机、撚丝络经合丝做绞合机械，莫不完备。产品行销全国，本省以杭湖绍为最，外省以江苏为首，福建次之。[①] 可见，浙江省议会民国九年常年会议决案《武林铁工厂息借款案》，有效地解决了武林铁工厂的营业资本不足的问题，使其产量日增、质量日精，成绩显著提高。尤其是武林铁工厂生产的提花龙头，“该龙头装在电力机上，专供提花之用，无论何种花样，只须打成专用花板，即可自动地织成各种花彩绸缎。昔购日货，而现以武林铁工厂为最佳”。[②] “铁制提花机（俗称龙头）钢扣及各式电机而论，民国初年，是项机械，均仰给日本，自武林铁工厂开设以来，日货逐渐减少，殆至今日，提花机一项，已完全驱逐出境。钢扣及电力机等亦节节败退，几乎无立足之地。”[③] “民国十四年，该厂总贸易额约 30 万元以上。该厂各种产品得有农商部及直隶省工业观摩会、上海总商会陈列所、浙江物产审查会等各种机关给予优等特等褒奖奖证者甚多。凡丝织业发达之处无不设有分厂。”[④]

民国八年第一次临时会议决的《筹设改良棉种试验场案》开始实施不好，但是后期发展很好。该议决案前十年，没有成效，但是到了后十年，成效显著。浙江的棉区面积，产量不及其他省。但是浙江气候温和，土地肥沃，滨江沿海地区皆适宜植棉，且成熟期早，在市场上能应青黄不接。民国前期，浙江的棉花品种有姚花和绍花，纤维粗短、品质不优，难以适应现代纺织界的需求。因此，民国八年浙江省议会议决在余姚设立省立棉种试验场，占地 60 余亩，专做棉种实验。在 1919 年至 1928 年最初的十年间，是草创阶段，进行实验及其他改进事宜。因为场地零星，基础未固，并且当时农业科学研究未甄完善，导致棉种试验场没有效果。其后十年，1928 年以后，棉种场址日益扩充，规模初具，进展很大。1928 年至 1932 年，为棉种场扩充期。1928 年冬，棉种场在总场附近扩充场地三处：马堰扩张 100 余亩、余姚新浦沿租地 125 亩、周巷租地 110 亩，除了用于繁殖棉种外，另建轧花打包等厂设备。还在慈溪租地 160 亩，平湖租地 97 亩，设置平湖慈溪两分场。1930 年春在杭州七堡、上虞、萧山分设

① 参见《武林铁工厂调查录》，《报国工业会会刊》1919 年第 1 期。

② 《国产织丝用品之报告》，《申报》1927 年 3 月 3 日。

③ 《武林铁工厂新出两种提花机》，《申报》1928 年 7 月 17 日。

④ 《浙江工业谈》，《浙江建设》1929 年第 31 期。

三个育种场，租地或自置棉田，共计206亩。棉业的改进，至此规模粗具。1932年后，为推广期。当年8月，省委另委冯肇傅接替，此后改进与推广工作并重，以达到实验研究化，推广合理化。1932年杭州育种场即新浦沿棉场，改为育种区，周巷棉厂改为繁殖区，至于马堰总场，则改为余姚合作棉场，慈溪平湖两分场，则改为慈溪合作棉场、平湖合作棉场、萧山上虞育种场，亦改为萧山合作棉场、上虞合作棉场，共成立五个合作棉场。1933年5月，移总场至七堡，更名为浙江省农业改良总场棉场，同时成立杭县萧山两实施区。1935年至1936年，除扩充杭县、萧山、余姚各原有棉业改良实施区外，更添设定海、镇海、海盐各实施区，与慈溪、上虞、鄞县各推广区，推广百万棉与驯化美棉。在五年中，组织几近变更，1935年改组为浙江省农业管理委员会棉场，1936年改组为浙江省农林改良场棉场，1937年改组为浙江省棉业改良场。但是在实验研究、棉产改进、推广方面尚差强人意。总计1932年至1937年这五年的改良面积，场方由230亩进至1230亩，各实施区由3421亩进至2万余亩，棉花产量，场方由21381斤进至129061斤，各实施区自280622斤进至1108万5千斤，从此棉业改良，基础大备。①

议案实施后，没有效果的，例如浙江省第一届第二年第一次临时会议议决的《试办改良靛青制造模范工厂案》，因改良没有成效，徒糜公款。于是浙江省议会第一届第三年常年会议议决《停办改良靛青模范厂》。省议会在提交停办改良靛青模范厂的咨文中指出了停办的理由：

> 原以欧战发生，德国人造靛绝迹，改良土靛以抵外货，意非不善。乃自开办以来，购叶提灰仍是旧法。所异者旧用竹篰，今用贵价之铁桶耳。查其所制之靛成色并未优美。五年决算收入六千余元，较之预算一万一千减至十分之四强。或者咎场长办理之不善，实改良之绝无善法也。盖德国人造靛，其原料取自矿物。与中国之草靛，其投本上既绝对不同。而其制造之奇秘，虽以英法美三国之专门技师，巨厂林立，尚不能有所仿制。岂可责之今日之吾国学术工艺尚在幼稚时代者乎。至种靛事业本居农业上重要位置。自德靛出后，凡属产靛之

① 参见萧辅、杨志复：《十年来之浙江棉业》，《浙棉》1937年第3期。

区，如印度、南洋及浙闽各处，土靛以渐消减，此实优胜劣败，天演之公例，无可幸免。欧战发生，德靛不至，而各处原种土靛者风发潮涌，三四年来几复其旧，又似有供过于求之势。查此者民国五年尚有余利可图，民国六年则亏者居半，过此以往者更少希望。是故欧战终有和平之日，则德靛必有续到之时，德靛续到之日即土靛绝命之期。土靛曰改良徒糜公款。①

（二）修筑省道立法的实施情况

1916年10月27日，浙江省长吕公望提出修筑浙江省道的议案，浙江省议会议决通过后，11月4日复请省长施行，这是浙江省最早的省道建设计划。吕公望提出的计划，是根据清代主要驿道作为路基，里程也是参照清代郡县道里记，如浙苏、浙赣两线是清代贯通南北各省的主要驿道干线。这个计划首先着重开发钱塘江以南交通不方便的地区，然后再修建浙北地区，着眼于开发交通，发展经济。因为此时欧战已经开始，省内民族工商业大有起色，丝绸、棉纺、针织及其他工业都所发展，原来已经停业的一些工厂也都复业，所以省议会很快通过了这个议案。浙江省道建设在北洋时期，进程缓慢。议决案通过后，1916年由浙江省政府提出修筑省道计划，1920年才开始筹备，到1922年才着手进行。1924年商办公路杭余、余临公路通车。1925年，省建萧绍公路开始通车。1932年，七省联络公路会议以后，加快建设，浙江省道至1927年才初具规模。② 实现省道计划，首先要解决经费问题。吕公望的前任省都督朱瑞投靠袁世凯，1913年开始，袁世凯勒令浙江每年上交的财币，数额巨大，浙江被搜刮殆尽，所以短期内无法解决筑路经费问题。更严重的是，政局不稳，省道计划通过后未过一个月，吕公望被迫辞职，杨善德为浙江都督，此计划被搁置起来。1919年8月，杨善德在浙江督军任内病故，卢永祥接任浙江督军，道路建设又被提到议程上来。1920年12月，经省议会议决成立省道筹备处，直属省长公署，派周凤岐为处长。该处于1921年1月正式成

① 浙江省议会编：《停办改良靛青模范厂本会咨文》，《浙江省议会第一届第三年常年会议决案》，第35页。

② 参见徐望法：《浙江公路史》，人民交通出版社1988年版，第11—12页。

立，派员测量浙闽正线和浙皖正线，并对吕公望原先拟定的省道计划作了修正。1925 年，因孙传芳独霸浙闽两省军务，他提出蔺县、江山至福建浦城路线应列入计划与浙赣线相接。这样，浙闽副线就改经此道。浙江省道建设，虽于 1916 年提出计划，但实际上 1922 年才开始进行，当时全国已有通车路线 1185 公里，浙江起步比较迟。"从 1922—1926 年，省建路线仅完成萧绍、嵊新两段共 62 公里"[①]，拱三段尚未完成，进展比较缓慢，主要是经济上的原因和政局不稳。1924 年 9 月，浙督卢永祥与江苏督军齐燮元为争夺上海的经济利益，发动齐卢战争，又称江浙战争，兵工被抽回打仗，兵工筑路就此停止。1922 年，周凤岐提出征收卷烟特税，以其收入充作省道建设经费，但遭到英美百般阻挠。因为当时的卷烟均由英美输入，英领事声称，征收卷烟特税，损害他们的利益。经过多次交涉才于次年 1923 年 3 月 10 日开始征收。除一部分用作征收机构的经费以外，其余均专款作为省道经费。据浙江卷烟特税局汇刊所载，从 1923 年至 1926 年，卷烟特税收入达 572 万余元。有了可靠的经费来源，浙江省道建设才正式开展起来。

四　教育和禁烟立法的实施情况

（一）教育立法的实施情况

民国元年，浙江省教育司根据南京临时政府教育部颁发的《小学校令》和《普通教育暂行办法》，拟订《对于小学教育的办法》，学堂改称学校，小学分为高等小学、初等小学校两级。高等小学校由县设立，初等小学校由城镇设立。之后教育司又通令：凡私塾设在学校附近一里半以内者，下学期一律停闭，以后随小学校之增设，私塾随之取消。1915 年 1 月，袁世凯以大总统名义颁布《特定教育纲要》，要求各省制订规划，分年筹备推行义务教育事宜，并将初等小学校改名为国民学校，以符义务教育之义。1916 年的浙江省议会第一届第二年常年会议决《关于筹备义务教育之全省国民学校设齐年限及办法案》，计划自 1916 年起至 1925 年止，每个乡镇普设国民学校 1 所。虽然民国初期，浙省财政困难，但是设置小学也颇有成效。"1912 年，浙江省小学数为 6103 所，学生达 262295 人；

① 参见徐望法：《浙江公路史》，人民交通出版社 1988 年版，第 27 页。

到 1919 年小学校数为 9824 所，学生达 419545 人。”[①] “到 1922 年，小学学校数达到 11303 所，学生数 512110 人。”[②]

1912 年 9 月，教育部颁布《师范学校令》。1913 年 5 月，浙江省议会第一届常年会议决《筹设省立师范学校决议案》，规定每旧府各设立师范学校 1 所，未设师范学校的各旧府属于民国三年七月一日前设立。但只有宁波、绍兴、金华、温州、处州五旧府属的师范学校及浙江女子师范学堂收归省立，台州府创办旧台属女子师范学校，其他如嘉兴等地只有县立师范讲习所。为此，省议会于 1916 年议决《关于筹备义务教育之造就师资案》，要求未设立省立师范学校的各旧府属一律于民国六年设立齐全，并将宁波、绍兴、衢县等地的原有师范讲习所并入设立在该地的省立师范学校。至此，全省共有师范学校 11 所，即杭州的浙江第一师范学校、嘉兴的浙江第二师范学校、吴兴的浙江第三师范学校、鄞县的浙江第四师范学校、绍兴的浙江第五师范学校、临海的浙江第六师范学校、金华的浙江第七师范学校、衢县的浙江第八师范学校、建德的浙江第九师范学校、永嘉的浙江第十师范学校、丽水的浙江第十一师范学校。同时，处州第一女子学校也改为处属县立女子师范学校。

民国前期浙江的职业教育发展迅速。浙江省议会议决的有关职业教育的议案主要有：《筹设省立甲种森林学校案》、《设立省立甲种水产学校案》、《浙江公立工业专门学校办法案》。浙江的工业教育开始于 1911 年（即清宣统二年），由巡抚增韫专案奏准，筹建浙江中等工业学堂，1911 年 3 月正式开课，设机械、染织（以后分为机织、染色）两课，并附设艺徒班。1913 年学校改称浙江公立（以后改省立）甲种工业学校。几年内陆续添建校舍，增加图书设备，办理认真，管教很严，颇得社会人士的好评。由于浙江教育比较发达，每年中学毕业生很多，而当时浙江的高等学校只有法政和医专两校，加之以浙江省立甲种工业学校开办以来成绩较好，校誉亦佳，因此浙江省议会民国九年第一次临时会议议决《浙江公立工业专门学校办法案》。1927 年，南京国民政府在浙江试行大学区制，对各地职业学校有所归并，原公立工业专门学校附设之职业学校及公立农

---

① 张彬：《浙江教育史》，浙江教育出版社 2006 年版，第 421 页。

② 浙江教育简志编撰组：《浙江教育简志》，浙江人民出版社 1988 年版，第 74 页。

业专门学校附设之职业学校连同工业、农业两专门学校一起归并到第三中山大学（浙江大学）。次年7月结束大学区制，改称为国立浙江大学代办省立高级工科中学和国立浙江大学代办省立高级农科中学。浙江公立工业专门学校自1920年成立，至1927年改组，共有7年的历史，其作用不仅使浙江的工业教育提高了一步，同时使浙江的高等教育更有生气，电机工程科在国内是较早设立的一个，化学工程科是国内最早的一个，后改组为浙江大学工学院。[①]

（二）禁烟立法的实施情况

浙江省临时议会期间通过的有关禁烟的立法主要包括：浙江省临时议会第一次会议议决的《浙江省实行禁绝鸦片法》、《浙江省府县禁烟局暂行章程》、《浙江省全省府县禁烟调查员执行规则》，浙江省临时议会第二次会议议决的《修正浙江省实行禁绝鸦片法》，浙江省临时议会第三次会议议决的《浙江禁烟特别条例》。辛亥革命后，南京临时政府以及各省军政府忙于新政权的巩固和建设，禁烟工作有所松弛，于是前清遭禁止的烟毒又死灰复燃，浙江的情况也属于比较严重。1912年，针对日益严重的鸦片问题，浙江省临时议会第一次会议议决《浙江省实行禁绝鸦片法》，之后浙江省临时议会第三次会议议决《浙江省禁烟特别条例》，对鸦片的种吸运做出更为严厉的处罚。浙江省各地相继设立禁烟局实施烟禁。浙江省还将全省划分为七区，每区设置禁烟监督1人，禁烟委员若干。至1913年，浙江省的罂粟种植已全部清除。1913年，浙江省民政司以浙江省罂粟种植已清除，致电外交部和内务部两部，请依据《中英禁烟条约》要求停止印药入口。[②] 1914年，英国使臣来浙江勘验鸦片种植情况，最后认定浙江为无鸦片省份。根据《中英禁烟条约》的规定，自1914年6月开始，印产鸦片禁止进入浙江。至此，民国前期的浙江省禁烟运动以胜利结束。

---

① 参见王国松：《浙江公立工业专门学校》，载《浙江文史资料选辑 第45辑》，浙江人民出版社1991年版。

② 1911年5月8日，英国与清政府签订了《中英禁烟条件》，主要内容包括：自1911年1月1日起，中国按英国每年减运的比例每年减种，至1917年全部禁绝。如不到7年，土药确实绝种，则英国同时停止印药输入中国。无论何省，土药已绝种，他省土药亦禁进入，则印药不准进入该省，惟上海、广州例外，为最后禁止印药输入口之地。

第三节 影响民国前期浙江省议会立法效果的因素

一 官员素质因素

议会议决案的最后具体实施是由具体的行政部门及官员来执行，官员的执行力和官员的廉洁状况直接影响着议案的实施效果。在历届的浙江省议员的质问书中，其中对于官员的执行力和廉洁的质问就占了比较大的比例。在齐耀珊执政浙江期间，浙江的吏治十分腐败，各县知事“威严比于王者，其对于征收也，则匿报短解，存店生息；其对于诉讼也，则假公肥私，任意出入；其对于命盗重案也，则报抢为窃，或指鹿为马，甚至搁置不报；其对于监犯也，扣减口粮，致成越狱，事后呈报，非将疏脱人犯减少，定将判罪较轻者呈报。”① 齐耀珊到任后，以回避本籍为借口，摒弃前任委用的浙籍人士，大量引用外省人，使得“本籍循良知事回避一空，考试合格人员久摒勿用。”② 齐耀珊只知回避本籍，不知回避亲故，如海门统捐局长为齐氏之表弟，龙游县知事为齐氏之儿女亲家，省公署第一科科长王贷是齐氏之内亲，其他崇德、安吉、寿昌、景宁、临安县知事等都与齐氏有亲故关系。面对议员的质问，齐氏蛮横地答以“任用职官系属国家行政，受各种官规之拘束，不属于省议会职权，当然无答复之必要。”③ 并认为质问书所举各员均不应在回避之列。在齐耀珊执政期间，浙江省议会民国八年常年会议员质问书共94份，其中质问官员贪腐和行政执行力的质问书有31份：《郑迈等质问关于德清县知事唐用锡渎职殃民事项书》、《姜恂如等质问关于龙游兰溪统捐局需索肩贩质问书》、《丁文炳等质问关于东阳县知事胡远芬侵占征收公费事项书》、《张鸿材等质问关于兰溪知事违法处分官有财产事项书》、《龚志清等质问关于复查宁海县知事征收舞弊事项书》、《侯亦白等质问关于外海水警第三区第十一

① 浙江省议会编：《魏泽寰等质问关于各县知事并不遵守各种事项书》，《浙江省议会民国八年常年会议员质问书》，第111页。

② 浙江省议会编：《郑迈等质问关于本省政治根本改良事项书》，《浙江省议会民国九年常年会议员质问书》，第1页。

③ 浙江省议会编：《伍井等质问关于用人行政不回避亲故事项书》，《浙江省议会民国八年常年会议员质问书》，第116页。

队第四分队长朱文芳贿赂纵漏海事项书》、《吴观光等质问关于乐清县知事唐永锡侵蚀公款事项书》、《骆瀛等质问关于上虞县知事张振声违法事项书》、《凌福镜等质问关于德清县知事吴因孙不问灾歉收电请苛征事项书》、《李昌鑫等质问关于调查旧处属牙贴委员会姚明楷索规费事项书》、《章五成等质问关于绍萧塘工局局长钟寿康渎职事项书》、《包溥等质问海门统捐局长杨士龙违章包办添设分卡事项书》、《周元达等质问钱江义渡局局长办理不善及舞弊事项书》、《黄尚等质问关于旧温属清理官营产事务所长王渡违法变卖瑞安义渡船坞事项书》、《马义新等质问各县知事并不遵守各种条例事项书》、《周元达等质问关于诸暨警备队哨官纵警殃民违法逮捕事项书》、《伍井等质问关于用人行政不回避亲故事项书》、《张维熊等质问关于第二区区长金富有第三区区长卢家有违法刑讯事项书》、《徐清扬等质问关于嘉兴县知事违例征收歉地应缓钱粮并处罚案延未答复事项书》、《张维熊等质问关于吴兴县勘灾委员赵履端并不按圩履勘勒逼里正签字报告事项书》、《伍井等质问关于答复用人行政部不回避案仍有疑义事项书》、《徐清扬等质问关于答复嘉兴等县知事违例征收歉地应缓钱粮并处罚案滋疑义事项书》、《金炳璠等质问关于县知事张兰蔑视部令砍毁古物事项书》、《金炳璠等质问关于临海县海门镇查米局局长索贿放运事项书事》、《伍井等质问关于答复用人行政不回避亲故案更滋疑义事项书》、《潘世焘等质问关于杭县凤山庆丰关统捐分局私索月规事项书》、《李镜第等质问关于镇海县知事洪锡范停发六年度小学补助费私挪用事项书》、《周元达等质问关于第五区烟酒公卖分局擅设稽查所违章苛罚事项书》、《骆瀛等质问关于诸暨县前知事陶镛办理推收额外苛索事项书》、《伍井等质问关于崇德县知事孔庆熙朋比贪诈事项书》、《许一藩等质问关于天台县知事罗庆昌不发囚粮事项书》、《周元达等质问关于诸暨县知事及劝学所未奉行本会议决处置各族原有贤产条例事项书》。①

二　议会与行政长官的关系因素

根据《省议会暂行法》的规定，议案的执行是由省行政长官执行，所以议会与省行政长官的关系直接影响到了议案的执行效果。1921 年至

① 详见浙江省议会编：《民国八年第二次常年会议员质问书》。

1926年期间，浙江省历届行政长官或都督，与议会关系良好的不在多数，有些甚至到了被弹劾的地步。浙江省临时议会首任都督汤寿潜，任浙督的时间只有二月余。汤“以道德经济著于时”[①]，在浙人中很有声望。汤潜寿任职期间与临时议会在重大问题上立场一致，其任内的许多布政措施，都是交由临时议会议决后才施行的。临时议会成立前已施行的一些重大举措，例如发行公债、蠲免赋税等，也提请临时议会追认。汤寿潜辞职后，蒋尊簋出任浙江都督，其任职期间浙江省临时议会召开了第一、第二次会议。蒋尊簋有军界内留学日本的士官生派的支持，具有一定实力。当上都督后，与同盟会矛盾渐增。临时议会主要由革命党议员组成，其法律地位和职权足以制衡都督，蒋深感不满。临时议会对蒋也日益不满，在施政和用人方面加强了监督和制约。但是总体而言，双方互相尊重。虽然蒋尊簋不及汤寿潜，但是省议会通过了大量的政治、经济和社会制度，顺应了历史发展的潮流，远过于之后的朱瑞和齐耀珊。朱瑞执政时期，是浙江省临时议会第一次议会期间。朱瑞对于议会的尊重较蒋尊簋更差。其施政措施极少主动向临时议会征询意见，接受监督，又不断侵越议会的权益，在重大问题上与议会政见相左，双方矛盾日增。例如浙江省临时议会的议决案《县自治章程》规定县议会有权议决县地方岁出入，朱瑞却以行政命令的形式公布《县税分配章程》，指定县税的用途及分配比例，实际上侵越了县议会的权力。临时议会认为朱瑞以命令变更法律。但朱瑞坚持认为“不过在内部订一概略的准据，为县知事指示方针，自可无庸取消。”朱瑞对付省议会议决案的方法，一是借中央政府打压省议会，以议决案不在省议会议事范围之内、省议会无权议决为由，将议案提交中央察核，从而达到取消议决案的目的；二是以现实困难，或借口经费不足，不及时履行官厅的义务，一旦条件成熟，则将议决案根本推翻；三是借故拖延或不完全照案执行，采用拖延时间或象征性地执行等方法来应付；四是利用某些程序或事实上的缺陷，与省议会各持己见，拒不执行议决案。[②]吕公望担任都督和省长于第一届省议会期间，议会恢复后，在全国率先定期召集省

① ［日］支南珏一郎：《浙路风潮汤寿潜》，载政协浙江省萧山市委员会文史工作委员会：《萧山文史资料选辑 第4辑 汤寿潜史料专辑》内部资料，1993年。

② 详见沈晓敏：《处常与求变：清末民初的浙江咨议局和省议会》，三联书店2005年版，第132—139页。

议会，并表示：立宪国三权分立，立法机关为“民国之最重要者”，应居于“主动的地位”，“最当尊重”，他充分肯定浙议会，盛赞其“自开会迄今，六十日如一日也，内部即一致进行，与官吏更和衷共济，公望于此惟有凭天良拚生死代议会力行而已。”吕公望和省议会存有许多共识，能够互相合作，共策进行，在整肃吏治、筹划交通、振兴实业、整理财政等方面取得了不少的成绩。历任省长中，省议会与齐耀珊的关系最为糟糕，齐耀珊代表北洋军阀的利益，处处牺牲浙江的地方利益，又不肯俯首于法律之下，经常破坏预算案和议决案，任用私亲，怂恿属吏违法乱纪，极端不尊重省议会，几乎侵越了省议会的所有职权，变本加厉，毫无节制。当省议会与齐耀珊的矛盾尖锐时，省议会也对齐耀珊进行弹劾。浙江省议会民国九年第一次临时会提出弹劾浙江省长齐耀珊案，基于六点理由：一引用私亲、二克扣警饷、三玩视交代、四破坏预算、五侵越职权、六宠任劣员。其中第五项是侵越职权，弹劾案对此指出：“查本省议会暂行法第十六条省议会之职权有议决本省财产及营造物处分之规定，该省长齐耀珊对于大有利电器公司抵押借款一案，事前即不交本议会决，事后又不咨本会追认，独断专行，视此项官股股票不啻为其个人之私有物，蔑视本会侵越职权。”① 但是，议会的弹劾因齐耀珊的调离而不了了之。

三　中央立法因素

浙江光复后，浙江省临时议会出台了大量的制度。随着中央政府的建立，中央出台了一些制度，加之《省议会暂行法》将中央与地方的议会立法权进行了划分。因此浙江省临时议会与中央立法有冲突的立法则不再有效，而不再实施。这部分主要集中于官制和税收制度，也即北洋中央政府是把人事权和财政权牢牢地掌控在自己的手中。

浙江省议会有关官制的议决案集中于浙江省临时议会期间，随着中央政府的建立，中央逐渐将省官制的决定权收归中央，浙江省临时议会期间出台的有关官制的规定随之失去效力。“1913 年，北洋政府公布《划一现行各省地方行政官厅组织令》，其中规定各省行政长官称为民政长，省行

① 浙江省议会编：《弹劾省长齐耀珊案》，《浙江省议会民国九年第一次临时会议决案》，第 32—34 页。

政机关称为行政公署。公署的编制或员额由各省民政长拟具后，经由国务总理呈请大总统核定。”①《省议会暂行法》中规定的省议会职权中，没有规定省议会有议决地方官制的权限。从1912年至1926年间，中央出台了有关地方官制的制度②，这些制度将浙江省临时议会制定的地方官制全部替代。

以警察官制为例。民国浙江光复后，浙江警务隶属于浙江军政府之政事部。在杭州府设立警察署，署下设区，各县设警察署，乡设分署或派出所，分署设分署长，所设警官，并裁废巡董。警察的饷款，都由县筹办。1912年6月，浙江省临时议会第二次会议议决《浙江省警察官制》、《浙江省会警察官制》，改称浙江省会警察局，局设局长，区设分局长，派出所设警官，分局4个，派出所10个。浙江省会警察局直隶民政司，办理省会警察警务。浙江省各县设警察署，隶属于民政司，受县知事之指挥监督。警察署管辖区域与县同。警察署设置职员：署长、警官、书记。1913年4月，浙江行政公署遵中央颁布《地方警察厅官制》，将省会警察局改组为浙江省城警察厅，以夏超为厅长。区设署长，派出所设署员。各县警察署称警察事务所，所设所长。乡区设派出所，所设编制仍旧。1914年秋，浙江行政公署因将一部分固有警费拨归警备队，其警备队固有之经费协解中央，于是不得不将各县派出所大事裁

① 钱实甫：《北洋政府时期的政治制度》，中华书局1984年版，第230页。

② 从1912年至1926年间，中央出台有关地方官制的制度主要有：民国二年的《划一现行各省地方行政官厅组织令》、《划一现行各县地方行政官厅组织令》、《划一现行地方警察官厅组织令》、《各县知事公署暂行办事章程》、《各省行政公署暂行办事章程》、《知事任用暂行条例施行细则》、《知事试验暂行条例施行细则》；民国三年的《县佐任用条例》、《文官任职令》、《文官恤金令》、《高等文官甄别委员会执行细则》、《文官甄别程序条例》、《县佐官制》、《地方警察厅官制》、《县警察所官制》、《财政厅官制》；民国四年的《文官普通考试令》、《文官高等考试令》、《水上警察厅官制》、《县知事甄别章程》、《浙江巡按使公署谘议会章程》、《整顿各省警政办法大纲》；民国五年的《文官高等考试令施行细则》、《文官普通考试令施行细则》、《文官甄用令施行细则》；民国六年的《教育厅暂行条例》、《实业厅暂行条例》；民国七年的《各省区警务处组织章程》；民国八年的《文官高等考试法》、《文官普通考试法》、《地方警察局组织章程》、《县自治法》；民国九年的《实业厅厅长预保及任用办法》；民国十年的《地方行政会议组织规则》、《官吏犯赃治罪条例》、《地方行政会议议事细则》、《县自治法施行细则》、《县议会议员选举规则》、《省参事会条例》、《市自治条例》、《乡自治条例》；民国十一年的《市自治制施行细则》、《市自治会会员选举规则》；民国十二年的《县教育局规程》；民国十四年的《县实业局规程》。

并，重新改组，复改各县警察事务所为县警察所。所设所长，乡区派出所冠以各地地名，改为分所。前以东、南、西、北四乡区别名称，裁并的结果，不得不视区域大小与经费的荣枯，将乡的界限打破，设一等或二、三等巡官一员。但是不满三月，仍复旧制，前称巡官，改称所员。适逢当时袁世凯专政，改各省行政公署民政长为巡按使，省会警察厅直隶于巡按使公署。1915 年 3 月，改杭州省城警察厅为省会警察厅，组织仍旧。同年，成立外海水上警察厅，内河水上警察厅，均直隶于浙江巡按使公署，署内设警务处，掌理全省警务事宜。1916 年 5 月，浙江最高行政机关改组，巡按使屈映光辞职，吕公望任为浙江省长。省长公署内设民政厅，民政厅兼掌各县警务。省会、宁波、内河、外海四警察厅及警备队等机关，另设警政厅掌理。厅长一职，以省会警察厅长夏超兼任。不久，依照中央规定将民政、警政两厅撤销，查照部颁《整理警政办法大纲》及颁布之《警务处组织法》，改组为浙江全省警务处，统辖全省各县警务。但内河、外海、两水警厅、宁波警察厅及警备队仍隶属于省长。1917 年，成立永嘉警察局，下设两署，其范围略广于各县警察所。齐耀珊为省长时，对于各县行政主张集权于知事，除长兴煤矿警察外，裁废审检所等，并将各县警察所长一职概由县知事兼任，县警察事务由知事保荐警佐一员处理，纯为掾属性质，间有将警察所机关撤销，饬令警佐入署办公者。警察勤务，则担任看守罪犯、催征钱粮、值庭传案、护卫役使等事务。贪污知事，即将法警粮役等响款饱人私囊，此为浙江警务极大变动之时期也。①

税收制度也是随着北洋中央政府大量制度的出台，原有的浙江省临时议会期间出台的税收法案，其中与中央冲突的规定相应失效。例如浙江省临时议会期间出台的有关田赋方面的法案主要有《浙江省地丁征收法》，随着中央政府对田赋制度整顿，原有议案中的内容就相应失效。1912 年 10 月，财政部通电各省都督、民政部长及省议会，凡前清原有课税“仍照旧章办理，不得率议变更”。但是在税制现代化思潮的影响

① 参见民国浙江省通志馆：《重修浙江通志稿》（第九册），方志出版社 2010 年标点本，第 5804—5807 页。

下，中央政府开始田赋整顿。1912 年至 1915 年田赋整理[①]之后，北洋政府的田赋分为正税和附加。正税主要包括地丁、漕粮、租课和杂课四大类。虽然附加税按规定不得超过正赋的三成，但实际上各地的田赋附加名目繁多，收入大大超过正赋。除此之外，北洋政府后期各地还出现了大量的田赋预征，即把将来若干年的田赋都预先征收。“这三项收入成为北洋政府时期的主要田赋收入。”[②]

四　财政因素

财政状况影响着政府的财政支出，尤其是一些兴办实业、交通水利建设、支持教育类的议案，如果没有财政的支持，那就等于是有名无实。浙江民国前期的财政状况一直比较窘迫。浙江省财政自军政府一成立就十分困难，可以说是无年不与借款、举债为缘，皆因在此期间内，浙江军事繁兴，财政益形竭蹶。“以收入言，则人民流离失所，粮赋固无形停顿，而货物停滞，统捐亦毫无收入，短细之巨，为从来所未有；而支出方面，非但省库临时特别支出，为数甚巨，即地方各县为军队提借供应之款，几乎达 140 万元，其周转之困难，已可想见。且连年兵灾迭现，民力已亏，赋税增无可增，而历年所欠借款，又非按时清偿不可，遂致前欠未清，后债又积，只能借新还旧，以资补苴。”[③] 民国前期浙江的财政极其困难，所以这就导致了许多需要财政支持的议案，即使通过了议会的议决，但实际上却无法顺利实施。例如浙江省道建设因为资金紧张而建设缓慢，甚至中途停办。民国十二年常年会议员王润等质问省道无端停办，质问书指出：

> 查温州自永嘉南门外至状元桥一段，省道收用民田三百六十余亩，已筑成路基二十二里，飞霞桥一座，三港桥、港浦桥木桥各一

---

① 1912 年至 1915 年期间，北洋政府的田赋整顿包括：（1）令各省将性质相同的各种田赋税目归并，废除一些不合理的税目。（2）令各省将前清所发的屯田地券换为新券，以便于统一整理。（3）令各省完纳钱粮均以银圆计算，并规定了正税和附加之和。（4）令各省准许在 1914 年田赋正额之外加收一成以内作为征收费用，其余各种名目废除。（5）允许地方可以在正税三成之内征收田赋附加，作为地方收入。（6）批准实施《修正调查田亩办法》八条，以整理税册理清赋额。

② 付志宇：《中国近代税制流变初探》，中国财政经济出版社 2007 年版，第 86 页。

③ 潘国旗：《民国浙江财政研究》，中国社会科学出版社 2007 年版，第 24 页。

段，尚有未筑木桥十二座，约须洋三万元。铺砌路面亦约需三万元。兹因乏款接济，停止进行。岂知收用民田修筑省道原为便利交通振兴各项事业之举，故以极轻微之代价收民田为公用。人民希望省道告成，不计一己之损失。今忽宣告停工，其未铺路面之路基无人管理，风淋雨剥，日渐坍坏。竟就此结束，非特民间恐受损害，则此后官办事业将何以征民信耶？况本省现在之卷烟特税明明制定为省道经费，岁入无虑，乃坐令废弃半途？①

对此省长答复："温属省道自应照案修筑，惟卷烟特税收入现在尚无把握，各处工程尚多，不得不酌量缓急次第进行。"② 该质问书和省长的答复，发生于在卷烟税已经确定为省道经费，但是尚未开始划拨之前。当时，省道建设已经因为资金困难多处停工。从该质问的一问一答可以看到，若无卷烟税的支持，浙江的财政状况根本无法支持省道的建设。事实上，当卷烟税正式划拨为省道经费后，浙江省的省道建设才得以顺利地继续进行。

五　实施对象因素

因牵涉各种利益之间的平衡问题，浙江省议会的议决案有时会遭到议案实施对象的强烈反对，甚至闹成风潮，导致议案不能实施。以"修浚浙西水利案"为例，浙西杭嘉湖地区地势低平，上游天目山地区的水流顺地势奔腾而下，分注太湖、黄浦江等处。但由于沿途河道年久失修，极为淤塞，一遇暴雨，即遭水患，人民深受其害。前清浙江咨议局曾通过兴修浙西水利议决案，后因经费无着而未行。浙江省议会第一届常年会议决《修浚浙西水利案》，规定修浚浙西水利所需经费通过向杭、嘉、湖三属征收丝捐、茧捐及轮船捐集得。规定三属的经运丝每包加抽大洋一元，干茧每百斤加抽大洋五角，小火轮及公司船每只进出口一次捐洋五角，其拖带之民船每只进出一次捐洋二角。此案加重了蚕丝业商人的负担，遭到强

---

① 浙江省议会编：《王润等质问省道无端停办事项书》，《浙江省议会民国十二年常年会议员质问书》，第52—53页。

② 浙江省议会编：《王润等质问省道无端停办事项省长咨文》，《浙江省议会民国十二年常年会议员质问书》，第53页。

烈反对。湖州丝茧两业致电省议会："提议加捐，誓死不认，请速取消。"上海的丝茧总公所来电表示："无力承担，今已全体公决，抵死不认。"全体旅沪浙江丝商表示："加捐之议，令人发指，无论作何用度，捐加若干，是否议决等，誓不承认。"[①] 外商也起而反对，认为轮船捐违背了条约，引起交涉。最后议会议决："丝茧两捐仍执前议，轮船捐略做修改，规定无论华洋各轮，每日开行一次者，轮船每只捐洋五角，其拖带之公司船、民船每只捐洋二角；每日开行两次以上者，轮船每只捐洋三角，其拖带之公司船、民船每只捐洋一角。"[②]

六　立法质量因素

立法的完善性与立法的实施密切联系。如果立法不完备，在实施中就会有异议而无法落实。例如民国九年常年会议决的《修改平民习艺所办法》规定：贫民习艺所由各县设立之，前项习艺所如体察就地情形实有不能办理者，县知事得详叙原委呈请省长查明核办。但是对于"体察就地情形实有不能办理者"没有明确，因此出现了对此的不同理解，导致了大量的县级贫民习艺所停办。议员章敬敷对于各县县议会停办贫民习艺所提出质问，提出了停办的原因在于法律没有明确的规定，导致了对"体察就地情形实有不能办理者"的扩大理解：

> 近闻各县县议会多于议决停办，与本会议决案不合。查修正贫民习艺所办法第一条说明前项习艺所如体察就地情形实有不能办理者，县知事得查明原委，呈请省长查明核办。又第七条，经费由县知事会同县议会筹集是县议会对于贫民习艺所，应负筹集经费之责，而无议决停办之权。经费不足，应兴筹集成绩，不良应行整顿，所长不职应行撤换。此均不能诿之于修正办法第一条所称不能办理四字范围之内。况现议停办之各县，闻非尽有此项情事者，现在生活程度日高一日，贫民生计日艰一日，不于未设各县予以提倡，反将已设之处准其

① 浙江省议会编：《上海来电》，《湖州来电》，《浙江省议会第一届常年会文牍》下编，第16页。

② 浙江省议会编：《修浚浙西水利关于船捐一项修正案》，《浙江省议会第一届第一次临时会议决》，第1页。

停闭乎?①

议案必须是符合现实的需求，否则出台的议案就会因为脱离实际而没有效用。浙江省议会民国九年第一次临时会会期内议决的《浙江外海渔业局条例》就是典型一例。《浙江省长公署训令实业厅准省议会咨议决撤销外海渔业局并将条例废止仰查照办理由》中，指出外海渔业局条例脱离实际而无效用的情况：

本为振兴渔业，挽回利权之图。用意原非不善。第渔业局之设置与渔业公司有连带之关系。故同会期内有浙海渔业公司条例之议决。乃渔业公司至今尚未实现。而外海渔业局则以即成立，敷衍将就，毫无成绩。仅年耗巨万省款而已。且外海渔业总分各局设于定海、临海、永嘉内地，与产渔之外海相距甚远，既无渔轮以资保护又乏邮电以通消息。声气隔阂，名实不符。宜其渔自为渔局自为局，两者漠不相关。欲期设置在内地之渔业局图外海渔业之发展，无异南辕而北辙，愈趋而愈远矣。今省帑赤立杼柚已空，凡属不急之务应在裁并之列。该局事因人设，款系虚糜。我浙人士久有责言。是渔业局之设，改进渔业则不足，伤财害民则有余。至若研究渔业智识，已有甲种水产学校暨水产品制造模范工厂，足资启迪整理渔业。行政护渔汛安宁则又系各县知事与外海水警厅之职责。似此有弊无利，名存实亡之渔业局实无存在之价值。②

① 浙江省议会编：《章敬敷等质问各县县议会停办贫民习艺所事项书》，《民国十二年常年会质问书》，第122页。

② 《浙江省长公署训令实业厅准省议会咨议决撤销外海渔业局并将条例废止仰查照办理由》，《浙江公报》1926年第4867号。

第八章　民国前期浙江议会立法的特色和变迁

第一节　民国前期浙江省议会立法的特色

民国前期由于浙江的地缘格局与社会政治环境使得浙江省议会立法呈现出其特殊性，反映了浙江的政治、经济、文化、地理以及历史传统的特色。

一　体现受近代化浪潮影响较早较深的特色

费正清对于中国的近代化提出了“冲击—反应”模式，认为中国近代社会变动和转型起因于“外发的压力”，即西方的冲击。[①] 浙江地处东南沿海，自海通以来，为中西交通重地。鸦片战争后，浙江的杭州、宁波和温州成为通商口岸，西方商人在通商口岸开设银行、洋行、工厂等企业，对浙江进行商品倾销和资本输出，对浙江特别是沿海地区的传统自然经济造成巨大冲击，于是新的以工业社会为主导的市场结构开始出现。在这种新的刺激之下，导致了浙江的经济、社会的近代化变迁。鸦片战争以后，上海被辟为通商口岸，1843 年正式开埠，1845 年设租界以后，上海的地位迅速崛起。上海在 19 世纪 50 年代中期开始取代广州成为全国外贸中心。上海因其特殊的地位，为各派政治力量所必争，在戊戌变法、辛亥革命、二次革命等一系列重大事件中都充当了极其重要的角色。在文化方面，上海是西方文化输入在中国的最大基地，是中西文化交汇、融合的前沿，是近代中国的文化中心，在教育、科技、出版、文学、艺术等方面在全国都名列前茅。上海逐渐确立的其在近代中国的重要中心地位有力地拉

---

① 详见费正清：《美国与中国》，张理京译，世界知识出版社 2000 年版，第 132 页。

动了浙江的社会经济的深入发展。[①]

浙江地处中国东南沿海，开放时间较早，又因为毗邻上海，受到先行近代化上海的影响颇深，所以浙江的近代化转型的步伐远远早于内地。纵观整个民国前期浙江省议会的立法活动，延续了清末修律，以西方当时民主国家法治制度为蓝本，力图建立起西方式的法律制度。尤其是浙江位居沿海，毗邻上海，这一地理位置使浙江成为清末以后受西化浪潮影响较深的一个省份。“在辛亥革命后中国进入共和的初期，浙江就较其他省份，多富一些西方民主主义精神。”[②] 浙江光复后，浙江省临时议会成立，规划浙江民主共和新体制进行立法工作。1911 年 12 月 17 日，浙江省临时议会第一次会议把《浙江军政府约法》（草案）改名《中华民国浙江省约法》（草案），并议决通过了该约法。《中华民国浙江省约法》是浙江第一部具有资产阶级性质的约法。它的颁布是辛亥革命后浙江军政府进行地方民主政治建设的标志。浙江省临时议会采用西方各国的新制，建立政府和司法机构，颁布了《浙江省都督选举法》、《浙江省各司官制》、《浙江省地方官制》、《浙江省官制施行法》、《浙江省文官考试暂行法》、《浙江省文官任用暂行法》、《浙江省官俸暂行法》、《浙江省法官考试暂行法》、《浙江省法官任用暂行法》、《浙江省法官编制法》、《浙江省修订新刑律施行法》、《浙江省行政审判院法》、《浙江省辩护士法》、《浙江省检证规则》、《浙江省讼费规则》、《浙江省审判暂行章程》、《浙江省检事厅调度司法警察章程》、《浙江省监狱署官制》、《浙江省警察官制》、《浙江省会警察官制》等。在试图建立起西方式的政治制度的同时，浙江省议会也通过了一系列的教育议案，力求建立西方式的教育体系，改变传统的封建模式，开启民智，促进社会发展。为了更好地向西方学习，民国前期浙江开始大量地派遣学生到国外留学，留学国别包括欧美各主要国家和日本。浙江省近代留学教育肇始于 19 世纪 70 年代，进入民国以后，浙江省议会陆续出台了有关留学生的议案。1917 年，浙江省议会议决《浙江省派遣留学生规程》，1926 年议决《修正浙江省派遣留学生规程》。此外还议决

① 参见陈剑峰：《集聚和扩散——明清至今浙北区域与上海社会经济关系史研究》，吉林人民出版社 2005 年版，第 154 页。

② 李国祁：《闽浙地区的政治现代化》，《国科会报告》，未刊本。

了大量的对留学生补助经费的议案：《增加浙江留日官费生增加学费案》、《追加十年度留日特约各校学生经费案》、《补助留法勤工俭学学生学膳费案》、《增加留学日本官费生学费案》、《留日非震灾区各校学生拟准一律增加学费案》等，各项留学规定日趋详备。1912年至1926年这一时期，在浙省官费派遣的支持下，加之稽勋局派遣、浙籍学生考取清华庚款留学名额和教育部及其他各部各省官费留学名额、自费生、赴法勤工俭学，浙江的海外留学生大量增加。从1913年至1916年，浙江籍学生考取清华庚款留美者计37名，其中习文科者10名，习工科者14名，习理科者2名，习法科者2名，习教育者4名，习医科者2名，习农科者1名，习商科者1名，习预科者1名。1919年至1924年，浙江省自费留美学生计28名，其中习文科者5名，习工科者11名，习理科者3名，习教育者1名，习商科者3名，所习不详者5名。1913年，稽勋局第一批派赴欧洲的浙江籍留学生共10名，依留学国别计，德国6名，法国3名，英国1名。是年，浙江省留欧学生共18名，依留学国别计，德国9名，法国3名，英国4名，比利时2名。1919年至1924年，浙江省自费留欧学生计18名。其中习文科者1人，习工科者3人，习理科者1人，习法科者1人，习医科者9人，习预科者1人，所习不详者2人。1921年，全国赴法勤工留学生共1700名，其中浙籍学生85名。1912年至1915年，浙江省留日学生197名。1924年，日本政府在向中国索取的“庚子赔款”项下、拨出经费一部分用于资助留日学生，设置庚款补助费生名额共320名。同年3月，北洋政府规定支给此项学费学生，浙江省分配22名，此后的浙江省留日学生中，每年均有22名享受此项款额度。[①]

湖南地处中国中部，与东南部沿海省份相比，从第一轮西学东渐潮流算起，湖南引进西方文化的时间要晚近200年。“鸦片战争以后，当沿海一带风气渐开之时，湖南士大夫都还在醇浓的理学氛围之中勤勉耕耘，在时文科举之途中奔忙。”[②] 1899年，岳阳开埠，1904年，长沙又辟为商埠。随着商埠的开辟，帝国主义接踵而至，它们在湘省境内展开角逐，加

① 参见浙江教育简志编撰组：《浙江教育简志》，浙江人民出版社1988年版，第191—193页。

② 伍春辉：《湖南教育近代化研究》，湖南人民出版社2012年版，第424页。

深了湖南社会的半殖民化。所以，湖南的近代化是在外国列强的经济渗透逼压和催化下起步的，这与浙江等沿海地区相比，整整晚了四分之一个世纪。因此，民国前期湖南省议会制定地方性的西方政治制度是一直到了20世纪20年代的联省自治阶段。1922年1月1日，《湖南省宪法》颁布实施。根据《湖南省宪法》的要求，新的一届省议会产生。湖南自治期间的省议会通过了一系列的有关地方政治制度的法案，这些法案具有着西方政治制度的色彩。例如《湖南省议会议员选举法》、《湖南省议会组织法》、《市制乡制法》、《湖南省县长选举法》、《省参事员选举法》、《不信任投票条例》、《省行政机关组织法》、《湖南省公署组织法》、《湖南省公职员考试案》、《湖南省公职员保障惩戒案》、《湖南省法院编制法施行条例》、《公职员任用暂行条例》、《司法官任用法》、《公职员考试法》、《省行政官官等俸法》、《湖南文官惩戒法》等。尽管湖南在民国前期也派出了大量的海外留学生。但是与浙江大量的有关留学生议案，尤其是大量的留学经费资助议案相比，湖南省议会议决的留学生议案就相对比较少。在20世纪20年代，湖南省议会议决的有关留学生的议案主要有：《派遣各国留学名额案》、《加派商业学生留学欧美案》、《请派医学生赴欧美研究案》。湖南的特色在于议会议决一些为发展矿业派遣留学生的议案，如第一届湖南省议会期间的《工校矿科生改赴欧美留学案》、《加派矿局职员与学生出洋留学案》。

二　体现经世致用的传统文化特色

中国传统社会历来实行重农抑商的政策。统治者控制商品流动的目的是为了控制经济命脉，从而来维护专职统治。因此，儒家文化中的“重义轻利”的思想被奉为主流。而浙江传统文化的核心却是经世致用，具有着反正统、非主流的特点。早在东汉，哲学家王充就提出“实知”、“知实”。这种文化品格在以后的历代都得到了传承。从两宋时期的永康学派、金华学派和永嘉学派，到明清时期的阳明心学派和浙东学派，都将经世致用思想一以贯之，追求实效，注重事功。

浙江经世致用的文化特点与浙江发达的商品经济密不可分。在宋代，浙江已具有相当发达的商品经济。这使得一些有识之士改变了把商业作为“末业”的传统观念。宋代永康学派代表人物陈亮提出治学要面对现实，农业和商业并无高低贵贱之分，成功的商人亦是人才，相对儒生，商人的贡献更大。宋代的永嘉学派与程朱理学针锋相对，反对“存天理、灭人欲”，提倡扶持商贾、流通货币。明代的阳明学派强调知行合一，主张“为学重在实践”。王阳明认为：“四民异业而同道。”明中叶，商品经济的发展加之统治阶级的开明政策，从商者众多，明代开始的纳捐制度使得商人即可致富，也可以为官。有学者认为，在明清时期的浙江，商人被普遍认为是除“士”之外的最佳职业。在这种背景之下，清代的浙东学派以“经世致用”为其显著特征。其创始者黄宗羲认为宋明理学空虚流弊，提倡学术思想的经世致用，还提出“工商皆本”。这种经世之用的传统文化影响了民国前期浙江省议会的立法，民国前期的浙江省议会通过了大量的讲求实效的经济类议案包括税收、金融、实业发展等。一些议案根据时局变化提出不断的修改。[①] 例如，浙江省议会第一届第三年常年会议决的《整顿金融革除现水案》就是典型的一例。民初以来，宁波、绍兴以及后来的杭州，金融界称为“划洋码头”（又称过账码头），大宗交易皆由钱庄账簿划拨转账。这种“过账”划洋的办法，是个虚银本位称“过账洋”不能取现。若要取现者须依照现水行市贴水，如当时存入钱庄 1000 元，现水牌价为升水 5 元，记账时为收 1005 元，支付时为 995 元。如去贴水 5 元，则存入现洋 1000 元，记账收为 995 元，支出则记付 1005 元，当然很少有人会去存入。现水行市由钱庄议定。最初使用，行市有升有去，自入民国之后，现水只有升而无去，升的幅度开始极微，影响还不大，而到 1918 年每百元升水高达 20 多元。[②] 现水暴涨，工商界强烈不满，纷纷向政府控诉要求钱庄革除现水制度。不少存款大户大量提款移存上海及外地，造成原来短缺的现金更加紧张。许多钱庄资本小，平时又不重视开展存款业务，它们的放款超 10 倍以上于资本，其资金来源主要靠账簿上的过账信用（派生存款）互相划转，革除现水不但会失去垄断控制现水行情这个谋利的工具，而且对钱庄有债权者，如果都来提取现金，而放出之大量贷款一时又难以收回，这样钱庄业的后果就难以设想。[③] 1918 年 3

---

① 有关议案的修改，可详见本书第四章。

② 参见《论浙省革除现水之必要》，《银行周报》1918 年第 20 期。

③ 参见陈国强主编：《浙江金融史》，中国金融出版社 1993 年版，第 152 页。

月，根据市民要求，浙江省议会第一届第三年常年会议决《整顿金融革除现水案》，要求“革除杭州、绍兴、宁波现水，由官厅督促中国银行积极进行”。而钱业则用种种手段，阻止议决的实施。8月27日，浙江省长公署发布省长命令指出现洋贴水的恶习，阻碍经济发展，不得不改：

> 查现洋贴水最为市面恶习，自宁绍发生以来，近渐沿及杭属。民生国税交受其害，日久不除，弊将愈甚。现经财政厅商准中国银行筹足现金，结合群力，共图补救。自应严定期限，一律完全革除，以肃币政，合行令仰遵照，迅即出示布告，自奉令之日起，限十日内一律革除现水。嗣后市面流用，无论现钱交易，或以汇划过账，出入概以现洋作算，不准再有现水发生。贴现名目，应并以本国所铸银圆为本位，以照划一。一面切实函致商会，传谕各钱业遵照，倘有奸商借端反对，希图破坏扰乱金融，即由县查提，从严惩办。勿稍宽纵，仍饬将遵办情形，暨示稿录复备查，毋延。①

省长命令下达以后，一度因平抑现水而停顿的宁波、杭州两地钱业市场重新恢复正常。

湖南是典型的内陆省区，民性倔强而具独立性。“湖南之为省，北阻大江，南薄五岭，西接黔蜀，群苗所萃，盖四塞之国。其地水少而山多，重山叠岭，滩河峻激，而舟车不易为交通。顽石赫土，地质刚坚，而民性多流于倔强。以故风气锢塞，常不为中原人文所沾被。抑亦风气自创，能别于中原人物以独立。人杰地灵，大儒迭起，前不见古人，后不见来者，宏识孤怀，涵今茹古，罔不有独立自由之思想，有坚强不磨之志节。湛深古学而能自辟蹊径，不为古学所囿。义以淑群，行必厉己，以开一代之风气……”②特殊的自然地理环境对湖南的开放意识产生了重要的影响，而这种自负保守的个性至近代外国势力不断深入后则表现为“仇夷拒洋”的心理特征，不仅抵御着外国势力的入侵，也排斥一切外来近代文明和先进技术。尽管湖南的文化既凝结了古代优秀文化之精华，又浓缩了封建时

---

① 《鄞县通志》，《食货志》二七八。

② 钱基博：《近百年湖南学风》，岳麓书社1985年版，第1页。

代遗落的种种历史尘迹。“湖湘文化中强烈的道统意识和‘夷夏之辨’的观念阻碍着湖南早期近代化的进程，使得湖南社会的近代转型不仅起步迟缓，且发展速度滞后。”[①]湖南的文化特点影响了湖南议会议案求变求新，追求实效的议案相对于浙江则少一些。湖南省议会的经济类议案的数量和议案的修改与变更比较少。交通实业和农田水利类提案、议案较少，主要要集中于工矿业开发与道路建设。经济类的议案主要集中于谭延闿主政时期的旧省议会和湖南自治期间的议会。谭延闿主政时期的旧省议会议决的经济和矿业议案主要有：《修正矿务总局条例》、《修正省有矿务条例》、《湖南省有矿务局条例》、《商埠马路租地章程》、《清理湖田章程》、《强制造林与官荒山地承垦章程》、《湖南地方银行章程》等。湖南自治期间经济建设类议案有：《湖南省路条例》、《湖南省路总局章程》、《全省道路公司条例》、《省路购地章程》、《湖南省有矿业条例案》、《湖南省有矿务公司章程》、《湖南省有矿业调查委员会组织法》、《湖南省有矿业调查委员会简章》、《湖南造币厂章程》等。

三　体现政局稳定的特点

1911 年至 1926 年之间，浙江政局相对稳定，在本省境内几乎没有大的战争。虽然军政首脑更换频繁，在浙江大部分地区却没有战争或只是局部、零星、短暂的战斗。1911 年 9 月 14 日夜，新军和敢死队攻占巡署。事定后，各界公举汤寿潜为浙江都督，周承菼为浙军司令官。起初满营有负隅顽抗之意，经民军方面再三劝其投降，久议不决，后浙军司令官周承菼于 23 日派队入营，将旗营佐领等四人拿获，之后枪决，满营问题顺利解决。[②] 1924 年 9 月 3 日至 10 月 20 日，江浙战争爆发，但由于战事多发生在江苏境内，加之苏军之军纪远远劣于浙军，故损失以苏省最巨。按江苏兵灾调查委员会战后统计，仅江苏战区 9 县的直接损失即高达 62324820 元。与江苏战区相较，所幸兵劫在浙境内很少发生。报端所见仅有 9 月 20 日卢永祥移驻龙华后，驻湖州浙军第十师第三十八团士兵骚

① 伍春辉：《湖南教育近代化研究》，湖南人民出版社 2012 年版，第 422 页。

② 李净通：《辛亥革命后军阀统治时期的浙江政局》，载中国人民政治协商会议浙江省委员会文史资料研究委员会编：《浙江文史资料选辑 》（第 1 辑）（内部资料），第 1—2 页。

扰湖州，抢劫银行 8 万余元一案。后该团团长李廷梅被卢永祥以军法处死。1925 年 1 月至 2 月，第二次江浙战争只是零星战争和相互的军事威胁，且不再浙江境内发生，所以没给浙江带来损失。[①] 浙江省议会议决大量交通道路、水利建设、促进实业、发展民生、社会管理的议案都反映了这一安定和平的社会环境。尤其是在第一次世界大战爆发的良好机会，浙江省议会出台促进实业发展的大量议案，领域除涉及浙江主导产业丝织业外、还涉及矿业、造纸业、糖业、瓷业、渔业、森林业等。如《遵照交通部推广电线变通办法增设本省电线并认垫款案》、《设立浙江矿务局案》、《筹设改良手工造纸传习工场案》、《筹办商品陈列馆附设劝工场案》、《试办浙江水产品制造模范工厂案》、《筹设改良瓷业传习工场案》、《添设改良制糖场附设种蔗试验场案》、《武林铁工厂请将前借官款展期还本案》、《浙江省立苗圃办法》等。建设省道与安定的政局也密不可分。1916 年，浙江省议会议决《修筑浙江省道案》，开始规划浙江省道建设。之后浙江省议会议决了《修筑省道办事处章程》、《浙江修筑省道募捐条例》、《浙江修筑省道收用土地条例》、《修筑省道奖励条例》、《浙江省道局章程》、《浙江省道分局章程》、《浙江修筑省道施工条例》、《浙江修筑省道地方团体及商人承筑条例》、《浙江省道商办汽车条例》、《浙江省道商办汽车营业规则》、《浙江省道商办汽车发给执照规则》、《浙江修筑省道奖励修正条例》、《浙江省道征收车马通行费章程》、《浙江修筑省道计划修正案》、《浙江修筑省道地方团体及商人承筑条例案》等。浙江省议会还议决了大量的水利建设议案，修浚水利，造福民生，如《调查全浙水利》、《阻止将军塘开掘缺口案》、《西江塘工经费案》、《丽水堰工经费案》、《处理萧山湘湖案》、《修濬浙西水利脩正案》、《疏浚桐江上游航路案》等。浙江省甚至与周边的省市联合治理水利，浙江省临时议会第二次会议议决的《嘉禾县议会请联合江苏疏浚浙西水利案》请求相邻的江苏省共同疏浚浙西水利，议案中指出：

> 嘉禾县频年水患，若铁路以东，害在泖河，铁路以西，害在太湖。一以下流湮塞，一以储蓄淤浅。请由本会联合苏省会议疏浚，以

① 详见金普森：《浙江通史·民国卷》（上），浙江人民出版社 2005 年版，第 287—290 页。

> 救民生而筹国计。本会查见江浙两省壤地相错，利害相共。嘉属频年水害，受苏省之影响，多自应及时修浚。惟事关邻省，应由贵都督令行嘉禾县议会并转咨苏都督，令苏松各县会开联合会议办理。

对于安定的社会环境，浙江省议会还议决了社会管理方面的议案，这些议案是针对稳定的社会状态的，若是战乱不已，这些议案也根本不会出台。例如《浙江省取缔戏园规则》、《浙江省食品商品市场取缔规则》、《人力车取缔规则》、《浙江省户口登记暂行条例》等。

民国前期的湖南政局一直不稳定，战争不断。湖南从民国初年时的革命党与袁世凯之争，到袁世凯死后的南北之争，"即从1913年到1920年，在湖南境内发生的战争总计41次（即1913年1次，1916年13次，1917年10次，1918年12次，1920年7次），一直处于战争的旋涡之中。"[①]尤其是在段祺瑞决定派忠于自己的傅良佐来湖南任督军。傅良佐上任之后开始清除湖南的异己势力，且将北兵源源不断开进湖南。于是湖南军人林修梅、刘建藩通电全国，宣布湖南衡、永独立。衡、永独立，从此拉开南北战争的序幕。南北军队几进几退，湖南顿成一片焦土。战争的结果是张敬尧坐上了湖南督军的宝座，湖南再次沦为人间地狱。张敬尧从1918年3月入湘到1920年6月被逐出湖南，在这两年左右的时间里，纵兵抢掠，滥杀无辜。[②] 在战祸中，湖南人民受尽北兵南兵之苦。因此湖南省议会，发展实业、道路水利建设、促进民生建设议案的比较少。而由于战争频繁，湖南省议会议决许多议案规范军队，这是浙江省议会所没有的。例如湖南省第一届省议会期间的就议决了《收束湖南军队案》、《提议请令驻防军队清乡保护人民案》、《请愿取消加收军政费》、《请愿偿还浏阳军事垫款业停止电派军费案》、《交议请筹议临时裁兵经费案》等。1922年至1926年，湖南省议会议决禁止军队非法掠夺案共计73件。湖南议会在混乱的政局之下，对于救济民生十分执着。民国初年，湖南不仅是战乱不已，而且水灾、旱灾和瘟疫不断，人民生活极端困苦。湖南省议会作为民

---

① 湖南省地方志编纂委员会：《湖南省志·大事记》第一卷，湖南人民出版社1979年版，第414页。

② 详见陈建平：《湖南省宪研究》，法律出版社2009年版，第13—15页。

意代表机关，在救济灾荒和维持民生方面做出了极大的努力。每每出现灾荒，省议会总是会一方面筹商备荒，禁止谷米出口，严防黑心商人将湖南人民的救命米卖到外省谋利联络救济机构。湖南省议会还为湖南灾区灾民募捐救助，议决了大量的救济灾民，请愿减免税收的议案，尤其是争取米盐公股救灾、发展生产、预防来年灾荒的议案。这类议案的数量远远超过浙江省议会。这类议案有《请愿暂缓灾区田赋案》、《请愿再予议会增孤儿院经费案》、《提议筹议预备救荒办法案》、《提议严禁熬糖煮酒以维民食案》、《请愿蹈看荒灾豁免芷江十二年田福案》、《请愿设法赈济益阳案》、《请愿减免华容军需给养施放急贩案》、《请愿勘麻阳灾荒免赋发赈灾案》、《请愿免除武冈抵借速施灾贩案》、《请愿踏看芷江灾荒拨款抚恤案》、《请愿取消加收军政费案》、《交议更正备荒献捐案》、《请愿豁免宁乡十一年田赋案》、《请愿停止重抽川加税案》、《请愿截留江华十一年以后田赋偿还借款案》、《请愿援例减免江华田赋案》、《请愿豁免安化田赋办理急赈案》等。

四　体现发达丝织业的产业特色

浙江地处东海之滨，境内主要河流钱塘江自西向东入海，全省以丘陵山地为主。杭州湾以南的宁绍平原和以北的杭嘉湖平原，水网密布，土壤肥沃，气候温和，雨量适当，宜于蚕、桑的自然生长。因此，浙江丝织业源远流长，历史悠久。明代浙江丝绸已畅销全国、行销海外。《松窗梦语》记载了明代杭州的丝绸销畅全国的情况："桑麻遍野，茧丝棉苎之所出，四方取给焉。虽秦、晋、燕、周大贾，不远数千里而求罗绮缯币者，必走浙之东也。"[①] 自1840年鸦片战争至1911年辛亥革命推翻清朝统治这七十多年中，中国社会经济发生了急剧的变化。资本主义列强与清朝政府签订了许多不平等条约，蚕丝是资本主义列强掠夺的对象之一。1882年，法国发明了以蒸汽为动力的缫丝机（车），之后意大利对这种缫丝机进行了改进，缫丝的生产效率和产品质量大大提高，缫丝业在西方许多国家迅速发展起来。鸦片战争前后，不少资本主义国家蚕丝供应不足已相当严重，如意、法蚕茧减产，更引起丝织业的极大恐慌。于是中国的蚕丝成

① 张瀚：《松窗梦语》卷四，商贾纪。

为他们掠夺的对象之一。当时，我国缫丝业还停留在手工阶段，所产生丝（简称土丝）质量远逊于厂丝。外商除掠取土丝出口外，还在上海等通商口岸开设丝厂，向江浙等地买茧缫丝，有的还把廉价蚕茧直接转运海外。浙江民办丝厂的创设与发展，比广东、上海要迟。大量蚕茧被压价收购，输往上海等地。浙江的丝织业技术也落后，遭受进口洋绸的压力越来越大。在这种情况下，有识之士提倡改进蚕桑丝绸生产引进先进技术，培养技术人才，并开始创办机械缫丝工厂。随着外国资本主义在中国开办洋行和丝厂，搜刮我国资源，我国原有丝绸业商人也开始分化，其中有一部分人逐渐成为买办资产阶级。在帝国主义和封建买办势力的双重压迫下，我国刚刚兴起的民族丝绸工业发展艰难，土丝生产转向衰落。自从宁波和杭州分别根据中英《南京条约》和中日《马关条约》成为对外开放商埠，并失去了海关（包括内陆税收）控制权后，浙江丝绸业直接受到了外国资本主义、帝国主义的惨重掠夺，到了晚清就是处于在坎坷道路上挣扎了。清代末年，一直在国际市场上享有盛誉的浙江湖丝（辑里丝）也日见滞销。南浔所产的湖丝，1912 年的出口量不及 1880 年的一半。[①] 辛亥革命以后，风气大开，百业革新。浙江甲种工业学校校长许炳望首创机织传习所，向日本购买新式机器，聘请日本技师，招募杭州、嘉兴、湖州等处青年织工入校培训学习。同时，致力于旧式丝织机械的改良推广。于是，经过改进，科学的手织木机和铁机逐渐代替旧式的丝织土机。经过改进的机器生产效率提高，产品平滑匀净，受到绸商的欢迎。第一次世界大战爆发后，洋货进口锐减，“销售泰西缎者，无从购买，纷纷向杭采购洋机缎匹”。[②] 一批地主、富商见丝织业有利可图，纷纷投资办厂，浙江省丝织业得到迅速发展。浙江的桑蚕生产、缫丝生产逐步向半机械化和机械化过渡，绸缎的花色品种有较大的更新。浙江议会议决的有关振兴丝绸业的议案对于丝织业的发展是密不可分的，这些议案主要有《招商承办模范缫丝厂案》、《浙江省模范缫丝厂招商承办规则》、《试办改良靛青制造模范工厂案》、《织物整理模范工厂展长试办期限案》、《筹设官商合办浙江模范缫丝厂案》等。

① 参见朱新予主编：《浙江丝绸史》，浙江人民出版社 1985 年版，第 123 页。

② 彭泽益：《中国近代手工业史资料》（第二卷），三联书店 1957 年版，第 674 页。

湖南的产业特色与浙江不同，湖南的矿产发达。湖南地理条件优越。矿产资源异常丰富。有色金属矿种齐全，储量大，分布广，尤其是锑矿“占世界产额之约八成，且有左右世界锑业之力”[①]。湖南的近代民族资本主义在产业结构上与浙江有很大不同。近代浙江资本主义兴起之时，西方资本主义在中国经济侵略的手段主要是商品输出。当时中国的商品市场还在拓展之中。所以浙江的企业家从创办轻工企业，仿造舶来品开始民族产业的起步。而随后才发展起来的湖南民族资本主义与浙江当时发展的背景完全不同，湖南碰到的是帝国主义规模巨大的资本输出，这就使得湖南的民族资本主义担负起了保卫民族权利的任务。民族资本家主要把产业投资于路、矿两业上。“这种和资本主义通常发展不相一致的情况，成为湖南民族资本主义发展的一个显著特点。”[②] 第一次世界大战爆发后，各帝国主义国家竞相到湖南购买可充作军火原料的锑、铅、锌等矿砂。这使得湖南的矿砂价格猛涨，刺激了湖南的投资者对于这些矿产的投资开采。湖南全省采矿的厂家，截至1916年已高达8000家以上，湖南矿业得到迅速发展，进入所谓“黄金时代”。湖南矿业在对外贸易中所占地位极为重要，“尤以1916年矿业出口总价值占全省出口总价值58.1%，实为湖南矿业史上空前未有的最高纪录。”[③] 矿业的迅速发展促进了与矿业相联系的炼矿公司的迅速发展，湖南的工业得到了进一步的发展。“第一次世界大战结束后，各帝国主义国家对于铅、锌、锑等矿产的需求量减少，于是出现矿产价格降低，出口大幅度回落的情况，这使得湖南的矿业由繁荣而转入衰败。”[④] “1923年，湖南境内全部在手工时代，除了省会有第一纱场及官营水口山铅矿、商营锡矿山（新华）锑矿外，无较大产业可指。商营小矿颇少，小规模炼铅炼锑厂设立颇多，但资本极小。”[⑤]

尽管湖南矿业在民国前期起起伏伏，但是仍不失为是湖南的主要产业支柱。民国前期的湖南议会为扶持发展湖南矿业，议决了一批有关矿业的议案，如《省有矿务条例》、《矿务总局条例》、《湖南矿工待遇条例》、

---

① 《十年来湖南矿业杂谈》，《湖南大公报十周年纪念特刊》，1924年。

② 林增平：《湖南近现代史》，湖南师范大学出版社1991年版，第288页。

③ 同上书，第381—382页。

④ 李会刚：《湖南工业经济发展历史及展望》，湖南人民出版社1988年版，135页。

⑤ 《1923年前的湖南工矿业》，《前锋》1923年第1期。

《湖南省有矿业条例案》、《湖南省有矿务公司章程》、《湖南省有矿业调查委员会组织法》、《湖南省有矿业调查委员会简章》等。民国前期，湖南各地矿山权属关系不明确。虽有官办者，但是也有私办的。谁有督办和领导职责，并不明确。这导致湖南矿业停滞不前，矿商对此颇为不满。1917年，湖南省议会议决《矿务局条例》，其中规定矿产主权属于湖南全省人民，矿产主权由湖南省议会代表行使。1917 年 4 月，湖南省议会在第三次常会期间，“否决了省政府的建议的《湖南公矿招商租办案》，议决《水口山矿产不得抵借外债及与外人订抛砂契约》，同时设立湖南白铅炼厂有限公司、查办桃源矿局弊卖，再行修正《湖南矿务条例案》和《六年度矿务总局特别会计岁入岁出预算案》，以及《追加矿务总局扩充办法预算案和矿务余利编入预算案》。”① 湖南省议会的这些议案对保护地方矿权、促进地方矿业发展起到了积极的作用。

第二节 民国前期浙江议会立法在南京国民政府时期的变迁

一 南京国民政府时期浙江省的立法机构

（一）南京国民政府时期浙省民意机构不复存在

南京国民政府成立后，就没有了省议会，省民意机关不复存在。1938年9月26日，南京国民政府公布《省临时参议会组织条例》，其中规定省临时参议会参议员的资格：凡中华民国之男子或女子，年满25岁而有下列资格之一：（甲）具有各该省之籍贯，并曾在各该省所属之县市公私机关或团体服务二年以上，著有信望者；（乙）曾在各该省重要文化团体或经济团体服务二年以上，著有信望者，即得为省临时参议会参议员。至其产生之方法，则依照定额：（1）由各该省属县市居民中遴选十分之六，其候选人由各该省属每一县市政府，于征询该县市党部及地方团体意见后，各就该县市住民中具有第二条甲款资格者，提出候选人二人于省政府；（2）由曾在各该省重要文化团体或经济团体服务人员中遴选十分之四，其候选人由各该省政府及省党部联席会议，就各该省文化团体或经济团体人员中，具有第二条乙款资格者，提出加倍候选人，前项候选人名单

① 参见魏初桃：《民国初年的湖南省议会》，湖南师范大学博士论文 2012 年，第 193 页。

由省政府呈送行政院转呈国防最高会议决定，而以国民政府命令公布。其候补参议员及议长、副议长名单，亦同时公布之。国防最高会议并得于所呈候选人名单以外，选定不超过总额十分之二之参议员。是参议员之产生，一部分系就住民遴选，一部分系就团体遴选，而最后之决定，则属于最高国防会议。由参议员人员选定来看，省临时参议会不是真正的民意机关。参议员定额四十名，置议长、副议长各一人，由行政院就参议员中遴选，提请国防最高会议决定之。省临时参议会参议员之任期为一年，行政院认为有必要时得延长之。其内部组织包括：审查委员会、驻会委员会和秘书处，每六个月开会一次，每次会期为两星期，省政府认为有必要时，得延长其会期，或召开临时会。集会时有参议员总额过半数之出席，始得开议。有出席者过半数之赞同，始得决议。省临时参议会之职权，依条例规定，为下列数种：(1)重要施政方针实施前之决议权；(2)对于省政兴革之建议权；(3)听取省政府施政报告之权；(4)向省政府提出询问之权。省参议会之与民国前期省议会比较，民国前期省议会职权的重要者：一为议决单行法；二为议决预决算；三为弹劾或查办官吏。省临时参议会没有这些权力。“听取施政报告，意义极为广泛，虽依照议事规则，经议长决定，或参议员三分之一之要求，应列入议事日程，移付讨论，然施政方针为事前之交议，施政报告为现在或事后之报导。讨论之结果，是否视为交议案，而适用交议之程序，为一问题。其权限之狭隘，无待深论，此机构之设立，不过使政府与人民打成一片，以直接或间接增加抗战之力量而已。”① “中央在抗战时期，决定一面抗战、一面建国之国策，惟以国民代表大会不能如期召开，乃于国府所在地设立国民参政会，复于各省设立省临时参议会，其所揭集者，虽仅为集思广益促进省政兴革。”② 浙江省临时参议会共召开两届，历时七载。第一届从 1939 年至 1942 年结束。第二届从 1943 年至 1946 年结束。

虽然南京国民政府时期的浙江省临时参议会不是民意机构、立法机构，但是与民国前期的浙江省议会相比，浙江省参议会在组织和议事上有

① 民国浙江省通志馆：《重修浙江通志稿》（第九册），方志出版社 2010 年标点本，第 5669 页。

② 同上。

着良好的秩序和风范：

> (1)会议及审查之迅速。每次准时集会，一矫平时会议因不足法令人数而流会之积习，付审查者即时报告，议案之紧急者，议长即先付审查，而后以其报告提付大会讨论，以两星期极短之会期，而议决案之至多者达一百余起，无议而不决之弊。(2)官厅施政报告之明确，听取省政府之施政报告，权属议会。而报告之是否明确，则责在官厅。在省议会时代，行政首长除参加开会、闭会典礼外，辄怠于列席，交议案上程之日，仅派一二委员到会简单说明，未尝有整个的报告，因此而误会易生，摩擦潜起。省临时参议会历次开会，省政府及各厅处首长均亲自列席报告，按其内容，大都详明而坦白，论者谓"于报告词中，不只作工作经过之平面陈述，且力为工作成效之自我检讨"，良非虚语。参议员依议事规则提出询问时，官厅答复亦能得要领，可谓开诚布公。(3)驻会委员会之称职。驻会委员会之任务，以听取省政府各种报告及决议案之实施经过为限，依条例第四条之规定，严格解释，殊无处理其他事务之权。然省临时参议会每六个月仅开会两星期。休会期间，设置驻会委员会，原有代行大会一部分职权之意义。驻会委员会能运用此权能，每两星期开会一次，除行使法定职权外，凡各县人民或团体陈诉请愿之案，均提会决定，移送省政府，听取其答复，而转达于陈请者，以完成代表民意之使命。复员后之驻会委员会，尤能尽量发挥，甚为社会所重视。①

1944年12月5日，南京国民政府又公布了《省参议会组织条例》，与省临时参议会有许多不同。

省参议员采取间接选举法，由县（市）参议会各选出一人组成，名额共77人，任期二年，连选得连任。与省临时参议会不同，参议会不举行省的复选，也不经国防最高委员会的审定，省参议员任期由原来临时参议会的一年改为二年，增添了罢免参议员的条文。凡中华民国公民，年满

---

① 民国浙江省通志馆：《重修浙江通志稿》（第九册），方志出版社2010年标点本，第5670—5671页。

25 岁，在各该省内居住一年以上，经省县公职候选人考试法所定甲种公职候选人试验，或检核及格者，得被选为省参议员。省参议会每六个月开会一次，每次会期为十日至十五日，必要时得延长之。开会由议长召集。省参议会的职权包括：(1)建议省政兴革事项；(2)议决有关人民权利义务之省单行规程事项；(3)审议省经费支出之分配事项；(4)议决省政府交议事项；(5)听取省政府施政报告及向省政府提出询问事项；(6)接受人民请愿事项；(7)其他法律赋予之职权。参议会议决的单行规程，应报由中央主管部会核转行政院备案并报告立法院，议决事项与中央法令抵触者无效。"按地方议会职权，以议决省单行规章及省预算为最重要。省参议会职权之关于前者，尚偏而不全。盖单行规章之与人民权利义务无关者，省政府订定时，即不必交议，固为条文意义之当然解释。而省参议会成立前，已订定单行规章，无须补送省参议会审议，复经行政院如此解释也。"① 所以，从这个意义上讲省参议会也不是立法机构，只能是政府制定政策的辅助机构。浙江省参议会只有一届，省参议员任期二年，于 1946 年 9 月起至 1948 年 9 月结束。

（二）行政机关成为省级立法机构

南京政府建立后，省是南京国民政府辖下最高一级的地方行政区划。在南京国民政府时期，省的组织制度方面有较大变化。

南京国民政府多次修改省政府组织规程，《省政府组织法》自 1925 年至 1944 年修正多次。1944 年的《省政府组织法》规定省政府由国民政府任命，省政府委员 9 人至 13 人，组成省政府委员会，其职权如下：(1)关于发布命令事项；(2)关于停止或撤销所属各机关及县市政府之命令或处分事项；(3)关于建议中央增加或变更人民赋税事项；(4)关于地方行政区划之确定及变更事项；(5)关于全省预算事项；(6)关于处分省公产或筹划省公营事业事项；(7)关于省行政设施或变更事项；(8)关于省政府所属全省荐任以上公务员或其他所属机关主管人员之任免事项；(9)关于咨调省内国军及所属团警绥靖地方事项；(10)关于地方自治监督事项；(11)关于提出于省参议会之议案事项；(12)关于主席或其他委员

① 民国浙江省通志馆：《重修浙江通志稿》（第九册），方志出版社 2010 年标点本，第 5674 页。

提议事项。省政府委员会设主席一人。省政府主席的职权，依据1944年公布的《省政府组织法》，包括：(1)召集省政府委员会，于会议时为主席；(2)执行省政府委员会之决议案；(3)监督所属行政机关职务之执行；(4)处理省政府日常及紧急事务。其以前之组织法，别置有常务委员，初为3人，后减至1人，助主席处理日常事务，后来定为委员2人，值日轮流，不久即实行废止，主席之权渐重。抗战爆发后，行政院为使组织力量统一起见，对于省政府主席曾逐渐予以特权，如对于各省总预算项中的分目可以变通移用，对于中央派驻各省之机关，得就近考察其工作情形，对于省行政机构得酌量予以裁并。又根据1941年2月15日国防最高委员会颁行的《各级机关拟订分层负责办事通则》，省政府主席实为省政府分层负责制中之第一级官，而各厅处合署办公所发命令，概由省主席署名，厅长副署，可谓已恢复独任制的趋势。

根据1944年公布的《省政府组织法》，省政府设民政、财政、教育、建设四厅及秘书处、会计处，并于必要时得由行政院提经立法院之议决，设置专管机关，隶属于主管厅。此外还有省保安司令部、会计处、统计处、田赋粮食管理处、地政局、卫生处、社会处、合作事业管理处、人事处、新闻处、训练团、无线电台总台、钱塘江海塘工程局、浙江省区救济院等机构。

具体而言，浙江省政府的机构变化比较多。1927年3月，浙江省开始隶属于南京国民政府，最初成立浙江政务委员会及省务委员会、财务委员会。不久政治会议浙江分会在浙成立。浙江省政府政务委员会及浙江省政府成立后，政治会议浙江分会撤销。1927年4月，浙江省政府政务委员会设常务委员1人，委员18人，秘书长1人，以及民政、财政、建设、土地、司法、农工等七厅，各设厅长1人。而教育则不设厅，由浙江大学校长主持浙江大学区内一切教育事项。1927年7月，改为浙江省政府，设主席1人，常务委员3人，委员14人。省政府内分设民政、财政、建设、军事、司法、土地等六厅。各设厅长1人，由委员兼任，秘书长一人，裁撤财务委员会及农工厅。10月10日，裁撤司法、土地二厅，其余仍旧。至1928年11月16日重又改组，设常务委员1人，并以同年8月增设保安处，裁撤军事厅。1929年8月，南京国民政府复设教育部，取消大学区制，增设教育厅，设厅长1人。1930年12月，第三次改组，取消常务委员制，并将委员人数改为9人，其他均与前同。1931年12月25日，第五次改组，将委员人数改为8人，以《省政府组织法》修正委员人数7人至9人。1936年10月15日，第六次改组，又将委员增为9人。同年12月6日，第七次改组，委员增为11人，并于是年7月1日增设会计处。1937年12月，第八次改组，增委员人数为13人，并成立省振济委员会，设主任委员、常务委员及委员。1940年3月成立浙江省粮食管理委员会，旋改为粮食管理处及粮政局。同年9月1日增设卫生处，1941年1月增设交通管理处及驿运管理处，又于同年10月增设地政局，1942年3月增设社会处。1943年7月将粮政局改为田赋粮食管理处，初直隶于财政部，后又改隶省政府，其余组织不变。1946年4月第9次改组，将委员13人改为11人，并于同年5月1日增设人事处，同年7月1日又成立新闻处。1947年8与6日，将统计室改为统计处，8月1日又增设警保处，其余仍旧。抗战后，浙江省政府迁移，浙西各县多数沦陷，为重建陷区政权，加强自卫武力，支持对日战斗，于1949年1月在淤潜、天目山设浙江省政府浙西行署，辖杭州一市及杭县等22县，于1944年10月15日裁撤。又因浙东各县亦相继沦陷，于1943年9月增设浙江省政府浙东行署，管辖绍兴、萧山等18县，后于1945年11月15日裁撤。①

总之，由于没有了省议会，浙江省政府就具有对于省行政事项发布省令或制定省单行条例及规程的职权，各厅等下属机构也制定本厅政务法令章则的权力。由于下属机构的法令一些也需要省长署名，厅长副署。所以，南京国民政府时期，浙江省的省级立法机构主要就是浙江省政府，还包括省政府下属的各个机构。

二　南京国民政府时期浙江省议会立法内容的变迁

民国前期浙江议会的立法在南京国民政府时期有许多的变化，主要体现在以下方面。

（一）官制立法的变迁

在官制方面，由于中央已经对官制有了全国性的规定。南京国民政府

① 参见民国浙江省通志馆：《重修浙江通志稿》（第九册），方志出版社2010年标点本，第5740—5741页。

时期，各省的省官制主要依据的是《省政府组织法》。县市官制主要依据的是《县组织法》。“十八年六月五日公布之《重订县组织法》，规定县政府设公安、财政、教育、建设四局，各局有缩小范围之必要时，得呈请省政府改局为科，附设于县政府内。有扩充必要时，得更设卫生、土地、社会、粮食管理等局。”①

南京国民政府时期，浙江省政府对于官制的制定，只能在中央的范围内展开。例如对于省政府下属的各厅，1927 年制定了《浙江省政府财政厅组织条例》、《浙江省政府建设厅组织条例》、《浙江省政府教育厅组织条例》、《浙江省司法厅政府组织条例》、《浙江省政府民政厅组织条例》、《浙江省政府军事厅组织条例》、《浙江省政府秘书处组织条例》、《浙江省政府省务委员会组织条例》。1928 年制定了《浙江省昆虫局暂行规程》。这些组织条例主要是规定了各机构的职责、下属部门、人数设置等。以《浙江省财政厅组织条例》为例，第一条规定了财政厅的职责为受省政府之指挥监督掌理全省财政事宜。第二条规定了财厅设置四科，第一科掌管文牍、印信、会计、庶务、公债、官营产等事项；第二科掌管田赋、捐税、特税、杂税等事项；第三科掌管预算、决算、核放、交代、及金库收支等事项；第四科掌管统计及编辑财政公报等事宜。第四条至第七条规定了财政厅的人员设置。财政厅设厅长 1 人、秘书 3 人、科长 4 人、金库长 1 人、科员若干人。

在警察制度方面，1928 年制定了《浙江警官学校附设讲习所章程》。1930 年制定了《浙江省警察官吏奖惩暂行规程》，该规程规定了凡本省水陆各级警官、长警的奖惩。规定了六种奖惩、五种惩戒，以及对警察官吏进行奖惩的事项。奖励分为六种：升叙、加俸、给予奖章奖状或奖金、记大功、记功、嘉奖。惩戒分为五种：免职、减俸、记大过、记过、申戒。对警察予以奖励的事项有十二项，其中包括：缉获反动要犯或侦获其机关及反动证物者；当场或迅速捕获杀人正犯或绑匪、盗匪、拐犯者；人民生命或财产有危险时，能尽力救护使获安全者等。对于警察进行惩戒的事项有二十三项，其中包括：境内有秘密组织不注意侦查破获者；境内发生绑

① 民国浙江省通志馆：《重修浙江通志稿》（第九册），方志出版社 2010 年标点本，第 5781 页。

架案或劫案缉捕不力者；抗违或玩忽长官命令者等。

浙江省政府除了在中央所没有规定的范围内立法外，还对中央立法的具体实施方面进行立法。例如南京国民政府考试院公布《浙江省地方行政人员考试条例》（1939 年制定，1940 年修正），主要规定了浙江省地方行政人员考试的资格，考试的初试为笔试及科目。初试及格，送浙江地方行政干部讲习所训练，训练期满再试。为了实施《浙江省地方行政人员考试条例》，1939 年浙江省政府颁布了《浙江地方行政干部讲习所规程》，其中具体规定了讲习所的组织机构和管理：设所长 1 人、教育长 1 人，设总务、教务、训导三组。讲习所注重精神训练、生活训练及技能训练。本所学生在所操行学习及实习成绩，与再试考试成绩，合并计算。

（二）税收立法的变迁

浙江的税收，由民国初沿袭清末厘金旧制，对货物改征统捐，至 1931 年全国裁撤厘金的同时，陆续扩大品目对货物开征特税、统税、货物统税、货物税，奠定了对货物征税比较完整统一的货物税制度。抗日战争开始，为支持战时财政需要，浙江开征了各种所得税、遗产税，统一规范地方各税，逐步建立起以货物税为主，直接税、地方税三个体系。

在南京国民政府的时期，税种繁多，主要有：由统捐改办的特种消费税、烟酒税费捐、特税（卷烟特税、麦粉特税、土烟叶特税、江浙箔类特税、煤油消费特税）、统税、货物税、营业税（牙税、牙行营业税、当税、典当营业税、营业税、江浙箔类营业税、特种营业税、营业牌照税）、民国所得税（营利事业所得税、报酬及薪资所得税、利息所得税、财产租赁出卖所得税、财产租赁所得税、一时所得税、综合所得税、过分利得税）、盐税、矿产税、印花税、遗产税、房捐、屠宰税、使用牌照税、筵席及娱乐税等。[①] 以下只择取分析民国前期浙江省议会制定的税种的变迁。

1. 民国统捐。浙江在民国之初，即由清末厘金改办统捐。民国前期浙江议会制定的浙江征收统捐税制度对厘金旧制作一些改进，但遇卡检查、手续烦琐，且省与省捐率各异，阻碍商品流通。财政部于 1928 年召

① 参见浙江财政税务志编辑委员会：《浙江财政税务志》，中华书局 2002 年版，第 134—154 页。

开苏浙皖闽赣五省裁厘会议后，浙江于1931年1月起裁止统捐，改办特种消费税。

2. 民国特税。1922年，浙江以兴筑省道，费无所出，开办卷烟特税，省议会通过《浙江省征收卷烟特税暂行章程》，省政府颁布了《浙江省征收卷烟特税暂行罚则》、《浙江省征收卷烟特税施行细则》。“民国十六年五月，卷烟改办统税后，特税取消。民国十二年至十五年，浙江省征收卷烟特税602万元。”①

3. 民国统税。1931年全国实行裁厘，浙江开办棉纱、火柴、水泥、麦粉统税，将麦粉特税并到统税，连同1928年浙江已开征的卷烟统税，当时称为5项统税。以后统税的课税货物逐渐增加，将啤酒洋酒、熏烟叶、火酒、饮料品、糖类、茶类6种货物列入统税范围。期间，卷烟、熏烟叶、糖类、火柴曾实施专卖。

4. 民国营业税。浙江省临时省议会第一次会议议决《浙江省捐换牙贴简章》，1916年浙江省政府颁布的《浙江省续订牙贴章程》。浙江省于1931年11月公布《浙江省征收牙行营业税章程》，将原有牙税（牙贴捐税）改为牙行营业税，1938年12月省政府委员会通过并公布修正后的《浙江省征收牙行营业税章程》。牙行营业税对代客买卖收取牙用为业者征收。“税率变动有三次。民国二十年11月分6等，民国二十一年3月为第二次分7等，第三次于民国二十七年12月公布的税率，将买卖额数课税的税率分为23个等级，将牙用费收入课税的税率分为三个等级……民国二十年、二十一年、三十三至三十五年，浙江省征收牙行营业税1.73亿元。”②

5. 民国房捐。1915年，浙江省议会议决《浙江省征收店屋捐章程》，对以营业为目的之房屋征店屋捐。1928年6月浙江省政府公布《浙江省店屋捐章程》、《浙江省住屋捐章程》，对营业用房屋和居民住房普遍征捐，1941年5月将店屋捐、住屋捐合并改称房捐。房捐属地方自治税捐，收入全归地方。1942年3月，省政府拟订《浙江省各县市房捐征收章程》，经财政、内政两部审核修改转报行政院核准施行，同时废止《浙江

① 浙江财政税务志编辑委员会：《浙江财政税务志》，中华书局2002年版，第137页。

② 同上书，第140页。

省店屋捐》、《浙江住屋捐章程》。《浙江省各县市房捐征收章程》规定，对住民聚居在100户以上的地方，出租房或自用房一律征收房捐。列出5类房屋免捐，捐率分出租、自用两种。1943年，浙江省政府根据行政院公布的《房捐条例》，制定《浙江省各市、县房捐征收细则》，划定征捐范围为：凡未依土地法征收土地改良物税的县、市政府所在地及住民聚居在300户以上的地方，其房屋不论出租或自用一律征收房捐。1945年3月修正为：市、县政府所在地及其他商务繁盛或住民聚居在100户以上确有纳捐能力者。1946年和1947年南京国民政府几次修正《房捐条例》，征税范围由100户放宽到500户，因反对强烈，国民政府被迫放权，由市、县参议会议决。其间税率迭经调整。①

（三）教育立法的变迁

由于社会政局相对稳定、教育投入逐年增加、教育管理渐次完善等原因，南京国民政府时期的教育是中国近代教育发展的成熟期。尤其是在1927年到1937年的10年间，国民政府及教育部先后颁布了数量众多、门类齐全的教育法规和法令，各级各类学校的数量大大增加，学校教育的各项制度日趋完备。

在省级教育行政体制方面。1927年2月，浙江省政务委员会成立，其颁布的《浙江省政务委员会教育科组织条例》规定：教育科主管全省教育事宜。5月，浙江省政府成立，其颁布的《浙江省政府教育厅组织条例》规定：教育厅受省政府的指挥监督，管理全省教育事宜。1927年8月，浙江试行大学区制，根据《浙江大学综理浙江大学区教育行政事宜权限规程》的规定，浙江大学管理浙江省辖内的教育行政事项。1928年8月，废止大学区制后，恢复浙江省教育厅 。

在地方教育行政体制方面。1929年4月，浙江大学修正教育局规程。6月，浙江大学颁布《浙江省各县规定县督学服务细则之标准》。1930年1月，省教育厅颁布《浙江省各县规定区教育员服务细则标准》。1930年12月，省教育厅颁布《浙江省县教育局组织规程》。1932年9月，省教育厅公布《浙江省县教育局规程》，几经变更，至此县教育局确定为县地方教育行政的独立机关，组织也趋于完善。

---

① 参见浙江财政税务志编辑委员会：《浙江财政税务志》，中华书局2002年版，第151页。

在教育经费方面，1933 年 11 月，浙江省教育厅与财政厅议订，经省政府会议通过公布《浙江省教育经费专款保管及支付办法》，该《办法》指定箔类营业税每年 120 万元，烟酒附税全数每年约 20 万元，屠宰营业税全数每年约 60 万元，共约 200 万元作为省教育经费专款。1934 年，浙江各县遭受大旱，请求救济。为此，省政府设置储备金，并订立《浙江省教育储备金章程》。1941 年浙江省政府颁布《浙江省教育经费委员会暂行规程》，规定浙江省教育经费委员会的任务是负责全省教育经费的筹划、保管、审核等有关事项。

在初等教育方面。1916 年，遵照教育部推行四年义务教育的规定，浙江省开始筹备义务教育。后因军阀混战，各县教育经费无着落而停止。1928 年，遵照大学院关于各省区县市筹备义务教育委员会的训令，浙江省重新推行义务教育。1930 年组成浙江省义务教育委员会，颁布《浙江省实施义务教育试办区办法》开始建立义务教育实验区。1932 年 5 月，教育厅颁布《浙江省各县市设立乡镇初级小学办法》，规定每乡镇至少设立初级小学 1 所。7 月，又颁布《浙江各县市管理私塾办法》、《浙江省改进私塾纲要》、《浙江省塾师讲习会办法》。1934 年，浙江省教育厅根据全国实施义务教育暂行办法大纲及实施细则，制定《浙江省各县小学立别标准》，这是浙江省义务教育由计划进入行动的时期。“1935 年到 1936 年，全省各种类型的初等学校均得到较快发展，小学由 14227 所增至 17573 所，学生从 878213 人增至 1207597 人。”① 1937 年，抗日战争爆发后，浙江小学校数骤减。为使义务教育适应战时环境，省教育厅先后颁发《浙江省流动学校实施大纲》、《浙江省沦陷区各县实施流动学校大纲》，决定在人口稀疏或受战争影响而失学儿童较多之处，设立流动小学。

在中学教育方面，南京国民政府时期，浙江的中学教育主要是根据中央教育部颁布的中学规程进行。1937 年 8 月，为了使各校适应抗日战争形势，省教育厅颁布《浙江省中等以上学校实施战时教育办法》。抗战期间，省教育厅还颁布了《浙江省教育厅监督战时高初中学生补习学校办法》。1944 年，省政府颁布《推进各县教育实施方案》规定，人口满 10 万的县应设初级中学 1 校。“至民国三十六年第二学期，浙江有省立中学

① 浙江教育简志编撰组：《浙江教育简志》，浙江人民出版社 1988 年版，第 46 页。

14 所，县市立中学 52 所，私立中学 103 所，合计 169 所。”[①]

在师范教育方面。1922 年新学制颁布后，浙江施行综合中学制，将中等师范学校并入普通中学，致使师范教育质量下降。之后浙江先后成立了几所省立师范学校，标示着师范学校重新从中学分离出来。为了保证师范毕业生在教育部门的服务，1935 年 1 月，浙江省教育厅颁布《浙江省师范学校毕业服务暂行规程》。1939 年，浙江省教育厅颁布《浙江省第一期师范教育实施方案》。1942 年，浙江省教育厅颁布《浙江省第二期师范教育实施方案》，培养该师范区内各县国民教育师资。浙江抗日战争爆发的最初几年，县立师范类学校锐减，师资缺乏。1942 年 10 月，浙江省教育厅颁发《浙江省立中等学校附设简易师范科暂行办法》，规定分期在省立中学内轮流附设简易师范科 1 班，修业年限 1 年。1944 年，浙江省政府公布《推进本省各县教育实施方案》，其中规定人口在 10 万以上的县必须有师范学校 1 所，人口在 10 万以下的县必须有简易师范 1 所。

在民众教育方面。对于民众学校，1929 年教育部公布《民众学校办法大纲》，浙江省教育厅遵照颁发了《浙江省县市立民众学校暂行规程》、《浙江省县市立中心民众学校暂行规程》、《浙江省奖励各县市优良民众学校暂行办法》等一系列规程和办法。对于通俗演讲所，1929 年浙江省教育厅颁布《浙江省县市通俗讲演所暂行规程》和《浙江省通俗讲演暂行规程》，规定了通俗讲演的宗旨、组织及讲演范组织。1940 年教育厅颁布《浙江省战时民众学校实施强迫入学办法》，规定凡失学民众，不分性别、职业、籍贯，除心神丧失、身有病疾或盲哑残废外，应一律强迫入学。

在留学教育方面。1928 年，浙江省政府颁布《浙江省派遣留学办法大纲》（1928 年颁布，1932 年修正），其中规定了派遣各国留学的人数、条件和所学科目的要求。1930 年，浙江省政府还颁布了《浙江省派遣留学办法大纲施行细则》，以后又陆续颁布了《里昂中法大学官费生派遣办法》、《修正浙江省选补留日津贴生暂行规则》、《浙江省留学欧美农工医理科毕业实习规程》等，使留学生的选派、管理、使用逐步制度化。到 1937 年抗日战争爆发之前，浙江省每年的公费留学生达到 100 名左右，

① 浙江教育简志编撰组：《浙江教育简志》，浙江人民出版社 1988 年版，第 89 页。

最多的1930年达到了174名。[①]

（四）金融、实业立法的变迁

1. 银行立法的变迁

民国前期浙江省议会议决的有关银行的议案主要是《浙江地方实业银行收归省办案》和《浙江地方银行条例》。1923年官商合办的浙江地方实业银行被划分为浙江地方银行和浙江实业银行，分出来的商股成立了浙江实业银行，官股改组后成为完全省办的浙江地方银行。南京国民政府建立后，浙江省政府对浙江地方银行进行了较大的改革，1931年颁布了《新订浙江地方银行章程》，规定该银行为省立银行，资本定额为300万元。1932年6月省政府又决定增加该行资本200万元，使总资本达到500万元。浙江地方银行作为省立银行自然有许多其他银行不具备的特权，其中最主要的是省库的代理。代理库工作普及到每一个县城，代理库为浙江地方银行获得了巨额的低息和无息资金。同时，为浙江地方银行开展一般的存汇款业务提供了便利。浙江地方银行代理省库、县库也促进了浙江省财政制度的进一步规范化。在省地方银行代理前，大部分县的库款上缴和下拨要用现款解送，风险较大，又极不方便，地方银行设代库业务后则方便了各级政府。除了代库业务外，浙江地方银行还一度办理过发行的业务。1932年上海"一·二八"事变发生后，金融恐慌，现金缺乏，原有的发行银行因各地的挤兑风潮频频发生相继减少发行额，致使货币供给不能满足市场要求。而浙江地方银行却利用此机会，在征得财政部批准的情况下，于1933年发出兑换券900万元，流通余额340万元，还在上海、苏州、无锡、南京等地设立兑换处。这种发行业务直到1935年国民政府实行币制改革后方才停止。[②]

2. 实业立法的变迁

在南京国民政府统治的最初10年里，虽然在全国范围内仍旧有新旧军阀之间的混战，但基本上告别了北洋军阀统治时期的战乱局面。这一时期浙江的工商业、运输业等均有了一定程度的发展，近代化的进程有所加

① 参见浙江教育简志编撰组：《浙江教育简志》，浙江人民出版社1988年版，第194—195页。

② 参见袁成毅；《浙江通史·民国卷》（下），浙江人民出版社2005年版，第56—66页。

快。但20世纪20年代末30年代初的世界性资本主义经济危机也对浙江的工商业产生了较大的冲击。经过浙江商民的艰苦努力，同时也由于政府采取了一些应对措施，1935年以后形势得到了扭转。南京国民政府时期，浙江省政府颁布的振兴实业的有关立法主要有1928年的《浙江省县立苗圃暂行规程》、1933年的《浙江省第二改良蚕桑模范区暂行办法》、1930年的《浙江省县立农业改良场规程》和1946年的《本省省道招商投资修筑办法》等。

南京国民政府时期的实业的发展是与民国前期浙江省议会议决的大量的有关振兴实业的议案所打下的坚实基础分不开的。例如在南京国民政府时期，省道建设得到了很大的发展。虽然浙江省议会期间通过了大量的有关省道的议决案，但是浙江省道的建设进展很慢。1928年，张人杰任浙江省政府主席，声言要把浙江建设成为"模范省"，筹备西湖博览会、发展交通、振兴实业等等。张人杰希图效法资本主义国家，采取了推行发展交通、振兴实业等措施，浙江的省道建设才迅速发展。[①] 1928年4月，省道局改名为省公路局，公路的名称自此开始，规定凡通行汽车的省道和县道，统称公路。1928年5月，浙江省建设厅制定《浙江省修筑公路计划大纲》，提出了全省公路分四期共为六年，每期约修筑1000公里，共筑4000公里的初步计划，并提出了第一期的基本方案。[②] 1928年7月，浙江省政府颁布《浙江省公路债券条例》，发行8年期的公路债券250万元。[③] 1929年5月，浙江省政府通过浙江省公路路线网计划，计划开列干线10条，共2795公里。之后的浙江公路兴筑基本上以此作为主要依据。"1928年至1937年，浙江省共增加通车里程3307.38公里。"[④] "1928年至1931年建成的公路主要有：海宁至袁化、杭州市内拱宸桥至三廊庙、绍兴五云门至篙坝、鄞县至奉化、杭州至长兴父子岭等线，共583.61公

① 1927年至1929年3年中，由省修建完公路共有178.35公里，和省道局6年只建成62公里相比，建设速度大大加快。载浙江省汽车运输总公司编史组：《浙江公路运输史》，人民交通出版社1988年版，第50页。

② 《浙江省修筑公路计划大纲》，《浙江建设厅月刊》1928年第12号。

③ 详见《浙江省公路债券条例》，《浙江省建设厅月刊》1928年6月第13号。

④ 浙江省汽车运输总公司编史组：《浙江公路运输史》，人民交通出版社1988年版，第30页。

里。1931 年至 1935 年主要修筑的有乍浦至金丝娘桥、金华至永康及武义支线、华埠至婺源、丽水经云和至浦城、江山至浦城、丽水至永嘉等 10 条干支线，4 年增长 2343.65 公里。1936 年至 1937 年营运公路又增加了吴兴至平望、松阳至碧湖、永嘉至平阳等线，共 380.12 公里。”① 浙江省初步形成以省会杭州为中心的公路交通运输网络，公路可以通达江苏、安徽、江西、福建及上海等地，省内大部分县均有汽车可通省。1921 年，浙江省议会议决了《浙江省道商办汽车条例》，但是一直到了 1928 年以后才开始实施。浙江省政府允许并鼓励商民集资经营承筑公路、办理营运业务，并许以 20—30 年的专营权，这对商民是较有吸引力的。这一时期有 7 家汽车公司共承筑公路 221.23 公里。但由于商人所集资金多用于筑路，在添置和改进汽车设备上资金就较为短缺，所以这些商营者只有个别公司如绍曹嵊、金武永等能够盈利，多数公司经营效果不佳，不得不请省政府给价收回。从 1931 年起，浙江省又采取了省筑公路租商营业的办法，即民营公司付给省政府一定数目的筑路借款和保证金后可获得 15—30 年的专营权。这些措施实施以来商人纷纷租营。“到 1937 年抗战前，全省有 23 家商营汽车公司经营着 1297.82 公里的线路，占全省营运里程的 35.63%。”②

（五）社会管理立法的变迁

南京国民政府时期，浙江省的一些社会管理类立法除了延续浙江省议会的立法外，浙江省政府还出台了一些更为严厉的社会管理类立法。其中典型的就是户籍管理立法。浙江省议会在 1923 年议决了《浙江省户口登记暂行条例》。南京国民政府成立以后，认为“户籍法与清查户口，及推行地方自治，皆有密切关系……为训政时期初步最要工作。”③ 在推行乡自治的基础上，参照英、美、德、日等国户籍及人事登记的法律制度。南京国民政府时期，为了加强户口的管理，中央政府相继出台了 1931 年的《户籍法》（1934 年、1946 年两次修正）、1937 年的《保甲条例》、1941 年的《县保甲户口编查办法》、1941 年的《户口普查条例》和 1947 年的

① 陶士和：《浙江民国研究通史》，中国社会科学出版社 2007 年版，第 202 页。

② 浙江省汽车运输总公司编史组：《浙江公路运输史》，人民交通出版社 1988 年版，第 73 页。

③ 谢振民：《中华民国立法史》（上册），中国政法大学出版社 2000 年版，第 507 页。

《户口普查法》。这些制度都是通过保甲连坐的办法强化对民众、乡村的控制。为了落实这些户籍制度，相应地浙江省政府在1939年出台了《本省抽查户口办法》，其中规定：行署所在各县，由行署派员抽查户口，其余各县由民政厅指派人员会同各县政府抽查户口。每县至少抽查二区，每区至少抽查二乡，每乡镇至少抽查二保，每甲至少抽查二甲，每甲挨户查核。即每县至少抽查六十甲，计一百六十户。抽查时应带同主管保甲长携带户口检查册，挨户查对各项是否实在。发现所载错误或遗漏时应立即命保长改正。抽查结果，如一甲错误达三户以上，一乡镇错误达二十户以上，一区错误达四十户以上，一县错误在八十户以上者，应分别对各该主管保长、乡镇长、区长、县长予以惩戒，并责令按级动员工作人员重新总检查，不支费用。

南京国民政府时期，随着社会的发展而出现了新的社会管理领域和新的管理方式。对于汽车的管理就是管理新领域的典型之一。浙江省有关汽车管理的立法有：1933年的《浙江省管理汽车暂行章程》、1936年的《浙江省管制各种汽车及汽车驶驾人暂行办法》和1937年的《浙江省汽车液体燃料管理章程》等。如1933年的《浙江省管理汽车暂行章程》共八章，共八十条。第一章总则、第二登记规则、第三章检验规则、第四章纳捐规则、第五章行车规则、第六章乘载限制规定、第七章他省汽车入境规则、第八章罚则。主要内容有：凡是在本省道路上通行之各种汽车及经营与汽车有关之事业均依照本章程的规定。本省境内汽车包括：普通汽车、公共汽车、机器脚踏车、挂单、拖重车。凡在本省境内以行驶、经售、出租、停留、制造、修理汽车及贩卖一切与汽车有关之材料为营业之公司、商号或工厂均须受建设厅制定之机关管理。凡人民、团体、机关、公司或商号（以下简称车主）备有汽车欲在本省道路上行驶者，均应填具登记书申请登记。在杭州市区以内应向杭州市政府申请办理，在杭州市区外各地者应向公路管理局或其分管处申请办理。经登记机关查验及格，应即发给车执照及牌号。自用车辆及试行汽车均不准载客营业。凡本省公路路线经政府允许某一长途汽车公司专利营业者，概不准在该公路路线范围内开设其他营业汽车行。凡各种汽车经登记后应送由登记机关检验，每年定期检验一次。车辆经过学校门口、闹市等地点时必须减速，高鸣喇叭，并须时时准备塞车。车辆须靠路之左边行驶，凡停车及转弯时，如无指路灯设备者，须伸手表示手号。营业乘人汽车，概须遵照登记机关规定之载客定额。他省市汽车入境除订有互通汽车章程之省市车辆得照协定通行外，应遵照本章程。他省之汽车须领有本省之通行牌号或临时通行证方得行驶。

（六）社会救济类立法的变迁

民国前期浙江省议会通过的社会救济、救助、福利类的立法很少，只有《筹办贫民习艺所》和《浙江省贫儿院章程》。民国时期，浙江省政府制定大量救济性制度开始于抗日战争爆发之后。1937 年 9 月，根据中央颁发《非常时期难民救济办法大纲》，非常时期难民救济委员会浙江省分会成立，并通令各县设立支会。非常时期难民救济委员会浙江省分会的救济分消极救济和积极救济两种。消极救济包括接引遣送、设所收容、按保疏散、举办急振[①]等。积极救济包括农业救济、工业救济、难童教养等。“截至民国二十八年二月，非常时期难民救济委员会救济经费，为八十余万元。”[②] 非常时期难民救济委员会浙江省分会先后制定了《浙江省救济难民实施办法》、《征集救济用款及物品办法》、《各县按保疏散难民暂行办法》、《浙江省取缔游惰难民简则》、《浙江省难民教育设施通则》、《非常时期难民救济委员会浙江省分会难民服务团暂行办法》等。

1939 年 2 月，浙江省政府以中央振济委员会成立，议决将原有难民救济委员会浙江分会遵照中央规定组织规程，改组为浙江振济会，所有前非常难民救济委员会事务，均由振济会接办。[③]《省振济会组织规程》由中央政府颁布。依照《省振济会组织规程》规定，浙江省各县市振济会成立。[④] 浙江省振济会制定了《浙江省振济会办事细则》、《浙江省整理振济事业基金暂行办法》、《浙江省各县市振济事业基金保管委员会组织规程》、《浙江省各县振济会组织规程》。《浙江省振济会办事细则》规定：主任委员主持本会一切事务及统领所属职员。常务委员承主任委员之命，

---

① 考虑到与参考文献的一致性，文中使用“振”字，而非“赈”字。

② 民国浙江省通志馆：《重修浙江通志稿》（第九册），方志出版社 2010 年标点本，第 6009 页。

③ 同上书，第 5884 页。

④ 直到 1943 年 3 月，浙江省赈济业务划归浙江省社会处设科办理。省赈济会本身不另设专任人员，其名义仍旧存在，只作为意思决定机关。

督促本会一切事务及监督所属职员。《浙江省整理振济事业基金暂行办法》规定：浙江省振济会为整理本省及各县市原有振济事业基金起见，特订定本办法。本办法所称之振济事业基金，凡本省各县市永久或临时各慈善团体之基金及不动产均属之。各种振济事业之基金均需组织基金保管委员会，妥为保管。各种振济事业之基金，不得移作别用。各种振济事业之经费，以动用基金生息为原则。《浙江省各县振济会组织规程》规定：县振济会设委员七人至十一人。以县长兼任主任委员，并于委员中互推常务委员一人至三人。其人选由主任委员就县党部委员、县政府所属机关暨民众团体及地方公正士绅中遴选加倍人数，报由省济会选聘。县振济会委员为名誉职。县振济会每月开会一次，必要时得开临时会议，由主任委员召集之。县振济会执掌如下：关于灾民之收容、疏散、运送、给养事项；关于灾民之救护、管理、教育事项；关于灾民之统计事项；关于孤寡残废老弱之救济事项；关于贫民之扶助事项；关于游惰之管理教养事项；关于其他有关社会救济事项；关于灾款之勘报及审核所属勘报事项；关于防灾备荒之设计事项；关于灾情之调查及其他应行考察事项；关于救济经费之应用、物品之筹募保管支配事项；关于本会收支经费预算、决算之编制事项。县振济会经费，由县款支给，不得在振款内开支。

浙江省振济会开展的救济包括消极救济和积极救济。消极救济分急振与急振以外的救济。急振包括：兵灾急振、水火风旱灾急振。急振以外的救济主要有兵灾救济。积极救济包括：农业救济、工业救济、教育救济、儿童救济、水利救济、卫生救济等。为开展振济工作，浙江省振济会的立法主要有：《全省二十九年被敌窜扰各地兵灾筹募办法》、《浙江省三十年浙东兵灾及粮荒急振计划》、《浙江省振济会举办急振须知》、《浙江省县地方救济业务准则》、《浙江省战时救济工业计划》、《浙江省难民教育实施计划》、《浙江省振济会处理本省旅渝同乡浙灾筹振会汇拨振款一千万元内拨五百万元办理收复地区平粜暨施米办法》、《战区中等学校失学学生就学标准》、《战区中等学校失学学生登记处办法》、《战区中等学校失学学生进修班办法》、《浙江省社会处振济会汇给失业青年生活救济费及赴内地续学学生川旅补助费暂行办法》等。

结　语

民国前期是中国政治参与的萌芽时期。从传统走向现代，诸事不可能一蹴而就，近代议会制度的建立就是一个实例。民国以后，浙江省议会从临时省议会的设立，到第三届省议会的结束，十多年间历经艰辛，为当时的浙江政治、经济、文化等各方面构建了制度基础，促进了民国前期浙江政治、经济、文化的发展。

但是，民国前期的浙江省地方议会政治尚不完善，影响着浙江省议会立法的质量。在议会起步阶段，知识不够、宣传不足、准备不周。在教育水平还不足的社会，选举活动的政治舞台，大半仍由精英分子所担任，人民的参与度低。清末浙江咨议局议员续任浙江省临时议会议员的有 5 人，续任第一届省议会议员的有 13 人，续任第二届省议会议员的有 3 人，续任第三届省议会议员的有 3 人。虽然可见传统士绅逐渐退隐，新绅士逐渐取代，但这并不表示新绅士就更能代表民意。例如浙江省临时议会第一次会议的召开，军政府通令各府公推 4 人赴省组织临时议会，浙江 11 府总共才选出 38 名议员。当选议员多是在省城的人员临时拼凑，并不是经过选举产生。浙江省临时议会的选举制度也还不完善，出现了纸上候选人姓名笔画有错、投票人数太多不能当天投完、投票人数太少不足当选票数、开票时失去选举票数张、选票数多于选民数等情况。在浙江省第一届议会时期的选举中，各地在初选与复选阶段就出现舞弊现象，如初选阶段温州瑞安县知事署掾吏数人，于掾吏处盗开众议院初选票十柜，偷换选票。①

① 《地方通信》，《申报》1912 年 12 月 29 日。

复选阶段，杭州破获一起买卖选票案，人赃俱获，涉及国民党籍当选议员。[①] 舞弊的情况在第二届和第三届省议会中更为严重。从第二届开始，浙江省省议员选举按照的是《省议员选举法》，议员名额完全按照选民比例分配，没有设立按区域分配的最低保障名额。这就意味着某府属选民数越多，议员额数就越多，这导致各府选民数的浮冒、造假情况泛滥。到了第三届省议会选举，选民的造假、浮报更为严重，出现了第三届省议员选举的选民数比上一届增幅 150% 以上。[②] 选民登记的严重失实和投票过程的大肆舞弊，给浙江省议会的运作带来极其严重的负面影响。

民国前期的浙江省议会期间的党争和派系斗争也给议会的正常运作带来了负面影响。在第一届浙江省议会中，议员中就出现了党派的背景。解散前的第一届浙江省议会中，国民党在议会内占有绝对优势，共和党居于少数党的地位，公民激进党则是附属于国民党的小党。议员有了党派背景，党派背景成了选举成功与否的重要的因素。当时的政党政治尚不成熟，有学者认为当时的中国政党“系完全依仗权势、利害及地理关系，各党政纲几乎完全相同，处于混乱庞杂状态之中。各党既无优秀党魁，党员又无何等训练，故政治节操缺乏，以致酿成政界混乱……中国政党结社之勃兴适足以阻碍其国政治之发展，而启官民交争之端，其结果徒为扰乱天下之工具而已。”[③] 浙江省第一届议会选举参议员，国民党自认为没有达到预想的绝对优势的结果，两次集体拒绝出席议会，使得议会不足法定人数而无法正常开会。[④] 国民党的这种做法，在之后浙江省议会中屡次出现。这影响了议会的正常运作，也损害了社会的利益。到了第二届与第三届浙江省议会，贿选与非正常的党争愈演愈烈。第一届浙江省议会恢复后，国民党议员四分五裂。于是在浙江省议会内部形成了商榷会、求是社等政治派别。在第二、第三届省议会中，又形成了浙东派、浙西派等按照地域划分的派别。1923 年 1 月，选举省参议员，各派竞争剧烈，迟迟未

① 《杭县之选举卖票案》，《申报》1913 年 3 月 4 日。

② 沈晓敏：《处常与求变：清末民初的浙江咨议局和省议会》，三联出版社 2005 年版，第 222 页。

③ ［日］宗方小太郎：《一九一二年中国之政党结社》，《近代稗海》第 12 辑，四川人民出版社 1988 年版。

④ 参见《浙议会选举参议员之悲观》，《申报》1913 年 2 月 23 日。

能完成选举，最后出现议员公开标卖7300元的丑闻。[①] 各派为了争夺议会内较有影响的职位，经常出现稍不合意就集体不出席，造成旷日持久的流会。每一次常年会，须更选审议长和各股审查员，选举会必须有三分之二的议员出席方能举行。一年一度的选举，无一例外地因各派分配不均而互相拆台，旷日持久，经常导致议事时间常年会（60日，可延20日）少于临时会（20日，可延10日）。第二届省议会成立后，各派为争夺议长、副议长的选举，浙江省议会因此而耗去50天，常年会60天会期基本耗于此，使得“应付议之案件尚有百余件之多”。[②] 第三届浙江省议会的情况更为严重。第三届浙江省议会于1921年成立后，共进行了三次常年会选举，平均每次花在选举上的时间约占会期的一半左右。从民国十三年常年会起，浙江省议会再也凑不起三分之二的法定人数进行审查员选举，只得在不更换审查员的情况下进行议事。[③] 这种不顾大局和不计后果的派系斗争使得议会无法正常认真地审议议案，大量议案无法正常审查、审议和表决，导致了议会立法速度和质量的下降。

民国前期的浙江省议会立法史，再次验证了地方议会政治的完善与地方议会立法之间的紧密相关。历史发展至今，尽管已是时空转换，也仍能对当下如何完善地方立法、地方民主政治建设起到一定的借鉴作用。

---

① 参见《浙参议会选举黑幕之答复》，《申报》1923年1月14日。

② 《地方通信》，《申报》1918年12月20日。

③ 参见沈晓敏：《处常与求变：清末民初的浙江咨议局和省议会》，三联出版社2005年版，第236页。

附　录

附录一：《治浙成规》八卷目录[①]

卷一

浙江省仓收放南米章程

省仓粜余米小户改折色

开垦田地严禁滋扰四款

垦荒给照永为世业毋许勒充佃户

禁丈量补造鱼鳞册等事

严禁庄册等书查报税契嗣后设柜大堂征收

严禁验契推收及大收诸弊以除民累

契纸已钤印者补给契尾免其追罚

捐修工程毋庸造册报销

收买小钱毋许假公济私滋扰闾阎

市廛牙铺居民戥秤尺斛斗升听从民便永禁官为验烙以免扰累

申明署员食俸定例

修署银两按食廉全半分别坐扣

丞倅州县及试用人员病故扶榇路费到任在任二年以内者分别准给路费

耗粮分别支用归公煮赈

申解钱粮批回如有迟延未发者准通详请发

湘湖居民听其永远住居岸上不得占垦湖身

---

① 资料来源及说明：（清）不著撰者：《治浙成规八卷》，道光十七年（1837 年）刊本，载官箴书集成编纂委员会编：《官箴书集成》（第六册），黄山书社 1997 年版，第 313—674 页。经整理综合而成。

山麓湖塘听民树蓄毋许假公滋扰

卷二

清查学田等事严禁凭空扰累闾阎

靠城居民听其安居毋庸拆迁

司狱等官赴省验看酌委佐杂代理

提解积耗选充银匠免提解费知府亲勘工程

省城乍浦二仓公耗米按照时价出粜

捐纳知县到浙未久病故照案酌给银两

革禁积弊以省糜费四条及札府洗除积弊整肃吏治

各属详请修建一切工程核实办理

各属积习因循应行整饬条议各款

知县补缺划一办理

禁止勒派殷实农民生监充当地保庄长

贼犯当赃犯事到官令事主措备一半本银赴典认明回赎

武职养廉兵丁饷银嗣后凡遇摊扣廉饷之案一概永远停止

严禁大户钱粮勒折浮收

降革留任处分无碍销试案

咨署人员扣俸章程

交代仓谷砻试粞米半米照全米作收

金钗低铜在于州县廉内分摊买补

详派佐杂各员养廉内扣津贴饷差银两

给发赴补赴选对省咨文限三日内转发原籍地方官亦限三日内给发本员收领

卷三

商捐同安船只仍责成宁波府承修

停止常山开化二县清补人丁

孤贫铎户口粮会同教官城守当堂按名散给

商渔各船照票分别核验造册

沿海商渔船只给照稽查

卷四

议详各属教杂请修衙署章程

盐属场所应发则例各书自道光五年（1825 年）为始概行停发年行条例间有关涉盐场仍按年颁发

沿江沿海天涨沙涂其前后左右均系灶地应归灶户升科如无灶地毘连应听民升民灶相连之处各按子母相生之例分管以息讼端

议详各营年额公费不准借放

巡洋舟师拏获人船解交地方官收讯俟审明定案果有为匪通详后始准将船留营配缉或变价充公不得于案未审定擅将船只留营充公

积欠乍月耗米先于省南项下分别划清详报饬县补解

委署同通等缺查照原议章程办理

就近派拨月粮

议详遇有同通缺出仍照原章用同通间委司首领插委盐属人员如首领无人插委盐属盐属无人插委首领

详同通缺出插委盐属如有本省差使调回署理

会详新沙民灶分管章程

卷五

典铺窃赃先行查起给主于犯属名下追还当本

内结重案初报之后务于半月内招解不必等候院批

禁用私铸翦边钱文勒限半年内赴局缴换

行舟被窃责令牙埠船户先行赔赃

零星小窃人赃并获者地方官审明径行发落于月底造册报查

查缉逆匪马朝柱等各犯规条

案犯报病章程

锢婢二十五岁以上照例治罪并许亲属领回不追身价

通缉逃犯以州县奉文日起扣限六个月结覆务于覆文内声明奉文送结各日期

案犯在逃如三个月内无获即行详明起限先就现犯审结若实在难以先审亦须届期详明请示并轻罪人犯囚粮不许短给

寄买贼赃须先令贼犯供明是否知情分别办理不得一概拘讯亦不许捕役查起

杭城救火抢火等各事宜

武职失察案件俱照疏防之例由提镇取揭径送督院核参

典铺被失分晰议赔

稽查渔匪各事宜

渔网出口填入照票挂验稽查

卷六

办理盐案章程

办理积匪章程

酌定缉捕事宜

详参疏防章程

在配军流徒犯患病不必通报

因贫居丧嫁娶援照因贫卖妻成例量减科罪免其离异

染铺被窃酌议赔偿

办案规则

客商专雇之船船户揽搭被窃分别赔赃并令装客停泊各船置口轮流击柝看守

典中失赃查出现当别典者着原典主备价取赎

杭城失火分别查参动项赈恤

递解军流等犯照造年貌册注明应否收禁沿途查对

递解人犯回照注明收犯日时

未获贼案内当赃不准先行起给

军流遣犯在配妻氏病故毫无别情者概免报官

稽察捕役私押贼犯

航船被失分别赔赃

同城两县分别上下半月接递人犯

仁钱二县争控坟山案件坐落省城者理事同知专管

报窃文武移会失窃赃不满百及无强形者免勘

客商在行被窃货物银钱分别议赔

赃不满百无劫拒情形保长勘查禀报停止兵捕会勘

新疆遣犯护牌内填写员弁亲身押解字样

卷七

浙江江西接递军流应由江苏转解北地者时值寒暑即行截留

海洋偷网贼匪加枷号收买之人照知情盗买问拟

起解新疆遣犯及军流等犯兵牌咨文年貌清册及该州县长文俱装入短文封套内按站转送以免擦损破烂

停发新疆一十六项人犯如有脱逃被获仍应照新疆脱逃治罪并于发递咨封之外大书填注应发新疆今仍改发某处字样

解犯镣铐酌定觔两数目不许轻薄

浙省仿照江南改定办理积匪章程

窃贼三年无犯隆冬免其拘禁

海洋偷抢匪犯分别拟罪条议

获盐实时秤验　厂盐失窃无商灶报县案据仍治以售私之罪　偷窃盐觔照贩私问拟仍刺字

私盐案件如应题咨内有百觔以下应拟枷责之犯摘出另结

民间告赎田产将满三十年者应令备价缴库俟契价交足之日扣算曾否已逾年限分别定断

窃盗再犯毋庸统计前犯之案以现犯案数赃数分别遣徒

详参疏防分别府分远近酌定限期

积匪猾贼分别案数定拟亲属相盗及窃无人看守之物免并计

窃盗再犯前犯一次在赦前免其并计仍作初犯又值恩赦准免其罪仍应刺字

窃盗例免并计之犯照初犯定罪遇赦分别减免仍应刺字后又复犯照再犯问拟

过关咸货每百觔止准护盐二觔如违例多带照贩私律治罪

窃盗初犯再犯未曾援赦免计直至三犯始遇恩诏分别减等免计

禁带铁铊石礅

拏获无犯私盐照八折分别给赏充公

发往新疆官犯毋庸委员长解

祖父母父母呈首子孙违犯之案查明分别详解办理

徒犯毋庸专发驿丞收管

卷八

附录二：浙江省议会法律议决案[①]

浙江省临时议会第一次会议议决案：

浙江省临时议会议会法、浙江省临时议会议事规则、浙江省临时议会互选规则、浙江省临时议会办事处办事细则、浙江省临时议会旁听规则、中华民国浙江省约法、浙江省约法实施法、浙江省都督选举法、浙江省都督府官制、浙江省各司官制、浙江省地方官制、浙江省官制施行法、浙江省文官考试暂行法、浙江省文官任用暂行法、浙江省法官考试暂行法、浙江省法官任用暂行法、浙江省职官等级表、浙江省官俸暂行法、浙江省议会法、浙江省议会议员选举法、浙江省议会议员数额分配表、浙江省修订县自治章程并县议员选举章程、浙江省法院编制法、浙江省修订新刑律施行法、浙江省行政审判院法、浙江省辩护士法、浙江省检证规则、浙江省讼费规则、浙江省地丁征收法、浙江省统捐暂行法、浙江省财政收支统一办法、浙江省暂行不动产登记法、浙江省暂行不动产转移税法、浙江省司令政事两部关于裁判争议权限判决案、浙江省筹划高等教育进行预备案、浙江省学制统系案、浙江省改定祠祀案、浙江省实行禁绝鸦片法、浙江省临时议会追认案、浙军政府发行爱国公债简章、浙江省捐换牙贴简章、典当贴捐修正追认案、浙江省府县禁烟局暂行章程、浙江省全省府县禁烟调查员执行规则。

浙江省临时议会第二次会议议决案（只有上编和中编，缺下编）：

浙江省统捐暂行税率、浙江省统捐局设立地点表、修正浙江省统捐暂

① 资料来源：浙江省议会编的浙江省临时议会议决案、浙江省一、二、三届议会常年会和临时会议决议案，除去查办案、弹劾案和咨询案，经整理综合而成，按照开会时间先后排列。

行法施行细则、浙江省特别规定捐率、浙江省地丁滞纳处分暂行法、浙江省不动产登记法施行细则、浙江省审判暂行章程、浙江省检事厅调度司法警察章程、浙江省监狱署官制、浙江省监狱署职官等级表、浙江省监狱署职员俸给表、浙江省暂行商律施行表、浙江省暂行破产律施行法、浙江省警察官制、浙江省会警察官制、浙江省警察官制等级表、浙江省警察职员俸级表、浙江省预防传染病规则、浙江省修正城镇乡地方自治章程并城镇乡地方自治选举章程、浙江省都督府政务参议处章程、修正浙江省临时议会议会法、修正浙江省都督府官制、修正浙江省法官考试暂行法、修正浙江省官俸暂行法、修正浙江省议会议员选举法、修正浙江省议会议员额数分配表、修正浙江省县自治章程并县议会议员选举章程、修正浙江省法院编制法、修正浙江省地丁征收法、修正浙江省统捐暂行法、修正浙江省实行禁绝鸦片法。

中编：

浙江省筹划小学经费案、叶仰高建设专祠案、陶焕卿建设专祠案、沈克刚附祀叶仰高祠案、江钱二公祀事案、吴长兴祔祀张苍水案、金政玉建设专祠案、改西湖杰祠为吴凯专祠案、西江塘工经费案、房捐充警费案、补助安定中学校经费案、嘉禾县议会请联合江苏疏浚浙西水利案、浙路火车装运输出入货物援照沪宁成例案、裁革江干船捐案、裁革江干过塘茶引费案、乐清万桥仓南米照旧改地丁案、南田改县增设议员案（二起）、昌石镇莫南乡并入南田案、取消浙江省学制统系案、浙江省临时议会公费旅费支给规则。

追认案：追认缔结外债契约案

浙江省临时议会第三次会议议决案：

遵照交通部推广电线变通办法增设本省电线并认垫款案、调查全浙水利案、设立浙江矿务局案、浙江民团恤赏章程、浙江省禁烟特别条例、选送学生入医学专门案、白云庵改为二水先生合祠案、赵膺叶仰高合祠案、虞廷附祠陶祠案、西江塘工经费案、丽水堰工经费案、拟废去麻溪壩先请饬司派员查勘案、阻止将军塘开掘缺口案、取消县税分配案（二起）、昌石镇莫南乡仍隶象山案、南田改设岛司案、平湖登瀛学款仍应办小学案、平湖划分公款公产案、民刑案件应悉归司法裁判案、上诉状应否贴用印纸解释案、城议会总董当选票额解释案、修正浙江省县自治章程、修正浙江省城镇乡地方自治章程、修正浙江省法院编制法、修正浙江省统捐、行法、修正浙江省特别规定捐率、修正浙江省统捐局设立地点表、修正浙江省地丁滞纳处分暂行法、修正浙江省暂行不动产登记法、修正浙江省审判暂行章程、追认农事试验场不能与中等农校合并案。

浙江省议会第一届常年会决案：

修浚浙西水利案、修正浙江省暂行不动产登记案、修正浙江省暂行不动产登记法实施细则、修正浙江省地丁滞纳处分暂行法、浙江省抵补金滞纳处分暂行条例、浙江织物整理模范工厂案、筹办贫民习艺所案、筹设省立师范学校案、修正浙江省筹划小学经费案、昌石镇奠南乡仍归象山南田立县案、太平县议会不得解散改组案、白云庵改为二水先生祠案、詹蒙王卓列祠国殇社案、海慧寺内崧峻旧祠改设宗忠简公祠案、玉泉场盐事长占住象山县议会议场事件、定海旧镇署改建成仁祠案、取消不动产转移税法施行细则第八条案、撤销徽州南门外嘉善西门外及俞汇荻灶并兰溪南门等处统捐分局案、丽水县议会请解决准备金用途案、撤销南田清丈局案、余杭县参议会请解决准备金用途事件、撤销常山县西门外及招贤二处统捐分局、裁撤丈亭统捐分局案、平湖城镇乡自治联合会请将抵补金附捐悉充自治经费事件、温处被灾县属征收地丁暂免滞纳处分案、嘉善公款公产处理权限争议事件、中华民国二年上半年浙江省议会经费预算表、中华民国二年七月至三年六月末日浙江省议会经费预算表。

浙江省议会第一届第一次临时会议决案（只有上编，缺下编）：

修浚浙西水利关于船捐一项修正案、城镇乡地方自治章程第二十二条及第五十三条修正案、钱江义渡改良跳板办法案、渔团捐改包商收案、渔团捐征收法案、整顿牛税案、选送学生入医学专门学校修正案、民政长取消本会议决南田县昌石奠南仍归象山案、宗文学校补助经费案、安定学校补助经费案、私立女子实业学校补助经费案、嘉禾女子师范学校补助经费案、宁波女子师范学校补助经费案、浙江体育学校补助经费案、浙江教育会补助经费案、绍兴明道女子师范学校补助经费案、平湖县登瀛学款争议案、太平县知事与陈树均朋比把持县议会案、太平县议会缺额补选案、龙游县自治经费提省争议案、长兴安吉孝丰三县关于取缔竹筏争议案、镇海县号台规费应归县有案、玉环县民食盐钱暨三厫渔配归地方自治经费案、裁革永嘉县架屋漏规案、请取消苏五属改事淮盐案、请免温处旧属被灾各邑去岁下忙之抵补金兼征缓本年上忙滞纳之地丁案。

浙江省议会第一届第二年常年会议决案

处置各族原有资产条例、处理萧山湘湖案、关于筹备义务教育之全省国民学校设齐年限及办法案、关于筹备义务教育之造就师资案、浙江省取缔戏园规则、浙江省食品市场取缔规则、旅店营业取缔规则、浙江省各县消防队规则、人力车取缔规则、筹办商品陈列馆附设劝工场案、筹设省立甲种森林学校、筹设改良手工造纸传习工场案、浙江内河运放竹木取缔规则、补助省农会经费案、招商承办模范缫丝厂案、回复抵补金法定折价带征省地方税案、修筑浙江省道案、浙江省征收店屋捐章程、浙江省茧行条例、修濬浙西水利脩正案、浙江省推收户粮食规则、筹设省立女子蚕业讲习所案、请回复地方自治案、省立师范学校附属小学经费概由省费支出案、永禁统捐局所司巡擅自向商船索取货物案、免除验契苛罚案、废止官中牙帖章程案、夏烈士之麒附祀浙江先烈祠案、革除酒类缸照捐印花倍捐案、各县警察经费由县自治处理案、浙江省派遣留学生规程、疏浚桐江上游航路案、修正地丁滞纳处分暂行法第二条案、筹设改良制糖厂附设种蔗试验场案、裁撤台州查米局案、省立甲种农业学校添设兽医学科案、浙江省中等学校校长任用规程、浙江省保护森林条例、禁止江河湖荡涨地报买案、革除统捐总稽查案、海盐旧县参议会依法回复案、设置新化县案、补助旧宁属县立甲种商业学校经费案、革除永嘉架房陋规案、永嘉县征收忙期宜照惯例案、取消官营产事务所通告杭县仁字卫屯为官营产案、免除薯捐案、规复元年临时省议会议决浙省地丁征收法案、改顾问咨询为名誉职案、免除部分屠宰税案。

浙江省议会第一届第二年第一次临时会议决案：

浙江修筑省道办事处简章、修正浙江省地丁滞纳处分暂行条例、修正浙江省抵补金滞纳处分暂行条例、浙江修筑省道募捐条例、浙江修筑省道收用土地条例、浙江渔业公司暂行章程、浙江水利委员会暂行章程、浙江省立苗圃办法、浙江内河运放竹木取缔规则、浙江省模范缫丝厂招商承办规则、试办改良靛青制造模范工厂案、试办浙江水产品制造模范工厂案、修正浙江省立中等学校校长任用规则、浙江省大富义三仓章程、设立省立甲种水产学校案、修正浙江省派遣留学生规程、浙江省丝厂条例、省立钱江义渡改设轮渡案、免除省会城厢住屋捐案、补助吴兴甲种商业学校经费案、补助椒江甲种商业学校经费案。

浙江省议会第一届第二年第二次临时会议决案

追加修筑省道筹备处职员薪水案、添设省立第三苗圃案、修浚浙西水利修正案、浙江外海取缔船舶规则、浙江内河水上警察取缔船舶规则、修正浙江省推收户粮规则、浙江省补助学校经费规程、浙江省中华民国六年度省地方岁入出入预算书、浙江省公立图书馆章程、设置省立公众运动场并附通俗图书馆案、浙江省派遣留学日本实业练习生规程、筹设改良瓷业传习工场案、请返还兴业银行缴呈公债券股票仍照五年度预算案执行案、归并师范讲习所案、裁撤省立因利局案、浙江外海水上警察厅取缔护船规则、筹办贫民习艺所案修正案、免缴永嘉育婴堂涂田买价案、请禁旧温属酒捐浮征案、撤消衢县双港口巡船案、免除寿昌县客田验契案、警备经费划归国家预算案、各县截留地丁及抵补金滞纳罚金以实仓储案、取消浙江各县田赋项下附加征收公费案、请豁免旧温处被灾各县元二年滞纳地丁及抵補金案。

浙江省议会第一届第三年常年会议决案：

优良小学教员奖励金条例、追加六年度省立第五中学校教员修金案、追加六年度浙江公立图书馆掌书月薪并更正监理兼编辑等旧名称案、浙江警备队组织编制暂行章程、修正浙江警备队组织纲要、浙江省立第三示范学校临时费加列第七年度省地方岁出预算案、增加浙江省立第五中学校七年度预算案、补助瑞安县立中学校经费案、补助东阳县立中学校经费案、添设改良制糖场附设种蔗试验场案、各县警察经费暂列省预算案、改建定海成仁祠案、疏浚桐江上游航路修正案、停办改良靛青模范厂、设立王阳明先生祠案、补助诸暨县立中学校经费案、解释浙江省茧行条例异义案、核销武义县议会筹备费案、整顿金融革除现水案。

浙江省议会第二届第一年常年会议决案：

动拨省款协济各国兵队华工费用案、追加省立第三苗圃地租费七年度预算案、更正制造水产品模范工厂岁出税捐薪川运费追加预算案、追加浙江留日官费生增加学费案、追加中学校长赴京会议川旅费案、追加省立师范学校校长中学校校长会议赴省川旅费案、追加公立法政医药两专门校长赴京会议旅费案、追加省立第三中学校修理费案、追加甲种森林学校经费预算案、追加省立第四师范学校七年度经常费案、追认省立第十师范学校第十中学校六年度临时费案、追加省立甲种农业学校兽医科临时费案、浙江全省警察经费七年度岁出入预算案、外海取缔船舶规则修正案、裁撤各县县公署临时警察案、豁免茶塘工捐案、浙江外海水警厅移驻舟山建议案。

浙江省议会民国八年第一次临时会决议案①：

追加浙江水利委员会七年度岁出临时费案、追加省立第三苗圃七年度临时费案、追加省立第一中学校七年度第二宿舍租金案、筹设改良棉种试验场案、筹设浙江省学校成绩展览会案、八年度抵补金项下照旧带征省地方税一元案、浙江通志局展限续办案、修筑环湖马路案、八年度预算增列钱江义渡局添办汽轮留用帆船各费案、浙江地方实业银行官股照原有股本填票计息案、八年度预算编列浙江警备队各区统带兼带第一营公费案、停止绍萧塘工有奖义券案、前高等学校校舍收回地方公有案、废止浙江省茧行条例案、浙江省地方金库条例、禁止临海县江厦照收百货捐案、县地方财政会议暂行条例、恢复各级地方自治建议案、裁撤禁烟督查员调查员建议案。

浙江省议会民国八年常年会议决案：

追加公立图书馆八年度印行所房租案、追加省立第四苗圃八年度临时费预算案、织物整理模范工厂展长试办期限案、筹设公立工业专门学校案、浙江省田赋联单程式、裁撤旧温属护商警察局案、免除元二三四年全

① 民国八年之前后，临时会的开会时间早于常年会。

省地丁抵补金陈欠建议案。

浙江省议会民国九年第一次临时会法律议决案：

追加浙江商品陈列馆电灯装置案、永康三良制靛工厂息借公款案、浙江省民国九年浙江外海渔业局条例、九年度抵补金项下照旧代征省地方税一元案、追加民国八九年度岁入预算案、浙江公立工业专门学校办法案、修筑省道计划修正案、劝办浙海渔业公司条例、筹设官商合办浙江模范缫丝厂案、裁撤旧温属护商警察局案、津贴私立行素女子中学校经费案、增加留德学生学费案、免除桑秧减轻花纱捐建议案、减轻花纱捐建议案。

浙江省议会民国九年常年会议决案：

息借款项采办平米贴耗办法案、修改平民习艺所办法案、停止疏浚桐江上游航路案、浙江省立贫儿院章程、追加省城三仓八年度办理平粜临时经费案、武林铁工厂息借省款案、追认裁撤第一区警备队案、修正浙江警备队编制暂行章程、追加省会警备厅工务处九年经度经常临时经费案、裁撤警备队第一区人员遣散经费案、限制各县准备金用途案、修浚浙西水利议事会修正案、拨给旧枪以资师范生实练兵操案、恢复地方各级自治议决案、减征抵补金附加税案。

浙江省议会民国十年常年会议决案：

省立贫民工厂章程、追加省立第二中学校十年度风灾吹倒操场围墙修理费案、追加省立第四师范学校十年度临时修缮案费、浙江警备队职权纲要、浙江警备队任用人员暂行条例、浙江警备队什兵补兵暂行规则、公立工业专门学校请追认九年度改筑手织第一工场经费案、省立第十中学校追认九年度修理费案、中华民国七年度浙江全省县警察经费岁出岁入决算书、浙江省道局章程、浙江省道分局章程、浙江修筑省道施工条例、浙江修筑省道地方团体及商人承筑条例、浙江省道商办汽车条例、浙江省道商办汽车营业规则、浙江省道商办汽车发给执照规则、浙江修筑省道奖励修正条例、浙江修筑省道募捐修正条例、公立医药专门学校附属诊察所案、追加十年度留日特约各校学生经费案、浙江省制宪组织法、清理烟酒附税案、裁撤本会警察案、浙江地方实业银行收归省办案、筹办杭州大学大纲、补助留法勤工俭学学生学膳费案。

浙江省议会民国十一年第一、第二次临时会议决案：

增加留学日本官费生学费案、补助私立行素女子中学校经费案、浙江省道局十一年度预算书、浙江省会清道路灯等费暨杭县四乡警察不敷经费请由省城方警捐项下只给、浙江省抵补金十一年度仍照案带征省地方税案。

浙江省议会民国十一年常年会法律议决案：

浙江省参议会条例、省立甲种商业学校追加十一年度修理费案、浙江省议会特别会议法、浙江省议会特别会议议事细则、浙江省制宪经费预算案、浙江省户口登记暂行条例、编制浙江单行法令类纂案。

浙江省议会民国十二年第一、第二、第三次临时会议决案：

户口登记事务所追加十一年度预算案、公立医药专门学校追加十一年度爱克司光线机器修理费案、公立图书馆追加归垫补抄文澜阁图书不敷款项案、复议浙江公报条例、省立第四苗圃迁让办法及追加十一年度临时费预算案、结束浙江通志局追加十一年度经费案、绍兴华光电灯公司请援案息借省款助长营业案、修正外海渔业局职权第五项案、浙江省立传染病医院条例案、浙省抵补金带征省地方附加税案、施行新学制省立各校改组办法案、复议浙江省立甲种农业学校原招兽医科学生拟续办至毕业为止并追加十一年度经费案、修正修浚浙西水利议事会修正案、省立第一师范学校学生因毒毙命酌给恤金案、本会各股审查员考察地方行政规则。

浙江省议会民国十二年常年会议决案：

复议十二年度省地方岁出岁入预算案内各款案、浙江省立公众运动场附设通俗教育讲演所案、钱江义渡局拟添置汽轮及拖船经费案、补助吴兴县立女子师范学校经费案、补助私立惠兴女子中学校经费案、补助宁波私立效实中学经费案、浙江省自治程序法、浙江省自治法会议组织法、结束机织传习所办法、浙江省中华民国十二年度省地方岁出预算书。

浙江省议会民国十三年第一、二次临时会议决案：

复议八年度省地方岁出入决算书、浙江地方银行条例、修筑省道筹备处追认九年度决算书、省城三仓办理平粜追认九年度临时岁出入决算书、改组公立农业专门学校案、筹设省立第一模范造林场案。

浙江省议会民国十三年常年会议决案：

复议九年度地方岁出岁入决算书、留日非震灾区各校学生拟准一律增加学费案、浙江省会工程局章程案、武林铁工厂请将前借官款展期还本案、省城三仓办理平粜追认十三年度临时岁出入预算书、增加筹备省自治十三年度经费预算案、户口登记总事务所追加十三年度川资案、浙江省道征收车马通行费章程、浙江修筑省道计划修正案、浙江修筑省道地方团体及商人承筑条例修正案、省立第三苗圃迁移圃地变通建筑预算案、省立第四苗圃追加十二年度岁出临时费预算案、北洋大学浙籍学生请求增加津贴案、浙省征收卷烟特税暂行章程案、浙江省自治法会议组织法修正案。

附录三：浙江省议会开会时间年表①

浙江参议会	1911 年 11 月 7 日	浙江省军政府成立，军政府设参议会，作为临时议事机关。
浙江省临时议会	1911 年 12 月 20 日	临时议会第一次会议
	1912 年 4 月 1 日	临时议会第二次会议
	1912 年 11 月 8 日	临时议会第三次会议
浙江省第一届议会	1913 年 2 月 18 日至 5 月 18 日	第一届第一次常年会
	1913 年 6 月 10 日至 7 月 9 日	第一年第一次临时会
	1914 年 1 月	袁世凯下令解散议会
	1916 年 9 月 4 日至 11 月 3 日	浙江省议会正式恢复，为第一届第二年常年会。
	1916 年 12 月 2 日至 12 月 31 日	第二年第一次临时会
	1917 年 4 月 1 日至 5 月 1 日	第二年第二次临时会
	1918 年 4 月 24 日至 6 月 17 日	第三年常年会
浙江省第二届议会	1918 年 10 月 20 日至 12 月 26 日	第二届第一年常年会
	1919 年 4 月 28 日至 5 月 27 日	民国八年第一次临时会（此后会期都以民国某年为名）
	1919 年 10 月 29 日至 12 月 31 日	民国八年常年会
	1920 年 5 月 17 日至 6 月 16 日	民国九年第一次临时会
	1920 年 10 月 28 日至 12 月 26 日	民国九年常年会
	1921 年 5 月 16 日至 6 月 14 日	民国十年第一次临时会

① 资料来源及说明：浙江省议会编的《浙江省议会要览》、《浙江省议会要览续编》，经整理综合而成。

续表

浙江参议会	1911 年 11 月 7 日	浙江省军政府成立，军政府设参议会，作为临时议事机关。
浙江省第三届省议会	1921 年 10 月 5 日至 12 月 24 日	民国十年常年会
	1922 年 5 月 8 日至 7 月 7 日	5 月 8 日至 6 月 6 日，民国十一年第一次临时会；6 月 8 日至 7 月 7 日，第二次临时会。
	1922 年 10 月 16 日至 1923 年 1 月 11 日	民国十一年常年会
	1923 年 3 月 29 日至 7 月 5 日	3 月 29 日至 4 月 27 日，民国十二年第一次临时会；5 月 4 日，第二次临时会；6 月 6 日至 7 月 5 日，第三次临时会。
	1923 年 10 月 26 日至 1924 年 1 月 5 日	民国十二年常年会
	1924 年 5 月 5 日至 7 月 11 日	5 月 5 日至 5 月 30 日，民国十三年第一次临时会；6 月 3 日至 7 月 11 日，第二次临时会。
	1924 年 11 月 3 日至 12 月 31 日	民国十三年常年会
	1925 年 4 月 20 日至 6 月 26 日	1925 年 4 月 20 日至 5 月 18 日，民国十四年第一次临时会；6 月 1 日至 6 月 26 日，第二次临时会。
	1925 年 11 月 16 日至 1926 年 1 月 15 日	民国十四年常年会
	1926 年 5 月 25 日 至 7 月 21 日	5 月 25 日至 6 月 23 日，民国十五年第一次临时会；6 月 25 日至 7 月 21 日，第二次临时会。
	1926 年 11 月 8 日	民国十五年常年会开幕，因凑不足法定人数未能开议。
	1927 年 1 月	北伐军占领杭州，浙江省议会会所被改为国民党浙江省党部。

附录四：浙江省议会历届议员名单[①]

1. 浙江省临时议会

议长：莫永贞

副议长：张翅

议员：范耀雯、祝震、徐光溥、章籛、沈纯常、周珏、金燮、莫永贞、俞玉书、李培锷、赵家艺、章述洨、范贤方、余名铨、章时济、赵镜年、陈燮枢、许企谦、王瑞堂、王荦、张翅、金兆桢、蔡汝霖、傅琳、祝谏、劳锦魁、詹凤藻、李直、詹麟来、王韧、邵瑞彭、叶吉銮、盛天禄、殷汝骊、许燊、包芝洲、李平、项华辅。

2. 第一届浙江省议会

议长：莫永贞

副议长：刘焜、朱益敷

议员：张廷霖、许祖谦、王倬、张立、徐文蔚、朱紫金、顾宗况、沈文华、吴用禧、金燮、蒋世芳、秦炳汉、顾振庠、钱豫、徐清扬、任凤冈、沈善保、凌福镜、俞玉书、李培锷、潘澄鉴、萧家骥、藏树藩、孙棣三、许炳堃、莫永贞、周丙祥、蔡和锵、胡璠、冯良翰、毛雍祥、江义均、钱保杭、赵之伟、励延豫、张寿镐、葛崇黼、孙振麒、曹位康、朱燕、丁镕、史华藻、厉支石、王廉、周琮、戴乾、李寿鹤、萧嘉禾、汤孝佶、黄大樾、倪子安、韩泽、沈定一、盛邦彦、周廷荣、钱庚、楼茜然、王泽灏、童杭时、赵镜年、钱丹初、高金培、黄崇威、曹恺、秦楠、金肇振、张驷群、朱益敷、管穰、杨昰、郑凝、张宗峄、金篆、陈廷谟、阮尚

---

① 资料来源及说明：浙江省议会编的《浙江省议会要览》、《浙江省议会要览续编》，经整理综合而成。

志、金泳禧、谢篪、金作梅、徐佩瑛、陈乃辑、江登瀛、王行健、邬标、叶人奎、张峻、谢钟灵、奚炯文、徐汝蒙、陈钟祺、袁祥兰、许一藩、张翅、吴云、张一士、宋吉成、郭宝琮、张锡康、何绍韩、马成骥、吴品衍、胡禧昌、胡壁、王兆基、张若骝、范志高、刘焜、赵士英、劳锦奎、毛云鹏、周正杼、徐忠伟、余寿堃、周保纶、钟翰卿、王嘉谟、方赞修、许宗周、胡炳旒、朱景畴、朱国铭、吴鸿年、叶景僖、谢自申、周姜国、林锡泉、潘谓璜、林卓、项廷桢、郑祖康、郑侠、倪汉波、张烈、竺旦、唐兆庚、唐黼墀、吴凤歧、李芑、林同、陈振椒、黄守谦、周锡经、汤国琛、于谱言、项际虞、孙如怡、毛蒙正、陈度、包芝洲、李嘉言。

第一届议会递补议员：

钱宗翰、张兆铭、郑功懋、莫庸、蒋玉麟、忻江明、庄景仲、费锡龄、张锡藩、何勋业、谢乃绩、陶寿鸿、俞弼、黄强、骆瀛、吴忠怀、童养正、何奏簧、周祥麟、童能藩、刘兆桐、赵瑞文、郑永祚、郑定趋、曾广汉、曾又士、宋齐、姜蒋併、蔡龄、李杰、李镜第、黄志远、翁诗彦、掌经伯、叶国康、许之文、顾松庆、余廷士、姚祖范、王烈。

3. 第二届浙江省议会

议长：周继潆

副议长：陈琪、姜会明

议员：阮性存、祝绍箕、高维魏、丁文炳、方殿华、项岱年、许祖谦、吴清、陈宜慈、陆维鋆、盛时、陈树基、蒋世芳、顾振庠、徐清扬、沈宏燮、屠善生、任凤冈、金燮、马新义、陆能、秦炳汉、朱锦荣、凌福镜、蒋玉麟、丁凤元、朱文、王一成、张旭人、张维熊、邱炳华、王廉、李镜第、厉支石、盛在珩、周绍颐、郭景汾、宋蔚臣、钱玉麟、屠士恒、张原炜、王栋、周钧栋、徐志宏、裘光炽、张哲甫、王以铨、萧嘉禾、俞弼、鲍元辉、周元达、吕衡、魏泽寰、金伯泉、陈宰埏、童养正、周廷杰、章五成、周廷容、何宗武、骆瀛、金凤池、赵牧、金宗湘、陶知方、周佩铭、周书、金泳章、陈卫、许一藩、张炘、王爱斯、徐佩瑛、龚志清、金炳璠、周继洁、包溥、马鸿图、冯锐、黄崇威、凌庆云、阮尚傅、方豫章、李彦森、马育英、郑凝、应西、吴云、梁成、徐卓群、张鸿材、宋吉成、张鸿达、何绍韩、姜恂如、包焕庚、张廷硕、孙宋卿、曾延贤、张弟、朱莹、黄侗、周正杼、汪昭、戴志南、章璜、胡炳旒、方大湛、黄庆第、方垣、方蛰、方孔修、杨振炘、潘绍岳、候亦白、郑迈、徐成周、王侃、吴观光、黄尚、叶亘东、唐阊、郑立山、项川、曾铣、马鸿图、陈若瑟、闻起、黄天泽、王熙、伍井、余炳光、姜会明、张漪、冯毓英、蔡庚、唐玠、陈干、黄解、王福申、张骐、陈益轩、陈琪、何文龙、潘世焘、吴嘉彦、柳景元、朱泉、李宗焘、李昌鑫。

4. 第三届浙江省议会

议长：沈钧业

副议长：杜棣华、祝绍箕

议员：张鸿礼、丁文炳、於畏三、祝绍箕、钱鸿钧、郑献诗、陈惠民、潘士邦、许祖谦、吴清、虞秉璋、蒋方震、查人伟、潘保润、蒋世芳、顾绍钧、孙以钧、王敖仁、沈本、汪山、张楚英、高晓兰、李开福、任凤冈、马义新、沈浚昌、凌福镜、潘澄鉴、陈谅、陆廷宏、慎乃铨、张旭人、嵇文、蔡经贤、蒋玉麟、丁凤元、王一成、陈其禾、周葆真、章敬澹、叶向阳、李镜第、赵家艺、戴敦勋、周绍颐、屠用锡、张天锡、范瀛桂、童炳蔚、柴常春、傅言、张原炜、萧嘉禾、陈宰埏、朱念慈、王承祖、王以铨、范康保、沈钧业、张维岳、金乙麟、周庆瑗、金廉方、沈定一、张韬、沈崇贤、王邈达、魏泽寰、陈邦达、张佩璇、谢金柱、许国桢、骆瀛、梁成、杜棣华、洪宇华、杨毓琦、张鸿材、章祖衡、童鸣桐、金乃浚、赵枚、金宗湘、陈卫、陈士熊、王培燏、吴鉴、邬荣钺、王云台、陈钟祺、许一藩、凌庆云、袁汉、阮伊桐、丁仁、朱童宝、王化人、林茂修、应迪康、卢旌贤、陈猷、王元善、童士鸿、唐廷章、郑永祚、张景澄、张润玉、汪昭、毛辉、毛云鹏、徐应经、王廷烈、方一仁、洪铎、王一芝、胡梅生、王侃、杨振炘、施旋、陈国俊、张书元、王启文、赵璠、潘绍岳、梅雨清、孙跃、赵侠、郑迈、陈悦宾、吴达、王润、贾嶷、谢谭、王理孚、曹维翰、候亦白、陶毅、李宗焘、叶蔚、金均、洪启尧、徐方亮、陈子亭、叶桐知、徐一青、朱泉、李必芳、季亮、张煜奎、潘锦照、潘世焘。

第三届候补议员：

孙志霖、任兆年、章于天、袁伯芬、王增培、叶庆崇、王宗鉴、潘锦生、徐荫棠、姚绍春。

附录五：浙江省议会会址图[①]

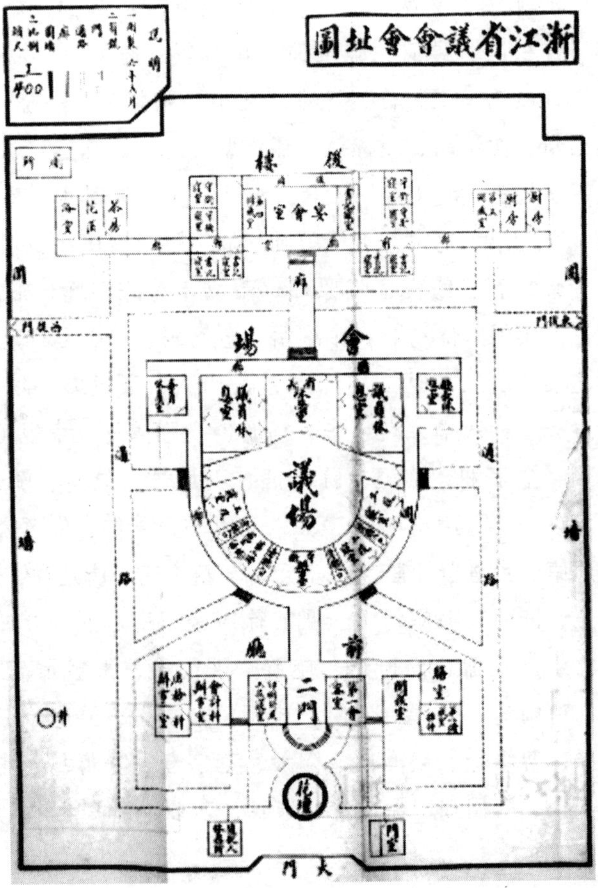

① 资料来源：浙江省议会编《浙江省议会要览》。

附录六：民国前期浙江省军政民政职官年表①

1. 民国前期浙江省军政民政司法主要职官设置变迁（1912—1927年）

1912年	都督	民政长	内务司长	财政司长	教育司长	实业司长（民国二年始任命）		提法司长	高等审判厅长（民国二年始任命）	高等检察厅检察长（民国二年始任命）
1913年	都督	民政长	内务司长	财政司长	教育司长	实业司长		提法司长	高等审判厅长	高等检察厅检察长
1914年	将军（6月由都督改）	巡按使（5月由民政长改）	政务厅长	财政厅长	教育司长（5月裁撤）	实业司长（5月裁撤）	全省警务处长（无人担任）	无	高等审判厅长	高等检察厅检察长
1915年	将军	巡按使（5月由民政长改）	政务厅长	财政厅长	无	无	全省警务处长（无人担任）	无	高等审判厅长	高等检察厅检察长
1916年	将军（7月由将军改为督军）	巡按使（7月由巡按使改为省长）	政务厅长	财政厅长	无	无	全省警务处长	无	高等审判厅长	高等检察厅检察长

① 资料来源及说明：刘寿林等编：《民国职官年表》，中华书局1995年版，第276—283页。经整理综合而成。

续表

1917 年	将军	省长	政务厅长	财政厅长	教育厅长	实业厅长	全省警务处长	无	高等审判厅长	高等检察厅检察长
1918 年	督军	省长	政务厅长	财政厅长	教育厅长	实业厅长	全省警务处长	无	高等审判厅长	高等检察厅检察长
1919 年	督军	省长	政务厅长	财政厅长	教育厅长	实业厅长	全省警务处长	无	高等审判厅长	高等检察厅检察长
1920 年	督军	省长	政务厅长	财政厅长	教育厅长	实业厅长	全省警务处长	无	高等审判厅长	高等检察厅检察长
1921 年	督军	省长	政务厅长	财政厅长	教育厅长	实业厅长	全省警务处长	无	高等审判厅长	高等检察厅检察长
1922 年	督军（6月废都督，改为督办）	省长	政务厅长	财政厅长	教育厅长	实业厅长	全省警务处长	无	高等审判厅长	高等检察厅检察长
1923 年	督军	省长	政务厅长	财政厅长	教育厅长	实业厅长	全省警务处长	无	高等审判厅长	高等检察厅检察长
1924 年	督军（9月裁撤督军改设都理）	省长	政务厅长	财政厅长	教育厅长	实业厅长	全省警务处长	无	高等审判厅长	高等检察厅检察长
1925 年	督办（1月由都理改为督办）	省长	政务厅长	财政厅长	教育厅长	实业厅长	全省警务处长	无	高等审判厅长	高等检察厅检察长

续表

1926 年	督办	省长	政务厅长	财政厅长	教育厅长	实业厅长	全省警务处长	无	高等审判厅长	高等检察厅检察长
1927 年	督办	省长	政务厅长	财政厅长	教育厅长	实业厅长	全省警务处长	无	高等审判厅长	高等检察厅检察长

2. 民国前期浙江省军政首长年表（1912—1927 年）

民国元年（1912 年）	都督	汤寿潜武昌起义后被推为都督，1 月 1 日调；蒋尊簋 1 月 16 日公推，7 月 12 日任，7 月 23 日免；朱瑞 7 月 23 日任。
民国二年（1913 年）	都督	朱瑞
民国三年（1914 年）	将军	6 月由都督改，朱瑞 6 月 30 日改任。
民国四年（1915 年）	将军	朱瑞
民国五年（1916 年）	将军	朱瑞 4 月 11 日逃，4 月 12 日独立；屈映光 4 月 12 日公举，4 月 14 日署，5 月 5 日辞。
	督军	7 月由将军改为督军，吕公望 5 月 5 日公举，7 月 6 日任。
民国六年（1917 年）	将军	吕公望 1 月 1 日辞，杨善德 1 月 1 日任，5 月 30 日独立。
民国七年（1918 年）	督军	杨善德
民国八年（1919 年）	督军	杨善德 8 月 13 日死，卢永祥 8 月 14 日任。
民国九年（1920 年）	督军	卢永祥 7 月 2 日任
民国十年（1921 年）	督军	卢永祥
民国十一年（1922 年）	督军	卢永祥 6 月 15 日，宣布废都。
	督办	卢永祥 6 月 20 日改任
民国十二年（1923 年）	督办	卢永祥
民国十三年（1924 年）	督军	卢永祥
	督理	9 月裁撤督军改设督理，孙传芳 9 月 20 日任。
民国十四年（1925 年）	督办	1 月由督理改为督办，孙传芳 1 月 16 日任，10 月 15 日自任浙闽苏皖赣五省联军总司令。
民国十五年（1926 年）	督办	蒋尊簋 12 月 19 日选为军政长，孟昭月 12 月 29 日由孙传芳任为浙军总司令。
民国十六年（1927 年）	督办	孟昭月

3. 民国前期浙江省行政首长年表（1912—1927 年）

民国元年（1912 年）	民政长	蒋尊簋 7 月 12 日兼，7 月 23 日免，朱瑞 7 月 23 日兼。
民国二年（1913 年）	民政长	朱瑞 9 月 10 日免兼，屈映光 9 月 10 日署。
民国三年（1914 年）	巡按使	5 月由民政长改，屈映光 5 月 23 日改任。
民国四年（1915 年）	巡按使	屈映光
民国五年（1916 年）	巡按使	屈映光
	省长	7 月由巡按使改为省长，吕公望 7 月 6 日兼。
民国六年（1917 年）	省长	吕公望 1 月 1 日辞，齐耀珊 1 月 1 日任。
民国七年（1918 年）	省长	齐耀珊
民国八年（1919 年）	省长	齐耀珊
民国九年（1920 年）	省长	齐耀珊 6 月 24 日调，沈金鉴 6 月 24 日任。
民国十年（1921 年）	省长	沈金鉴
民国十一年（1922 年）	省长	沈金鉴 10 月 28 日免，张载阳 10 月 28 日任。
民国十二年（1923 年）	省长	张载阳
民国十三年（1924 年）	省长	张载阳 9 月 22 日免，夏超 8 月 22 日任。
民国十四年（1925 年）	省长	夏超
民国十五年（1926 年）	省长	夏超 10 月 20 日退出杭州，张载阳维持秩序。陈仪 10 月 29 日任（由孙传芳任命）；12 月 29 日选为民政长，12 月辞。
民国十六年（1927 年）	省长	蔡朴，3 月张人杰任浙江省主席。

参考文献

一　著作和译著类

1. 《清会典》，中华书局 1991 年版。

2. 赵尔巽等：《清史稿》（第十二册），中华书局 1977 年版。

3. （明）胡震亨辑注：《海盐县图经》，浙江古籍出版社 2009 年版。

4. （清）张廷玉：《明史》卷七八，中华书局 1991 年版。

5. （明）王士性：《广志绎》，中华书局 1981 年版。

6. 《大清律例》，天津古籍出版社 1993 年版。

7. 《清会典事例》（第三册），中华书局 1991 年版。

8. 黄宗羲：《南雷文定》，中华书局 1985 年版。

9. 张瀚：《松窗梦语》，上海古籍出版社 1996 年版。

10. 彭泽益：《中国近代手工业史资料》（第二卷），三联书店 1957 年版。

11. 翟同祖：《清代地方政府》，法律出版社 2003 年版。

12. 阮毅成：《阮荀伯先生遗集》，文海出版社 1960 年版。

13. 经亨颐：《经亨颐日记》，浙江古籍出版社 1984 年版。

14. 顾敦鍒：《中国议会史》，苏州木渎心正堂 1931 年版。

15. 《孙中山全集》（第二卷），中华书局 1982 年版。

16. 谢振民：《中华民国立法史》，中国政法大学出版社 2000 年版。

17. 杨幼炯：《近代中国立法史》，中国政法大学出版社 2012 年版。

18. 李学智：《民国初年的法治思潮与法制建设：以国会立法活动为中心的研究》，中国社会科学出版社 2004 年版。

19. 荆月新：《1947 年宪法体制下的中央立法权研究》，法律出版社 2012 年版。

20. 张朋园：《中国民主政治的困境：（1909—1949 年）晚晴以来历届议会选举论述》，吉林出版集团有限公司 2008 年版。

21. 薛恒：《民国议会制度研究（1911—1924 年）》，中国社会科学出版社 2011 年版。

22. 谷丽娟、袁香甫：《中华民国国会史》（上）、（中）、（下），中华书局 2012 年版。

23. 王世杰、钱端升：《比较宪法》，商务印书馆 1999 年版。

24. 张晋藩：《中国宪法史》，人民出版社 2011 年版。

25. 吴宗慈：《中华民国宪法史》，东方印书局 1924 年版。

26. 荆仁知：《中国立宪史》，台北联经出版事业公司 1984 年版。

27. 殷啸虎：《近代中国宪法史》，上海人民出版社 1997 年版。

28. 李剑农：《最近三十年中国政治史》，太平洋书店 1931 年版。

29. 徐矛：《中华民国政治制度史》，上海人民出版社 1992 年版。

30. 钱端升：《民国政制史》，上海人民出版社 2011 年版。

31. 张国福：《中华民国法制简史》，北京大学出版社 1986 年版。

32. 秦孝仪：《中华民国政治发展史》，近代中国出版社 1987 年版。

33. 钱实甫：《北洋政府时期的政治制度》，中华书局 1984 年版。

34. 吴大因：《西方国家政治制度剖析》，经济管理出版社 1996 年版。

35. 曹海晶：《中外立法制度比较》，商务印书馆 2004 年版。

36. 王世杰：《比较宪法》，中国政法大学出版社 1997 年版。

37. 章镜影：《比较宪法》，黎明文化事业公司 1983 年版。

38. 费正清：《剑桥中华民国史》，上海人民出版社 1983 年。

39. 吴建铭：《总统制与内阁制论争》，厦门大学出版社 2012 年版。

40. 王学建：《近代中国地方自治法重述 》，法律出版社 2011 年版。

41. 胡春惠：《民初的地方主义与联省自治》，中国社会科学出版社 2011 年版。

42. 陈旭麓：《近代中国社会的新陈代谢》，上海人民出版社 1992 年版。

43. 周叶中、江国华：《自下而上的立宪尝试——省宪评论》，武汉大学出版社 2010 年版。

44. 刘以芬：《民国政史拾遗》（上），文海出版有限公司 1953 年版。

45. 李振华：《近代中国国内外大事记》，文海出版社 1979 年版。

46. 周祯伟：《官商之间：社会剧变中的近代绅商》，天津人民出版社 1995 年版。

47. 冯筱才：《在商言商：政治变局中的江浙商人》，上海社会科学院出版社 2004 年版。

48. 戴季陶：《戴季陶集》，华中师范大学出版社 1990 年版。

49. 李国忠：《民国时期中央与地方的关系》，天津人民出版社 2004 年版。

50. 吴建铭：《总统制与内阁制论争》，厦门大学出版社 2012 年版。

51. 陈宇翔：《清末民初政党思想研究》，中国社会科学出版社 2013 年版。

52. 李采芹：《中国消防通史》（上卷），群众出版社 2002 年版。

53. 陈伟：《燕说集》，商务印书馆 2011 年版。

54. 费正清：《美国与中国》，张理京译，世界知识出版社 2000 年版。

55. 李国祁等：《民国史论集》，南天书局公司 1990 年版。

56. 邱远猷、张希坡：《中华民国开国法律史：辛亥革命法律制度研究》，首都师范大学出版社 1997 年版。

57. 李达嘉：《民国初年的联省自治运动》，台北弘文馆出版社 1981 年版。

58. 沈晓敏：《处常与求变：清末民初的浙江咨议局和省议会》，三联书店 2005 年版。

59. 陶士和：《浙江民国史研究通论》，中国社会科学出版社 2007 年版。

60. 汪林茂：《浙江辛亥革命史》，浙江古籍出版社 2011 年版。

61. 陈益轩：《浙江制宪史》，杭州 1921 年版。

62. 林孝文：《浙江省宪研究》，法律出版社 2009 年版。

63. 张彬：《浙江教育史》，浙江教育出版社 2006 年版。

64. 王志强：《法律多元视角下的清代国家法》，北京大学出版社 2003 年版。

65. 杨天宏：《口岸开放与社会变革——近代中国自开商埠研究》，中华书局 2002 年版。

66. 赵艳：《清末民初的代议制：从顺直咨议局到直隶省议会的案例考察》，社会科学文献出版社 2012 年版。

67. 刘建国：《你所不认识的民国面相——直隶地方议会研究（1912—1928）》，广西师范大学出版社 2009 年版。

68. 杨研：《地域主义与国家认同：民国初期省籍意识的政治文化分析》，天津人民出版社 2007 年版。

69. 李国祁：《中国现代化区域研究——闽浙台地区（1860—1926）》，中央研究院近代史研究所专刊 1982 年版。

70. 陈建平：《湖南省宪研究》，法律出版社 2009 年版。

71. 郑备军：《中国近代厘金制度研究》，中国财政经济出版社 2004 年版。

72. 邹剑锋：《宁波近代法制变迁研究》，复旦大学出版社 2010 年版。

73. 潘国旗：《民国浙江财政研究》，中国社会科学出版社 2007 年版。

74. 徐望法：《浙江公路史》（第一册），人民交通出版社 1988 年版。

75. 陈剩勇：《浙江通史·明代卷》，浙江人民出版社 2005 年版。

76. 金普森：《浙江通史·民国卷》（上），浙江人民出版社 2005 年版。

77. 袁成毅：《浙江通史·民国卷》（下），浙江人民出版社 2005 年版。

78. 汪林茂：《浙江通史·清代卷》（下），浙江人民出版社 2005 年版。

79. 徐绍真：《浙江财政概要》，杭州财务人员养成所 1931 年版。

80. 李国胜：《浙江兴业银行研究》，上海财经大学出版社 2009 年版。

81. 夏卫东：《民国时期浙江户政与人口调查》，中国社会科学出版社 2011 年版。

82. 陶水木：《浙商与中国近代工业化》，中国社会科学出版社 2009 年版。

83. 尹铁：《浙商与近代浙江社会变迁》，中国社会科学出版社 2010 年版。

84. 易继苍：《浙江籍买办研究》，中国社会科学出版社 2011 年版。

85. 乐承耀：《近代宁波商人与社会经济》，人民出版社 2007 年版。

86. 张彬：《浙江教育史》，浙江教育出版社 2006 年版。

87. 付志宇：《中国近代税制流变初探》，中国财政经济出版社 2007 年版。

88. 陈剑峰：《集聚和扩散——明清至今浙北区域与上海社会经济关系史研究》，吉林人民出版社 2005 年版。

89. 伍春辉：《湖南教育近代化研究》，湖南人民出版社 2012 年版。

90. 钱基博：《近百年湖南学风》，岳麓书社 1985 年版。

91. 林增平：《湖南近现代史》，湖南师范大学出版社 1991 年版。

92. 李会刚：《湖南工业经济发展历史及展望》，湖南人民出版社 1988 年版。

93. 张朋园：《湖南现代化的早期进展 1860—1916》，岳麓书社 2002 年版。

94. ［英］马士：《中华帝国对外关系史》（第一卷），三联书店 1957 年版。

95. 李国祁：《闽浙地区的政治现代化》，《国科会报告》，未刊本。

二 编著类

1. 杨一凡、王旭编：《古代榜文告示汇存》（全十册），社会科学文献出版社 2006 年版。

2. 杨一凡、刘笃才主编：《中国古代地方法律文献》（甲编 第一册），世界图书出版公司北京公司 2006 年版。

3. 浙江辛亥革命史研究会、浙江省图书馆编：《辛亥革命浙江史料选辑》，浙江人民出版社 1981 年版。

4. 浙江省社科院历史研究所、浙江省图书馆编：《辛亥革命浙江史料续辑》，浙江人民出版社 1984 年版。

5. 浙江省政协文史资料委员会、杭州师范大学民国浙江史研究中心编：《辛亥革命浙江史料汇编》（全十册），北京图书馆出版社 2011 年版。

6. 政协浙江文史资料研究委员会编：《浙江文史资料选辑》（第 1—50 辑），浙江人民出版社 1962—1993 年版。

7. 政协杭州文史资料研究委员会编：《杭州文史资料选辑》（第 1—23 辑），1992—1996 年，内部资料。

8. 民国浙江省通志馆：《重修浙江通志稿》（第九册），方志出版社2010年标点本。

9. 齐耀珊重修、吴庆坻重纂：《杭州府志》，1948年版。

10. 政协浙江文史资料研究委员会编：《浙江辛亥革命回忆录》，浙江人民出版社1981年版。

11. 浙江省社会科学院历史研究所编：《浙江人物简志》，浙江人民出版社1984年版。

12. 浙江档案馆编：《浙江民国史料辑要》，未刊本。

13. 张仲礼编：《东南沿海城市与中国近代化》，上海人民出版社1996年版。

16. 杨一凡主编：《中国古代法律形式研究》，社会科学文献出版社2011年版。

17. 刘寿林等编：《民国职官年表》，中华书局1995年版。

18. 官箴书集成编纂委员会编：《官箴书集成》（第六册），黄山书社1997年版。

19. 夏新华、胡须晟、刘鄂、甘正气、万利容、刘姗姗整理：《近代中国宪政历程：史料荟萃》，中国政法大学出版社2004年版。

20. 徐和雍等编：《浙江近代史》，浙江人民出版社1982年版。

21. 彭泽益编：《中国近代手工业史资料》（第二卷），中华书局1957年版。

22. 实业部国际贸易局编：《中国实业志——浙江省》，1933年印本。

23. 浙江省人民银行金融研究室编：《浙江近代金融史》（油印本，未刊），浙江图书馆古籍部藏1984年版。

24. 陈国强主编：《浙江金融史》，中国金融出版社1993年版。

25. 通商海关总税务同署造册处编：《中华民国通商海关华洋贸易总册》，1924年版。

26. 浙江省工会志编纂委员会编：《浙江省工会志》，中华书局1997年版。

27. 中共浙江省委党校党史教研室编：《五四运动在浙江》，浙江人民出版社1979年版。

28. 陈旭麓、郝盛湘主编：《孙中山集外集》，上海人民出版社1990

年版。

29. 中国史学会：《辛亥革命》，上海人民出版社 1957 年版。

30. 王世刚主编：《中国社团史》，安徽人民出版社 1994 年版。

31. 邵祖德等编：《浙江教育简志》，浙江人民出版社 1988 年版。

32. 浙江财政税务志编辑委员会：《浙江省财政税务志》，中华书局 2002 年版。

33. 北洋政府财政部财政调查处：《各省区历年财政汇览》（第一编第二册），财政部财政调查处 1927 年版。

34. 朱新予主编：《浙江丝绸史》，浙江人民出版社 1985 年版。

35. 浙江财务人员养成所编：《魏颂唐偶存稿》，1931 年版。

36. 上海宏文图书馆编：《江浙战史》（第一册），上海宏文图书馆 1924 年版。

37. 浙江省汽车运输总公司编史组：《浙江公路运输史》，人民交通出版社 1988 年版。

38. 吴工圣编：《浙江新闻简志》，未刊稿。

39. 项士元：《浙江新闻史》，杭州之江日报发行，民国十九年铅印本。

40. 王文科、张扣林编：《浙江新闻史》，浙江大学出版社 2010 年版。

41. 浙江省土地志编纂委员会：《浙江省土地志》，方志出版社 2001 年版。

42. 杭州铁路分局志编纂委员会：《杭州铁路分局志》，中国铁路出版社 2005 年版。

43. 徐蔚葳编：《近代浙江通商口岸经济社会概况》，浙江人民出版社 2002 年版。

44. 张传保等编：《鄞县通志》，宁波出版社 2006 年版。

45. 林增平、范忠程主编：《湖南近现代史》，湖南师范大学出版社 1991 年版。

46. 吴哲明编：《温州历代碑刻二集》（上），上海社会科学院出版社 2006 年版。

三 杂志类

1. 张玉法：《民国初年的国会》，［台湾地区］《近代史研究所集刊》，

1987 年第 13 集。

2. 王续添：《地方主义、联邦主义与新国家构建中的制度选择》，《教学与研究》2007 年第 4 期。

3. 杨一凡：《明代榜例考》，《上海师范大学学报》（哲学社会科学版）2008 年第 5 期。

4. 姜鲁鸣：《民初国家议会的权力实施效益》，《民国档案》1987 年第 1 期。

5. 朱勇：《论民国初期议会政治失败的原因》，《中国法学》2000 年第 3 期。

6. 薛恒：《民国议会史研究述评》，《近代史研究》2004 年第 3 期。

7. 李云霖：《近代中国议会制度的历程、特质与启示》，《政治与法律》2011 年第 3 期。

8. 朱英：《晚清地方势力发展与中央政府的对策》，《探索与争鸣》1996 年第 1 期。

9. 李国忠：《民国初期中央与地方关系发展评述》，《天津师范大学学报》（社会科学版）2002 年第 5 期。

10. 袁时伟：《袁世凯与国民党：两极合力摧毁民初宪政》，《江淮文史》2011 年第 3 期。

11. 刘笃才：《中国古代地方法制的功能结构与发展》，《北方法学》2012 年第 1 期。

12. 李明强：《论孙中山的军权主义》，《江汉论坛》2003 第 6 期。

13. 朱英：《近代中国商人与社会变革》，《天津社会科学》2001 年第 5 期。

14. 张玉法：《民初对制宪问题的争论》，［台湾地区］《中央研究院近代史研究所集刊》1983 年第 12 期。

15. 于鸣超：《中国省制问题研究》，《战略与管理》1998 年第 4 期。

16. 沈晓敏：《民初浙江省议会与二次革命》，《中山大学学报论丛》2000 年第 2 期。

17. 沈晓敏：《民初省议会反对适用〈咨议局章程〉的斗争》，《中山大学学报》2001 年第 3 期。

18. 沈晓敏：《民初省议会失败原因概论》，《政法学刊》2004 年第 3 期。

19. 沈晓敏：《民初袁世凯政府与各省议会关系述论》，《历史教学》2004 年第 10 期。

20. 沈晓敏：《民初浙江之议会政治》，《中山大学学报论丛》1994 年第 1 期。

21. 赵艳玲：《〈顺直临时省议会法〉与〈省议会暂行法〉文本比较》，《衡水学院学报》2009 年第 12 期。

22. 赵艳玲：《顺直省议会与民众诉求》，《学理论》2010 年第 10 期。

23. 赵艳玲：《由“民意代表”到“官方代言人”——从一个侧面解读顺直省议会的兴衰》，《兰台世界》2010 年第 11 期。

24. 赵艳玲、宋颂：《顺直省议会民意代表职能的弱化及其原因分析》，《历史教学》2010 年第 12 期。

25. 侯雁飞：《吉林省议会活动及历史作用浅析》，《松辽学刊》2001 年第 1 期。

26. 高健：《民国前期的新疆省议会研究》，《西域研究》2005 年第 3 期。

27. 张爱华：《现代化的迂流——民初省议会研究综述》，《广西师范学院学报》2006 年第 3 期。

28. 王晨鹿：《民初山东省议会与省长的关系研究》，《山东省农业管理干部学院学报》2010 年第 1 期。

29. 魏桃初、饶怀民：《民国初年湖南省议会的发展演变及其作用》，《求索》2011 年第 11 期。

30. 王树槐：《清末民初江苏省的咨议局与省议会》，《国立台湾师范大学历史学报》1978 年第 6 期。

31. 孙玲：《略论民国时期的贵州省级民意机关》，《贵州社会科学》2002 年第 5 期。

32. 赵世英：《清末民国甘肃的民意机构》，《甘肃文史》2004 年第 1 期。

33. 陶水木：《民初浙江临时议会研究》，《杭州师范大学学报》（社会科学版）2011 年第 6 期。

34. 陶水木：《沈定一的法治思想与实践——以浙江省议会议长任期的个案考察》，《浙江学刊》2005 年第 5 期。

35. 陈柳裕：《民国时期的浙江律师业——以杭县律师公会为中心的

分析》，《浙江工商大学学报》2008 年第 6 期。

36. 王策来：《浙江近代审判机关的沿革》，《观察与思考》2001 年第 4 期。

37. 邱远猷：《试析浙江军政府临时约法》，《历史教学》2000 年第 5 期。

38. 倪集华、谢如程、范水姣：《民国时期浙江检察初探》，《浙江学刊》2013 年第 4 期。

四 近代报刊类

1. 《申报》
2. 《大公报》
3. 《益世报》
4. 《民国日报》
5. 《越铎日报》
6. 《浙江公报》
7. 《临时公报》
8. 《浙江军政府公报》
9. 《浙江公报》
10. 《汉民日报》
11. 《全浙公报》
12. 《之江日报》
13. 《民立报》
14. 《新青年》
15. 《每周评论》
16. 《东方杂志》
17. 《内阁官报》
18. 《浙江省建设月刊》

五 历史档案类

1. 浙江省临时议会、浙江省三届议会的常年会和临时会议决议案。
2. 浙江省临时议会、浙江省三届议会的常年会和临时会议事录。

3. 浙江省临时议会、浙江省三届议会的常年会和临时会文牍。

4. 浙江省临时议会、浙江省三届议会的常年会和临时会议员质问书。

5. 浙江省议会编：《浙江省议会要览》，1917 年。

6. 浙江省议会编：《浙江省议会要览续编》，1918 年。

六　学位论文类

1. 刘迪香：《民国北京政府时期省区军政体制研究》，湖南师范大学博士论文，2011 年。

2. 魏桃初：《民国初年的湖南省议会（1911—1926 年）》，湖南师范大学博士论文，2012 年。

3. 吕雪飞：《东北三省咨议局、资政院及第一届国会省议会议员选举考略》，吉林大学博士论文，2012 年。

4. 王晨鹿：《山东省第一届省议会研究》，山东师范大学硕士论文，2010 年。

5. 李宏：《北洋政府行政法研究》，中国政法大学硕士论文，2009 年。

6. 苏雅诗：《民初国地两税划分研究（1912—1916 年）》，暨南大学硕士学位论文，2012 年。

7. 吕婉莞：《民国时期浙江省公路建设研究（1916—1937 年）》，浙江大学硕士论文，2007 年。

8. 贾彦敏：《民国浙江灾荒救济研究（1912—1937 年）》，浙江大学硕士论文，2008 年。

9. 徐杨：《民国时期钱塘江航运研究（1912—1937 年）》，杭州师范大学硕士论文，2013 年。

10. 杨林样：《地方主义与民初江西省议会》，江西师范大学硕士论文，2009 年。

后　记

本书源于我的博士论文，同时获得2016年浙江省哲学社会科学规划课题的立项。

苏州河畔，菁菁华政园，是我美丽亲爱的母校。在华政攻读博士是我人生非常重要的三年。华东政法大学严谨的治学氛围，深厚的学术底蕴，促使我不敢一丝的懈怠，鼓励我踏实钻研知识，认真地思考理论问题。回首三年读博时光，感谢所有老师的敦敦教诲，同学朋友们的热情帮助，家人的默默支持和奉献，你们的支持是我学习的动力。

感谢我的导师王立民教授。王老师承担着教学、科研重任。百忙之中仍抽出时间，不时召集我和同门督责学业。王老师的谆谆教导，让我对法律史的理论逻辑有了更为深刻、全面的认识，鼓励着我努力钻研法律史的理论问题。在我的博士论文写作期间，王老师从论文开题报告的筹划、文章撰写过程中对于篇章结构的安排、论文标题的调整甚至于后期对于字句和标点的逐一修正等等，无不凝聚先生的心血。王老师的勤奋、博学、严谨、执着是我终身学习的榜样。

感谢导师何勤华教授、导师李秀清教授、导师徐永康教授，导师丁凌华教授，你们的学识和修养深深地感动着我。导师们知识渊博、学养深厚，在课堂上谆谆教诲；在开题报告中提出中肯意见，明确了论文需要的合理结构和需要重点突出的内容；在预答辩中又对我的论文提出了修改的意见。导师们渊博的学术弥补了我知识上的许多困惑，导师们的为人师表进一步提升了我对教师职业的认识。在此要深深地感谢华东政法大学所有为培养我们而付出了辛劳的老师们！

三年读博时光，我们法律史博士班的同学们一起度过了难忘的时光。感谢这些年轻可爱的同学们。在这个温暖的法律史大家庭里，课堂上我们认真听讲、热烈讨论。在论文写作过程中，我们互相鼓励、提出意见、互相启发。

要感谢我的丈夫，没有他的支持和鼓励，我的学业无法顺利完成。对于可爱的女儿，我满怀愧疚和感谢。愧疚读博三年来我没有承担一个称职母亲的角色，没有更多的时间陪伴她的成长。感谢她能够自主勤奋地学习，阳光灿烂、健康快乐地成长。

本书的形成来之不易，还得到许多朋友、同事帮助。感谢书稿匿名评审人对我的书稿提出的宝贵建议；感谢所供职的浙江省委党校（浙江行政学院）给我的学术研究所提供的良好平台，以及对本书出版的资助；感谢中国社会科学出版社的编辑们为本书的出版所做的精心校对、版面设计等辛勤的编辑工作。

如今书稿写作已告结束，并得以出版。但是对于法制史、尤其是浙江地方法制史的研究而言，我只能算初有涉猎，诸多问题尚待进一步更详尽的研究和。如果我的研究能够对于法制史尤其是浙江地方法制史的研究有所贡献，将是我莫大的荣幸。书中难免会有纰漏，文责自负，敬请读者们对我的作品批评指正。

陈婴虹

2016 年 5 月于浙江杭州溪畔花园